명품
평생환급반
★★★★★

가장 많은 학생들이 랜드하나 명품 환급 보장반을
선택하는 데에는 이유가 있습니다!

왜 명품환급인가?

합격할 때까지 모든 강의 **무제한 수강 가능** 	언제든지 합격하면 환급 → 합격시까지 환급 보장 	업계최초! 1차도 환급, 2차도 환급!
모든 특강도 **전부 포함** 	모든 교재 + 특강 교재 **모두 제공** 	월간모의고사 **전회차 제공**

동영상 강의 https://www.landhana.co.kr/

월간
모두패스

동영상 강의 | https://www.landhana.co.kr/

POINT 01		POINT 02		POINT 03
25년 신규강의 모두	+	24년 모든강의로 선행학습	+	전강좌 특강도 모두

월 3만원		원클릭 해지	
선행학습		1타 교수진	

학습관리

매일 문제 제공

매일 Q&A 영상 라이브 답변

교수님이 직접 학습코칭

월간 모두패스는

월단위 수강등록 후 랜드하나 모든 강의를
수강기간동안 무제한 들을 수 있는 인터넷 수강권입니다!

EBS ◐● 방송교재

★ ★ ★ ★ ★

공인중개사 신뢰도 1위

공인중개사
답은 하나
랜드 하나

2025

랜드하나 공인중개사 기본서

2차 부동산공시법

랜드하나 수험연구소

H 랜드하나

머리말 PREFACE

먼저 본서를 출간하면서 저의 마음가짐은 '수험생의 입장이 되어서 이 책을 펼쳐본다면 어떨 것인가?'로부터 출발하기로 하였습니다. 공인중개사 시험은 평균이 60점을 받으면 합격하는 시험인데도 불구하고 기존의 기본서는 그 내용 자체가 너무나 방대하였으므로 '이러한 내용을 효율적으로 줄일 수 있는 방법이 없을까'하고 고심하였고 이 책이 수험생분들에게 좋은 길잡이가 되기 위해서는 수험생 스스로 판단할 수 있게 책을 집필하고 싶었습니다. 에베레스트 산을 오를 때 일반적으로 등반가들은 안내자 셰르파의 도움을 받습니다. 최적의 코스로 최적의 효과를 보기 위해서 안내자의 역할은 무엇보다 중요할 것입니다. 한 치 앞도 내다보지 못하는 칠흑 같은 어둠을 지날 때 길을 가야하는 사람은 항상 불안하고 지금 내가 걷는 이 길이 올바로 가고 있는 것인가에 대한 의심을 하게 마련입니다. 이때 길 안내자가 "내가 가는 길만 따라오십시오."라고 합니다. 길을 모르는 초행자들은 어쩔 수 없이 길 안내자를 따르게 마련이고, 결국에는 길 안내자가 제시한 길을 갈 수밖에 없습니다. 그 길이 잘못된 것인지 또는 올바른 것인지에 대하여는 사전에는 알 수 없고, 나중에 결과로서 알 수 있을 뿐입니다.

책을 낼 때 또한 그것이 합격을 목적으로 하는 수험서를 낼 때는 그 수험서로 공부하시는 수험생분들이 어떻게 하면 어둠 속에서도 헤매이지 않고, 아무런 상처도 입지 않고 목적지에 도달하게 할까라는 길 안내자의 심정에 처하게 됩니다. 제가 안내해드릴 때 따라오시다가 넘어지지나 않을까, 그래서 상처를 입지나 않을까, 결국에는 목적지에 도달하는 것을 포기하지나 않을까 염려하는 마음에 항상 뒤를 돌아보면서 확인을 하게 됩니다. 이 책은 이러한 길 안내자의 조심스럽고, 정성스러운 마음으로 발행하게 되었습니다.

수험서는 대학교재와는 다릅니다. 따라서 다양한 이론들은 나열하는 것은 의미가 없으며, 이러한 이론들을 시험에 나올만한 가치가 있는 것으로 정리정돈하여 수험생분들에게 제시하는 것이 중요합니다. 그러므로 이 책은 철저하게 수험생분들의 입장에서 보고 느낀 결과물이라고 조심스럽게 말씀드립니다.

첫째, 공인중개사자격시험은 절대평가라는 것을 항상 생각해 주십시오. 100점도 합격이고 60점도 합격입니다. 그러므로 모든 부분을 전부 정복하겠다는 것은 욕심이 될 경우가 많습니다. 물론 개인차는 있겠지만, 그래도 여유를 두시면서 공부를 하시면 그만큼 심적인 부담이 적어집니다. 만점을 80점으로 생각하신 상태에서 나머지 20점은 어디서 틀려줄까 하는 생각으로 공부하시면 나아가시는 길이 가볍게 느껴질 겁니다.

그래서 이책을 집필할 때 60점 이상의 점수를 받을 것인가? 80점 이상의 점수를 받을 것인가? 95점 이상의 점수를 받을 것인가? 수험생의 입장에서서 스스로 판단할 수 있도록 단계를 나누어 봤습니다. 기본내용에 핵심정리와 심화학습과 보충학습으로 나누어서 85~90점 정도의 점수를 목표로 한다면 핵심정리와 심화학습만으로 충분할 것이라고 믿습니다.

둘째, 부동산등기법은 암기보다는 이해 위주로 하셔야 됩니다. 그러므로 어느 지엽적인 부분을 암기하시려고 애쓰시기 보다는 전체적인 시각에서 바라보시고, 왜 그럴까? 하는 근본적인 질문속에 답을 찾으시려고 노력하시면 그 과정 속에 자연스럽게 이해가 되십니다. 그러기 위해서는 기본서를 반복적으로 다독하시면서 접근하셔야 합니다. 처음 보실 때는 안보이시던 것이 전체적인 균형을 잡으신 상태에서는 이해가 되는 것이 분명히 있습니다. 그러나 지엽적인 부분을 암기하려고 노력하시다보면 전체를 놓치게 됩니다.
「공간정보의구축 및 관리에 관한 법률」은 부동산등기법과는 다르게 단순 열거식 암기사항이 많으므로 기본 이해 바탕에서 반드시 그날 학습한 중요 키워드를 암기하셔야 합니다.

셋째, 공인중개사자격시험은 객관식 시험입니다. 따라서 여러분들이 공부를 하신 것을 이해를 하셨는가는 문제로서 확인을 하실 수가 있고, 또한 확인을 꼭 하셔야 됩니다. 문제는 크게 두 가지로 나뉘어 집니다. 하나는 객관식 문제집이나 각종 모의고사 등을 통해서 나오는 예상문제이고, 또 하나는 그동안에 출제되었던 기출지문입니다. 책을 내기 위해서 기출지문을 다시 한 번 돌이켜보면 부동산공시법령에서는 같은 문제가 계속해서 나오는 것을 새삼스럽게 느낄 때가 많습니다. 나중에 기출문제를 꼭 확인하시기 바랍니다.

끝으로 이 책을 출간하는데 힘을 써 주신 랜드하나와 제가 귀찮게 이것 저것 부탁하여도 항상 밝은 목소리로 화답해주신 출판사업팀의 직원여러분들에게 감사드립니다.

수험생 여러분들의 합격을 진심으로 기원합니다

편저자 배상

시험안내 GUIDE

1. 공인중개사 기본정보

1 공인중개사 개요

부동산 중개업을 건전하게 지도, 육성하고 공정하고 투명한 부동산 거래질서를 확립함으로써 국민경제에 이바지함을 목적으로 함(관계법령 : 공인중개사법)

2 수행직무

중개업의 공신력을 높이기 위해 도입된 자격증으로 부동산 중개업무, 관리대행, 컨설팅, 중개업 경영정보 제공, 상가분양 대행, 경매 매수신청 대리 업무 등을 수행

3 실시기관 홈페이지 : 한국산업인력공단 국가자격시험 홈페이지(www.Q-net.or.kr)

4 소관부처명 : 국토교통부(부동산산업과)

2. 시험정보

1 응시자격

• **제한없음(학력, 나이, 내외국인 불문)**

※ 단, 「① 공인중개사법 제4조 3에 따라 시험부정행위로 처분 받은 자의 그 제한기간이 시험 시행일 전일까지 경과되지 않은 자 ② 제6조에 따라 자격이 취소된 자 ③ 시행규칙 제2조에 따른 기자격취득자」는 응시할 수 없음

• **결격사유**

1. 부정한 방법으로 공인중개사의 자격을 취득한 경우
2. 제7조 제1항의 규정을 위반하여 다른 사람에게 자기의 성명을 사용하여 중개업무를 하게 하거나 공인중개사 자격증을 양도 또는 대여한 경우
3. 제36조의 규정에 의한 자격정지처분을 받고 그 자격정지기간 중에 중개업무를 행한 경우(다른 개업공인중개사의 소속공인중개사, 중개보조원 또는 법인인 개업공인중개사의 사원, 임원이 되는 경우를 포함)
4. 이 법을 위반하여 징역형의 선고를 받은 경우
5. 시험에서 부정한 행위를 한 응시자로 그 시험시행일로부터 5년간 시험응시자격을 정지 받은자

❷ 시험과목 및 배점

구분	시험 과목	문항수	시험시간	시험방법
제1차시험 1교시(2과목)	① 부동산학개론(부동산감정평가론 포함) ② 민법 및 민사특별법 중 부동산 중개에 관련되는 규정	과목당 40문항 (1번~80번)	100분 (09:30~11:10)	객관식 5지 선택형
제2차시험 1교시(2과목)	① 공인중개사의 업무 및 부동산 거래신고 등에 관한 법령 및 중개실무 ② 부동산공법 중 부동산중개에 관련되는 규정	과목당 40문항 (1번~80번)	100분 (13:00~14:40)	
제2차시험 2교시(1과목)	① 부동산공시에 관한 법령(부동산등기법, 공간정보의 구축 및 관리 등에 관한 법률) 및 부동산 관련 세법	40문항 (1번~40번)	50분 (15:10~16:00)	

※ 답안작성 시 법령이 필요한 경우는 시험시행일 현재 시행되고 있는 법령을 기준으로 작성

3. 시험과목별 시험범위 및 출제비율

구분	시험과목	시험 범위	출제비율
1차 시험 (2과목)	■ 부동산학개론 (부동산감정평가론 포함)	① 부동산학개론	85% 내외
		② 부동산 감정평가론	15% 내외
	■ 민법 및 민사특별법 중 부동산 중개에 관련되는 규정	① 민법의 범위 1) 총칙 중 법률행위 2) 질권을 제외한 물권법 3) 계약법 중 총칙·매매·교환·임대차	85% 내외
		② 민사특별법의 범위 1) 주택임대차보호법 2) 상가건물임대차보호법 3) 가등기담보 등에 관한 법률 4) 집합건물의 소유 및 관리에 관한 법률 5) 부동산 실권리자 명의등기에 관한 법률	15% 내외
2차 시험 (3과목)	■ 공인중개사의 업무 및 부동산 거래신고에 관한 법령 및 중개실무	① 공인중개사의 업무 및 부동산 거래신고에 관한 법령	70% 내외
		② 중개실무	30% 내외
	■ 부동산공법 중 부동산중개에 관련 되는 규정	① 국토의 계획 및 이용에 관한 법률	30% 내외
		② 도시개발법 ③ 도시 및 주거환경정비법	30% 내외
		④ 주택법 ⑤ 건축법 ⑥ 농지법	40% 내외
	■ 부동산공시에 관한 법령 및 부동산 관련 세법	① 부동산등기법	30% 내외
		② 공간정보의 구축 및 관리 등에 관한 법률	30% 내외
		③ 부동산 관련 세법(상속세, 증여세, 법인세, 부가가치세 제외)	40% 내외

4. 합격기준

1 합격기준

구분	합격결정기준
1,2차시험 공통	매 과목 100점을 만점으로 하여 매 과목 40점 이상, 전 과목 평균 60점 이상 득점한 자

※ 제1차 시험에 불합격한 자의 제2차 시험에 대해여는 「공인중개사법」 시행령 제5조 제3항에 따라 이를 무효로 함

2 응시수수료(공인중개사법 제8조)
- 1차 : 13,700원
- 2차 : 14,300원
- 1, 2차 동시 응시자 : 28,000원

3 취득방법

• 원서접수방법
Q-net을 통해 하거나 공단 지역본부 및 지사에서 인터넷접수 도우미서비스를 제공받을 수 있음

※ 내방시 준비물 : 사진(3.5*4.5) 1매, 전자결재 수단(신용카드, 계좌이체, 가상계좌)

※ 수험자는 응시원서에 반드시 본인 사진을 첨부하여야 하며, 타인의 사진 첨부 등으로 인하여 신분확인이 불가능할 경우 시험에 응시할 수 없음

• 자격증발급
응시원서접수일 현재 주민등록상 주소지의 시, 도지사명의로 시, 도지사가 교부
(사진(여권용 사진) 3.5*4.5cm 2매, 신분증, 도장 지참, 시·도별로 준비물이 다를 수 있음)

출제경향 빈도표 및 수험대책

1. 출제경향 빈도표

내용별 / 회별		22회	23회	24회	25회	26회	27회	28회	29회	30회	31회	32회	33회	34회	35회
지적에 관한 법	제1장 총설														
	제2장 토지등록	2	4	6	3	2	5	4	4	4	3	3	2	3	5
	제3장 지적공부	4	1	2	3	5	3	3	4	1	3	5	4	1	2
	제4장 토지이동	4	4	3	3	2	3	3	1	5	4	1	4	4	5
	제5장 지적측량	2	3	1	3	3	1	2	3	2	2	3	2	4	
	소계	12	12	12	12	12	12	12	12	12	12	12	12	12	12
부동산 등기법	제1장 총설	3	2	1	1	1						1		2	
	제2장 등기기관과 설비			1	1		1					1	1		
	제3장 등기절차총론	2	3	4	5	3	3	2	3	4	3	3	4	4	4
	제4장 표시에 관한 등기	1							1						
	제5장 권리에 관한 등기	3	2	5	4	4	5	4	4	4	5	5	4	3	4
	제6장 각종등기	4	5	3	2	3	2	5	4	3	3	2	3	2	4
	제7장 이의 및 벌칙					1	1	1		1	1			1	
	소계	12	12	12	12	12	12	12	12	12	12	12	12	12	12
합계		24	24	24	24	24	24	24	24	24	24	24	24	24	24

시험안내 GUIDE

2. 제35회 총평

1) 공간정보의 관리 및 구축에 관한법률(지적과 관련법률)

제35회 공간정보의 관리 및 구축에 관한법률(지적과 관련법률)은 12문항 중 1문제를 제외한 11문항은 수험생 입장에서 충분히 풀 수 있는 문항으로 이루어져 있었으나, A형을 기준으로 5문항은 경계점좌표등록부 비치지역의 분할시 면적의 오차 배분에 관한 내용은 킬러형 문항으로 출제되었습니다. 그리고 축척변경은 지무의배열 자체가 상당히 구체적으로 잡무으로 출제되었다는 것이 특이점입니다.

공간정보의 관리 및 구축에 관한법률(지적과 관련법률)은 난이도를 분류한다면 12문항중 6문항은 중급의 난이도로 출제되었으며 1문항은 난이도 상급이었으며 5문항은 하급의 난이도였습니다.

전체적으로는 꾸준히 학습하신 분이라면 무리없이 고득점을 받았을 것이라고 판단됩니다.

2) 부동산등기법

부동산등기법의 경우에는 A형을 기준으로 22번 가등기한 본등기시 직권말소에 대한 문제유형이었는데 문제 자체를 해석하지 못하면 상당히 곤혹스러울 것으로 판단됩니다. 다만 문제해석만 되면 충분히 해결 할 수 있는 문제였습니다.

또한 전체적으로 단순암기보다는 지문의 내용을 이해하여야만 풀 수 있는 문제들이 다수였습니다. 특징으로는 출제 난이도로 보면 상·중·하가 명확히 구분이 되었으며 상급문제 2문항 중급문제 8문항 하급문제 2문항으로 구분되었습니다.

그러므로 정규과정을 정상적으로 정리하신 분이라면 7-10문항 정도는 받았을 것이라고 사료됩니다.

3. 수험대책

제35회 시험에서는 공간정보의 관리 및 구축에 관한법률(지적과 관련법률)은 법조문을 위주로 충실히 한다면 전반적으로 쉽게 문제를 풀 수 있는 것을 다시 확인하였습니다. 그러므로 다가오는 제36회 역시 법조문 위주로 정리하시면 될 것으로 생각합니다.

등기법은 법조문 위주로만 학습해서는 단기간에 점수를 확보할 수 없는 과목이므로 꾸준히 단계별로 이해 위주의 공부와 그로인한 응용이 필수적이란 사실을 알 수 있습니다.

공간정보의 관리 및 구축에 관한법률(지적과 관련법률)은 세세한 부분까지도 차근차근 정리하고 부동산등기법은 민법과 관련하여 전반적인 내용을 이해하면 제36회 시험에서도 모든 수험생들이 좋은 결과를 얻을 수 있을 것입니다.

CONTENTS 차례

PART **1** 공간정보의 구축 및 관리 등에 관한 법률

Chapter 1 **총설**   14
- 제1절 지적제도 개관   14
- 제2절 토지의 등록   17
- ✦기출 및 예상문제   29

Chapter 2 **지적공부**   35
- 제1절 지적공부의 의의 및 종류   35
- 제2절 지적공부의 보관 및 공개   44
- 제3절 지적공부의 복구   47
- 제4절 부동산종합공부   49
- ✦기출 및 예상문제   51

Chapter 3 **토지의 이동 및 지적정리 등**   56
- 제1절 토지의 이동   56
- 제2절 축척변경   69
- 제3절 토지이동의 신청권자   74
- 제4절 지적정리 및 등기촉탁   76
- ✦기출 및 예상문제   80

Chapter 4 **지적측량**   87
- 제1절 서설   87
- 제2절 지적측량의 절차   89
- 제3절 지적기준점성과의 관리 및 통보   91
- 제4절 지적위원회   92
- 제5절 지적측량 적부심사   94
- ✦기출 및 예상문제   97

차례 CONTENTS

PART **2** 부동산등기법

Chapter 1 **부동산등기 총설**   104

제1절 부동산등기제도의 개관   104

제2절 부동산등기의 종류   110

제3절 등기사항   115

제4절 부동산등기의 효력(종국등기의 효력)   121

제5절 등기의 유효요건   127

✦ 기출 및 예상문제   134

Chapter 2 **등기절차 총론**   137

제1절 등기절차 개시   137

제2절 등기신청행위   141

제3절 등기신청의 당사자능력(등기신청적격)   142

제4절 전산정보처리조직에 의한 등기절차(전자신청)   144

제5절 등기신청의 당사자(등기신청인)   145

제6절 등기신청 및 필요한 신청정보   159

제7절 등기신청의 접수 및 심사   179

제8절 등기신청의 각하 및 취하   182

제9절 등기의 실행 및 등기완료 후의 절차   188

✦ 기출 및 예상문제   201

Chapter 3 **각종 권리에 관한 등기절차**   209

✦ 기출 및 예상문제   256

Chapter 4 **각종의 등기절차**   266

✦ 기출 및 예상문제   297

Chapter 5 구분건물에 관한 등기절차   304
✦기출 및 예상문제   311

Chapter 6 등기의 기관과 그 설비   313
✦기출 및 예상문제   327

Chapter 7 부당한 처분에 대한 이의   329
✦기출 및 예상문제   333

2025 랜드하나 공인중개사 기본서

PART 1
공간정보의 구축 및 관리 등에 관한 법률

CHAPTER 1 총설
CHAPTER 2 지적공부
CHAPTER 3 토지의 이동 및 지적정리 등
CHAPTER 4 지적측량

01

CHAPTER

총설

▫ 토지의표시 조사·등록 절차와 토지의표시로서 등록사항인 지번, 지목, 면적, 경계를 공부하는 부분이다. 지적
법 12문제 중 매년 3~4문제가 출제되며 각 개별 토지의 표시에 관한 정확한 이해가 필요하며 최근에는 종합
문제도 출제되고 있다.

제1절 **지적제도 개관**

1 지적제도와 부동산등기제도의 비교

1. 지적제도

(1) 지적제도는 토지의 물리적 현황을 주된 공시내용으로 하며, 그 기재사항은 소재·지번·지목·경계·
좌표·면적 등 사실관계와 종된 공시내용으로서 소유자의 표시에 관한 사항을 등록사항으로 하고
있다.

(2) 지적의 등록절차는 국토의 효율적인 관리라는 차원에서, 실제의 토지현황과 지적공부상의 토지표
시는 항상 일치함이 요청된다. 그러므로 일정한 경우에는 토지소유자에게 신청의무를 부과하며,
신청에 맡길 수 없는 사항에 관하여는 지적소관청의 직권에 의하여 등록한다.

(3) 지적은 토지의 현황을 정확히 파악하여 등록하여야 한다는 필요성에 의하여 지적측량에 관한 사
항은 전문적인 기술자가 아닌 자에게는 허용되지 않는다.

2. 등기제도

(1) 등기제도는 토지에 관한 권리관계를 공시함을 목적으로 하기 때문에 그 기록절차에는 엄격한 요
식행위가 요구된다.

(2) 등기는 원칙적으로 등기권리자와 등기의무자의 신청이나 관공서의 촉탁에 의하여 행하고, 법원의
명령이나 등기관이 직권으로 행하는 것은 어디까지나 예외적인 사항에 관하여만 인정된다.

3. 지적제도와 등기제도의 관계

(1) 등기제도는 토지와 건물에 관한 권리관계를 주로 공시하고, 지적제도는 토지에 관한 사실관계를 주로 공시한다는 점에서 차이가 있다고 할지라도 그 대상은 동일한 토지라는 점에서 등기제도와 지적제도는 밀접한 관계를 가진다.

(2) 그러나 등기와 지적을 담당하는 기관이 서로 다름으로써 사실관계에 관한 사항은 대장을 기초로 하여 등기부를 일치시켜야 하며, 권리관계는 등기부를 기초로 하여 대장의 소유자 표시를 일치시켜야 한다.

(3) 따라서 권리관계의 기준은 등기부이며, 사실관계의 기준은 대장이 기준이 된다.

(4) 현재 우리나라는 지적제도와 등기제도를 이원화하여 운영하기 때문에 지적공부와 등기부의 불일치 문제는 병존한다. 이러한 불일치 문제를 최소화하기 위하여 기본적으로 등기촉탁(사실관계의 불일치를 해소하기 위한 절차)과 소유권 변경의 통지절차(권리관계의 불일치를 해소하기 위한 절차)를 규정하고 있다.

2 용어의 정의 제18회, 제20회

(1) '지적소관청'이란 지적공부를 관리하는 특별자치시장, 시장(제주특별자치도 설치 및 국제자유도시 조성을 위한 특별법 제10조 제2항에 따른 행정시의 시장을 포함하며, 지방자치법 제3조 제3항에 따라 자치구가 아닌 구를 두는 시의 시장은 제외한다)·군수 또는 구청장(자치구가 아닌 구의 구청장을 포함한다)을 말한다.

(2) '지적공부'란 토지대장, 임야대장, 공유지연명부, 대지권등록부, 지적도, 임야도 및 경계점좌표등록부 등 지적측량 등을 통하여 조사된 토지의 표시와 해당 토지의 소유자 등을 기록한 대장 및 도면(정보처리시스템을 통하여 기록·저장된 것을 포함한다)을 말한다.

(3) '토지의 표시'란 지적공부에 토지의 소재·지번(地番)·지목(地目)·면적·경계 또는 좌표를 등록한 것을 말한다.

(4) '필지'란 대통령령으로 정하는 바에 따라 구획되는 토지의 등록 단위를 말한다.

(5) '지번'이란 필지에 부여하여 지적공부에 등록한 번호를 말한다.

(6) '지번부여지역'이란 지번을 부여하는 단위지역으로서 동·리 또는 이에 준하는 지역을 말한다.

(7) '지목'이란 토지의 주된 용도에 따라 토지의 종류를 구분하여 지적공부에 등록한 것을 말한다.

(8) '경계점'이란 필지를 구획하는 선의 굴곡점으로서 지적도나 임야도에 도해(圖解) 형태로 등록하거나 경계점좌표등록부에 좌표 형태로 등록하는 점을 말한다.

(9) '경계'란 필지별로 경계점들을 직선으로 연결하여 지적공부에 등록한 선을 말한다.

(10) '면적'이란 지적공부에 등록한 필지의 수평면상 넓이를 말한다.

(11) '토지의 이동(異動)'이란 토지의 표시를 새로 정하거나 변경 또는 말소하는 것을 말한다.

(12) '신규등록'이란 새로 조성된 토지와 지적공부에 등록되어 있지 아니한 토지를 지적공부에 등록하는 것을 말한다.

(13) '등록전환'이란 임야대장 및 임야도에 등록된 토지를 토지대장 및 지적도에 옮겨 등록하는 것을 말한다.

(14) '분할'이란 지적공부에 등록된 1필지를 2필지 이상으로 나누어 등록하는 것을 말한다.

(15) '합병'이란 지적공부에 등록된 2필지 이상을 1필지로 합하여 등록하는 것을 말한다.

(16) '지목변경'이란 지적공부에 등록된 지목을 다른 지목으로 바꾸어 등록하는 것을 말한다.

(17) '축척변경'이란 지적도에 등록된 경계점의 정밀도를 높이기 위하여 작은 축척을 큰 축척으로 변경하여 등록하는 것을 말한다.

(18) '지적측량'이란 토지를 지적공부에 등록하거나 지적공부에 등록된 경계점을 지상에 복원하기 위하여 필지의 경계 또는 좌표와 면적을 정하는 측량을 말하며, 지적확정측량 및 지적재조사측량을 포함한다.

(19) '지적확정측량'이란 도시개발사업 등에 따른 사업이 끝나 토지의 표시를 새로 정하기 위하여 실시하는 지적측량을 말한다.

(20) '지적재조사측량'이란 「지적재조사에 관한 특별법」에 따른 지적재조사사업에 따라 토지의 표시를 새로 정하기 위하여 실시하는 지적측량을 말한다.

(21) '연속지적도'란 지적측량을 하지 아니하고 전산화된 지적도 및 임야도 파일을 이용하여, 도면상 경계점들을 연결하여 작성한 도면으로서 측량에 활용할 수 없는 도면을 말한다.

(22) '부동산종합공부'란 토지의 표시와 소유자에 관한 사항, 건축물의 표시와 소유자에 관한 사항, 토지의 이용 및 규제에 관한 사항, 부동산의 가격에 관한 사항 등 부동산에 관한 종합정보를 정보관리체계를 통하여 기록·저장한 것을 말한다.

제2절 **토지의 등록**

1 지적의 의의 및 토지의 조사·등록

지적이란 국토의 전반에 걸쳐 각 필지별로 토지에 관한 일정한 사항을 국가 또는 그 위임을 받은 기관이 지적공부에 등록하여 이를 국가 또는 그 지정기관에 비치·관리하는 기록이다.

1. 토지의 조사·등록 등 제24회, 제28회, 제32회, 제33회

(1) 국토교통부장관은 모든 토지에 대하여 필지별로 소재·지번·지목·면적·경계 또는 좌표 등을 조사·측량하여 지적공부에 등록하여야 한다.

(2) 지적공부에 등록하는 지번·지목·면적·경계 또는 좌표는 토지의 이동이 있을 때 토지소유자(법인이 아닌 사단이나 재단의 경우에는 그 대표자나 관리인을 말한다. 이하 같다)의 신청을 받아 지적소관청이 결정한다. 다만, 신청이 없으면 지적소관청이 직권으로 조사·측량하여 결정할 수 있다.

심화학습

지적소관청의 직권에 의한 조사·등록절차 제20회, 제24회

1. **토지이동현황 조사계획의 수립**
   지적소관청은 토지의 이동현황을 직권으로 조사·측량하여 토지의 지번·지목·면적·경계 또는 좌표를 결정하고자 하는 때에는 토지이동현황 조사계획을 수립하여야 한다. 이 경우 토지이동현황 조사계획은 시·군·구별로 수립하되, 부득이한 사유가 있는 때에는 읍·면·동별로 수립할 수 있다.

2. **토지이동현황조사**
   지적소관청은 토지이동현황 조사계획에 따라 토지의 이동현황을 조사하여야 한다.

3. **토지이동조사부 작성**
   지적소관청은 토지의 이동현황을 조사한 때에는 토지이동조사부에 토지의 이동현황을 기재하여야 한다.

4. **토지이동정리 결의서 작성**
   지적소관청이 지적공부를 정리하고자 하는 때에는 토지이동정리 결의서를 작성하여 토지이동조서에 첨부하여야 하며, 토지이동조서의 아랫부분 여백에 '「공간정보의 구축 및 관리 등에 관한 법률」제64조 제2항 단서에 의한 직권정리'라고 기재하여야 한다.

5. **지적공부 정리**
   지적소관청은 토지이동현황 조사결과에 의하여 토지의 지번·지목·면적·경계 또는 좌표를 결정한 때에는 이에 따라 지적공부를 정리하여야 한다.

2 등록사항

1. 지번 제17회, 제18회, 제19회, 제23회, 제26회, 제27회, 제28회, 제29회, 제35회

(1) 지번의 정의

지번이라 함은 지번부여지역인 법정 동·리를 단위로 필지에 부여하여 지적공부에 등록한 번호를 말한다.

(2) 지번의 표기와 구성

① 지번표기의 방법

㉠ 지번은 아라비아숫자로 표기한다. 다만, 임야대장 및 임야도에 등록하는 토지의 지번은 숫자 앞에 '산' 자를 붙여 표기한다.

㉡ 지번은 본번만으로 또는 본번과 부번으로 구성하되, 본번과 부번 사이에 '-' 표시로 연결한다. 이 경우 '-' 표시는 '의'라고 읽는다.

② 구성: 단식지번과 복식지번

㉠ 단식지번: 본번만으로 구성된 지번(예 1, 2, 3, …)

㉡ 복식지번: 본번에 부번을 붙여 구성되는 지번(예 1-1, 2-1, …)

(3) 지번의 부여기준

지번은 지적소관청이 지번부여지역별로 지번을 순차적으로 부여한다.

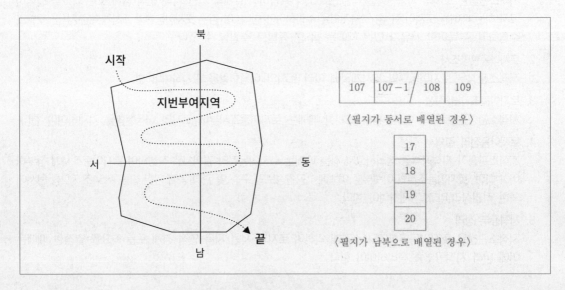

〈필지가 동서로 배열된 경우〉

〈필지가 남북으로 배열된 경우〉

① **기본원칙**(북서기번법): 지번은 지번부여지역별로 기번하여 순차적으로 정하되 북서에서 남동으로 순차적으로 부여하며, 이를 북서기번법이라 한다(그림 1 - 1). 이에 따라 지번을 부여하여야 할 토지가 동서로 배열된 경우에는 서쪽에서 동쪽으로 순차적으로 지번을 부여하며(그림 1 - 2), 필지의 구성이 남북으로 구성되어 있는 경우에는 북쪽에서 남쪽으로 지번을 부여한다(그림 1 - 3).

② **신규등록 및 등록전환 등에 따른 지번부여**

ㄱ 원칙: 신규등록 및 등록전환의 경우에는 그 지번부여지역 안에서 인접토지의 본번에 부번을 붙여서 지번을 부여한다.

ㄴ 예외: 다음에 해당하는 경우에는 그 지번부여지역의 최종 본번의 다음 순번부터 본번으로 하여 순차적으로 지번을 부여할 수 있다.

ⓐ 대상토지가 당해 지번부여지역 안의 최종 지번의 토지에 인접되어 있는 경우

ⓑ 대상토지가 이미 등록된 토지와 멀리 떨어져 있어 등록된 토지의 본번에 부번을 부여하는 것이 불합리한 경우

ⓒ 대상토지가 여러 필지로 되어 있는 경우

③ **분할에 따른 지번부여**

ㄱ 원칙: 분할의 경우에는 분할 후의 필지 중 1필지의 지번은 분할 전 지번으로 하고, 나머지 필지의 지번은 본번의 최종 부번 다음 순번으로 부번을 부여한다.

ㄴ 예외: 분할 후의 필지 중 주거, 사무실 등의 건축물이 있는 필지에 대하여는 분할 전의 지번을 우선하여 부여하여야 한다(의무적).

④ **합병에 따른 지번부여**

ㄱ 원칙: 합병의 경우에는 합병대상 지번 중 선순위의 지번을 그 지번으로 하되, 합병 전 지번 중 본번으로 된 지번이 있는 때에는 본번 중 선순위의 지번을 합병 후의 지번으로 한다.

ㄴ 예외: 토지소유자가 합병 전 필지에 주거, 사무실 등의 건축물이 있어 그 건축물이 위치한 지번을 합병 후의 지번으로 신청하는 때에는 그 지번을 합병 후 지번으로 부여하여야 한다.

⑤ **지적확정측량 실시지역의 지번부여**: 지적확정측량을 실시한 지역 안의 각 필지에 지번을 새로이 부여하는 경우에는 다음과 같은 방법으로 지번을 부여한다.

ㄱ 원칙: 종전 지번 중 본번으로 부여한다. 다만, 다음의 지번은 제외된다.

ⓐ 지적확정측량을 실시한 지역의 종전의 지번과 지적확정측량을 실시한 지역 밖에 있는 본번이 같은 지번이 있을 때 그 지번

ⓑ 지적확정측량을 실시한 지역의 경계에 걸쳐 있는 지번

ㄴ 예외: 다만, 부여할 수 있는 종전 지번의 수가 새로이 부여할 지번의 수보다 적은 때에는 다음과 같은 방법으로 부여할 수 있다.

ⓐ 블록 단위로 하나의 본번을 부여한 후 필지별로 부번을 부여하거나,

ⓑ 당해 지번부여지역의 최종 본번 다음 순번부터 본번으로 하여 지번을 부여할 수 있다.

⑥ 지적확정측량 실시지역의 지번부여규정을 준용하는 경우
  ㉠ 지번부여지역 안의 지번변경을 하는 때
  ㉡ 행정구역개편에 따라 새로이 지번을 부여하는 때
  ㉢ 축척변경 시행지역 안의 필지에 지번을 부여하는 때
  ㉣ 도시개발사업 등의 준공 전에 지번을 부여하는 때
⑦ 도시개발사업 등의 준공 전 지번부여: 도시개발사업 등의 준공 전에 사업시행자가 지번부여 신청을 하는 때에는 지번을 부여할 수 있다. 이는, 도시개발사업지역 등에 입주하는 주민의 편의를 도모하기 위하여 사업시행자가 지번부여 신청을 하는 경우에는, 도시개발사업 등이 준공되기 전이라도 지번을 부여할 수 있도록 한 것이다. 이 경우 미리 지번을 부여하는 때에는 사업 등의 신고 시 제출한 사업계획도에 의하여 부여한다.

(4) 결번대장

지적소관청은 행정구역변경, 도시개발사업, 지번변경, 축척변경 등의 사유로 지번의 순서에 결번이 생긴 때에는 지체 없이 그 사유를 결번대장에 등록하여 영구히 보존하여야 한다. 지적확정측량, 축척변경 및 지번변경에 따른 토지이동의 경우를 제외하고는 폐쇄 또는 말소된 지번은 다시 사용할 수 없다. 결번발생 사유는 다음과 같다.
① 행정구역변경으로 지번부여지역 내 일부가 다른 지번부여지역으로 편입된 경우
② 도시개발사업 등의 시행으로 종전 지번이 폐쇄된 경우
③ 지번변경으로 결번이 발생한 경우
④ 토지합병의 경우
⑤ 등록전환에 의해 임야대장 등록지의 지번이 말소된 경우
⑥ 축척변경으로 결번이 발생한 경우
⑦ 바다로 된 토지의 등록말소의 경우

(4) 지번의 변경

① 의의: 지번의 변경이란 지번부여지역의 일부 또는 전부의 지번이 순차적으로 부여되어 있지 아니한 때에 새로이 정하는 것을 말한다. 지적소관청은 지적공부에 등록된 지번을 변경할 필요가 있다고 인정하면 시·도지사나 대도시 시장의 승인을 받아 지번부여지역의 전부 또는 일부에 대하여 지번을 새로 부여할 수 있다.
② 지번변경의 절차
  ㉠ 지적소관청이 지번을 변경하고자 할 때에는 시·도지사나 대도시 시장의 승인을 얻어야 한다.
  ㉡ 이 경우 신청을 받은 시·도지사나 대도시 시장은 지번변경 사유 등을 심사한 후 그 결과를 지적소관청에 통지하여야 한다.
③ 지번부여 방법: 위와 같은 절차를 거쳐 지적소관청이 지번변경을 하는 경우 그 지번의 부여방법에 관하여는 지적확정측량 실시지역의 지번부여 방법에 관한 규정을 준용한다.

2. 지목 제17회, 제19회, 제21~28회, 제30~35회

(1) 지목의 정의

토지의 주된 용도에 따라 토지의 종류를 구분하여 지적공부에 등록한 것을 말한다.

(2) 지목의 설정기준

지목은 지적국정주의 및 지목법정주의에 따라 국가가 법으로 정하되 다음과 같은 방법에 의하여 정한다.

① **1필 1목의 원칙**: 하나의 필지마다 하나의 지목을 설정여야 한다(단식지목주의).
② **주지목 추종의 원칙**: 1필지가 둘 이상의 용도로 활용되는 경우에는 그중 주된 용도에 따라 지목을 설정하여야 한다.
③ **영속성의 원칙**(일시변경불변의 원칙): 지목은 영속적으로 사용되는 용도에 따라 정하여야 한다는 원칙이다. 따라서 토지가 일시적 또는 임시적인 용도로 사용되는 경우에는 지목을 변경하지 아니한다.
④ **사용목적 추종의 원칙**: 도시·군관리계획사업, 도시개발사업 등의 공사가 준공된 토지는 그 사용목적에 따라 지목을 설정한다. 예컨대, 「국토의 계획 및 이용에 관한 법률」 등 관계 법령에 의한 택지조성공사가 준공된 토지는 '대(垈)'로 하여야 한다.

(3) 지목의 구분

지목은 다음과 같이 28종으로 구분되며, 그 구체적인 내용은 다음과 같다.

전	물을 상시적으로 이용하지 않고 곡물·원예작물(과수류는 제외한다)·약초·뽕나무·닥나무·묘목·관상수 등의 식물을 주로 재배하는 토지와 식용(食用)으로 죽순을 재배하는 토지
답	물을 상시적으로 직접 이용하여 벼·연(蓮)·미나리·왕골 등의 식물을 주로 재배하는 토지
과수원	사과·배·밤·호두·귤나무 등 과수류를 집단적으로 재배하는 토지와 이에 접속된 저장고 등 부속시설물의 부지. 다만, 주거용 건축물의 부지는 "대"로 한다.
목장용지	다음 각 목의 토지. 다만, 주거용 건축물의 부지는 "대"로 한다. ① 축산업 및 낙농업을 하기 위하여 초지를 조성한 토지 ② 「축산법」 제2조제1호에 따른 가축을 사육하는 축사 등의 부지 ③ ①및 ②의 토지와 접속된 부속시설물의 부지
임야	산림 및 원야(原野)를 이루고 있는 수림지(樹林地)·죽림지·암석지·자갈땅·모래땅·습지·황무지 등의 토지
광천지	지하에서 온수·약수·석유류 등이 용출되는 용출구(湧出口)와 그 유지(維持)에 사용되는 부지. 다만, 온수·약수·석유류 등을 일정한 장소로 운송하는 송수관·송유관 및 저장시설의 부지는 제외한다.

염전	바닷물을 끌어들여 소금을 채취하기 위하여 조성된 토지와 이에 접속된 제염장(製鹽場) 등 부속시설물의 부지. 다만, 천일제염 방식으로 하지 아니하고 동력으로 바닷물을 끌어들여 소금을 제조하는 공장시설물의 부지는 제외한다.
대	① 영구적 건축물 중 주거·사무실·점포와 박물관·극장·미술관 등 문화시설과 이에 접속된 정원 및 부속시설물의 부지 ②「국토의 계획 및 이용에 관한 법률」 등 관계 법령에 따른 택지조성공사가 준공된 토지
공장용지	① 제조업을 하고 있는 공장시설물의 부지 ②「산업집적활성화 및 공장설립에 관한 법률」 등 관계 법령에 따른 공장부지 조성공사가 준공된 토지 ③ ① 및 ②의 토지와 같은 구역에 있는 의료시설 등 부속시설물의 부지
학교용지	학교의 교사(校舍)와 이에 접속된 체육장 등 부속시설물의 부지
주차장	자동차 등의 주차에 필요한 독립적인 시설을 갖춘 부지와 주차전용 건축물 및 이에 접속된 부속시설물의 부지. 다만, 다음 각 목의 어느 하나에 해당하는 시설의 부지는 제외한다. ①「주차장법」 제2조제1호가목 및 다목에 따른 노상주차장 및 부설주차장(「주차장법」 제19조제4항에 따라 시설물의 부지 인근에 설치된 부설주차장은 제외한다) ② 자동차 등의 판매 목적으로 설치된 물류장 및 야외전시장
주유소용지	다음 각 목의 토지. 다만, 자동차·선박·기차 등의 제작 또는 정비공장 안에 설치된 급유·송유시설 등의 부지는 제외한다. ① 석유·석유제품, 액화석유가스, 전기 또는 수소 등의 판매를 위하여 일정한 설비를 갖춘 시설물의 부지 ② 저유소(貯油所) 및 원유저장소의 부지와 이에 접속된 부속시설물의 부지
창고용지	물건 등을 보관하거나 저장하기 위하여 독립적으로 설치된 보관시설물의 부지와 이에 접속된 부속시설물의 부지
도로	다음 각 목의 토지. 다만, 아파트·공장 등 단일 용도의 일정한 단지 안에 설치된 통로 등은 제외한다. ① 일반 공중(公衆)의 교통 운수를 위하여 보행이나 차량운행에 필요한 일정한 설비 또는 형태를 갖추어 이용되는 토지 ②「도로법」 등 관계 법령에 따라 도로로 개설된 토지 ③ 고속도로의 휴게소 부지 ④ 2필지 이상에 진입하는 통로로 이용되는 토지
철도용지	교통 운수를 위하여 일정한 궤도 등의 설비와 형태를 갖추어 이용되는 토지와 이에 접속된 역사(驛舍)·차고·발전시설 및 공작창(工作廠) 등 부속시설물의 부지
제방	조수·자연유수(自然流水)·모래·바람 등을 막기 위하여 설치된 방조제·방수제·방사제·방파제 등의 부지
하천	자연의 유수(流水)가 있거나 있을 것으로 예상되는 토지

구거	용수(用水) 또는 배수(排水)를 위하여 일정한 형태를 갖춘 인공적인 수로·둑 및 그 부속시설물의 부지와 자연의 유수(流水)가 있거나 있을 것으로 예상되는 소규모 수로부지
유지 (溜池)	물이 고이거나 상시적으로 물을 저장하고 있는 댐·저수지·소류지(沼溜地)·호수·연못 등의 토지와 연·왕골 등이 자생하는 배수가 잘 되지 아니하는 토지
양어장	육상에 인공으로 조성된 수산생물의 번식 또는 양식을 위한 시설을 갖춘 부지와 이에 접속된 부속시설물의 부지
수도용지	물을 정수하여 공급하기 위한 취수·저수·도수(導水)·정수·송수 및 배수 시설의 부지 및 이에 접속된 부속시설물의 부지
공원	일반 공중의 보건·휴양 및 정서생활에 이용하기 위한 시설을 갖춘 토지로서 「국토의 계획 및 이용에 관한 법률」에 따라 공원 또는 녹지로 결정·고시된 토지
체육용지	국민의 건강증진 등을 위한 체육활동에 적합한 시설과 형태를 갖춘 종합운동장·실내체육관·야구장·골프장·스키장·승마장·경륜장 등 체육시설의 토지와 이에 접속된 부속시설물의 부지. 다만, 체육시설로서의 영속성과 독립성이 미흡한 정구장·골프연습장·실내수영장 및 체육도장과 유수(流水)를 이용한 요트장 및 카누장 등의 토지는 제외한다.
유원지	일반 공중의 위락·휴양 등에 적합한 시설물을 종합적으로 갖춘 수영장·유선장(遊船場)·낚시터·어린이놀이터·동물원·식물원·민속촌·경마장·야영장 등의 토지와 이에 접속된 부속시설물의 부지. 다만, 이들 시설과의 거리 등으로 보아 독립적인 것으로 인정되는 숙식시설 및 유기장(遊技場)의 부지와 하천·구거 또는 유지[공유(公有)인 것으로 한정한다]로 분류되는 것은 제외한다.
종교용지	일반 공중의 종교의식을 위하여 예배·법요·설교·제사 등을 하기 위한 교회·사찰·향교 등 건축물의 부지와 이에 접속된 부속시설물의 부지
사적지	국가유산으로 지정된 역사적인 유적·고적·기념물 등을 보존하기 위하여 구획된 토지. 다만, 학교용지·공원·종교용지 등 다른 지목으로 된 토지에 있는 유적·고적·기념물 등을 보호하기 위하여 구획된 토지는 제외한다.
묘지	사람의 시체나 유골이 매장된 토지, 「도시공원 및 녹지 등에 관한 법률」에 따른 묘지공원으로 결정·고시된 토지 및 「장사 등에 관한 법률」 제2조제9호에 따른 봉안시설과 이에 접속된 부속시설물의 부지. 다만, 묘지의 관리를 위한 건축물의 부지는 "대"로 한다.
잡종지	다음 각 목의 토지. 다만, 원상회복을 조건으로 돌을 캐내는 곳 또는 흙을 파내는 곳으로 허가된 토지는 제외한다. ① 갈대밭, 실외에 물건을 쌓아두는 곳, 돌을 캐내는 곳, 흙을 파내는 곳, 야외시장 및 공동우물 ② 변전소, 송신소, 수신소 및 송유시설 등의 부지 ③ 여객자동차터미널, 자동차운전학원 및 폐차장 등 자동차와 관련된 독립적인 시설물을 갖춘 부지 ④ 공항시설 및 항만시설 부지 ⑤ 도축장, 쓰레기처리장 및 오물처리장 등의 부지 ⑥ 그 밖에 다른 지목에 속하지 않는 토지

(4) 지목의 표기방법

지목은 토지대장과 임야대장에는 정식명칭과 코드번호를 함께 등록한다. 예컨대, 과수원은 '과수원'
으로, 학교용지는 '학교용지'로 기재하여야 한다. 그러나 지적도와 임야도에 등록할 때에는 부호로
표기하는데, 일반적으로 지목의 명칭 중에서 첫글자(頭文字)로 표기하나, 유원지·공장용지·주차장·
하천은 둘째 글자(次文字)를 따서 기재한다. 구체적인 표기 기준은 아래의 표와 같다.

지목	부호	지목	부호	지목	부호
전	전	주차장	**차**	수도용지	수
답	답	주유소용지	주	공원	공
과수원	과	창고용지	창	체육용지	체
목장용지	목	도로	도	유원지	**원**
임야	임	철도용지	철	종교용지	종
광천지	광	하천	**천**	사적지	사
염전	염	제방	제	묘지	묘
대	대	구거	구	잡종지	잡
공장용지	**장**	유지	유		
학교용지	학	양어장	양		

☐ 도면에 차문자(둘째 글자)로 등록하는 경우
   1. 주차장 ⇨ 차   2. 공장용지 ⇨ 장   3. 하천 ⇨ 천   4. 유원지 ⇨ 원

3. 경계 제19회, 제25회, 제27회, 제32회, 제34회, 제35회

(1) 경계의 정의

경계란 필지별로 경계점 간을 직선으로 연결하여 지적공부에 등록한 선을 말한다. 즉, 「공간정보의
구축 및 관리 등에 관한 법률」상의 경계는 지적공부에 등록하는 단위토지인 1필지의 구획선을 의미
하며, 지상의 자연물로써 구획된 선이 아니다. 여기서 '경계점'이란 필지를 구획하는 선의 굴곡점으
로서 지적도나 임야도에 도해 형태로 등록하거나 경계점좌표등록부에 좌표 형태로 등록하는 점을
말한다.

(2) 경계에 대한 일반 원칙

① **경계국정주의**: 지적국정주의상 경계는 국가가 결정하여 지적공부에 등록한다.
② **경계직선주의**: 이는 경계실형주의에 대응하는 것으로서 경계는 최단거리 경계선으로 해야 한다

는 것을 말한다.

③ **경계불가분의 원칙**: 토지의 경계는 유일무이한 것으로서 서로 인접한 토지 사이에 2개 이상의 경계가 있을 수 없으며, 양 필지 사이에 공통으로 작용한다.

④ **축척종대의 원칙**: 동일한 경계가 축척이 다른 도면에 각각 등록되어 있는 때에는 축척이 큰 것에 따른다. 다만, 경계등록에 잘못이 있는 경우에는 그러하지 아니하다.

⑤ **경계부동성(不動性)의 원칙**: 공간정보의 구축 및 관리 등에 관한 법령의 절차에 의하여 결정·등록된 경계는 분할, 합병 등 토지이동 사유가 있기 전에는 임의로 변경하는 것이 허용되지 아니한다.

(3) 지상 경계의 결정 등

① **지상 경계의 결정**: 지상 경계를 새로이 결정하고자 하는 경우에는 다음의 기준에 의한다. 다만, 지상 경계의 구획을 형성하는 구조물 등의 소유자가 다른 경우에는 아래 ㉠ ㉡ ㉢의 규정에 불구하고 그 소유권에 의하여 지상 경계를 결정한다.

㉠ 연접되는 토지 간에 높낮이 차이가 없는 경우에는 그 구조물 등의 중앙

㉡ 연접되는 토지 간에 높낮이 차이가 있는 경우에는 그 구조물 등의 하단부

㉢ 도로·구거 등의 토지에 절토된 부분이 있는 경우에는 그 경사면의 상단부

㉣ 토지가 해면 또는 수면에 접하는 경우에는 최대만조위 또는 최대만수위가 되는 선

㉤ 공유수면매립지의 토지 중 제방 등을 토지에 편입하여 등록하는 경우에는 바깥쪽 어깨부분

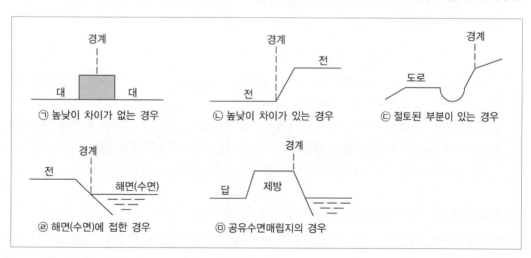

② **지상 경계의 위치표시**

㉠ 토지의 지상 경계는 둑, 담장이나 그 밖에 구획의 목표가 될 만한 구조물 및 경계점표지 등으로 표시한다.

㉡ 지적소관청은 토지의 이동에 따라 지상 경계를 새로 정한 경우에는 다음의 사항을 등록한 지상경계점등록부를 작성·관리하여야 한다.

심화학습

지상경계점등록부에 등록해야 할 사항 제22회, 제26회, 제27회, 제28회, 제34회

1. 토지의 소재
2. 지번
3. 경계점 좌표(경계점좌표등록부 시행지역에 한정한다)
4. 경계점 위치 설명도
5. 그 밖에 국토교통부령으로 정하는 사항
   ① 공부상 지목과 실제 토지이용 지목
   ② 경계점의 사진 파일
   ③ 경계점표지의 종류 및 경계점 위치

ⓒ 지상 경계의 결정 기준 등 지상 경계의 결정에 필요한 사항은 대통령령으로 정하고, 경계점 표지의 규격과 재질 등에 필요한 사항은 국토교통부령으로 정한다.

ⓒ 지적확정측량의 경계는 공사가 완료된 현황대로 결정하되, 공사가 완료된 현황이 사업계획 도와 다를 때에는 미리 사업시행자에게 그 사실을 통지하여야 한다.

(4) 분할에 따른 지상 경계의 결정

분할에 따른 지상 경계는 지상건축물을 걸리게 결정하여서는 아니 된다.
다만, 다음에 해당하는 경우에는 그러하지 아니하다.

① 법원의 확정판결이 있는 경우
② 공공사업 등으로 인하여 학교용지, 도로, 철도용지, 제방, 하천, 구거, 유지, 수도용지 등의 지목 으로 되는 토지를 분할하고자 하는 경우
③ 도시개발사업 등의 사업시행자가 사업지구의 경계를 결정하기 위하여 분할하고자 하는 경우
④ 「국토의 계획 및 이용에 관한 법률」의 규정에 의한 도시·군관리계획 결정고시와 지형도면 고시 가 된 지역의 도시·군관리계획선에 따라 토지를 분할하고자 하는 경우

(5) 지상경계점에 경계점표지를 설치한 후 분할할 수 있는 경우

토지를 분할하고자 하는 경우 다음 사항에 해당하는 때에는 지상에 경계점표지를 설치한 후 측량할 수 있다.

① 도시개발사업 등의 사업시행자가 사업지구의 경계를 결정하기 위하여 분할하고자 하는 경우
② 공공사업 등에 따라 학교용지·도로·철도용지·제방·하천·구거·유지·수도용지 등의 지목으로 되는 토지인 경우 해당 사업의 시행자가 분할하고자 하는 경우와, 국가나 지방자치단체가 취득 하는 토지인 경우 해당 토지를 관리하는 행정기관의 장 또는 지방자치단체의 장이 분할하고자 하는 경우

③ 「국토의 계획 및 이용에 관한 법률」의 규정에 의한 도시·군관리계획 결정고시와 지형도면 고시가 된 지역의 도시·군관리계획선에 따라 토지를 분할하고자 하는 경우
④ 소유권 이전, 매매 등을 위하여 토지를 분할하고자 하는 경우 또는 토지이용상 불합리한 지상 경계를 시정하기 위한 경우
⑤ 관계 법령에 의하여 인가·허가 등을 받아 분할하는 경우.

4. 면적 제24회, 제25회, 제27회, 제30회, 제34회, 제35회

(1) 면적의 정의

면적이란 지적공부에 등록한 필지의 수평면상 넓이를 말한다. 현행 제도하에서는 주로 도해지적을 쓰기 때문에 토지대장이나 임야대장에 등록된 면적은 지적도나 임야도의 도상(圖上)에서 측정된 것이다. 그러나 경계점좌표등록부를 작성·비치하는 지역의 면적은 좌표로써 계산한다.

(2) 면적측정의 대상

면적은 세부측량을 하는 경우에는 필지마다 측정하여야 한다. 다만, 행정구역 명칭변경, 지번변경·지목변경, 위치정정, 합병, 경계복원측량·지적현황측량의 경우에는 면적측정을 요하지 않는다. 면적측정이 필요한 경우는 다음과 같다.

① 지적공부의 복구, 신규등록, 등록전환, 분할, 축척변경을 하는 경우
② 등록된 면적 또는 경계를 정정하는 경우
③ 도시개발사업 등으로 인한 토지이동에 의하여 토지의 표시를 새로이 결정하는 경우
④ 경계복원측량 및 지적현황측량에 의하여 면적측정이 수반되는 경우

(3) 면적의 결정

① **면적의 단위**: 면적은 제곱미터(m^2)를 단위로 하여 이를 정한다.
② **면적의 결정방법**
  ㉠ 면적결정의 일반적 원칙(분모의 축척이 1,000 단위인 지역): 토지의 면적에 m^2 미만의 끝수가 있는 경우 $0.5m^2$ 미만인 때에는 버리고, $0.5m^2$를 초과하는 때에는 올리며, $0.5m^2$인 때에는 구하고자 하는 끝자리의 숫자가 0 또는 짝수이면 버리고 홀수이면 올린다. 다만, 1필지의 면적이 $1m^2$ 미만인 때에는 $1m^2$로 한다.
  ㉡ 분모의 축척이 100 단위인 지역과 경계점좌표등록부에의 등록지역: 지적도의 축척이 100 단위인 지역과 경계점좌표등록부에 등록하는 지역의 토지의 면적은 m^2 이하 한 자리 단위로 하되, $0.1m^2$ 미만의 끝수가 있는 경우 $0.05m^2$ 미만인 때에는 버리고, $0.05m^2$를 초과하는 때에는 올리며, $0.05m^2$인 때에는 구하고자 하는 끝자리의 숫자가 0 또는 짝수이면 버리고 홀수이면 올린다. 다만, 1필지의 면적이 $0.1m^2$ 미만인 때에는 $0.1m^2$로 한다.

③ **토지합병의 경우:** 토지합병을 하고자 하는 때의 경계 또는 좌표는 합병 전의 각 필지의 경계 또는 좌표가 합병으로 인하여 필요 없게 된 부분을 말소하여 정하고, 면적은 합병 전의 각 필지를 합산하여 그 필지의 면적으로 한다.

(4) 면적측정방법과 면적의 구체적 결정기준

① **면적측정방법**

㉠ 좌표면적계산법에 의한 면적측정: 경위의측량방법으로 세부측량을 한 지역의 필지별 면적측정은 경계점좌표에 의할 것

㉡ 전자면적측정기에 의한 면적측정: 평판측량 또는 전자평판측량으로 세부측량을 실시하여 필지의 경계를 지적도나 임야도에 등록하는 지역

② **면적결정의 구체적 기준**

㉠ 토지를 분할하는 경우: 분할 전후 면적의 차이가 허용범위 이내인 경우에는 그 오차를 분할 후의 각 필지의 면적에 따라 나누고, 허용범위를 초과하는 경우에는 지적공부상의 면적 또는 경계를 정정하여야 한다.

㉡ 경계점좌표등록부 비치지역의 토지분할 시 면적결정

ⓐ 분할 후 각 필지의 면적합계가 분할 전 면적보다 많은 경우에는 구하고자 하는 끝자리의 다음 숫자가 작은 것부터 순차적으로 버려서 정하되, 분할 전 면적에 증감이 없도록 하여야 한다.

ⓑ 분할 후 각 필지의 면적합계가 분할 전 면적보다 적은 경우에는 구하고자 하는 끝자리의 다음 숫자가 큰 것부터 순차적으로 올려서 정하되, 분할 전 면적에 증감이 없도록 하여야 한다.

㉢ 등록전환 시의 면적결정: 등록전환 시 토지대장에 등록하는 면적은 등록전환측량의 결과에 의하여야 하며, 임야대장의 면적을 그대로 정리할 수 없다.

㉣ 지적공부의 복구: 복구자료도에 의하여 측정한 면적과 지적복구자료조사서에 조사된 면적의 증감이 법정 허용범위를 초과하거나 복구자료도를 작성할 복구자료가 없는 때에는 복구측량을 하여야 한다. 다만, 지적복구자료조사서에 조사된 면적이 법정 허용범위 이내인 때에는 그 면적을 복구면적으로 결정하여야 한다.

01 기출 및 예상문제
CHAPTER

01 공간정보의 구축 및 관리 등에 관한 법령상 토지의 이동이 있을 때 토지소유자의 신청이 없어 지적소관청이 토지의 이동현황을 직권으로 조사·측량하여 토지의 지번·지목·면적·경계 또는 좌표를 결정하기 위해 수립하는 계획은? 제32회

① 토지이동현황 조사계획

② 토지조사계획

③ 토지등록계획

④ 토지조사·측량계획

⑤ 토지조사·등록계획

해설 | 지적소관청은 토지의 이동현황을 직권으로 조사·측량하여 토지의 지번·지목·면적·경계 또는 좌표를 결정하려는 때에는 토지이동현황 조사계획을 수립하여야 한다.

정답 ①

02 공간정보의 구축 및 관리 등에 관한 법령상 지번의 구성 및 부여방법 등에 관한 설명으로 틀린 것은? 제29회

① 지번은 아라비아숫자로 표기하되, 임야대장 및 임야도에 등록하는 토지의 지번은 숫자 앞에 "산"자를 붙인다.

② 지번은 북서에서 남동으로 순차적으로 부여한다.

③ 지번은 본번과 부번으로 구성하되, 본번과 부번 사이에 "-" 표시로 연결한다.

④ 지번은 국토교통부장관이 시·군·구별로 차례대로 부여한다.

⑤ 분할의 경우에는 분할 후의 필지 중 1필지의 지번은 분할 전의 지번으로 하고, 나머지 필지의 지번은 본번의 최종 부번 다음 순번으로 부번을 부여한다.

해설 | ④ 지번은 지적소관청이 지번부여지역별로 차례대로 부여한다.

정답 ④

03 공간정보의 구축 및 관리 등에 관한 법령상 등록전환에 따른 지번부여시 그 지번부여지역의 최종 본번의 다음 순번부터 본번으로 하여 순차적으로 지번을 부여할 수 있는 경우에 해당하는 것을 모두 고른 것은? 〔제35회〕

> ㄱ. 대상토지가 여러 필지로 되어 있는 경우
> ㄴ. 대상토지가 그 지번부여지역의 최종 지번의 토지에 인접하여 있는 경우
> ㄷ. 대상토지가 이미 등록된 토지와 멀리 떨어져 있어서 등록된 토지의 본번에 부번을 부여하는 것이 불합리한 경우

① ㄱ   ② ㄱ, ㄴ   ③ ㄱ, ㄷ
④ ㄴ, ㄷ   ⑤ ㄱ, ㄴ, ㄷ

해설 | ⑤ ㄱ, ㄴ, ㄷ 전부 등록전환에 따른 지번부여시 그 지번부여지역의 최종 본번의 다음 순번부터 본번으로 하여 순차적으로 지번을 부여할 수 있는 경우에 해당한다.

정답 ⑤

04 공간정보의 구축 및 관리 등에 관한 법령상 지목의 구분 및 설정방법 등에 관한 설명으로 **틀린** 것은? 〔제35회〕

① 필지마다 하나의 지목을 설정하여야 한다.
② 1필지가 둘 이상의 용도로 활용되는 경우에는 주된 용도에 따라 지목을 설정하여야 한다.
③ 토지가 일시적 또는 임시적인 용도로 사용될 때에는 그 용도에 따라 지목을 변경하여야 한다.
④ 물을 상시적으로 이용하지 않고 닥나무·묘목·관상수 등의 식물을 주로 재배하는 토지의 지목은 "전"으로 한다.
⑤ 물을 상시적으로 직접 이용하여 벼·연(蓮)·미나리·왕골 등의 식물을 주로 재배하는 토지의 지목은 "답"으로 한다.

해설 | ③ 토지가 일시적 또는 임시적인 용도로 사용될 때에는 지목을 변경하지 아니한다.

정답 ③

05 공간정보의 구축 및 관리 등에 관한 법령상 지목을 '잡종지'로 정할 수 있는 기준에 대한 내용으로 **틀린 것은?** (단, 원상회복을 조건으로 돌을 캐내는 곳 또는 흙을 파내는 곳으로 허가된 토지는 제외함)

제35회

① 공항시설 및 항만시설 부지
② 변전소, 송신소, 수신소 및 송유시설 등의 부지
③ 도축장, 쓰레기처리장 및 오물처리장 등의 부지
④ 모래·바람 등을 막기 위하여 설치된 방사제·방파제 등의 부지
⑤ 갈대밭, 실외에 물건을 쌓아두는 곳, 돌을 캐내는 곳, 흙을 파내는 곳, 야외시장 및 공동우물

해설 ④ 모래·바람 등을 막기 위하여 설치된 방사제·방파제 등의 부지는 '제방'이다

정답 ④

06 공간정보의 구축 및 관리 등에 관한 법령상 지목의 구분에 관한 설명으로 **틀린 것은?** 제32회

① 바닷물을 끌어들여 소금을 채취하기 위하여 조성된 토지와 이에 접속된 제염장 등 부속시설물의 부지는 "염전"으로 한다. 다만, 천일제염 방식으로 하지 아니하고 동력으로 바닷물을 끌어들여 소금을 제조하는 공장시설물의 부지는 제외한다.
② 저유소 및 원유저장소의 부지와 이에 접속된 부속시설물의 부지는 "주유소용지"로 한다. 다만, 자동차·선박·기차 등의 제작 또는 정비공장 안에 설치된 급유·송유시설 등의 부지는 제외한다.
③ 물이 고이거나 상시적으로 물을 저장하고 있는 댐·저수지·소류지·호수·연못 등의 토지와 물을 상시적으로 직접 이용하여 연·왕골 등의 식물을 주로 재배하는 토지는 "유지"로 한다.
④ 일반 공중의 보건·휴양 및 정서생활에 이용하기 위한 시설을 갖춘 토지로서 '국토의 계획 및 이용에 관한 법률'에 따라 공원 또는 녹지로 결정·고시된 토지는 "공원"으로 한다.
⑤ 용수 또는 배수를 위하여 일정한 형태를 갖춘 인공적인 수로·둑 및 그 부속시설물의 부지와 자연의 유수가 있거나 있을 것으로 예상되는 소규모 수로부지는 "구거"로 한다.

해설 물이 고이거나 상시적으로 물을 저장하고 있는 댐·저수지·소류지(沼溜地)·호수·연못 등의 토지와 연·왕골 등이 자생하는 배수가 잘 되지 아니하는 토지는 "유지"로 한다.
연·왕골 등의 식물을 주로 재배하는 토지는 "답"으로 한다.

정답 ③

07 공간정보의 구축 및 관리 등에 관한 법령상 지목을 지적도에 등록하는 때에 표기하는 부호로서 옳은 것은? 〔제30회〕

① 광천지 – 천 ② 공장용지 – 공
③ 유원지 – 유 ④ 제방 – 제
⑤ 도로 – 로

해설 지목을 지적도 및 임야도에 등록하는 때에는 다음의 부호로 표기하여야 한다.
① 광천지 – 광
② 공장용지 – 장
③ 유원지 – 원
④ 제방 – 제
⑤ 도로 – 도

정답 ④

08 공간정보의 구축 및 관리 등에 관한 법령상 지상경계 및 지상경계점등록부 등에 관한 설명으로 틀린 것은? 〔제35회〕

① 지적공부에 등록된 경계점을 지상에 복원하는 경우에는 지상경계점등록부를 작성·관리하여야 한다.
② 토지의 지상경계는 둑, 담장이나 그 밖에 구획의 목표가 될 만한 구조물 및 경계점표지 등으로 구분한다.
③ 지상경계의 구획을 형성하는 구조물 등의 소유자가 다른 경우에는 그 소유권에 따라 지상경계를 결정한다.
④ 경계점 좌표는 경계점좌표등록부 시행지역의 지상경계점등록부의 등록사항이다.
⑤ 토지의 소재, 지번, 공부상 지목과 실제 토지이용 지목, 경계점의 사진 파일은 지상경계점등록부의 등록사항이다.

해설 ① 지적소관청은 토지이동에 따라 지상경계를 새로이 정한 경우에는 지상경계점등록부를 작성·관리하여야 한다.

정답 ①

09 측량·수로조사 및 지적에 관한 법령상 지상 경계의 결정기준에 관한 설명으로 옳은 것을 모두 고른 것은? (단, 지상경계의 구획을 형성하는 구조물 등의 소유자가 다른 경우는 제외함) <u>제25회</u>

> ㄱ. 연접되는 토지 간에 높낮이 차이가 없는 경우: 그 구조물 등의 바깥쪽 면
> ㄴ. 연접되는 토지 간에 높낮이 차이가 있는 경우: 그 구조물 등의 상단부
> ㄷ. 도로·구거 등의 토지에 절토(切土)된 부분이 있는 경우: 그 경사면의 하단부
> ㄹ. 토지가 해면 또는 수면에 접하는 경우: 최대만조위 또는 최대만수위가 되는 선
> ㅁ. 공유수면매립지의 토지 중 제방 등을 토지에 편입하여 등록하는 경우: 바깥쪽 어깨부분

① ㄱ, ㄴ   ② ㄱ, ㅁ   ③ ㄴ, ㄷ   ④ ㄷ, ㄹ   ⑤ ㄹ, ㅁ

> **해설**
> ㉠ 연접되는 토지 간에 높낮이 차이가 없는 경우에는 그 구조물 등의 중앙
> ㉡ 연접되는 토지 간에 높낮이 차이가 있는 경우에는 그 구조물 등의 하단부
> ㉢ 도로·구거 등의 토지에 절토(切土)된 부분이 있는 경우에는 그 경사면의 상단부
>
> **정답** ⑤

10 공간정보의 구축 및 관리 등에 관한 법령상 경계점좌표등록부가 있는 지역의 토지분할을 위하여 면적을 정할 때의 기준에 대한 내용이다. ( )에 들어갈 내용으로 옳은 것은? (단, 다른 조건은 고려하지 아니함) <u>제35회</u>

> • 분할 후 각 필지의 면적합계가 분할 전 면적보다 많은 경우에는 구하려는 (ㄱ)부터 순차적으로 버려서 정하되, 분할 전 면적에 증감이 없도록 할 것
> • 분할 후 각 필지의 면적합계가 분할 전 면적보다 적은 경우에는 구하려는 (ㄴ)부터 순차적으로 올려서 정하되, 분할 전 면적에 증감이 없도록 할 것

① ㄱ: 끝자리의 숫자가 작은 것,   ㄴ: 끝자리의 숫자가 큰 것
② ㄱ: 끝자리의 다음 숫자가 작은 것,   ㄴ: 끝자리의 다음 숫자가 큰 것
③ ㄱ: 끝자리의 숫자가 큰 것,   ㄴ: 끝자리의 숫자가 작은 것
④ ㄱ: 끝자리의 다음 숫자가 큰 것,   ㄴ: 끝자리의 다음 숫자가 작은 것
⑤ ㄱ: 끝자리의 숫자가 큰 것,   ㄴ: 끝자리의 다음 숫자가 작은 것

> **해설**
> • 분할 후 각 필지의 면적합계가 분할 전 면적보다 많은 경우에는 구하려는 끝자리의 다음 숫자가 작은 것부터 순차적으로 버려서 정하되, 분할 전 면적에 증감이 없도록 할 것
> • 분할 후 각 필지의 면적합계가 분할 전 면적보다 적은 경우에는 구하려는 끝자리의 다음 숫자가 큰 것부터 순차적으로 올려서 정하되, 분할 전 면적에 증감이 없도록 할 것
>
> **정답** ②

11 공간정보의 구축 및 관리 등에 관한 법령상 지적도와 임야도의 축척 중에서 공통된 것으로 옳은 것은? 〔제35회〕

① 1/1200, 1/2400
② 1/1200, 1/3000
③ 1/2400, 1/3000
④ 1/2400, 1/6000
⑤ 1/3000, 1/6000

> 해설 ┃ **지적도의 축척**
> 1/500, 1/600, 1/1000, 1/1200, 1/2400, 1/3000, 1/6000
>
> **임야도의축척**
> 1/3000, 1/6000

12 공간정보의 구축 및 관리 등에 관한 법령상 지적도의 축척이 600분의 1인 지역에서 신규등록할 1필지의 면적을 측정한 값이 145.450㎡인 경우 토지대장에 등록하는 면적의 결정으로 옳은 것은? 〔제34회〕

① 145㎡
② 145.4㎡
③ 145.45㎡
④ 145.5㎡
⑤ 146㎡

> 해설 ┃ 지적도의 축척이 600분의 1인 지역과 경계점좌표등록부에 등록하는 지역의 토지 면적은 제곱미터 이하 한 자리 단위로 하되, 0.1제곱미터 미만의 끝수가 있는 경우 0.05제곱미터 미만일 때에는 버리고 0.05제곱미터를 초과할 때에는 올리며, 0.05제곱미터일 때에는 구하려는 끝자리의 숫자가 0 또는 짝수이면 버리고 홀수이면 올린다. 145.450㎡인 경우 끝수가 0.05이며 0.05제곱미터일 때에는 구하려는 끝자리의 숫자가 0 또는 짝수이면 버린다. 그러므로 145.4㎡이다.

정답 ②

02 지적공부

단원별 학습포인트

□ 토지를 등록하는 공적장부인 지적공부에 관하여 학습하는 부분이다.

□ 매년 3~4문제 출제되고 있다.

□ 각 지적공부의 등록하는 사항은 매년 출제되고 있으며 지적공부의 관리 및 공개그리고 지적공부의복구 관한 내용도 함께 학습하셔야 합니다. 지적공부는 아니지만 지적관련 공부로서 부동산종합공부에 관한 사항도 출제되고 있으니 세심한 학습을 요합니다.

제1절 지적공부의 의의 및 종류

지적공부는 토지의 소재나 지번·지목·경계 또는 좌표와 면적 등 지적에 관한 내용을 등록하여 그 내용을 공적으로 증명하는 장부이다. 이는 토지대장, 임야대장, 공유지연명부, 대지권등록부, 지적도, 임야도 및 경계점좌표등록부 등 지적측량 등을 통하여 조사된 토지의 표시와 해당 토지의 소유자 등을 기록한 대장 및 도면(정보처리시스템을 통하여 기록·저장된 것을 포함한다)을 말한다.

1 대장

1. 토지대장과 임야대장

(1) 의의

토지대장이란 임야대장에 등록할 것으로 정한 토지를 제외한 모든 토지의 일정사항을 등록하는 지적공부이다. 임야대장이란 토지대장 등록에서 제외된 임야와 그 밖에 정부가 임야대장에 등록할 것으로 정한 토지를 대상으로 하여 그에 관한 내용을 등록하는 지적공부이다.

(2) 등록사항 제20~35회

토지대장 및 임야대장에는 다음 사항을 기재한다.

① **토지의 소재**: 법정 동·리 단위까지 행정구역을 기재

② **지번**: 110-10 또는 산 110-10

③ **지목**: 과수원·임야 등의 정식명칭을 기재

④ **면적**: m^2 단위로 표시

⑤ 소유자의 성명 또는 명칭·주소·주민등록번호(소유자가 국가, 지방자치단체, 법인, 법인 아닌 사단이나
    재단 및 외국인인 경우에는 주민등록번호 대신에 그 부동산등기용등록번호를 기재)
⑥ 고유번호(각 필지를 서로 구별하기 위하여 필지마다 붙이는 고유한 번호)
⑦ 도면번호와 필지별 대장의 장번호 및 축척
⑧ 토지이동 사유
⑨ 토지소유자가 변경된 날(등기접수일자를 기재)과 그 원인(등기원인을 기재)
⑩ 토지등급 또는 기준수확량등급과 그 설정·수정연월일
⑪ 개별공시지가와 그 기준일
⑫ 그 밖에 국토교통부장관이 정하는 사항

| | 1 | 2 | 3 | 4 | 5 | 6 | 7 | 8 | 9 | 10 | | 1 | 2 | 3 | 4 | 5 | 6 | 7 | 8 | 9 | 10 | 11 | 12 | 13 | 14 | 15 | 16 | 17 | 18 | 19 | 20 | 21 | 22 | 23 | 24 | 25 |

고유번호			토 지 대 장		도면번호		장번호	
토지소재		지 번		축척		비 고		
토 지 표 시				소 유 자				
지목	면 적 ㎡	사 유	변 동 일 변 동 원 인	주 소	등 록 번 호 성명 또는 명칭
			년 월 일		
			년 월 일		
등 급 수 정 연 월 일																							
토 지 등 급 (기준수확량등급)	( )( )( )( )( )( )( )( )( )( ) ( )
개별공시지가 기준일																			용도지역 등
개별공시지가(원/㎡)																			

| 0 | 1 | 2 | 3 | 4 | 5 | 6 | 7 | 8 | 9 | 10 | | 1 | 2 | 3 | 4 | 5 | 6 | 7 | 8 | 9 | 10 | 11 | 12 | 13 | 14 | 15 | 16 | 17 | 18 | 19 | 20 | 21 | 22 | 23 | 24 | 25 |

270㎜×190㎜ (켄트특수합지 15g/장)

2. 공유지연명부와 대지권등록부

(1) 의의

토지대장 또는 임야대장에 등록하는 토지에 관하여 1필지의 소유자가 2인 이상인 경우에는 공유지
연명부에, 「부동산등기법」에 의하여 대지권등기가 된 때에는 대지권등록부에 다음 사항을 등록한다.

(2) 등록사항

① 공유지연명부의 등록사항

ㄱ 토지의 소재

ㄴ 지번

ㄷ 소유권 지분

ㄹ 소유자의 성명 또는 명칭, 주소 및 주민등록번호(소유자가 국가, 지방자치단체, 법인, 법인 아닌 사단이나 재단 및 외국인인 경우에는 주민등록번호 대신에 그 부동산등기용등록번호를 기재)

ㅁ 토지의 고유번호

ㅂ 필지별 공유지연명부의 장번호

ㅅ 토지소유자가 변경된 날과 그 원인

| 0 | 1 | 2 | 3 | 4 | 5 | 6 | 7 | 8 | 9 | 10 | | 1 | 2 | 3 | 4 | 5 | 6 | 7 | 8 | 9 | 10 | 11 | 12 | 13 | 14 | 15 | 16 | 17 | 18 | 19 | 20 | 21 | 22 | 23 | 24 | 25 |

공 유 지 연 명 부

고유번호							장번호	
토지 소재				지 번			비 고	
변동일	소유권 지분	소 유 자		변동일	소유권 지분	소 유 자		
변동원인		주 소	등록번호 / 성명 또는 명칭	변동원인		주 소	등록번호 / 성명 또는 명칭	
년 월 일				년 월 일				
년 월 일				년 월 일				
년 월 일				년 월 일				
년 월 일				년 월 일				
년 월 일				년 월 일				
년 월 일				년 월 일				
년 월 일				년 월 일				
년 월 일				년 월 일				

| 0 | 1 | 2 | 3 | 4 | 5 | 6 | 7 | 8 | 9 | 10 | | 1 | 2 | 3 | 4 | 5 | 6 | 7 | 8 | 9 | 10 | 11 | 12 | 13 | 14 | 15 | 16 | 17 | 18 | 19 | 20 | 21 | 22 | 23 | 24 | 25 |

270mm×190mm (켄트특수합지 15g/장)

② 대지권등록부의 등록사항

  ㉠ 토지의 소재

  ㉡ 지번

  ㉢ 대지권 비율

  ㉣ 소유자의 성명 또는 명칭, 주소 및 주민등록번호(소유자가 국가, 지방자치단체, 법인, 법인 아닌 사단이나 재단 및 외국인인 경우에는 주민등록번호 대신에 그 부동산등기용등록번호를 기재)

  ㉤ 토지의 고유번호

  ㉥ 전유부분의 건물표시

  ㉦ 건물명칭

  ㉧ 집합건물별 대지권 등록부의 장번호

  ㉨ 토지소유자가 변경된 날과 그 원인

  ㉩ 소유권 지분

| 0 | 1 | 2 | 3 | 4 | 5 | 6 | 7 | 8 | 9 | 10 | ▨ | 1 | 2 | 3 | 4 | 5 | 6 | 7 | 8 | 9 | 10 | 11 | 12 | 13 | 14 | 15 | 16 | 17 | 18 | 19 | 20 | 21 | 22 | 23 | 24 | 25 |

고 유 번 호		대지권등록부		전 유 부분의 건 물 표 시		건 물 명 칭	
토 지 소 재		지번		대지권 비 율		장번호	
지 번							
대지권 비 율	___	___	___	___	___	___	___

변 동 일	소유권 지 분	소 유 자		변 동 일	소유권 지 분	소 유 자	
변 동 원 인		주 소	등 록 번 호	변 동 원 인		주 소	등 록 번 호
			성명 또는 명칭				성명 또는 명칭
년 월 일				년 월 일			
년 월 일				년 월 일			
년 월 일				년 월 일			
년 월 일				년 월 일			

| 0 | 1 | 2 | 3 | 4 | 5 | 6 | 7 | 8 | 9 | 10 | ▨ | 1 | 2 | 3 | 4 | 5 | 6 | 7 | 8 | 9 | 10 | 11 | 12 | 13 | 14 | 15 | 16 | 17 | 18 | 19 | 20 | 21 | 22 | 23 | 24 | 25 |

270㎜×190㎜ (켄트특수합지 15g/장)

2 도면(지적도와 임야도)

1. 의의

지적도와 임야도는 각각 토지대장과 임야대장에 등록된 토지에 관한 사항을 알기 쉽도록 도해적으로 표시하여 놓은 지적공부이다. 지적도는 토지대장에 등록된 사항을, 임야도는 임야대장에 등록된 사항을 도면으로 표시한 지적공부이다.

2. 도면의 법정축척 제35회

(1) 지적도의 축척

지적도에서 사용하는 축척은 1/500·1/600·1/1,000·1/1,200·1/2,400·1/3,000·1/6,000 일곱 가지이다. 이 중에서 일반적으로는 1/1,200의 축척을 사용하고 있다.

(2) 임야도의 축척

임야도에서는 1/3,000·1/6,000의 두 가지의 축척이 사용되고 있다. 이 중에서 대부분 1/6,000 축척을 사용하고 있다.

(3) 경계점좌표등록부 시행지역의 지적도의 축척

도시개발사업 등의 시행지역(농지의 구획정리지역을 제외한다)과 축척변경시행지역은 일반적으로 1/500로 작성한다.

3. 등록사항

(1) 지적도 및 임야도에는 각각 다음 사항을 등록한다

① 토지의 소재: 동·리 단위까지 행정구역을 기재
② 지번: 각 필지의 경계선 안에 아리비아숫자로 기재
③ 지목: 지번 오른쪽 옆에 부호로 기재
④ 경계: 각 굴곡점을 잇는 직선으로 표시
⑤ 도면의 색인도(인접도면의 연결 순서를 표시하기 위하여 기재한 도표와 번호를 말한다)
⑥ 도면의 제명 및 축척
⑦ 도곽선 및 도곽선수치
⑧ 좌표에 의하여 계산된 경계점 간의 거리(경계점좌표등록부를 갖춰 두는 지역에 한한다)
⑨ 삼각점 및 지적기준점의 위치
⑩ 건축물 및 구조물 등의 위치
⑪ 그 밖에 국토교통부장관이 정하는 사항

(2) 경계점좌표등록부를 비치하는 지역 내의 지적도에는 도면의 제명 끝에 '(좌표)'라고 표시하고, 도곽선의 오른쪽 아래끝에 '이 도면에 의하여 측량을 할 수 없음'이라고 기재하여야 한다.

지적도

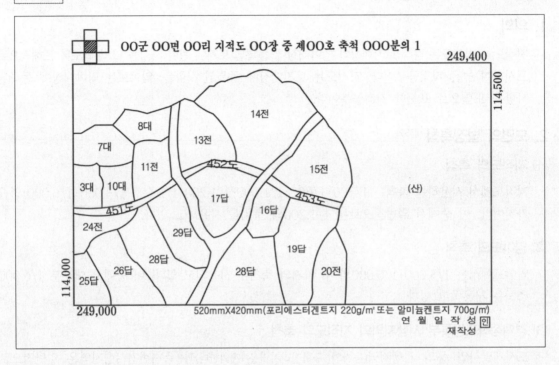

임야도

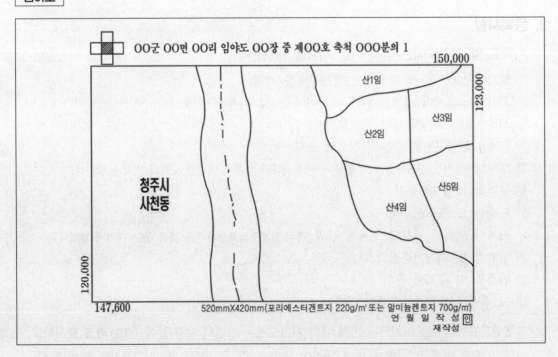

지적도(경계점좌표등록부 시행지역)

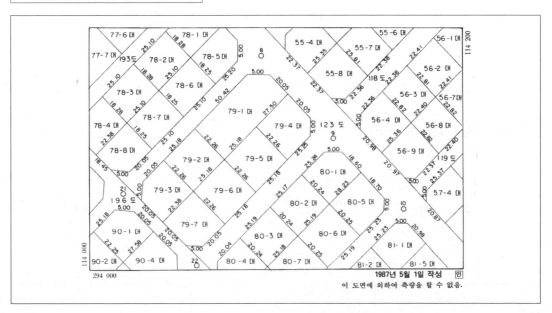

3 경계점좌표등록부 제28회

1. 의의

경계점좌표등록부는 지적에 관한 사항을 좌표에 의하여 나타내는 지적공부의 일종이다. 이는 지적도나 임야도와 같은 도해지적의 경우에 비해 정밀성을 높일 수 있다는 장점은 있으나, 전문지식이 없는 일반인은 표시된 내용을 용이하게 이해할 수 없다는 단점이 있다. 경계점좌표등록부는 지적도, 토지대장과 함께 비치한다.

2. 비치지역

경계점좌표등록부는 다른 지적공부와는 달리 전국적으로 작성·비치하지 않으며, 경계점좌표등록부를 비치하여야 할 지역은 지적확정측량과 축척변경측량 등을 실시하여 경계점을 좌표로 등록한 지역으로 한다.

3. 등록사항

① 토지의 소재
② 지번
③ 좌표
④ 고유번호

⑤ 도면번호 및 필지별 경계점좌표등록부의 장번호

⑥ 부호 및 부호도

4. 경계와 면적

경계점좌표등록부가 비치되는 지역의 경계는 좌표에 의해서 결정하며, 면적은 좌표로써 계산한다.

5. 경계점좌표등록부가 비치되는 지역의 지적도의 특성

① 도면의 제명(좌표)

② 좌표에 의하여 계산된 경계점 간의 거리

③ 이 도면에 의하여 측량힐 수 없음

| 0 | 1 | 2 | 3 | 4 | 5 | 6 | 7 | 8 | 9 | 10 | / | 1 | 2 | 3 | 4 | 5 | 6 | 7 | 8 | 9 | 10 | 11 | 12 | 13 | 14 | 15 | 16 | 17 | 18 | 19 | 20 | 21 | 22 | 23 | 24 | 25 |

경 계 점 좌 표 등 록 부

고유번호	1108030200 - 30400 - 0001			도면번호	3	장 번호	1
토지소재	서울특별시 마포구 창전동	지번	400 - 1	비 고	1 : 500		

부 호 도	부호	좌 표		부호	좌 표	
		X m	Y m		X m	Y m
	1	45428992	19891871			
	2	45428912	19892054			
	3	45428516	19892915			
	4	45428120	19893858			
	5	45428851	19893743			
	6	45428250	19892823			
	7	45428641	19891921			
	8	45428717	19891747			
	9	45428854	19891809			

| 0 | 1 | 2 | 3 | 4 | 5 | 6 | 7 | 8 | 9 | 10 | / | 1 | 2 | 3 | 4 | 5 | 6 | 7 | 8 | 9 | 10 | 11 | 12 | 13 | 14 | 15 | 16 | 17 | 18 | 19 | 20 | 21 | 22 | 23 | 24 | 25 |

270mm×190mm (보존용지(1종) 120g/㎡)

4 전산처리된 지적공부(정보처리시스템)

대장, 도면, 경계점좌표등록부 등에 등록할 사항을 정보처리시스템을 통하여 기록·저장한 경우도 지적공부로 본다.

지적공부의 등록사항

구분	대장				도면		
	토지대장	임야대장	공유지연명부	대지권등록부	지적도	임야도	경계점좌표등록부
소재	○	○	○	○	○	○	○
지번	○	○	○	○	○	○	○
지목	정식명칭	정식명칭	×	×	부호	부호	×
경계	×	×	×	×	○	○	×
좌표	×	×	×	×	×	×	○
면적	○	○	×	×	×	×	×
축척	○	○	×	×	○	○	×
소유자에 관한 사항 (성명, 주소, 주민번호, 변동원인, 변동일자)	○	○	○	○	×	×	×
소유자별 지분	×	×	○	○	×	×	×
고유번호	○	○	○	○	×	×	○
장번호	○	○	○	○	×	×	○
도면번호	○	○	×	×	○	○	○
기타	• 토지등급 • 토지이동 사유 • 개별공시지가와 기준일 • 기준수확량 등급			• 건물명칭 • 전유부분 건물의 표시 • 대지권의 비율	• 도면의 색인도 • 도면의 제명 • 도곽선 • 도곽선의 수치값 • 삼각점 및 지적기준점 위치 • 건축물 및 구조물위치 현황		

☐ 지적도(등록사항) + 토지대장 + 경계점좌표등록부 비치지역   ☐ 경계점좌표등록부만 등록사항
  ① 도면의 제명(좌표)   ① 부호   ② 부호도
  ② 좌표에 의하여 계산된 경계점 간의 거리
  ③ 이 도면에 의하여 측량할 수 없다.

제2절   지적공부의 보관 및 공개 제20회, 제26회, 제30회, 제32회

1 지적공부의 비치·보존

1. 비치·보존

지적소관청은 해당 청사에 지적서고를 설치하고 그곳에 지적공부(정보처리시스템을 통하여 기록·저장한 경우는 제외한다. 이하 아래와 같다)를 영구히 보존하여야 하며, 다음의 어느 하나에 해당하는 경우 외에는 해당 청사 밖으로 지적공부를 반출할 수 없다.

(1) 천재지변이나 그 밖에 이에 준하는 재난을 피하기 위하여 필요한 경우

(2) 관할 시·도지사 또는 대도시 시장의 승인을 받은 경우

2. 통지 및 정보관리체계의 구축

(1) 지적공부의 반출신청을 받은 시·도지사 또는 대도시 시장은 지적공부 반출사유 등을 심사한 후 그 승인 여부를 지적소관청에 통지하여야 한다.

(2) 지적공부를 정보처리시스템을 통하여 기록·저장한 경우 관할 시·도지사, 시장·군수 또는 구청장은 그 지적공부를 지적정보관리체계에 영구히 보존하여야 한다.

(3) 국토교통부장관은 지적정보관리체계에 영구히 보존하여야 하는 지적공부가 멸실되거나 훼손될 경우를 대비하여 지적공부를 복제하여 관리하는 정보관리체계를 구축하여야 한다.

3. 지적정보 전담 관리기구

(1) 국토교통부장관은 지적공부의 효율적인 관리 및 활용을 위하여 지적정보 전담 관리기구를 설치·운영한다.

(2) 국토교통부장관은 지적공부를 과세나 부동산정책자료 등으로 활용하기 위하여 주민등록전산자료, 가족관계등록전산자료, 부동산등기전산자료 또는 공시지가전산자료 등을 관리하는 기관에 그 자료를 요청할 수 있으며, 요청을 받은 관리기관의 장은 특별한 사정이 없으면 그 요청에 따라야 한다.

2 지적공부의 열람 및 등본교부

1. 의의

(1) 지적공부를 열람하거나 그 등본을 발급받으려는 자는 해당 지적소관청에 그 열람 또는 발급을 신청하여야 한다.

(2) 정보처리시스템을 통하여 기록·저장된 지적공부(지적도 및 임야도는 제외한다)를 열람하거나 그 등본을 발급받으려는 경우에는 특별자치시장, 시장·군수 또는 구청장이나 읍·면·동의 장에게 신청할 수 있다.

(3) 지적공부를 열람하거나 그 등본을 발급받으려는 자는 지적공부·부동산종합공부 열람·발급 신청서(전자문서로 된 신청서를 포함한다)를 지적소관청 또는 읍·면·동장에게 제출하여야 한다.

2. 지적도면의 복사

(1) 신청

국가기관, 지방자치단체 또는 지적측량수행자가 지적도면(정보처리시스템에 구축된 지적도면 데이터 파일을 포함한다)을 복사하려는 경우에는 지적도면 복사의 목적, 사업계획 등을 적은 신청서를 지적소관청에 제출하여야 한다.

(2) 복사

지적도면의 복사신청을 받은 지적소관청은 신청 내용을 심사한 후 그 타당성을 인정하는 때에 지적도면을 복사할 수 있게 하여야 한다. 다만, 복사한 지적도면은 신청 당시의 목적 외의 용도로는 사용할 수 없다.

3 지적전산자료의 이용 등

1. 지적전산자료의 이용절차

(1) 관계 중앙행정기관장의 심사

① 심사신청: 지적전산자료를 신청하려는 자는 지적전산자료의 이용 또는 활용 목적 등에 관하여 미리 관계 중앙행정기관의 심사를 받아야 한다. 다만, 중앙행정기관의 장, 그 소속기관의 장 또는 지방자치단체의 장이 신청하는 경우에는 그러하지 아니하다.

③ 관계중앙행정기관의 심사를 받지 아니할 수 있는 경우
   ㉠ 토지소유자가 자기 토지에 대한 지적전산자료를 신청하는 경우
   ㉡ 토지소유자가 사망하여 그 상속인이 피상속인의 토지에 지적전산자료를 신청하는 경우

② **심사 결과의 통지**: 위의 심사신청을 받은 관계 중앙행정기관장은 다음 사항을 심사한 후 그 결과를 신청인에게 통지하여야 한다.
    ㉠ 신청 내용의 타당성·적합성·공익성
    ㉡ 개인의 사생활 침해 여부
    ㉢ 자료의 목적 외 사용방지 및 안전관리대책

(2) 지적전산자료 이용 및 활용 신청

지적공부에 관한 전산자료(연속지적도를 포함하며, 이하 '지적전산자료'라 한다)를 이용하거나 활용하려는 자는 다음의 구분에 따라 국토교통부장관, 시·도지사 또는 지적소관청에 지적전산자료를 신청하여야 한다.

① 전국 단위의 지적전산자료: 국토교통부장관, 시·도지사 또는 지적소관청
② 시·도 단위의 지적전산자료: 시·도지사 또는 지적소관청
③ 시·군·구(자치구가 아닌 구를 포함한다) 단위의 지적전산자료: 지적소관청

(3) 지적전산자료 이용 및 활용 신청서 제출등

① 지적전산자료의 이용 또는 활용 신청을 하려는 자는 지적전산자료의 이용·활용 신청서에 심사 결과를 첨부하여 국토교통부장관, 시·도지사 또는 지적소관청에 제출해야 한다. 다만, 다음 아래의 경우에는심사 결과를 첨부하지 않을 수 있다.
    ㉠ 중앙행정기관의 장, 그 소속 기관의 장 또는 지방자치단체의 장이 지적전산자료의 이용 또는 활용을 신청하는 경우
    ㉡ 관계 중앙행정기관의 심사를 받지 않은 경우
② 국토교통부장관, 시·도지사 또는 지적소관청은 지적전산자료의 이용·활용 신청서 및 제심사 결과를 확인한 후 지적전산자료를 제공해야 한다. 다만, 다음 아래의 어느 하나에 해당하는 경우에는 지적전산자료를 제공하지 않을 수 있다.
    ㉠ 신청한 사항의 처리가 전산정보처리조직으로 불가능한 경우
    ㉡ 신청한 사항의 처리가 지적업무수행에 지장을 주는 경우
③ 국토교통부장관, 시·도지사 또는 지적소관청은 확인을 거쳐 지적전산자료를 제공했을 때에는 지적전산자료 이용·활용 대장에 그 내용을 기록·관리해야 한다.
④ 지적전산자료를 제공받는 자는 국토교통부령으로 정하는 사용료를 내야 한다. 다만, 국가나 지방자치단체에 대해서는 사용료를 면제한다.

제3절 **지적공부의 복구** 제22회, 제26회, 제28회, 제31회, 제33회, 제35회

1 의의

(1) 지적공부의 복구란 지적공부의 전부 또는 일부가 멸실된 경우에 관계자료에 의하여 멸실 당시의 지적공부를 다시 복원하는 것을 말한다.

(2) 지적소관청(정보처리시스템에 따른 지적공부의 경우에는 시·도지사, 시장·군수 또는 구청장)은 지적공부의 전부 또는 일부가 멸실되거나 훼손된 경우에는 대통령령으로 정하는 바에 따라 지체 없이 이를 복구하여야 한다.

(3) 지적소관청이 지적공부를 복구하고자 하는 때에는 멸실·훼손 당시의 지적공부와 가장 부합된다고 인정되는 관계 자료에 따라 토지의 표시에 관한 사항을 복구해야 한다.

2 복구자료

(1) 토지표시에 관한 사항

① 지적공부등본
② 측량결과도
③ 토지이동정리 결의서
④ 부동산등기부 등본 등 등기사실을 증명하는 서류
⑤ 지적소관청이 작성하거나 발행한 지적공부의 등록내용을 증명하는 서류
⑥ 복제된 정보처리시스템
⑦ 법원의 확정판결서 정본 또는 사본

(2) 소유자에 관한 사항

소유자에 관한 사항은 부동산등기부나 법원의 확정판결에 의하여 복구하여야 한다.

3 복구절차

지적공부의 복구는 다음의 순서에 따라 하게 된다.

(1) 복구자료의 조사

지적소관청은 지적공부를 복구하고자 하는 때에는 복구자료를 조사하여야 한다.

(2) 지적복구자료조사서와 복구자료도 작성

지적소관청은 조사된 복구자료 중 대장의 등록내용을 증명하는 서류 등에 의하여 지적복구자료조사서를 작성하고, 도면의 등록내용을 증명하는 서류 등에 의하여 복구자료도를 작성하여야 한다.

(3) 복구측량

① 복구자료도에 의하여 측정한 면적과 지적복구자료조사서의 조사된 면적의 증감이 법정 허용범위를 초과하거나 복구자료도를 작성할 복구자료가 없는 때에는 복구측량을 하여야 한다. 다만, 지적복구자료조사서의 조사된 면적이 법정 허용범위 이내인 때에는 그 면적을 복구면적으로 결정하여야 한다.

② 복구측량을 한 결과가 복구자료와 부합하지 아니하는 때에는 토지소유자 및 이해관계인의 동의를 얻어 경계 또는 면적 등을 조정할 수 있다. 이 경우 경계를 조정한 때에는 조정된 경계점에 경계점표지를 설치하여야 한다.

(4) 복구할 토지의 표시 등의 게시

① 지적소관청은 복구자료의 조사 또는 복구측량 등이 완료되어 지적공부를 복구하고자 하는 때에는 복구하고자 하는 토지의 표시 등을 시·군·구의 게시판 및 인터넷 홈페이지에 15일 이상 게시하여야 한다.

② 복구하고자 하는 토지의 표시 등에 이의가 있는 자는 게시기간 내에 지적소관청에 이의신청을 할 수 있다. 이 경우 이의신청을 받은 지적소관청은 이의사유를 검토하여 이유 있다고 인정되는 때에는 그 시정에 필요한 조치를 하여야 한다.

(5) 지적공부의 작성(복구)

① 지적복구자료조사서·복구자료도 또는 복구측량결과도 등에 의하여 대장 또는 도면을 복구하여야 한다.

② 대장은 복구되고 도면이 복구되지 아니한 토지가 축척변경 시행지역이나 도시개발사업 등의 시행지역에 편입된 때에는 도면을 복구하지 아니할 수 있다.

> **보충학습** | 지적에 관한 기타 공부
>
> 1. 연속지적도의 관리 등
>   ① 국토교통부장관은 연속지적도의 관리 및 정비에 관한 정책을 수립·시행하여야 한다.
>   ② 지적소관청은 지적도·임야도에 등록된 사항에 대하여 토지의 이동 또는 오류사항을 정비한 때에는 이를 연속지적도에 반영하여야 한다.
>   ③ 국토교통부장관은 지적소관청의 연속지적도 정비에 필요한 경비의 전부 또는 일부를 지원할 수 있다.

④ 국토교통부장관은 연속지적도를 체계적으로 관리하기 위하여 대통령령으로 정하는 바에 따라 연속지적도 정보관리체계를 구축·운영할 수 있다.

⑤ 국토교통부장관 또는 지적소관청은 연속지적도의 관리·정비 및 제4항에 따른 연속지적도 정보관리체계의 구축·운영에 관한 업무를 대통령령으로 정하는 법인, 단체 또는 기관에 위탁할 수 있다. 이 경우 위탁관리에 필요한 경비의 전부 또는 일부를 지원할 수 있다.

2. 일람도(一覽圖)

① 일람도의 등재사항: 일람도란 지적도 및 임야도의 배치나 그에 관한 접속관계를 한눈에 알 수 있도록 지번부여지역마다 그 대략적인 지적내용을 표시하여 놓은 도면을 말한다. 지적소관청은 도면의 관리상 필요한 때에는 지번부여지역마다 일람도를 작성하여 비치할 수 있다.

3. 지번색인표

① 의의: 지번색인표는 원하는 지번의 토지가 어느 지적도에 등록되어 있는가를 용이하게 알 수 있도록 정리해 놓은 표(용지)이다. 즉, 도면번호별로 지번의 등록사항을 쉽게 알기 위하여 일람도별로 작성한 것이 지번색인표이다.

제4절 | 부동산종합공부 제25회, 제27회, 제32회, 제33회

'부동산종합공부'란 토지의 표시와 소유자에 관한 사항, 건축물의 표시와 소유자에 관한 사항, 토지의 이용 및 규제에 관한 사항, 부동산의 가격에 관한 사항 등 부동산에 관한 종합정보를 정보관리체계를 통하여 기록·저장한 것을 말한다.

1. 부동산종합공부의 관리 및 운영

(1) 지적소관청은 부동산의 효율적 이용과 부동산과 관련된 정보의 종합적 관리·운영을 위하여 부동산종합공부를 관리·운영한다.

(2) 지적소관청은 부동산종합공부를 영구히 보존하여야 하며, 부동산종합공부의 멸실 또는 훼손에 대비하여 이를 별도로 복제하여 관리하는 정보관리체계를 구축하여야 한다.

(3) 부동산종합공부의 등록사항을 관리하는 기관의 장은 지적소관청에 상시적으로 관련 정보를 제공하여야 한다.

(4) 지적소관청은 부동산종합공부의 정확한 등록 및 관리를 위하여 필요한 경우에는 부동산종합공부의 등록사항을 관리하는 기관의 장에게 관련 자료의 제출을 요구할 수 있다. 이 경우 자료의 제출을 요구받은 기관의 장은 특별한 사유가 없으면 자료를 제공하여야 한다.

(5) 지적소관청은 부동산종합공부의 등록사항 정정을 위하여 부동산종합공부의 등록사항상호 간에 일치하지 아니하는 사항(이하 이 조에서 "불일치 등록사항"이라 한다)을 확인 및 관리하여야 한다.

(6) 지적소관청은 불일치 등록사항을 그 등록사항을 관리하는 기관의 장에게 그 내용을 통지하여 등록사항 정정에 협조를 요청할 수 있다. 이 경우 협조를 요청받은 기관의 장은 특별한 사유가 없으면 그 자료를 정정하여야 한다.

2. 부동산종합공부의 등록사항 등

(1) 토지의 표시와 소유자에 관한 사항

지적공부의 내용

(2) 건축물의 표시와 소유자에 관한 사항(토지에 건축물이 있는 경우만 해당)

건축물대장의 내용

(3) 토지의 이용 및 규제에 관한 사항

토지이용계획확인서의 내용

(4) 부동산의 가격에 관한 사항

개별공시지가, 개별주택가격 및 공동주택가격 공시내용

(5) 그 밖에 부동산의 효율적 이용과 부동산과 관련된 정보의 종합적 관리·운영을 위하여 필요한 사항으로서 대통령령으로 정하는 사항

3. 부동산종합공부의 열람 및 증명서 발급

(1) 부동산종합공부를 열람하거나 부동산종합공부 기록사항의 전부 또는 일부에 관한 증명서(이하 '부동산종합증명서'라 한다)를 발급받으려는 자는 지적소관청이나 읍·면·동의 장에게 신청할 수 있다.

기출 및 예상문제

01 공간정보의 구축 및 관리 등에 관한 법령상 지적공부와 등록사항의 연결이 옳은 것은?

(제35회)

① 토지대장 - 지목, 면적, 경계
② 경계점좌표등록부 - 지번, 토지의 고유번호, 지적도면의 번호
③ 공유지연명부 - 지번, 지목, 소유권 지분
④ 대지권등록부 - 좌표, 건물의 명칭, 대지권 비율
⑤ 지적도 - 삼각점 및 지적기준점의 위치, 도곽선(圖廓線)과 그 수치, 부호 및 부호도

해설
① 경계는 지적도면에만 등록한다.
③ 지목은 지적도면 및 토지·임야대장에만 등록한다.
④ 좌표는 경계점좌표등록부에만 등록한다.
⑤ 부호 및 부호도는 경계점좌표등록부에만 등록한다.

정답 ②

02 공간정보의 구축 및 관리 등에 관한 법령상 지적공부와 등록사항의 연결이 옳은 것은?

(제31회)

① 토지대장 - 경계와 면적
② 임야대장 - 건축물 및 구조물 등의 위치
③ 공유지연명부 - 소유권 지분과 토지의 이동사유
④ 대지권등록부 - 대지권 비율과 지목
⑤ 토지대장·임야대장·공유지연명부·대지권등록부 - 토지소유자가 변경된 날과 그 원인

해설
① 경계는 도면의 등록사항이다.
② 건축물 및 구조물 등의 위치는 도면의 등록사항이다.
③ 토지의 이동사유는 토지대장, 임야대장의 등록사항이다.
④ 지목은 토지대장, 임야대장, 지적도, 임야도의 등록사항이다.

정답 ⑤

03 공간정보의 구축 및 관리 등에 관한 법령상 지적도 및 임야도의 등록사항을 모두 고른 것은?

제32회

> ㄱ. 토지의 소재
> ㄴ. 좌표에 의하여 계산된 경계점 간의 거리(경계점좌표등록부를 갖춰 두는 지역으로 한정)
> ㄷ. 삼각점 및 지적기준점의 위치
> ㄹ. 건축물 및 구조물 등의 위치
> ㅁ. 도곽선과 그 수치

① ㄱ, ㄷ, ㄹ   ② ㄴ, ㄷ, ㅁ   ③ ㄴ, ㄹ, ㅁ
④ ㄱ, ㄴ, ㄷ, ㅁ   ⑤ ㄱ, ㄴ, ㄷ, ㄹ, ㅁ

해설   지적도 및 임야도에는 다음의 사항을 등록하여야 한다. (법 제72조)
1. 토지의 소재
2. 지번
3. 지목
4. 경계
5. 지적도면의 색인도
6. 지적도면의 제명 및 축척
7. 도곽선과 그 수치
8. 좌표에 의하여 계산된 경계점 간의 거리(경계점좌표등록부를 갖춰 두는 지역으로 한정한다)
9. 삼각점 및 지적기준점의 위치
10. 건축물 및 구조물 등의 위치
11. 그 밖에 국토교통부령으로 정하는 사항

 정답 ⑤

04 공간정보의 구축 및 관리 등에 관한 법령상 경계점좌표등록부를 갖춰 두는 지역의 지적공부 및 토지의 등록 등에 관한 설명으로 틀린 것은? 〔제28회〕

① 지적도에는 해당 도면의 제명 앞에 "(수치)"라고 표시하여야 한다.
② 지적도에는 도곽선의 오른쪽 아래 끝에 "이 도면에 의하여 측량을 할 수 없음"이라고 적어야 한다.
③ 토지 면적은 제곱미터 이하 한 자리 단위로 결정하여야 한다.
④ 면적측정 방법은 좌표면적계산법에 의한다.
⑤ 경계점좌표등록부를 갖춰 두는 토지는 지적확정측량 또는 축척변경을 위한 측량을 실시하여 경계점을 좌표로 등록한 지역의 토지로 한다.

> **해설** 경계점좌표등록부를 갖춰 두는 지역의 지적도에는 해당 도면의 제명 끝에 "(좌표)"라고 표시하고, 도곽선의 오른쪽 아래 끝에 "이 도면에 의하여 측량을 할 수 없음"이라고 적어야 한다.

정답 ①

05 공간정보의 구축 및 관리 등에 관한 법령상 대지권등록부와 경계점좌표등록부의 공통 등록사항을 모두 고른 것은? 〔제34회〕

ㄱ. 지번
ㄴ. 소유자의 성명 또는 명칭
ㄷ. 토지의 소재
ㄹ. 토지의 고유번호
ㅁ. 지적도면의 번호

---

① ㄱ, ㄷ, ㄹ
② ㄷ, ㄹ, ㅁ
③ ㄱ, ㄴ, ㄷ, ㄹ
④ ㄱ, ㄴ, ㄷ, ㅁ
⑤ ㄱ, ㄴ, ㄹ, ㅁ

> **해설** ㄱ.ㄷ.ㄹ. 토지의 고유번호은 공통등록사항이나 ㄴ.ㅁ.은 공통등록사항에 해당하지 않는다.

정답 ①

06 공간정보의 구축 및 관리 등에 관한 법령상 지적공부의 복구에 관한 관계 자료에 해당하는 것을 모두 고른 것은? 〔제35회〕

> ㄱ. 측량 결과도
> ㄴ. 법원의 확정판결서 정본 또는 사본
> ㄷ. 토지(건물)등기사항증명서 등 등기사실을 증명하는 서류
> ㄹ. 지적소관청이 작성하거나 발행한 지적공부의 등록내용을 증명하는 서류

① ㄱ, ㄴ   ② ㄴ, ㄷ   ③ ㄷ, ㄹ
④ ㄴ, ㄷ, ㄹ   ⑤ ㄱ, ㄴ, ㄷ, ㄹ

해설 전부 지적공부의 복구에 관한 관계 자료에 해당한다.

정답 ⑤

07 공간정보의 구축 및 관리 등에 관한 법령상 지적공부의 복구에 관한 관계 자료가 <u>아닌</u> 것은? 〔제33회〕

① 지적측량 의뢰서
② 지적공부의 등본
③ 토지이동정리 결의서
④ 법원의 확정판결서 정본 또는 사본
⑤ 지적소관청이 작성하거나 발행한 지적공부의 등록내용을 증명하는 서류

해설 **지적공부의 복구자료**
1. 지적공부의 등본
2. 측량 결과도
3. 토지이동정리 결의서
4. 부동산등기부 등본 등 등기사실을 증명하는 서류
5. 지적소관청이 작성하거나 발행한 지적공부의 등록내용을 증명하는 서류
6. 법 제69조제3항에 따라 복제된 지적공부
7. 법원의 확정판결서 정본 또는 사본

정답 ①

08 공간정보의 구축 및 관리 등에 관한 법령상 지적공부의 복구 및 복구절차 등에 관한 설명으로 틀린 것은? 〔제31회〕

① 지적소관청(정보처리시스템을 통하여 기록·저장한 지적공부의 경우에는 시·도지사, 시장·군수 또는 구청장)은 지적공부의 전부 또는 일부가 멸실되거나 훼손된 경우에는 지체없이 이를 복구하여야 한다.

② 지적공부를 복구할 때에는 멸실·훼손 당시의 지적공부와 가장 부합된다고 인정되는 관계 자료에 따라 토지의 표시에 관한 사항을 복구하여야 한다. 다만, 소유자에 관한 사항은 부동산등기부나 법원의 확정판결에 따라 복구하여야 한다.

③ 지적공부의 등본, 개별공시지가 자료, 측량신청서 및 측량 준비도, 법원의 확정판결서 정본 또는 사본은 지적공부의 복구자료이다.

④ 지적소관청은 조사된 복구자료 중 토지대장·임야대장 및 공유지연명부의 등록 내용을 증명하는 서류 등에 따라 지적 복구자료 조사서를 작성하고, 지적도면의 등록 내용을 증명하는 서류 등에 따라 복구자료도를 작성하여야 한다.

⑤ 복구자료도에 따라 측정한 면적과 지적복구자료 조사서의 조사된 면적의 증감이 오차의 허용 범위를 초과하거나 복구자료도를 작성할 복구자료가 없는 경우에는 복구측량을 하여야 한다.

> **해설** 개별공시지가 자료, 측량신청서 및 측량 준비도는 복구자료가 아니다.
> 지적공부의 복구에 관한 관계 자료는 다음과 같다.
> 1. 지적공부의 등본
> 2. 측량 결과도
> 3. 토지이동정리 결의서
> 4. 부동산등기부 등본 등 등기사실을 증명하는 서류
> 5. 지적소관청이 작성하거나 발행한 지적공부의 등록내용을 증명하는 서류
> 6. 법 제69조제3항에 따라 복제된 지적공부
> 7. 법원의 확정판결서 정본 또는 사본
>
> **정답** ③

03 토지의 이동 및 지적정리 등

CHAPTER

단원별 학습포인트

□ 매년 2~3문제가 출제되는 부분이다.
□ 일반적인 토지이동의 종류와 특수한 토지이동인 축척변경, 토지이동의 신청권자, 지적공부의 정리 및 정정 등을 공부해야 한다. 축척변경과 등록사항정정, 도시개발사업등의 토지이동신청의 특례는 출제 빈도가 높은 부분이므로 반드시 숙지 하여야 한다.

제1절 토지의 이동

1 서설

1. 토지이동의 정의

'토지의 이동(異動)'이라 함은 토지의 표시를 새로이 정하거나 변경 또는 말소하는 것을 말한다. 여기서 토지의 표시라 함은 지적공부에 토지의 소재·지번·지목·면적·경계 또는 좌표를 등록한 것을 말한다.

2. 토지이동의 구분

(1) 토지이동의 구분

① 측량을 요하는 경우로서 신규등록, 등록전환, 분할, 바다로 된 토지의 등록말소, 축척변경, 등록사항의 정정(면적, 경계 등이 달라지는 경우), 도시개발사업의 시행 등이 있다.
② 측량을 요하지 않는 경우로서 합병, 지목변경, 지번변경, 행정구역변경 등이 있다.

(2) 토지이동에 해당하지 않는 것 ^{제25회}

토지이동이란 지적공부에 등록된 토지의 표시사항을 새로이 정하거나 변경·말소하는 것을 의미하므로 이와 관련이 없는 토지소유자의 변경, 토지소유자의 주소변경 등은 토지이동에 해당하지 아니한다.

3. 토지이동 신청의 일반원칙

(1) 토지소유자의 신청 제28회

지적공부에 등록하는 지번·지목·면적·경계 또는 좌표는 토지의 이동이 있는 때에 토지소유자의 신청에 의하여 지적소관청이 결정한다. 다만, 소유자의 신청이 없는 때에는 지적소관청이 직권으로 조사·측량하여 결정할 수 있도록 하여, 직권등록주의를 아울러 채택하고 있다.

(2) 서면신청주의

토지이동 신청 시에는 반드시 해당 사유를 기재한 신청서를 지적소관청에 제출하여야 하며, 구술에 의한 신청은 허용되지 아니한다.

(3) 증빙서면의 첨부

토지의 이동신청서에는 그 사유를 증명할 수 있는 각종 증빙서류(예 인허가증명서, 공사준공서류, 측량성과도 등)를 첨부하여야 한다. 또한 해당하는 서류를 그 지적소관청이 관리하는 경우에는 지적소관청의 확인으로써 그 서류의 제출을 갈음할 수 있다.

② 토지이동의 신청

1. 신규등록 제23회

(1) 의의

① 신규등록이란 새로이 조성된 토지 및 등록이 누락되어 있는 토지를 지적공부에 등록하는 것을 말한다.
② 신규등록의 대상토지는 공유수면매립지, 미등록 공공용 토지(도로, 하천, 구거 등), 기타 미등록 토지 등이다.

(2) 신청절차

① 신청인: 신규등록할 토지가 생긴 경우에는 토지소유자는 그 사유가 발생한 날(공유수면매립지의 경우 준공일)로부터 60일 이내에 지적소관청에 신규등록을 신청하여야 한다.
② 제출서면: 토지소유자가 신규등록을 신청하고자 하는 때에는 신규등록 사유를 기재한 신청서에 다음 서류를 첨부하여 지적소관청에 제출하여야 한다. 다만, 당해 서류를 지적소관청이 관리하는 경우에는 지적소관청의 확인으로써 당해 서류의 제출을 갈음할 수 있다.
　㉠ 법원의 확정판결서 정본 또는 사본
　㉡ 「공유수면 관리 및 매립에 관한 법률」에 의한 준공검사확인증 사본
　㉢ 도시계획구역의 토지를 그 지방자치단체 명의로 등록하는 때에는 기획재정부장관과 협의한 문서의 사본

    ㉣ 그 밖에 소유권을 증명할 수 있는 서류의 사본

   ▢ 부동산등기부 관련 첨부서면은 소유권을 증명하는 서면이 될 수 없다.

(3) 처리절차

 ① 토지표시의 등록

  ㉠ 지적측량의 실시: 신규등록의 경우에는 지적공부에 등록할 경계와 면적을 측정하여야 하므로 지적측량을 실시한 후 측량성과를 토대로 토지표시사항을 지적공부에 등록하여야 한다.

 ② 토지소유자의 등록

  ㉠ 신규등록하는 토지의 소유자는 지적소관청이 조사하여 등록한다.

  ㉡ 「국유재산법」 제2조제10호에 따른 총괄청이나 같은 조 제11호에 따른 중앙관서의 장이 같은 법 제12조제3항에 따라 소유자 없는 부동산에 대한 소유자 등록을 신청하는 경우 지적소관청은 지적공부에 해당 토지의 소유자가 등록되지 아니한 경우에만 등록할 수 있다

2. 등록전환 제22회, 제31회

(1) 의의 및 목적

등록전환이란 임야대장 및 임야도에 등록된 토지를 토지대장 및 지적도에 옮겨 등록하는 것을 말한다. 이는 임야대장에서 토지대장으로 옮겨 등록함으로써 토지의 이용도를 높이는 데 목적이 있다.

(2) 등록전환의 대상토지

 ① 「산지관리법」에 따른 산지전용허가·신고, 산지일시사용허가·신고, 「건축법」에 따른 건축허가·신고 또는 그 밖의 관계 법령에 따른 개발행위 허가 등을 받은 경우

 ② 대부분의 토지가 등록전환되어 나머지 토지를 임야도에 계속 존치하는 것이 불합리한 경우

 ③ 임야도에 등록된 토지가 사실상 형질변경되었으나 지목변경을 할 수 없는 경우

 ④ 도시·군관리계획선에 따라 토지를 분할하는 경우

(3) 신청절차

 ① 신청인: 등록전환할 토지가 있는 때에는 토지소유자는 그 날로부터 60일 내에 지적소관청에 등록전환을 신청하여야 한다. 따라서 토지의 형질변경 등의 공사가 준공되어 당해 토지를 등록전환하는 경우에는 토지소유자가 그 공사의 준공일로부터 60일 이내에 신청하여야 한다.

 ② 제출서면: 토지소유자가 등록전환을 신청하고자 하는 때에는 등록전환 사유를 기재한 신청서에 관계 법령에 의하여 토지의 형질변경 등의 공사가 준공되었음을 증명하는 서류의 사본을 첨부하여 지적소관청에 제출하여야 한다. 단, 당해 서류의 원본을 지적소관청이 관리하는 경우에는 지적소관청의 확인으로써 당해 서류의 제출을 갈음한다.

(4) 처리절차

① 지적측량의 실시

ㄱ 지적측량을 실시하여 등록전환측량성과 등을 토대로 토지대장과 지적도에 새로운 토지표시 사항을 등록하여야 한다.

ㄴ 토지대장에 등록하는 면적은 등록전환측량의 결과에 의하여야 하며, 임야대장의 면적을 그 대로 정리할 수 없다.

ㄷ 임야대장의 면적과 등록전환될 면적의 차이가 법령에 규정된 허용범위 이내인 경우에는 등 록전환될 면적을 등록전환 면적으로 결정하고, 허용범위를 초과하는 경우에는 임야대장의 면적 또는 임야도의 경계를 지적소관청이 직권으로 이를 정정한 후 토지대장·지적도로 옮겨 등록한다.

② 토지소유자의 정리: 등록전환에 의하여 토지소유자가 변경되는 것은 아니므로 등록전환 후 토지 대장에 등록되는 토지소유자는 등록전환 당시의 소유자로 한다.

3. 분할 제20회, 제22회, 제24회

(1) 의의

분할이라 함은 지적공부에 등록된 1필지를 2필지 이상으로 나누어 등록하는 것을 말한다. 토지의 분할은 토지의 효용을 높이기 위하여 빈번하게 이루어지는 토지이동에 해당한다.

(2) 분할의 대상토지

분할 신청을 할 수 있는 경우는 다음과 같다. 다만, 관계 법령에 따라 해당 토지에 대한 분할이 개발행위 허가 등의 대상인 경우에는 개발행위 허가 등을 받은 이후에 분할을 신청할 수 있다.

① 소유권 이전, 매매 등을 위하여 필요한 경우

ㄱ 토지의 일부에 대하여 매매, 증여, 교환계약 등을 체결한 때

ㄴ 공유토지에 대하여 분할에 합의하거나 분할판결이 확정된 때

ㄷ 기타 1필지의 일부의 소유권이 변경되었음을 증명한 때

② 토지이용상 불합리한 지상 경계를 시정하기 위한 때

③ 다만, 토지소유자는 지적공부에 등록된 1필지의 일부가 형질변경 등으로 용도가 변경된 경우에 는 용도가 변경된 날부터 60일 이내에 지적소관청에 토지의 분할을 신청하여야 한다.

(3) 신청절차

① 신청인: 토지의 분할도 원칙적으로 토지소유자의 신청에 의하여 이루어진다. 분할 신청은 원칙적 으로 토지소유자의 임의사항이나, '1필지 일부가 형질변경 등으로 용도가 다르게 된 때'에는 의무적으로 60일 내에 지적소관청에 분할 신청을 하여야 한다.

② 제출서면: 토지소유자가 토지의 분할을 신청하고자 하는 때에는 아래의 서면을 제출하여야 한다.
  ㉠ 다음에 해당하는 서류(단, 당해 서류의 원본을 지적소관청이 관리하는 경우에는 지적소관청의 확인으로써 당해 서류의 제출을 갈음할 수 있다)
    ⓐ 분할 허가 대상인 토지의 경우는 그 허가서 사본
    ⓑ 위 ⓐ에 따른 서류를 해당 지적소관청이 관리할 경우에는 지적소관청의 확인으로 그 서류의 제출을 갈음할 수 있다.
  ㉡ 지목변경 신청서(1필지 일부가 형질변경 등으로 용도가 다르게 되어 분할 신청할 경우에 한한다)

(4) 처리절차

① **지적측량의 실시**: 토지분할을 하고자 하는 경우에는 먼저 지적측량을 실시하여야 한다. 소유자의 분할 신청이 있는 경우 지적소관청은 분할측량성과를 기초로 토지표시사항을 지적공부에 등록하고, 소유권에 관한 사항은 분할 전의 대장에 등록된 사항을 새로이 작성한 대장에 옮겨 등록한다.

② **지목의 등록**: 분할에 의하여 지목이 변경되는 것은 아니므로 분할 후 새로이 작성한 대장에는 분할 당시의 지목을 등록한다. 다만, 1필지의 일부가 형질변경 등으로 용도가 다르게 되어 분할한 때에는 새로운 지목을 등록한다.

③ **면적의 등록**
  ㉠ 면적은 분할측량 후 새로이 측정된 면적을 등록하여야 하며, 면적의 결정은 분할 전의 면적과 증감이 없도록 결정하여야 한다. 분할 전후의 면적에 증감이 있는 경우 그 오차가 허용범위 이내인 경우에는 그 오차를 분할 후의 각 필지의 면적에 따라 나누고, 오차가 허용범위를 초과하는 경우에는 지적공부상의 면적 또는 경계를 정정하여야 한다.
  ㉡ 합병된 토지를 합병 전의 경계대로 분할하는 경우에는 합병 전 각 필지의 면적을 분할 후 각 필지의 면적으로 한다.

④ **토지소유자의 등록**: 분할에 의하여 토지소유자가 변경되는 것은 아니므로 분할 후 새로이 작성한 대장에는 분할 당시의 소유자를 등록한다.

심화학습

분할에 따른 경계결정

1. **지상경계점에 경계점표지를 설치한 후 분할할 수 있는 경우**
   토지를 분할하고자 하는 경우 다음 아래 사항에 해당하는 때에는 지상에 경계점표지를 설치한 후 측량할 수 있다.
   ① 도시개발사업 등의 사업시행자가 사업지구의 경계를 결정하기 위하여 분할하고자 하는 경우

② 공공사업 등에 따라 학교용지·도로·철도용지·제방·하천·구거·유지·수도용지 등의 지목으로 되는 토지인 경우 해당 사업의 시행자가 분할하고자 하는 경우와, 국가나 지방자치단체가 취득하는 토지인 경우 해당 토지를 관리하는 행정기관의 장 또는 지방자치단체의 장이 분할하고자 하는 경우

③ 「국토의 계획 및 이용에 관한 법률」의 규정에 의한 도시·군관리계획 결정고시와 지형도면 고시가 된 지역의 도시·군관리계획선에 따라 토지를 분할하고자 하는 경우

④ 소유권 이전, 매매 등을 위하여 토지를 분할하고자 하는 경우 또는 토지이용상 불합리한 지상 경계를 시정하기 위한 경우

⑤ 관계 법령에 의하여 인가·허가 등을 받아 분할하는 경우

2. 분할에 따른 지상 경계의 결정

분할에 따른 지상 경계는 지상건축물을 걸리게 결정하여서는 아니 된다. 다만, 다음의 1에 해당하는 경우에는 그러하지 아니하다.

① 법원의 확정판결이 있는 경우

② 공공사업 등으로 인하여 학교용지·도로·철도용지·제방·하천·구거·유지·수도용지 등의 지목으로 되는 토지를 분할하고자 하는 경우

③ 도시개발사업 등의 사업시행자가 사업지구의 경계를 결정하기 위하여 분할하고자 하는 경우

④ 「국토의 계획 및 이용에 관한 법률」의 규정에 의한 도시·군관리계획 결정고시와 지형도면 고시가 된 지역의 도시·군관리계획선에 따라 토지를 분할하고자 하는 경우

4. 합병 제22회, 제30회, 제35회

(1) 의의

합병이라 함은 지적공부에 등록된 2필지 이상의 토지를 1필지로 합하여 등록하는 것을 말한다. 합병의 경우에는 신규등록이나 등록전환·분할의 경우와는 달리 지적측량을 요하지 않는다.

(2) 합병의 요건

토지를 합병하는 경우에는 여러 필지의 토지가 법률상 1필지로 된다. 따라서 합병하기 위해서는 필지의 성립요건을 갖추어야 함은 물론 1필지로 되는 데 제한 사유가 없어야 한다. 다음과 같은 사유가 있는 경우에는 토지를 합병할 수 없다(합병이 제한되는 사유).

① 합병하려는 토지의 지번부여지역, 지목 또는 소유자가 서로 다른 경우

② 합병하려는 토지에 다음 각 목의 등기 외의 등기가 있는 경우

가. 소유권·지상권·전세권 또는 임차권의 등기

나. 승역지(承役地)에 대한 지역권의 등기

다. 합병하려는 토지 전부에 대한 등기원인(登記原因) 및 그 연월일과 접수번호가 같은 저당권의 등기

라. 합병하려는 토지 전부에 대한 「부동산등기법」 제81조 제1항 각 호의 등기사항이 동일한 신탁등기

③ 합병하려는 토지의 지적도 및 임야도의 축척이 서로 다른 경우

④ 합병하려는 각 필지가 서로 연접하지 않은 경우

⑤ 합병하려는 토지가 등기된 토지와 등기되지 아니한 토지인 경우

⑥ 합병하려는 각 필지의 지목은 같으나 일부 토지의 용도가 다르게 되어 법 제79조 제2항에 따른 분할대상 토지인 경우. 다만, 합병 신청과 동시에 토지의 용도에 따라 분할 신청을 하는 경우는 제외한다.

⑦ 합병하려는 토지의 소유자별 공유지분이 다른 경우

⑧ 합병하려는 토지 소유자의 주소가 서로 다른 경우. 다만, 합병신청을 접수받은 지적소관청이 「전자정부법」 제36조 제1항에 따른 행정정보의 공동이용을 통하여 다음 각 목의 사항을 확인(신청인이 주민등록표 초본 확인에 동의하지 않는 경우에는 해당 자료를 첨부하도록 하여 확인)한 결과 토지 소유자가 동일인임을 확인할 수 있는 경우는 제외한다.

가. 토지등기사항증명서

나. 법인등기사항증명서(신청인이 법인인 경우만 해당한다)

다. 주민등록표 초본(신청인이 개인인 경우만 해당한다)

⑨ 합병하려는 토지가 구획정리, 경지정리 또는 축척변경을 시행하고 있는 지역의 토지와 그 지역 밖의 토지인 경우

(3) 신청절차

① 원칙: 합병은 원칙적으로 토지소유자의 신청에 의한다. 토지소유자가 토지의 합병을 신청하고자 하는 때에는 합병 사유를 기재한 신청서를 지적소관청에 제출하여야 한다. 합병 신청 여부는 토지소유자의 임의의 의사에 의하는 것이 원칙이므로 합병 신청이 강제되는 것은 아니며, 따라서 신청기간의 제한도 없다.

② 예외: 다만, 「주택법」에 의한 공동주택의 부지와 도로, 하천, 제방, 구거, 유지와 공장용지, 학교용지, 철도용지, 수도용지, 공원, 체육용지 등의 토지인 때에는 토지소유자가 그 합병 사유가 발생한 날로부터 60일 이내에 신청하여야 한다.

(4) 처리절차

토지합병을 하고자 하는 때의 경계 또는 좌표는 합병 전의 각 필지의 경계 또는 좌표가 합병으로 인하여 필요 없게 된 부분을 말소하여 정하고, 면적은 합병 전의 각 필지를 합산하여 그 필지의 면적으로 한다. 따라서 면적의 측정이나 지적측량은 이를 요하지 아니한다.

5. 지목변경 ^{제22회}

(1) 의의

지목변경이라 함은 지적공부에 등록된 지목을 다른 지목으로 바꾸어 등록하는 것을 말한다. 등록전환의 경우에도 원칙적으로 지목변경이 함께 이루어지지만 이는 여기서 말하는 지목변경에 해당되지 않는다.

(2) 지목변경의 대상

지목변경을 신청하여야 할 토지는 다음과 같다.
① 「국토의 계획 및 이용에 관한 법률」 등 관계 법령에 의한 토지의 형질변경 등의 공사가 준공된 경우
② 토지 또는 건축물의 용도가 변경된 경우
③ 도시개발사업 등의 원활한 사업추진을 위하여 사업시행자가 공사준공 전에 토지의 합병을 신청하는 경우

(3) 신청절차

① 신청인: 지목변경도 원칙적으로 토지소유자의 신청에 의한다. 즉, 토지소유자는 지목을 변경할 토지가 있는 때에는 그 사유가 발생한 날로부터 60일 내에 지적소관청에 지목변경을 신청하여야 한다.
② 첨부서면: 토지소유자가 지목변경을 신청하고자 하는 때에는 지목변경 사유를 기재한 신청서에 다음 서류를 첨부하여 지적소관청에 제출하여야 한다. 다만, 해당하는 서류를 지적소관청이 관리하는 경우에는 지적소관청의 확인으로써 당해 서류의 제출을 갈음할 수 있다. 또한 개발행위허가, 농지전용허가, 보전산지전용허가 등 지목변경과 관련된 규제를 받지 아니하는 토지의 지목변경이거나 전·답·과수원 상호간의 지목변경인 경우에는 다음 ㉠, ㉡, ㉢ 등의 서류의 첨부를 생략할 수 있다.
   ㉠ 관계 법령에 의한 토지의 형질변경 등의 공사가 준공되었음을 증명하는 서류의 사본
   ㉡ 국·공유지의 경우에는 용도폐지되었거나 사실상 공공용으로 사용되고 있지 아니함을 증명하는 서류의 사본
   ㉢ 토지 또는 건축물의 용도가 변경되었음을 증명하는 서류의 사본

(4) 처리절차

지목변경의 경우에는 면적 또는 경계에 변동을 수반하지 아니하므로 지적측량을 실시할 필요는 없으나, 지목변경에 대한 사실 여부를 판단하기 위하여 지적소관청은 토지이동조사를 하여야 한다. 다만, 첨부서면에 의하여 토지의 용도가 변경되었음이 명백한 경우에는 토지이동조사를 생략할 수 있다.

6. 바다로 된 토지의 등록말소 제22회, 제30회

(1) 의의

지적공부에 등록된 토지가 지형의 변화 등으로 바다로 된 경우로서 원상으로 회복할 수 없거나 다른 지목의 토지로 될 가능성이 없는 때에는 지적공부의 등록을 말소하여야 한다.

(2) 대상토지

① 지적공부에 등록된 토지(전부 또는 일부)가 지형의 변화 등으로 바다로 되었을 것
② 원상으로 회복할 수 없거나 다른 지목의 토지로 될 가능성이 없을 것

(3) 등록말소절차

① 소유자의 신청에 의한 말소: 지적소관청은 등록말소의 대상토지가 있는 때에는 지적공부에 등록된 토지소유자에게 지적공부의 등록말소신청을 하도록 통지하여야 하고, 토지소유자는 통지받은 날부터 90일 이내에 등록말소 신청을 하여야 한다.
② 지적소관청의 직권에 의한 말소: 토지소유자가 통지받은 날부터 90일 이내에 등록말소 신청을 하지 아니하는 경우에는 지적소관청이 직권으로 이를 말소해야 한다.
③ 수수료의 면제: 토지소유자가 지적공부의 등록말소를 신청하는 경우 및 토지소유자의 신청이 없어 지적소관청이 직권으로 조사·측량하여 지적공부의 등록말소를 한 경우에도 수수료를 면제한다.

(4) 회복등록

① 지적소관청은 말소한 토지가 지형의 변화 등으로 다시 토지로 된 경우에는 이를 회복등록할 수 있다.
② 지적소관청이 회복등록을 하고자 하는 때에는 그 지적측량성과 및 등록말소 당시의 지적공부 등 관계 자료에 의하여야 한다.

(5) 정리결과의 통지

지적소관청이 토지의 등록사항을 말소 또는 회복등록한 때에는 그 정리결과를 토지소유자 및 그 공유수면의 관리청에 통지하여야 한다.

토지이동의 신청

구분	측량	신청의무 (60일)	결번	수수료	등기촉탁
신규등록	○	○	×	○	×
등록전환	○	○	○	○	○
분할	○	△	×	○	○
합병	×	△	○	○	○
지목변경	×	○	×	○	○
해면성 말소	△	○(90일)	△	×	○

7. 축척변경

축척변경에 관한 사항은 후술하기로 한다.

8. 등록사항의 정정 제20회, 제23회, 제27회, 제30회, 제31회, 제35회

(1) 의의

토지소유자는 지적공부의 등록사항에 잘못이 있음을 발견한 때에는 지적소관청에 그 정정을 신청할 수 있으며, 지적소관청도 지적공부의 등록사항에 잘못이 있음을 발견한 때에는 직권으로 조사·측량하여 정정할 수 있다.

(2) 정정절차

① 토지소유자의 신청에 의한 정정: 토지소유자의 신청에 의하여 지적공부의 등록사항에 대한 정정 신청을 하는 때에는 정정 사유를 기재한 신청서에 다음에 해당되는 서류를 첨부하여야 한다. 이 경우 정정으로 인하여 인접토지의 경계가 변경되는 경우 그 정정은 인접토지소유자의 승낙서 또는 인접토지소유자가 승낙하지 아니하는 경우에는 이에 대항할 수 있는 확정판결서 정본에 의하여야 한다.

    ㉠ 경계 또는 면적의 변경을 가져오는 경우: 등록사항 정정 측량성과도(첨부)

    ㉡ 그 밖의 등록사항을 정정하는 경우: 변경사항을 확인할 수 있는 서류

    ㉢ 다만, 위 서류를 해당 지적소관청이 관리하는 경우에는 지적소관청의 확인으로 해당 서류의 제출을 갈음할 수 있다.

② **토지소유자에 관한 사항인 경우**: 정정사항이 토지소유자에 관한 사항인 경우에는 등기필증, 등기완료통지서, 등기사항증명서 또는 등기관서에서 제공한 등기전산정보자료에 따라 정정하여야한다. 다만, 미등기 토지에 대하여 토지소유자의 성명 또는 명칭, 주민등록번호, 주소 등에 관한 사항의 정정을 신청한 경우로서 그 등록사항이 명백히 잘못된 경우에는 가족관계 기록사항에 관한 증명서에 따라 정정하여야 한다.

③ **직권에 의한 정정**

㉠ 직권정정의 대상: 지적소관청이 지적공부에 잘못 등록한 사항을 직권으로 조사·측량하여 정정할 수 있는 경우는 다음과 같다.

ⓐ 토지이동정리 결의서의 내용과 다르게 정리된 경우

ⓑ 지적도 및 임야도에 등록된 필지가 면적의 증감 없이 경계의 위치만 잘못된 경우

ⓒ 1필지가 각각 다른 지적도 또는 임야도에 등록되어 있는 경우로서 지적공부에 등록된 면적과 측량한 실제면적은 일치하지만 지적도 또는 임야도에 등록된 경계가 서로 접합되지 아니하여 지적도 또는 임야도에 등록된 경계를 지상의 경계에 맞추어 정정하여야 하는 토지가 발견된 경우

ⓓ 지적공부의 작성 또는 재작성 당시 잘못 정리된 경우

ⓔ 지적측량성과와 다르게 정리된 경우

ⓕ 지적측량 적부심사 또는 재심사의결서의 사본을 송부받은 지적소관청이 지적공부의 등록사항을 정정하여야 하는 경우

ⓖ 지적공부의 등록사항이 잘못 입력된 경우

ⓗ 「부동산등기법」(토지의 합필제한)의 규정에 의하여 등기신청을 각하하고 등기관이 그 사유를 지적공부지적소관청에 통지한 경우

ⓘ 면적환산이 잘못된 경우

ⓙ 등록전환을 위하여 면적을 정함에 있어서 그 오차가 허용범위를 초과하는 때에는 임야대장의 면적 또는 임야도의 경계를 지적소관청이 직권으로 정정

㉡ 정정방법: 지적소관청은 위에 해당하는 토지가 있는 때에는 지체 없이 관계 서류에 의하여 지적공부의 등록사항을 정정하여야 한다.

(3) 지적측량의 정지

지적공부의 등록사항 중 경계 또는 면적 등 측량을 수반하는 토지의 표시에 잘못이 있는 경우에는 지적소관청은 그 정정이 완료되는 때까지 지적측량을 정지시킬 수 있다. 다만, 잘못 표시된 사항의 정정을 위한 지적측량은 그러하지 아니하다.

(4) 등록사항 정정 대상토지의 관리

지적소관청은 토지의 표시에 잘못이 있음을 발견한 때에는 지체 없이

① 등록사항 정정에 필요한 서류와 등록사항 정정 측량성과도를 작성하고,

② 토지이동정리 결의서를 작성한 후,

③ 대장의 사유란에 '등록사항 정정 대상토지'라고 기재하고,

④ 토지소유자에게 등록사항 정정 신청을 할 수 있도록 그 사유를 통지하여야 한다. 다만, 지적소관 청이 직권으로 정정할 수 있는 경우에는 토지소유자에게 통지를 하지 아니할 수 있다.

(5) 등록사항 정정대상토지의 열람 및 발급

등록사항 정정 대상토지에 대한 대장을 열람하거나 등본을 발급하는 때에는 "등록사항 정정 대상토 지"라고 적은 부분을 흑백의 반전(反轉)으로 표시하거나 붉은 색으로 적어야 한다.

9. 도시개발사업 등 시행지역의 토지이동 신청에 관한 특례 제26회, 제30회, 제31회, 제34회

(1) 도시개발사업 등의 신고

① **신고대상사업**: 도시개발사업·농어촌정비사업 그 밖에 대통령령이 정하는 토지개발사업 등의 사 업시행자는 그 사업의 착수·변경 또는 완료 사실을 지적소관청에 신고하여야 한다. 여기에서 '그 밖에 대통령령이 정하는 토지개발사업 등'이라 함은 다음의 사업을 말한다.

㉠ 「주택법」에 의한 주택건설사업

㉡ 「택지개발촉진법」에 의한 택지개발사업

㉢ 「산업입지 및 개발에 관한 법률」에 의한 산업단지개발사업

㉣ 「도시 및 주거환경정비법」에 의한 정비사업

㉤ 「지역개발 및 지원에 관한 법률」에 의한 지역개발사업

㉥ 「체육시설의 설치·이용에 관한 법률」에 따른 체육시설 설치를 위한 토지개발사업

㉦ 「관광진흥법」에 따른 관광단지 개발사업

㉧ 「공유수면 관리 및 매립에 관한 법률」에 따른 매립사업

㉨ 「항만법」 및 「신항만건설 촉진법」에 따른 항만개발사업

㉩ 「공공주택건설 등에 관한 특별법」에 따른 공공주택지구조성사업

㉪ 「물류시설의 개발 및 운영에 관한 법률」 및 「경제자유구역의 지정 및 운영에 관한 특별법」에 따른 개발사업

㉫ 「철도건설법」에 따른 고속철도, 일반철도 및 광역철도 건설사업

㉬ 「도로법」에 따른 고속국도 및 일반국도 건설사업

㉭ 그 밖에 ㉠부터 ㉬까지의 사업과 유사한 경우로서 국토교통부장관이 인정하는 토지개발사업

② **신고기한**: 도시개발사업 등의 착수·변경 또는 완료신고는 그 신고사유가 발생한 날부터 15일 이내에 하여야 한다.

(2) 도시개발사업 등 시행지역의 토지이동 신청 특례

① 사업시행자의 토지이동 신청

㉠ 위의 도시개발사업 등으로 인하여 토지의 이동이 있는 때에는 그 사업시행자가 지적소관청에 그 이동을 신청하여야 한다.

㉡ 다만, 「주택법」의 규정에 의한 주택건설사업의 경우에 있어서 시행자가 파산 등의 이유로 토지의 이동 신청을 할 수 없는 때에는 그 주택의 시공을 보증한 자 또는 입주예정자 등이 신청할 수 있다.

② 토지이동 신청을 갈음하는 경우: 위 사업시행자에 의한 토지의 이동신청은 그 신청 대상지역이 환지를 수반하는 경우에는 사업완료 신고로써 이를 갈음한다. 이 경우 사업완료 신고서에는 토지의 이동 신청을 갈음한다는 뜻을 기재하여야 한다.

(3) 토지이동 신청

사업의 착수 또는 변경의 신고가 된 토지의 소유자가 해당 토지의 이동을 원하는 경우에는 해당 사업의 시행자에게 그 토지의 이동을 신청하도록 요청하여야 하며, 요청을 받은 시행자는 해당 사업에 지장이 없다고 판단되면 지적소관청에 그 이동을 신청하여야 한다.

(4) 토지이동의 시기

도시개발사업 등으로 인한 토지의 이동은 토지의 형질변경 등의 공사가 준공된 때 토지의 이동이 있는 것으로 본다.

10. 행정구역의 명칭변경 등

(1) 행정구역의 명칭이 변경되었으면 지적공부에 등록된 토지의 소재는 새로운 행정구역의 명칭으로 변경된 것으로 본다.

(2) 지번부여지역의 일부가 행정구역의 개편으로 다른 지번부여지역에 속하게 되었으면 지적소관청은 새로 속하게 된 지번부여지역의 지번을 부여하여야 한다.

1 의의

축척변경이란 지적도에 등록된 경계점의 정밀도를 높이기 위하여 작은 축척을 큰 축척으로 변경하여 등록하는 것을 말한다. 즉, 일정한 요건과 절차에 따라 현재의 축척보다 정밀도가 높은 대축척으로 도면의 축척을 변경하는 것을 의미한다.

2 축척변경의 대상 및 절차적 요건

1. 축척변경의 대상

지적소관청은 지적도가 다음의 어느 하나에 해당하는 경우에는 토지소유자의 신청 또는 지적소관청의 직권으로 일정한 지역을 정하여 그 지역의 축척을 변경할 수 있다.

① 잦은 토지의 이동으로 1필지의 규모가 작아서 소축척으로는 지적측량성과의 결정이나 토지의 이동에 따른 정리를 하기가 곤란한 경우
② 하나의 지번부여지역에 서로 다른 축척의 지적도가 있는 경우
③ 그 밖에 지적공부를 관리하기 위하여 필요하다고 인정되는 경우

2. 축척변경의 절차적 요건

(1) 축척변경을 하기 위해서는 다음과 같은 절차적 요건을 갖추어야 한다.

① 축척변경 시행지역 안의 토지소유자 3분의 2 이상의 동의를 얻을 것
② 축척변경위원회의 의결을 거칠 것
③ 시·도지사 또는 대도시 시장의 승인을 받아야 한다.

(2) 다만, 다음의 어느 하나에 해당하는 경우에는 축척변경위원회의 의결 및 시·도지사 또는 대도시 시장의 승인 없이 축척변경을 할 수 있다.

① 합병하고자 하는 토지가 축척이 다른 지적도에 각각 등록되어 있어 축척변경을 하는 경우
② 도시개발사업 등의 시행지역 안에 있는 토지로서 당해 사업시행에서 제외된 토지의 축척변경을 하는 경우

3 축척변경의 절차

1. 축척변경 승인신청

(1) 지적소관청은 축척변경을 할 때에는 축척변경 사유를 적은 승인신청서에 다음의 서류를 첨부하여 시·도지사 또는 대도시 시장에게 제출하여야 한다.

① 축척변경의 사유
② 지번등 명세
③ 토지소유자의 동의서
④ 축척변경위원회의 의결서 사본
⑤ 그 밖에 축척변경 승인을 위하여 시·도지사 또는 대도시 시장이 필요하다고 인정하는 서류

(2) 신청을 받은 시·도지사 또는 대도시 시장은 축척변경 사유 등을 심사한 후 그 승인 여부를 지적소관청에 통지하여야 한다.

2. 축척변경 시행공고

(1) 공고기간

지적소관청은 시·도지사 또는 대도시 시장으로부터 축척변경 승인을 받았을 때에는 지체 없이 다음의 사항을 20일 이상 공고하여야 한다.

① 축척변경의 목적·시행지역 및 시행기간
② 축척변경의 시행에 관한 세부계획
③ 축척변경의 시행에 따른 청산방법
④ 축척변경의 시행에 따른 소유자 등의 협조에 관한 사항

(2) 공고내용의 게시

시행공고는 시·군·구(자치구가 아닌 구를 포함한다) 및 축척변경 시행지역 안 동·리의 게시판에 주민이 볼 수 있도록 게시하여야 한다.

3. 경계점표지 설치의무와 지적공부정리 등의 정지

(1) 토지소유자 등의 경계점표지 설치의무

축척변경 시행지역 안의 토지소유자 또는 점유자는 시행공고일부터 30일 이내에 시행공고일 현재 점유하고 있는 경계에 국토교통부령이 정하는 경계점표지를 설치하여야 한다.

(2) 지적공부정리 및 경계복원측량의 정지

지적소관청은 축척변경 시행기간 중에는 원칙적으로 축척변경 시행지역 안의 지적공부정리와 경계 복원측량을 축척변경 확정공고일까지 정지하여야 한다. 다만, 다음의 경우에는 예외적으로 허용된다.

① 지적공부의 정리: 축척변경위원회의 의결이 있는 경우
② 경계복원측량: 경계점표지의 설치를 위한 경계복원측량

4. 토지의 표시 결정

(1) 지적소관청은 축척변경 시행지역 안의 각 필지별 지번·지목·면적·경계 또는 좌표를 새로이 정하여야 한다.

① 지적소관청이 축척변경을 위한 측량을 하고자 하는 때에는 토지소유자가 설치한 경계점표지를 기준으로 새로운 축척에 의하여 면적·경계 또는 좌표를 정하여야 한다.
② 면적을 정함에 있어서 축척변경측량결과도에 의하여 면적을 측정한 결과 축척변경 전의 면적과 축척변경 후의 면적의 오차가 법정 허용범위 이내인 경우에는 축척변경 전의 면적을 결정면적으로 하고, 허용면적을 초과하는 경우에는 축척변경 후의 면적을 결정면적으로 한다.
③ 경계점좌표등록부를 비치하지 아니하는 지역을 경계점좌표등록부를 비치하는 지역으로 축척변경을 하는 경우에는 그 필지의 경계점을 측판측량방법이나 전자평판측량방법으로 지상에 복원시킨 후 경위의측량방법 등으로 경계점좌표를 구하여야 한다. 이 경우 면적은 경계점좌표에 의하여 결정하여야 한다.

(2) 축척변경위원회의 의결 및 시·도지사 또는 대도시 시장의 승인을 요하지 아니하는 축척변경의 경우에는 각 필지별 지번·지목 및 경계는 종전의 지적공부에 의하고 면적만 새로이 정하여야 한다.

5. 지번별 조서의 작성

지적소관청은 축척변경에 관한 측량을 완료한 때에는 시행공고일 현재의 지적공부상의 면적과 측량 후의 면적을 비교하여 그 변동사항을 표시한 지번별 조서를 작성하여야 한다.

6. 면적증감의 처리

(1) 청산금의 산정

지적소관청은 축척변경에 관한 측량을 한 결과 종전 면적과 측량 후의 면적에 차이가 있는 경우에는 그 차이면적에 대하여 청산하여야 한다.

다만, 다음의 경우에는 청산금을 산정하지 않는다.

① 필지별 증감면적이 허용범위 이내인 경우(다만, 축척변경위원회의 의결이 있는 때에는 예외)

② 소유자 전원이 청산하지 아니하기로 합의하여 이를 서면으로 제출한 경우

(2) 지번별 m²당 금액결정

① 증감면적에 대한 청산을 하고자 하는 때에는 축척변경위원회의 의결을 거쳐 지번별로 m²당 금액을 정하여야 한다. 이 경우 지적소관청은 시행공고일 현재를 기준으로 그 축척변경 시행지역 안의 토지에 대하여 지번별로 m²당 금액을 미리 조사하여 축척변경위원회에 제출하여야 한다.

② 청산금은 지번별 조서의 필지별 증감면적에 지번별 m²당 금액을 곱하여 산정한다.

(3) 청산금의 공고 및 열람

지적소관청은 청산금을 산정한 때에는 청산금 조서(지번별 조서에 필지별 청산금내역을 기재한 것을 말한다)를 작성하고, 청산금이 결정되었다는 뜻을 시·군·구 및 시행지역 안 동·리의 게시판에 15일 이상 공고하여 일반인이 열람할 수 있게 하여야 한다.

(4) 청산금의 납부고지

① 지적소관청은 청산금의 결정을 공고한 날부터 20일 이내에 토지소유자에게 청산금의 납부고지 또는 수령통지를 하여야 한다.

② 납부고지를 받은 자는 그 고지받은 날부터 6개월 이내에 청산금을 지적소관청에 납부하여야 한다. 기간 안에 청산금을 납부하지 아니한 때에는 지방세체납처분의 예에 의하여 이를 징수할 수 있다.

③ 지적소관청은 수령통지를 한 날부터 6개월 이내에 청산금을 지급하여야 한다. 지적소관청은 청산금을 지급받을 자가 행방불명 등으로 받을 수 없거나 받기를 거부할 때에는 그 청산금을 공탁할 수 있다.

(5) 청산금에 관한 이의신청

① 납부고지 또는 수령통지된 청산금에 관하여 이의가 있는 자는 납부고지 또는 수령통지를 받은 날부터 1개월 이내에 지적소관청에 이의신청을 할 수 있다.

② 지적소관청은 이의신청이 있는 때에는 1개월 이내에 축척변경위원회의 심의·의결을 거쳐 그 인용 여부를 결정한 후 지체 없이 그 내용을 이의신청인에게 통지하여야 한다.

(6) 차액의 처리

청산금 산정결과 증가된 면적에 대한 청산금의 합계와 감소된 면적에 대한 청산금의 합계에 차액이 생긴 경우 초과액은 그 지방자치단체의 수입으로 하고, 부족액은 그 지방자치단체가 부담한다.

4 축척변경의 확정공고

1. 확정공고

(1) 청산금의 납부 및 지급이 완료된 때에는 지적소관청은 지체 없이 축척변경의 확정공고를 하여야
한다.

(2) 축척변경의 확정공고에는 다음 아래의 사항이 포함되어야 한다.

① 토지의 소재 및 지역명
② 축척변경 지번별 조서
③ 청산금 조서
④ 지적도의 축척

2. 토지의 이동시기

축척변경 시행지역 내의 토지는 축척변경의 확정공고일에 토지의 이동이 있는 것으로 본다.

3. 등록 및 등기촉탁

(1) 지적소관청은 축척변경의 확정공고를 한 때에는 지체 없이 축척변경에 의하여 확정된 사항을 지
적공부에 등록한 후 관할 등기소에 그 등기를 촉탁하여야 한다.

(2) 축척변경의 확정공고에 따라 지적공부에 등록하는 때에는 다음 아래의 기준에 따라야 한다.

① 토지대장은 확정공고된 축척변경 지번별 조서에 따를 것
② 지적도는 확정측량 결과도 또는 경계점좌표에 따를 것

5 축척변경위원회

1. 축척변경위원회의 구성

(1) 축척변경위원회는 5인 이상 10인 이내의 위원으로 구성하되, 위원의 2분의 1 이상을 토지소유자
로 하여야 한다. 이 경우 그 축척변경 시행지역 안의 토지소유자가 5인 이하인 때에는 토지소유자
전원을 위원으로 위촉하여야 한다.

(2) 위원장은 위원 중에서 지적소관청이 지명한다.

(3) 위원은 다음의 자 중에서 지적소관청이 위촉한다.

① 그 축척변경 시행지역 안의 토지소유자로서 지역 사정에 정통한 자
② 지적에 관하여 전문지식을 가진 자

(4) 축척변경위원회의 위원에게는 예산의 범위 안에서 출석수당과 여비, 그 밖의 실비를 지급할 수 있다. 다만, 공무원인 위원이 그 소관 업무와 직접적으로 관련되어 출석하는 경우에는 그러하지 아니하다.

2. 축척변경위원회의 기능

축척변경위원회는 지적소관청이 회부하는 다음의 사항을 심사·의결한다.

(1) 축척변경 시행계획에 관한 사항

(2) 지번별 m²당 금액의 결정과 청산금의 산정에 관한 사항

(3) 청산금의 이의신청에 관한 사항

(4) 그 밖에 축척변경에 관하여 지적소관청이 부의한 사항

3. 축척변경위원회의 회의

(1) 축척변경위원회의 회의는 지적소관청이 심사·의결에 관한 사항을 축척변경위원회에 회부하거나 위원장이 필요하다고 인정하는 때에 위원장이 소집한다.

(2) 축척변경위원회의 회의는 위원장을 포함한 재적위원 과반수의 출석으로 개의하고 출석위원 과반수의 찬성으로 의결한다.

(3) 위원장이 축척변경위원회의 회의를 소집하는 때에는 회의일시·장소 및 심의안건을 회의 5일 전까지 각 위원에게 서면으로 통지하여야 한다.

제3절 토지이동의 신청권자

1. 토지소유자 제23회

(1) 토지이동의 신청은 원칙적으로 대상토지의 소유자가 하여야 한다. 즉, 지적공부에 등록하는 지번·지목·면적·경계 또는 좌표는 토지의 이동이 있는 때에 토지소유자(법인이 아닌 사단이나 재단의 경우에는 그 대표자나 관리인을 말한다)의 신청에 의하여 지적소관청이 결정한다.

(2) 지적공부에 등록하는 지번·지목·면적·경계 또는 좌표는 토지의 이동이 있을 때 토지소유자의 신청을 받아 지적소관청이 결정한다. 다만, 신청이 없으면 지적소관청이 직권으로 조사·측량하여 결정할 수 있다.

2. 도시개발사업 등 사업시행자의 신청

도시개발사업 등으로 인하여 토지의 이동이 있는 때에는 그 사업시행자가 지적소관청에 그 이동을 신청하여야 한다.

3. 신청의 대위 ^{제24회}

토지소유자가 하여야 할 토지이동 신청은 다음과 같은 자가 토지소유자를 대위하여 신청할 수 있다. 다만, 제84조에 따른 등록사항 정정 대상토지는 제외한다.

(1) 사업시행자의 대위신청

공공사업 등으로 인하여 학교용지, 도로, 철도용지, 제방, 하천, 구거, 유지, 수도용지 등의 지목으로 되는 토지는 그 사업시행자가 대위신청할 수 있다.

(2) 행정기관 또는 지방자치단체장의 대위신청

국가 또는 지방자치단체가 취득하는 토지의 경우에는 그 토지를 관리하는 행정기관의 장 또는 지방 자치단체의 장이 대위신청할 수 있다.

(3) 공동주택의 관리인 또는 사업시행자의 대위신청

「주택법」에 의한 공동주택의 부지의 경우에는 토지소유자에게는 60일 이내의 합병신청의무가 부 과된다. 여기서 토지소유자가 하여야 할 합병이라는 토지이동을 신청하지 않는 경우 「집합건물의 소유 및 관리에 관한 법률」에 의한 관리인(관리인이 없는 경우에는 공유자가 선임한 대표자) 또는 사업시 행자가 대위신청할 수 있다.

(4) 채권자의 대위신청

「민법」 제404조에 의한 채권자대위권을 가지는 토지소유자의 채권자도 소유자를 대위하여 토지이 동을 신청할 수 있다.

제4절 　지적정리 및 등기촉탁

1 　지적(공부)정리 제21회, 제24회

지적(공부)정리란 토지이동에 따른 토지표시사항의 변동 또는 토지소유자에 관한 사항의 변동 등 지적관리상 발생하는 일체의 사항을 현황과 일치하도록 지적공부에 등록하는 것을 말한다.

1. 토지소유자의 정리 제25회, 제29회, 제33회

소유자의 정리에는 지적공부에 등록된 토지(기등록지)의 토지소유자에 관한 사항의 변경 시 정리하는 경우와 신규등록하는 토지의 소유자 등록의 두 가지가 있다.

(1) **기등록지**(지적공부에 등록된 토지)**의 소유자 정리**

　① 등기완료통지서 등에 의한 정리
　　㉠ 지적공부에 등록된 토지소유자의 변경사항은 등기관서에서 등기한 것을 증명하는 등기필증, 등기완료통지서, 등기사항증명서 또는 등기관서에서 제공한 등기전산정보자료에 따라 정리한다.
　　㉡ 위 ㉠의 경우 등기부에 기재된 토지의 표시가 지적공부와 부합하지 아니하는 때에는 이를 정리할 수 없다. 이 경우 그 뜻을 관할 등기관서에 통지하여야 한다.
　　㉢ 등기소가 위 ㉡의 불부합통지를 받은 경우에 소유권의 등기명의인이 1월 이내에 부동산표시변경등기를 신청하지 아니하면 등기관이 직권으로 변경등기를 하여야 한다. 이 경우 등기소는 지체 없이 그 취지를 지적소관청과 소유권의 등기명의인에게 통지하여야 한다.
　　㉣ 「국유재산법」에 따른 총괄청이나 중앙관서의 장이 소유자 없는 부동산에 대한 소유자 등록을 신청하는 경우 지적소관청은 지적공부에 해당 토지의 소유자가 등록되지 아니한 경우에만 등록할 수 있다.
　② 직권 또는 신청에 의한 정리
　　㉠ 지적소관청은 필요하다고 인정하는 경우에는 관할 등기관서의 등기부를 열람하여 지적공부와 부동산등기부가 일치하는지 여부를 조사·확인하여야 하며, 일치하지 아니하는 사항을 발견하면 등기사항증명서 또는 등기관서에서 제공한 등기전산정보자료에 따라 지적공부를 직권으로 정리하거나, 토지소유자나 그 밖의 이해관계인에게 그 지적공부와 부동산등기부가 일치하게 하는 데에 필요한 신청 등을 하도록 요구할 수 있다.
　　㉡ 지적소관청 소속 공무원이 지적공부와 부동산등기부의 부합 여부를 확인하기 위하여 등기부를 열람하거나, 등기사항증명서의 발급을 신청하거나, 등기전산정보자료의 제공을 요청하는 경우 그 수수료는 무료로 한다.

(2) 신규등록지의 소유자등록

신규등록하는 토지의 소유자는 지적소관청이 조사하여 등록한다.

(3) 소유자정리 결의서의 작성

토지소유자의 변동 등에 따른 지적공부를 정리하고자 하는 경우에는 소유자정리 결의서를 각각 작성하여야 한다. 소유자정리 결의서에는 등기필증, 등기사항증명서 등 그 밖에 토지소유자가 변경되었음을 증명하는 서류를 첨부하여야 한다.

2. 토지이동에 따른 지적정리

지적소관청은 다음의 경우에는 지적공부를 정리하여야 한다. 이 경우 이미 작성된 지적공부에 정리할 수 없는 경우에는 이를 새로이 작성하여야 한다.

(1) 토지이동정리의 대상

① 지번을 변경하는 경우
② 지적공부를 복구하는 경우
③ 신규등록, 등록전환, 분할, 합병, 지목변경 등 토지의 이동이 있는 경우

(2) 정리시기 및 토지이동의 시기

① 지적소관청이 토지이동에 따른 지적정리를 하는 시기는 원칙적으로 「공간정보의 구축 및 관리 등에 관한 법률」에 의하여 토지이동이 완료되었을 때이다.
② 토지이동의 시기는 원칙적으로 지적공부에 등록한 때이다. 다만, 축척변경은 확정공고일, 도시개발사업은 공사가 준공된 때, 행정구역의 명칭변경은 명칭이 변경된 날 토지이동이 있는 것으로 본다.

(3) 토지이동정리 결의서의 작성

지적소관청은 토지의 이동이 있는 경우에는 토지이동정리 결의서를 작성하여야 한다. 토지이동정리 결의서는 토지대장·임야대장 또는 경계점좌표등록부별로 구분하여 작성하여야 한다. 토지이동정리 결의서의 작성은 토지대장·임야대장 또는 경계점좌표등록부별로 구분하여 작성하되, 토지이동정리 결의서에는 토지이동신청서 또는 도시개발사업 등의 완료신고서 등을 첨부하여야 한다.

2 등기촉탁 제23회, 제28회, 제35회

1. 의의 및 취지

지적소관청은 토지이동 등의 사유로 인하여 토지표시의 변경에 관한 등기를 할 필요가 있을 경우에는 지적소관청은 지체 없이 관할 등기관서에 그 등기를 촉탁하여야 한다.

토지표시사항에 대해서는 지적공부의 기재가 등기부 기재의 기초가 되는바, 등기촉탁제도는 등기부와 지적공부의 기재를 일치시키기 위한 데 그 목적이 있다.

2. 등기촉탁의 사유

지적소관청은 필요가 있는 경우 다음과 같은 사유에는 지체 없이 관할 등기소에 토지표시변경에 관한 등기를 촉탁하여야 한다. 이 경우 그 등기촉탁은 국가가 자기를 위하여 하는 등기로 본다.

(1) 직권으로 토지의 이동정리를 한 때(신규등록 제외)

(2) 지번을 변경한 때

(3) 바다로 된 토지의 등록을 말소한 때

(4) 축척변경을 한 때

(5) 등록사항을 직권으로 정정한 때

(6) 행정구역의 개편에 따라 지번을 새로이 정한 때

3. 등기촉탁의 절차

지적소관청은 등기관서에 토지표시의 변경에 관한 등기를 촉탁하고자 하는 때에는 등기촉탁서에 그 취지를 기재하고, 토지표시의 변경에 관한 등기를 촉탁한 때에는 토지표시변경등기 촉탁대장에 그 내용을 적어야 한다.

3 지적정리 등의 통지 제20회, 제23회, 제25회, 제28회, 제34회

1. 원칙

지적소관청이 지적공부에 등록하거나 지적공부를 복구·말소 또는 등기촉탁을 한 때에는 해당 토지소유자에게 통지하여야 한다.

(1) 통지 사유

① 토지이동이 있는 경우 지적소관청이 직권으로 조사·측량하여 지적공부에 등록한 때

② 지번을 변경한 때

③ 지적공부를 복구한 때

④ 바다로 된 토지에 대하여 지적소관청이 직권으로 등록말소한 때

⑤ 지적소관청이 직권으로 지적공부의 등록사항을 정정한 때

⑥ 행정구역의 개편으로 새로이 지번을 부여한 때

⑦ 도시개발사업 등에 따른 토지이동으로 사업시행자가 그 이동을 신청한 때

⑧ 대위신청에 의하여 지적정리를 한 때

⑨ 지적소관청이 토지표시변경에 관한 등기를 촉탁한 때

(2) 통지의 시기

지적소관청이 토지소유자에게 지적정리 등을 통지하여야 하는 시기는 다음과 같다.

① 토지의 표시에 관한 변경등기가 필요한 경우: 그 등기완료통지서를 접수한 날부터 15일 이내

② 토지의 표시에 관한 변경등기가 필요하지 아니한 경우: 지적공부에 등록한 날부터 7일 이내

2. 예외

통지받을 자의 주소나 거소를 알 수 없는 경우에는 국토교통부령으로 정하는 바에 따라 일간신문, 해당 시·군·구의 공보 또는 인터넷 홈페이지에 공고하여야 한다.

01 공간정보의 구축 및 관리 등에 관한 법령상 합병 신청을 할 수 없는 경우에 관한 내용으로 틀린 것은? (단, 다른 조건은 고려하지 아니함) (제35회)

① 합병하려는 토지의 지목이 서로 다른 경우
② 합병하려는 토지의 소유자별 공유지분이 다른 경우
③ 합병하려는 토지의 지번부여지역이 서로 다른 경우
④ 합병하려는 토지의 소유자에 대한 소유권이전등기 연월일이 서로 다른 경우
⑤ 합병하려는 토지의 지적도 축척이 서로 다른 경우

> **해설** ④ 합병하려는 토지의 소유자에 대한 소유권이전등기 연월일이 서로 다른 경우에는 합병이 가능하다.
>
> **정답** ④

02 공간정보의 구축 및 관리 등에 관한 법령상 토지의 합병 및 지적공부의 정리 등에 관한 설명으로 틀린 것은? (제30회)

① 합병에 따른 면적은 따로 지적측량을 하지 않고 합병전 각 필지의 면적을 합산하여 합병 후 필지의 면적으로 결정한다.
② 토지소유자가 합병 전의 필지에 주거·사무실 등의 건축물이 있어서 그 건축물이 위치한 지번을 합병 후의 지번으로 신청할 때에는 그 지번을 합병 후의 지번으로 부여하여야 한다.
③ 합병에 따른 경계는 따로 지적측량을 하지 않고 합병 전 각 필지의 경계 중 합병으로 필요 없게 된 부분을 말소하여 합병 후 필지의 경계로 결정한다.
④ 지적소관청은 토지소유자의 합병신청에 의하여 토지의 이동이 있는 경우에는 지적공부를 정리하여야 하며, 이 경우에는 토지이동정리 결의서를 작성하여야 한다.
⑤ 토지소유자는 도로, 제방, 하천, 구거, 유지의 토지로서 합병하여야 할 토지가 있으면 그 사유가 발생한 날부터 90일 이내에 지적소관청에 합병을 신청하여야 한다.

> **해설** 토지소유자는 도로, 제방, 하천, 구거, 유지의 토지로서 합병하여야 할 토지가 있으면 그 사유가 발생한 날부터 60일 이내에 지적소관청에 합병을 신청하여야 한다.
>
> **정답** ⑤

03 공간정보의 구축 및 관리 등에 관한 법령상 축척변경에 따른 청산금 등에 관한 설명으로 틀린 것은? (제29회)

① 지적소관청은 청산금의 결정을 공고한 날부터 20일 이내에 토지소유자에게 청산금의 납부고지 또는 수령통지를 하여야 한다.

② 청산금의 납부고지를 받은 자는 그 고지를 받은 날부터 1년 이내에 청산금을 지적소관청에 내야 한다.

③ 지적소관청은 청산금의 수령통지를 한 날부터 6개월 이내에 청산금을 지급하여야 한다.

④ 지적소관청은 청산금을 지급받을 자가 행방불명 등으로 받을 수 없거나 받기를 거부할 때에는 그 청산금을 공탁할 수 있다.

⑤ 수령통지된 청산금에 관하여 이의가 있는 자는 수령통지를 받은 날부터 1개월 이내에 지적소관청에 이의신청을 할 수 있다.

해설 ② 청산금의 납부고지를 받은 자는 그 고지를 받은 날부터 6개월 이내에 청산금을 지적소관청에 내야 한다.(시행령 제76조 ②)

정답 ②

04 공간정보의 구축 및 관리 등에 관한 법령상 축척변경위원회의 구성에 관한 내용이다. ( )에 들어갈 사항으로 옳은 것은? (제32회)

> 축척변경위원회는 (ㄱ) 이상 10명 이하의 위원으로 구성하되, 위원의 2분의 1 이상을 토지소유자로 하여야 한다. 이 경우 그 축척변경 시행지역의 토지소유자가 (ㄴ) 이하일 때에는 토지소유자 전원을 위원으로 위촉하여야 한다. 위원장은 위원 중에서 (ㄷ)이 지명한다.

① ㄱ: 3명, ㄴ: 3명, ㄷ: 지적소관청　　② ㄱ: 5명, ㄴ: 5명, ㄷ: 지적소관청
③ ㄱ: 5명, ㄴ: 5명, ㄷ: 국토교통부장관　　④ ㄱ: 7명, ㄴ: 7명, ㄷ: 지적소관청
⑤ ㄱ: 7명, ㄴ: 7명, ㄷ: 국토교통부장관

해설 ① 축척변경위원회는 5명 이상 10명 이하의 위원으로 구성하되, 위원의 2분의 1 이상을 토지소유자로 하여야 한다. 이 경우 그 축척변경 시행지역의 토지소유자가 5명 이하일 때에는 토지소유자 전원을 위원으로 위촉하여야 한다.(시행령 제79조 ①)
② 위원장은 위원 중에서 지적소관청이 지명한다.(시행령 제79조 ②)

정답 ②

05 공간정보의 구축 및 관리 등에 관한 법령상 도시개발사업 등 시행지역의 토지이동 신청에 관한 특례의 설명으로 틀린 것은? (제30회)

① 「도시개발법」에 따른 도시개발사업의 착수를 지적소관청에 신고하려는 자는 도시개발사업 등의 착수(시행)·변경·완료 신고서에 사업인가서, 지번별 조서, 사업계획도를 첨부하여야 한다.

② 「농어촌정비법」에 따른 농어촌정비사업의 사업시행자가 지적소관청에 토지의 이동을 신청한 경우 토지의 이동은 토지의 형질변경 등의 공사가 착수(시행)된 때에 이루어진 것으로 본다.

③ 「도시 및 주거환경정비법」에 따른 정비사업의 착수·변경 또는 완료 사실의 신고는 그 사유가 발생한 날부터 15일 이내에 하여야 한다.

④ 「주택법」에 따른 주택건설사업의 시행자가 파산 등의 이유로 토지의 이동 신청을 할 수 없을 때에는 그 주택의 시공을 보증한 자 또는 입주예정자 등이 신청할 수 있다.

⑤ 「택지개발촉진법」에 따른 택지개발사업의 사업시행자가 지적소관청에 토지의 이동을 신청한 경우 신청 대상지역이 환지(換地)를 수반하는 경우에는 지적소관청에 신고한 사업완료 신고로써 이를 갈음할 수 있다. 이 경우 사업완료신고서에 택지개발 사업시행자가 토지의 이동 신청을 갈음한다는 뜻을 적어야 한다.

> **해설** ② 「농어촌정비법」에 따른 농어촌정비사업의 사업시행자가 지적소관청에 토지의 이동을 신청한 경우 토지의 이동은 토지의 형질변경 등의 공사가 준공된 때에 이루어진 것으로 본다.
>
> **정답** ②

06 공간정보의 구축 및 관리 등에 관한 법령상 지적소관청은 토지의 이동 등으로 토지의 표시 변경에 관한 등기를 할 필요가 있는 경우에는 지체 없이 관할 등기관서에 그 등기를 촉탁하여야 한다. 이 경우 등기촉탁의 대상이 아닌 것은? (제35회)

① 지목변경   ② 지번변경   ③ 신규등록
④ 축척변경   ⑤ 합병

> **해설** ③ 신규등록은 등기촉탁의 대상이 아니다.
>
> **정답** ③

07 공간정보의 구축 및 관리 등에 관한 법령상 지적소관청은 토지의 이동 등으로 토지의 표시 변경에 관한 등기를 할 필요가 있는 경우에는 지체없이 관할 등기관서에 그 등기를 촉탁하여야 한다. 등기촉탁 대상이 <u>아닌</u> 것은?　　〔제28회〕

① 지번부여지역의 전부 또는 일부에 대하여 지번을 새로 부여한 경우
② 바다로 된 토지의 등록을 말소한 경우
③ 하나의 지번부여지역에 서로 다른 축척의 지적도가 있어 축척을 변경한 경우
④ 지적소관청이 신규등록하는 토지의 소유자를 직접 조사하여 등록한 경우
⑤ 지적소관청이 직권으로 조사, 측량하여 지적공부의 등록사항을 정정한 경우

> **해설** ｜　신규등록을 한 때에는 아직 미등기상태이므로 변경등기를 촉탁할 것이 없다.

> **정답** ④

08 공간정보의 구축 및 관리 등에 관한 법령상 토지소유자의 정리 등에 관한 설명으로 <u>틀린</u> 것은?　　〔제29회〕

① 지적소관청은 등기부에 적혀 있는 토지의 표시가 지적공부와 일치하지 아니하면 토지소유자를 정리할 수 없다.
② 「국유재산법」에 따른 총괄청이나 같은 법에 따른 중앙관서의 장이 소유자 없는 부동산에 대한 소유자 등록을 신청을 하는 경우 지적소관청은 지적공부에 해당 토지의 소유자가 등록되지 아니한 경우에만 등록할 수 있다.
③ 지적공부에 신규등록하는 토지의 소유자에 관한 사항은 등기관서에서 등기한 것을 증명하는 등기필증, 등기완료통지서, 등기사항증명서 또는 등기관서에서 제공한 등기전산정보자료에 따라 정리한다.
④ 지적소관청은 필요하다고 인정하는 경우에는 관할 등기관서의 등기부를 열람하여 지적공부와 부동산등기부가 일치하는지 여부를 조사·확인하여야 한다.
⑤ 지적소관청 소속 공무원이 지적공부와 부동산등기부의 부합 여부를 확인하기 위하여 등기전산정보자료의 제공을 요청하는 경우 그 수수료는 무료로 한다.

> **해설** ｜　지적공부에 등록된 토지소유자의 변경사항은 등기관서에서 등기한 것을 증명하는 등기필증, 등기완료통지서, 등기사항증명서 또는 등기관서에서 제공한 등기전산정보자료에 따라 정리한다. 다만, 신규등록하는 토지의 소유자는 지적소관청이 직접 조사하여 등록한다.(법 제88조 ①)

> **정답** ③

09 공간정보의 구축 및 관리 등에 관한 법령상 지적소관청이 토지소유자에게 지적정리 등을 통지 하여야 하는 시기에 대한 설명이다. (   )에 들어갈 내용으로 옳은 것은? 〔제34회〕

> • 토지의 표시에 관한 변경등기가 필요하지 아니한 경우: (ㄱ)에 등록한 날부터 (ㄴ) 이내
> • 토지의 표시에 관한 변경등기가 필요한 경우 : 그 (ㄷ)를 접수한 날부터 (ㄹ) 이내

① ㄱ: 등기완료의 통지서, ㄴ: 15일, ㄷ: 지적공부, ㄹ: 7일
② ㄱ: 등기완료의 통지서, ㄴ: 7일, ㄷ: 지적공부, ㄹ: 15일
③ ㄱ: 지적공부, ㄴ: 7일, ㄷ: 등기완료의 통지서, ㄹ: 15일
④ ㄱ: 지적공부, ㄴ: 10일, ㄷ: 등기완료의 통지서, ㄹ: 15일
⑤ ㄱ: 지적공부, ㄴ: 15일, ㄷ: 등기완료의 통지서, ㄹ: 7일

> **해설** 지적소관청이 토지소유자에게 지적정리 등을 통지하여야 하는 시기는 다음에 따른다.
> 1. 토지의 표시에 관한 변경등기가 필요한 경우: 그 등기완료의 통지서를 접수한 날부터 15일 이내
> 2. 토지의 표시에 관한 변경등기가 필요하지 아니한 경우: 지적공부에 등록한 날부터 7일 이내
>
> **정답** ③

10 공간정보의 구축 및 관리 등에 관한 법령상 지적소관청이 지적공부의 등록사항을 직권으로 조 사·측량하여 정정할 수 없는 경우로 틀린 것은? 〔제35회〕

① 연속지적도가 잘못 작성된 경우
② 지적공부의 작성 또는 재작성 당시 잘못 정리된 경우
③ 토지이동정리 결의서의 내용과 다르게 정리된 경우
④ 지적도 및 임야도에 등록된 필지가 면적의 증감 없이 경계의 위치만 잘못된 경우
⑤ 지방지적위원회 또는 중앙지적위원회의 의결서 사본을 받은 지적소관청이 그 내용에 따라 지 적공부의 등록사항을 정정하여야 하는 경우

> **해설** ① 연속지적도가 잘못 작성된 경우는 직권정정의 사유에 해당하지아니한다.
>
> **정답** ①

11 다음은 공간정보의 구축 및 관리 등에 관한 법령상 등록사항 정정 대상토지에 대한 대장의 열람 또는 등본의 발급에 관한 설명이다. (　　)에 들어갈 내용으로 옳은 것은? [제31회]

> 지적소관청은 등록사항 정정 대상토지에 대한 대장을 열람하게 하거나 등본을 발급하는 때에는 (ㄱ) 라고 적은 부분을 흑백의 반전(反轉)으로 표시하거나 (ㄴ) (으)로 적어야 한다.

① ㄱ: 지적부불합지,　　　　　　　　ㄴ: 붉은색
② ㄱ: 지적부불합지,　　　　　　　　ㄴ: 굵은 고딕체
③ ㄱ: 지적부불합지,　　　　　　　　ㄴ: 담당자의 자필(自筆)
④ ㄱ: 등록사항 정정 대상토지,　　　ㄴ: 붉은색
⑤ ㄱ: 등록사항 정정 대상토지,　　　ㄴ: 굵은 고딕체

해설 | 등록사항 정정 대상토지에 대한 대장을 열람하게 하거나 등본을 발급하는 때에는 "등록사항 정정 대상토지"라고 적은 부분을 흑백의 반전(反轉)으로 표시하거나 붉은색으로 적어야 한다.

정답 ④

12 공간정보의 구축 및 관리 등에 관한 법령상 축척변경에 관한 설명으로 옳은 것은? 제35회

① 도시개발사업 등의 시행지역에 있는 토지로서 그 사업시행에서 제외된 토지의 축척변경을 하는 경우 축척변경위원회의 심의 및 시·도지사 또는 대도시 시장의 승인을 받아야 한다.

② 지적소관청은 시·도지사 또는 대도시 시장으로부터 축척변경 승인을 받았을 때에는 지체없이 축척변경의 목적, 시행지역 및 시행기간, 축척변경의 시행에 관한 세부계획, 축척변경의 시행에 따른 청산금액의 내용, 축척 변경의 시행에 따른 토지소유자 등의 협조에 관한 사항을 15일 이상 공고하여야 한다.

③ 지적소관청은 축척변경에 관한 측량을 한 결과 측량 전에 비하여 면적의 증감이 있는 경우에는 그 증감면적에 대하여 청산을 하여야 한다. 다만, 토지소유자 3분의 2이상이 청산하지 아니하기로 합의하여 서면으로 제출한 경우에는 그러하지 아니한다.

④ 지적소관청은 청산금을 내야 하는 자가 납부고지를 받은 날부터 1개월 이내에 청산금에 관한 이의신청을 하지 아니하고, 고지를 받은 날부터 3개월 이내에 지적소관청에 청산금을 내지 아니하면 「지방행정제재·부과금의 징수 등에 관한 법률 」에 따라 징수할 수 있다.

⑤ 청산금의 납부 및 지급이 완료되었을 때에는 지적소관청은 지체없이 축척변경의 확정공고를 하여야 하며, 확정공고 사항에는 토지의 소재 및 지역명, 축척변경 지번별 조서, 청산금 조서, 지적도의 축척이 포함되어야 한다.

 해설

① 도시개발사업 등의 시행지역에 있는 토지로서 그 사업시행에서 제외된 토지의 축척변경을 하는 경우 축척변경위원회의 심의 및 시·도지사 또는 대도시 시장의 승인을 받지 아니 한다.

② 지적소관청은 시·도지사 또는 대도시 시장으로부터 축척변경 승인을 받았을 때에는 지체없이 축척변경의 목적, 시행지역 및 시행기간, 축척변경의 시행에 관한 세부계획, 축척변경의 시행에 따른 청산금액의 내용, 축척 변경의 시행에 따른 토지소유자 등의 협조에 관한 사항을 20일 이상 공고하여야 한다.

③ 지적소관청은 축척변경에 관한 측량을 한 결과 측량 전에 비하여 면적의 증감이 있는 경우에는 그 증감면적에 대하여 청산을 하여야 한다. 다만, 토지소유자 전원이 청산하지 아니하기로 합의하여 서면으로 제출한 경우에는 그러하지 아니한다.

④ 지적소관청은 청산금을 내야 하는 자가 납부고지를 받은 날부터 1개월 이내에 청산금에 관한 이의신청을 하지 아니하고, 고지를 받은 날부터 6개월 이내에 지적소관청에 청산금을 내지 아니하면 「지방행정제재·부과금의 징수 등에 관한 법률」에 따라 징수할 수 있다.

 정답 ⑤

04 CHAPTER 지적측량

- 토지를 등록하기 위한 측량인 지적측량을 공부하는 부분이다.
- 매년 2~3문제 정도 출제되고 있다.
- 지적측량의 대상은 가장 기본적인 내용으로 반드시 숙지하여야 한다. 지적측량의 절차와 관련하여 지적측량 기간에 대한 문제가 자주 출제되며 최근에는 지적측량적부심사와 관련하여 지적위원회의 심의사항이 자주 출제되고 있다.

제1절 서설

1 지적측량의 의의 및 대상

1. 지적측량의 의의

'지적측량'이란 토지를 지적공부에 등록하거나 지적공부에 등록된 경계점을 지상에 복원하기 위하여 필지의 경계 또는 좌표와 면적을 정하는 측량을 말하며, 지적확정측량 및 지적재조사측량을 포함한다.

2. 지적측량의 대상 제22회, 제24회, 제26회, 제28회, 제28회, 제30회, 제32회, 제33회

지적공부에 등록된 경계와 좌표 또는 면적을 결정하거나 이를 지표상에 복원하기 위한 측량과, 지적도와 임야도에 등록된 경계와의 관계 위치를 표시하기 위한 측량을 지적측량의 대상으로 하고 있다. 다음 경우에는 지적측량을 하여야 한다.

(1) 지적공부의 복구 시 측량이 필요한 때(복구측량)

(2) 신규등록 시 측량이 필요한 때(신규등록측량)

(3) 등록전환 시 측량이 필요한 때(등록전환측량)

(4) 토지의 분할 시 측량이 필요한 때(분할측량)

(5) 바다로 된 토지의 등록말소 시 측량이 필요한 때(해면성토지의 말소측량)

(6) 축척변경 시 측량이 필요한 때(축척변경측량)

(7) 지적공부의 등록사항 정정 시 측량이 필요한 때(등록사항정정측량)

(8) 도시개발사업 등의 공사가 완료된 경우 측량이 필요한 때(지적확정측량)

(9) 지적소관청이 지적측량수행자가 수행한 측량을 검사할 때(검사측량)

(10) 지적기준점의 설치를 위해 측량이 필요한 때(기초측량)

(11) 경계점을 지상에 복원함에 있어 측량이 필요할 때(경계복원측량)

(12) 지상건축물 등의 현황을 도면에 등록된 경계와 대비하여 표시하는 데 필요한 때(지적현황측량)

(13) 「지적재조사에 관한 특별법」에 따른 지적재조사지구에서 토지의 표시를 결정하기 위해 측량이 필요한 경우(지적재조사측량)

2 지적측량의 구분 및 방법

1. 지적측량의 구분

지적기준점을 정하기 위한 기초측량과, 1필지의 경계와 면적을 정하는 세부측량으로 구분한다.

(1) 기초측량

기초측량은 지적측량기준점의 설치 또는 세부측량을 실시하기 위하여 필요한 경우에 실시한다.

① 지적기준점
  ㉠ 지적삼각점
  ㉡ 지적삼각보조점
  ㉢ 지적도근점
② 지적기준점측량의 절차
  ㉠ 계획의 수립
  ㉡ 준비 및 현지답사
  ㉢ 선점(選點) 및 조표(調標)
  ㉣ 관측 및 계산과 성과표의 작성

(2) 세부측량

세부측량은 지적공부를 복구하고자 하는 경우, 신규등록을 하고자 하는 경우, 등록전환을 하고자 하는 경우, 분할을 하고자 하는 경우, 축척변경등을 하고자 하는 경우 등에 실시한다.

2. 지적측량의 방법

지적측량은 평판측량, 전자평판측량, 경위의측량, 전파기 또는 광파기측량, 사진측량 및 위성측량 등의 방법에 따른다.

제2절 **지적측량의 절차** 제22회, 제23회, 제25회, 제26회, 제28회, 제32회, 제33회, 제34회

1 지적측량의 절차

1. 지적측량의 의뢰

(1) 토지소유자 등 이해관계인은 지적측량을 하여야 할 필요가 있는 때에는 지적측량수행자(한국국토정보공사 또는 지적측량업자)에게 해당 지적측량을 의뢰하여야 한다. 다만, 지적재조사측량은 제외한다.

(2) 지적측량을 의뢰하고자 하는 자는 지적측량의뢰서에 의뢰 사유를 증명하는 서류를 첨부하여 지적측량수행자에게 제출하여야 한다. 다만, 검사측량은 지적소관청이 직접 행하여야 하는 측량으로서 지적측량수행자가 실시할 수 없으므로 의뢰대상에서 제외된다.

2. 지적측량 수행계획서의 제출

지적측량수행자가 지적측량의뢰를 받은 때에는 측량기간·측량일자 및 측량수수료 등을 기재한 지적측량 수행계획서를 그 다음 날까지 지적소관청에 제출하여야 한다. 제출한 지적측량 수행계획서를 변경한 경우에도 같다.

3. 지적측량수수료

(1) **지적측량수수료의 지급**

지적측량을 의뢰하는 자는 지적측량수행자에게 지적측량수수료를 지급하여야 한다.

(2) **지적측량수수료의 징수**

토지소유자가 신청하여야 하는 사항으로서 신청이 없어 소관청이 직권으로 조사·측량하여 지적공부를 정리한 때에는 이에 소요되는 지적측량수수료를 징수한다. 다만, 바다로 된 토지의 등록말소 신청의 규정에 의하여 지적공부의 등록말소를 한 경우에는 지적측량수수료가 부과되지 아니한다.

4. 지적측량의 측량기간 및 측량검사기간

(1) **원칙**

지적측량의 측량기간은 5일로 하며, 측량검사기간은 4일로 한다.

(2) **지적기준점을 설치하여 측량하는 경우**

지적기준점을 설치하여 측량 또는 측량검사를 하는 경우 지적기준점이 15점 이하인 때에는 4일을, 15점을 초과하는 때에는 4일에 15점을 초과하는 4점마다 1일을 가산한다.

(3) 합의하여 따로 기간을 정하는 경우

위와 같은 규정에 불구하고 지적측량의뢰인과 지적측량수행자가 서로 합의하여 따로 기간을 정하는 경우에는 그 기간에 의하되, 전체 기간의 4분의 3은 측량기간으로, 전체 기간의 4분의 1은 측량검사기간으로 본다.

> **핵심정리 | 지적측량의 기간 및 검사기간**
>
> 1. 원칙
>   ① 측량기간: 5일
>   ② 측량검사기간: 4일
> 2. 지적기준점을 설치하여 측량하는 경우
>   ① 측량기간: 지적기준점이 15점 이하인 때에는 4일, 15점 초과 시에는 4점마다 1일을 가산
>   ② 측량검사기간: 지적기준점이 15점 이하인 때에는 4일, 15점 초과 시에는 4점마다 1일을 가산
> 3. 합의하여 따로 기간을 정하는 경우
>   ① 측량기간: 전체 기간의 4분의 3
>   ② 측량검사기간: 전체 기간의 4분의 1

2 지적측량성과의 등재

지적측량수행자는 지적측량의뢰가 있는 때에는 지적측량을 실시하여 그 측량성과를 결정하여야 한다. 측량성과는 측량부·측량결과도 및 면적측정부에 등재하여야 하며, 검사를 요하는 경우에는 그 측량성과에 관한 자료를 소관청 또는 시·도지사, 대도시 시장에게 제출하여야 한다.

3 지적측량성과의 검사 및 교부

1. 지적측량성과의 검사

(1) 검사의 주체

지적측량수행자가 지적측량을 하였으면 시·도지사, 대도시 시장 또는 지적소관청으로부터 측량성과에 대한 검사를 받아야 한다.

① 소관청의 검사: 지적측량수행자는 측량부·측량결과도·면적측정부, 측량성과 파일 등 측량성과에 관한 자료(전자파일 형태로 저장한 매체 또는 인터넷 등 정보통신망을 이용하여 제출하는 자료를 포함한다)를 지적소관청에 제출하여 그 성과의 정확성에 관한 검사를 받아야 한다.

② 시·도지사 또는 대도시 시장의 검사: 지적삼각점측량성과 및 경위의측량방법으로 실시한 지적확정측량성과인 경우에는 다음 구분에 따라 검사를 받아야 한다.

　㉠ 국토교통부장관이 정하여 고시하는 면적 규모 이상의 지적확정측량성과: 시·도지사 또는

대도시 시장에게 검사를 받아야 한다. 시·도지사 또는 대도시 시장은 검사를 하였을 때에는 그 결과를 지적소관청에 통지하여야 한다.

ⓒ 국토교통부장관이 정하여 고시하는 면적 규모 미만의 지적확정측량성과: 지적소관청에게 검사를 받아야 한다.

(2) 검사를 요하지 않는 경우

지적공부를 정리하지 아니하는 '경계복원측량'과 '지적현황측량'의 경우에는 소관청 또는 시·도지사·대도시 시장의 검사를 요하지 아니한다.

2. 지적측량성과도의 교부

지적소관청은 「건축법」 등 관계 법령에 따른 분할제한 저촉 여부 등을 판단하여 측량성과가 정확하다고 인정하면 지적측량성과도를 지적측량수행자에게 발급하여야 하며, 지적측량수행자는 측량의뢰인에게 그 지적측량성과도를 포함한 지적측량 결과부를 지체 없이 발급하여야 한다. 이 경우 검사를 받지 아니한 지적측량성과도는 측량의뢰인에게 발급할 수 없다.

제3절 지적기준점성과의 관리 및 통보 제23회, 제31회, 제33회, 제34회

(1) 지적삼각점성과는 특별시장·광역시장·특별자치시장·도지사 또는 특별자치도지사(이하 '시·도지사'라 한다)가 관리하고, 지적삼각보조점성과 및 지적도근점성과는 지적소관청이 관리하여야 한다.

(2) 지적소관청이 지적삼각점을 설치하거나 변경하였을 때에는 그 측량성과를 시·도지사에게 통보하여야 한다.

(3) 지적소관청은 지형·지물 등의 변동으로 인하여 지적삼각점성과가 다르게 된 때에는 지체 없이 그 측량성과를 수정하고 그 내용을 시·도지사에게 통보하여야 한다.

(4) 지적기준점성과 또는 그 측량부를 열람하거나 등본을 발급받으려는 자는 지적삼각점성과에 대해서는 특별시장·광역시장·특별자치시장·도지사·특별자치도지사(이하 '시·도지사'라 한다) 또는 지적소관청에 신청하고, 지적삼각보조점성과 및 지적도근점성과에 대해서는 지적소관청에 신청하여야 한다. 열람·등본수수료는 당해 수입증지 또는 현금으로 납부하며, 시·도지사 또는 지적소관청은 정보통신망을 이용하여 전자화폐·전자결제 등의 방법으로 수수료를 납부하게 할 수 있다.

(5) 지적측량업무에 종사하는 지적기술자가 그 업무와 관련하여 지적기준점성과 또는 그 측량부의 열람 및 등본교부를 신청하는 때에는 수수료를 면제한다.

제4절 **지적위원회** 제25회, 제27회, 제30회, 제34회

지적측량에 대한 적부심사에 관한 재심사를 위하여 국토교통부에 중앙지적위원회를 두고, 지적측량
적부심사 청구사항을 심의·의결하기 위하여 특별시·광역시·특별자치시·도 또는 특별자치도(이하 '시·
도'라 한다)에 지방지적위원회를 둔다.

1. 중앙지적위원회의 구성

(1) 중앙지적위원회는 위원장 1명과 부위원장 1명을 포함하여 5명 이상 10명 이하의 위원으로 구성
한다.

(2) 위원장은 국토교통부의 지적업무 담당 국장이, 부위원장은 국토교통부의 지적업무 담당 과장이 된다.

(3) 위원은 지적에 관한 학식과 경험이 풍부한 사람 중에서 국토교통부장관이 임명하거나 위촉한다.

(4) 위원장 및 부위원장을 제외한 위원의 임기는 2년으로 한다.

(5) 중앙지적위원회의 간사는 국토교통부의 지적업무 담당 공무원 중에서 국토교통부장관이 임명하
며, 회의 준비, 회의록 작성 및 회의 결과에 따른 업무 등 중앙지적위원회의 서무를 담당한다.

(6) 중앙지적위원회의 위원에게는 예산의 범위에서 출석수당과 여비, 그 밖의 실비를 지급할 수 있
다. 다만, 공무원인 위원이 그 소관 업무와 직접적으로 관련되어 출석하는 경우에는 그러하지 아
니하다.

2. 중앙지적위원회의 회의

(1) 중앙지적위원회 위원장은 회의를 소집하고 그 의장이 된다.

(2) 위원장이 부득이한 사유로 직무를 수행할 수 없을 때에는 부위원장이 그 직무를 대행하고, 위원장
및 부위원장이 모두 부득이한 사유로 직무를 수행할 수 없을 때에는 위원장이 미리 지명한 위원이
그 직무를 대행한다.

(3) 중앙지적위원회의 회의는 재적위원 과반수의 출석으로 개의하고, 출석위원 과반수의 찬성으로 의
결한다.

(4) 중앙지적위원회는 관계인을 출석하게 하여 의견을 들을 수 있으며, 필요하면 현지조사를 할 수
있다.

① 중앙지적위원회가 현지조사를 하려는 경우에는 관계 공무원을 지정하여 지적측량 및 자료조사
등 현지조사를 하고 그 결과를 보고하게 할 수 있다.

② 필요할 때에는 지적측량수행자에게 그 소속 지적기술자를 참여시키도록 요청할 수 있다.

(5) 위원장이 중앙지적위원회의 회의를 소집할 때에는 회의 일시·장소 및 심의 안건을 회의 5일 전까지 각 위원에게 서면으로 통지하여야 한다.

(6) 위원이 지적측량 적부재심사 시 그 측량 사안에 관하여 관련이 있는 경우에는 그 안건의 심의 또는 의결에 참석할 수 없다.

3. 위원의 제척·기피·회피

(1) 중앙지적위원회의 위원이 다음 어느 하나에 해당하는 경우에는 중앙지적위원회의 심의·의결에서 제척된다.

① 위원 또는 그 배우자나 배우자이었던 사람이 해당 안건의 당사자가 되거나 그 안건의 당사자와 공동권리자 또는 공동의무자인 경우
② 위원이 해당 안건의 당사자와 친족이거나 친족이었던 경우
③ 위원이 해당 안건에 대하여 증언, 진술 또는 감정을 한 경우
④ 위원이나 위원이 속한 법인, 단체 등이 해당 안건의 당사자의 대리인이거나 대리인이었던 경우
⑤ 위원이 해당 안건의 원인이 된 처분 또는 부작위에 관여한 경우

(2) 해당 안건의 당사자는 위원에게 공정한 심의·의결을 기대하기 어려운 사정이 있는 경우에는 중앙지적위원회에 기피 신청을 할 수 있고, 중앙지적위원회는 의결로 이를 결정한다. 이 경우 기피 신청의 대상인 위원은 그 의결에 참여하지 못한다.

(3) 위원이 위 제척 사유에 해당하는 경우에는 스스로 해당 안건의 심의·의결에서 회피하여야 한다.

4. 지방지적위원회의 구성

지방지적위원회의 구성 및 회의 등에 관하여는 중앙지적위원회의 규정을 준용한다. 이 경우 '중앙지적위원회'는 '지방지적위원회'로, '국토교통부'는 '시·도'로, '국토교통부장관'은 '특별시장·광역시장·특별자치시·도지사 또는 특별자치도지사'로, '지적측량 적부재심사'는 '지적측량 적부심사'로 본다.

5. 중앙지적위원회의 심의·의결사항

(1) 지적 관련 정책 개발 및 업무 개선 등에 관한 사항

(2) 지적측량기술의 연구·개발 및 보급에 관한 사항

(3) 법 제29조 제6항에 따른 지적측량 적부심사에 대한 재심사

(4) 법 제39조에 따른 측량기술자 중 지적분야 측량기술자(이하 '지적기술자'라 한다)의 양성에 관한 사항

(5) 법 제42조에 따른 지적기술자의 업무정지 처분 및 징계요구에 관한 사항

제5절 지적측량 적부심사 제21회, 제26회, 제32회

1. 의의

지적측량 적부심사라 함은 지적측량의 성과에 대하여 다툼이 있는 경우에 지적측량의 적법 여부에 관하여 심사하여 줄 것을 청구할 수 있는 구제제도를 말한다.

토지소유자, 이해관계인 또는 지적측량수행자는 지적측량성과에 대하여 다툼이 있는 경우에는 대통령령으로 정하는 바에 따라 관할 시·도지사를 거쳐 지방지적위원회에 지적측량 적부심사를 청구할 수 있다.

2. 지적측량 적부심사의 절차

(1) 청구권자

토지소유자, 이해관계인 또는 지적측량수행자가 청구할 수 있다.

(2) 청구방법

지적측량 적부심사를 청구하려는 자는 심사청구서에 다음의 구분에 따른 서류를 첨부하여 특별시장·광역시장·특별자치시장·도지사 또는 특별자치도지사(이하 '시·도지사'라 한다)를 거쳐 지방지적위원회에 제출하여야 한다.

① 토지소유자 또는 이해관계인: 지적측량을 의뢰하여 발급받은 지적측량성과
② 지적측량수행자(지적측량수행자 소속 지적기술자가 청구하는 경우만 해당한다): 직접 실시한 지적측량성과

(3) 심사 및 처리절차

① 지방지적위원회에 회부
  ㉠ 지적측량 적부심사청구를 받은 시·도지사는 30일 이내에 다음의 사항을 조사하여 지방지적위원회에 회부하여야 한다.
    ⓐ 다툼이 되는 지적측량의 경위 및 그 성과
    ⓑ 해당 토지에 대한 토지이동 및 소유권 변동 연혁
    ⓒ 해당 토지 주변의 측량기준점, 경계, 주요 구조물 등 현황 실측도
  ㉡ 시·도지사는 현황 실측도를 작성하기 위하여 필요한 경우에는 관계 공무원을 지정하여 지적측량을 하게 할 수 있으며, 필요하면 지적측량수행자에게 그 소속 지적기술자를 참여시키도록 요청할 수 있다.

② **지방지적위원회의 의결**: 지적측량 적부심사청구를 회부받은 지방지적위원회는 그 심사청구를 회부받은 날부터 60일 이내에 심의·의결하여야 한다. 다만, 부득이한 경우에는 그 심의기간을 해당 지적위원회의 의결을 거쳐 30일 이내에서 한 번만 연장할 수 있다.

③ **의결서의 송부**: 지방지적위원회는 지적측량 적부심사를 의결하였으면 위원장과 참석위원 전원이 서명 및 날인한 지적측량 적부심사 의결서를 지체 없이 시·도지사에게 송부하여야 한다.

④ **청구인 등에 통지**: 시·도지사는 의결서를 받은 날부터 7일 이내에 지적측량 적부심사 청구인 및 이해관계인에게 그 의결서를 통지하여야 한다. 시·도지사가 지적측량 적부심사 의결서를 지적측량 적부심사 청구인 및 이해관계인에게 통지할 때에는 재심사를 청구할 수 있음을 서면으로 알려야 한다.

⑤ **재심사청구**: 의결서를 받은 자가 지방지적위원회의 의결에 불복하는 경우에는 그 의결서를 받은 날부터 90일 이내에 국토교통부장관을 거쳐 중앙지적위원회에 재심사를 청구할 수 있다.

(4) 등록사항의 정정

시·도지사는 지방지적위원회의 의결서를 받은 후 해당 지적측량 적부심사 청구인 및 이해관계인이 90일의 기간 내 재심사를 청구하지 아니하면 그 의결서 사본을 지적소관청에 보내야 하며, 지방지적위원회 의결서 사본을 받은 지적소관청은 그 내용에 따라 지적공부의 등록사항을 정정하거나 측량성과를 수정하여야 한다. 특별자치시장은 지방지적위원회의 의결서를 받은 후 해당 지적측량 적부심사 청구인 및 이해관계인이 90일의 기간 내 재심사를 청구하지 아니하면 직접 그 내용에 따라 지적공부의 등록사항을 정정하거나 측량성과를 수정하여야 한다.

(5) 지적측량 적부심사청구를 할 수 없는 경우

지방지적위원회의 의결이 있은 후 그 의결서를 받은 날로부터 90일 이내에 재심사를 청구하지 아니하거나 중앙지적위원회의 의결이 있는 경우에는 해당 지적측량성과에 대하여 다시 지적측량 적부심사청구를 할 수 없다.

3. 재심사의 청구

(1) 재심사 청구권자

지방지적위원회의 의결에 불복하는 때에는 적부심사 의결서를 통지받은 자(적부심사 청구인 및 이해관계인)는 국토교통부장관을 거쳐 중앙지적위원회에 재심사를 청구할 수 있다.

(2) 재심사 청구방법

지적측량 적부심사의 재심사청구를 하려는 자는 재심사청구서에 지방지적위원회의 지적측량 적부심사 의결서 사본을 첨부하여 국토교통부장관을 거쳐 중앙지적위원회에 제출하여야 한다.

(3) 심사 및 처리절차

① **중앙지적위원회에 회부:** 재심사청구를 받은 국토교통부장관은 30일 이내에 중앙지적위원회에 회부하여야 한다.

② **중앙지적위원회의 의결:** 재심사청구서를 회부받은 중앙지적위원회는 그 날로부터 60일 이내에 심의·의결하여야 한다. 다만, 부득이한 경우에는 1차에 한하여 중앙지적위원회의 의결로써 30일을 넘지 않는 범위 안에서 그 기간을 연장할 수 있다.

③ **의결서의 송부:** 중앙지적위원회가 재심사청구에 대하여 의결을 한 때에는 위원장과 참석위원 전원이 서명 및 날인한 의결서를 작성하여 지체 없이 국토교통장관에게 송부하여야 한다.

④ **의결서의 통지 및 송부:** 국토교통부장관이 중앙지적위원회의 의결서를 송부받은 때에는 그 사본을 작성하여 시·도지사에게 송부하고, 7일 이내에 재심사청구인 및 이해관계인에게 통지하여야 한다.

(4) 등록사항의 정정

시·도지사는 국토교통부장관으로부터 송부받은 중앙지적위원회의 의결서 사본에 지방지적위원회의 의결서 사본을 첨부하여 소관청에 송부하여야 하고, 이를 송부받은 소관청은 그 내용에 따라 지적공부의 등록사항을 직권으로 정정하거나 측량성과를 수정하여야 한다. 특별자치시장은 중앙지적위원회의 의결서를 받은 경우에는 직접 그 내용에 따라 지적공부의 등록사항을 정정하거나 측량성과를 수정하여야 한다.

04 기출 및 예상문제
CHAPTER

01 공간정보의 구축 및 관리 등에 관한 법령상 지상건축물 등의 현황을 지적도 및 임야도에 등록된 경계와 대비하여 표시하는 지적측량은? 〔제32회〕

① 등록전환측량　　　　② 신규등록측량　　　　③ 지적현황측량
④ 경계복원측량　　　　⑤ 토지분할측량

> **해설** 지상건축물 등의 현황을 지적도 및 임야도에 등록된 경계와 대비하여 표시하는 지적측량을 지적현황측량 이라 한다.

정답 ③

02 지적측량에 관한 설명으로 틀린 것은? 〔제23회〕

① 지적측량은 지적기준점을 정하기 위한 기초측량과 1필지의 경계와 면적을 정하는 세부측량으로 구분하며, 평판측량, 전자평판측량, 경위의측량, 전파기 또는 광파기측량, 사진측량 및 위성측량 등의 방법에 따른다.
② 지적기준점을 설치하지 아니하고, 지적측량의뢰인과 지적측량수행자가 서로 합의하여 따로 기간을 정하는 경우를 제외한 지적측량의 측량기간은 5일, 측량검사기간은 4일로 한다.
③ 지적측량수행자가 지적측량 의뢰를 받은 때에는 측량기간, 측량일자 및 측량수수료 등을 적은 지적측량 수행계획서를 그 다음 날까지 시·도지사에게 제출하여야 한다.
④ 지적공부의 복구·신규등록·등록전환 및 축척변경을 하기 위하여 세부측량을 하는 경우에는 필지마다 면적을 측정하여야 한다.
⑤ 지적기준점측량의 절차는 계획의 수립, 준비 및 현지답사, 선점(選點) 및 조표(調標), 관측 및 계산과 성과표의 작성 순서에 따른다.

> **해설** 지적측량수행계획서는 시·도지사가 아니라 지적소관청에 제출하여야 한다.

정답 ③

PART 1 공간정보의 구축 및 관리 등에 관한 법률

03 공간정보의 구축 및 관리 등에 관한 법령상 지적측량의 측량기간 및 검사기간에 관한 설명이다.
( ) 안에 들어갈 내용으로 옳은 것은? (단, 합의하여 따로 기간을 정하는 경우는 제외함)
제29회

> 지적측량의 측량기간은 5일로 하며, 측량검사기간은 4일로 한다. 다만, 지적기준점을 설치하
> 여 측량 또는 측량검사를 하는 경우 지적기준점이 15점 이하인 경우에는 (ㄱ)을, 15점 초
> 과하는 경우에는 (ㄴ)에 15점을 초과하는 (ㄷ)마다 1일을 가산한다.

① ㄱ: 4일, ㄴ: 4일, ㄷ: 4점
② ㄱ: 4일, ㄴ: 5일, ㄷ: 5점
③ ㄱ: 5일, ㄴ: 4일, ㄷ: 4점
④ ㄱ: 5일, ㄴ: 5일, ㄷ: 4점
⑤ ㄱ: 5일, ㄴ: 5일, ㄷ: 5점

해설 지적측량의 측량기간은 5일로 하며, 측량검사기간은 4일로 한다. 다만, 지적기준점을 설치하여 측량 또는
측량검사를 하는 경우 지적기준점이 15점 이하인 경우에는 4일을, 15점을 초과하는 경우에는 4일에 15
점을 초과하는 4점마다 1일을 가산한다.(규칙25조③)

정답 ①

04 공간정보의 구축 및 관리 등에 관한 법령상 지적삼각보조점성과의 등본을 발급받으려는 경우
그 신청기관으로 옳은 것은?
제34회

① 시·도지사
② 시·도지사 또는 지적소관청
③ 지적소관청
④ 지적소관청 또는 한국국토정보공사
⑤ 한국국토정보공사

해설 지적측량기준점성과 또는 그 측량부를 열람하거나 등본을 발급받으려는 자는 지적삼각점성과에 대해서는
특별시장·광역시장·특별자치시장·도지사·특별자치도지사(이하 "시·도지사"라 한다) 또는 지적소관청에
신청하고, 지적삼각보조점성과 및 지적도근점성과에 대해서는 지적소관청에 신청하여야 한다.

정답 ③

05 공간정보의 구축 및 관리 등에 관한 법령상 중앙지적위원회의 구성 및 회의 등에 관한 설명으로 옳은 것을 모두 고른 것은? 〔제34회〕

> ㄱ. 중앙지적위원회의 간사는 국토교통부의 지적업무 담당 공무원 중에서 지적업무 담당 국장이 임명하며, 회의 준비, 회의록 작성 및 회의 결과에 따른 업무 등 중앙지적위원회의 서무를 담당한다.
> ㄴ. 중앙지적위원회의 회의는 재적위원 과반수의 출석으로 개의(開議)하고, 출석위원 과반수의 찬성으로 의결한다.
> ㄷ. 중앙지적위원회는 관계인을 출석하게 하여 의견을 들을 수 있으며, 필요하면 현지조사를 할 수 있다.
> ㄹ. 위원장이 중앙지적위원회의 회의를 소집할 때에는 회의 일시·장소 및 심의 안건을 회의 7일 전까지 각 위원에게 서면으로 통지하여야 한다.

① ㄱ, ㄴ   ② ㄴ, ㄷ   ③ ㄱ, ㄴ, ㄷ
④ ㄱ, ㄷ, ㄹ   ⑤ ㄴ, ㄷ, ㄹ

해설   ㄴ.ㄷ.은 옳은 지문이며 ㄱ.ㄹ.은 틀린 지문이다.
     ㄱ. 중앙지적위원회의 간사는 국토교통부의 지적업무 담당 공무원 중에서 국토교통부장관이 임명하며, 회의 준비, 회의록 작성 및 회의 결과에 따른 업무 등 중앙지적위원회의 서무를 담당한다.
     ㄹ. 위원장이 중앙지적위원회의 회의를 소집할 때에는 회의 일시·장소 및 심의 안건을 회의 5일 전까지 각 위원에게 서면으로 통지하여야 한다.

정답 ②

06 공간정보의 구축 및 관리 등에 관한 법령상 지적측량의 적부심사 등에 관한 설명으로 옳은 것은?

(제32회)

① 지적측량 적부심사청구를 받은 지적소관청은 30일 이내에 다툼이 되는 지적측량의 경위 및 그 성과, 해당 토지에 대한 토지이동 및 소유권 변동 연혁, 해당 토지 주변의 측량기준점, 경계, 주요 구조물 등 현황 실측도를 조사하여 지방지적위원회에 회부하여야 한다.

② 지적측량 적부심사청구를 회부받은 지방지적위원회는 부득이한 경우가 아닌 경우 그 심사청구를 회부받은 날부터 90일 이내에 심의·의결하여야 한다.

③ 지방지적위원회는 부득이한 경우에 심의기간을 해당 지적위원회의 의결을 거쳐 60일 이내에서 한 번만 연장할 수 있다.

④ 시·도지사는 지방지적위원회의 지적측량 적부심사 의결서를 받은 날부터 7일 이내에 지적측량 적부심사 청구인 및 이해관계인에게 그 의결서를 통지하여야 한다.

⑤ 의결서를 받은 자가 지방지적위원회의 의결에 불복하는 경우에는 그 의결서를 받은 날부터 90일 이내에 시·도지사를 거쳐 중앙지적위원회에 재심사를 청구할 수 있다.

> **해설**
> ① 지적측량 적부심사청구를 받은 시·도지사는 30일 이내에 다툼이 되는 지적측량의 경위 및 그 성과, 해당 토지에 대한 토지이동 및 소유권 변동 연혁, 해당 토지 주변의 측량기준점, 경계, 주요 구조물 등 현황 실측도를 조사하여 지방지적위원회에 회부하여야 한다.
> ② 지적측량 적부심사청구를 회부받은 지방지적위원회는 부득이한 경우가 아닌 경우 그 심사청구를 회부받은 날부터 60일 이내에 심의·의결하여야 한다.
> ③ 지방지적위원회는 부득이단 경우에 심의기간을 해당 지적위원회의 의결을 거쳐 30일 이내에서 한 번만 연장할 수 있다.
> ⑤ 의결서를 받은 자가 지방지적위원회의 의결에 불복하는 경우에는 그 의결서를 받은 날부터 90일 이내에 국토교통부장관을 거쳐 중앙지적위원회에 재심사를 청구할 수 있다.

정답 ④

MEMO

2025 랜드하나 공인중개사 기본서

PART 2
부동산등기법

CHAPTER 1 부동산등기 총설
CHAPTER 2 등기절차 총론
CHAPTER 3 각종 권리에 관한 등기절차
CHAPTER 4 각종의 등기절차
CHAPTER 5 구분건물에 관한 등기절차
CHAPTER 6 등기의 기관과 그 설비
CHAPTER 7 부당한 처분에 대한 이의

01 부동산등기 총설

단원별 학습포인트

□ 부동산등기법의 기본적인 이론을 공부하는 서설부분이다. 최근에는 잘 출제가 되지 않고 있으나 등기법의 기초개념을 잡는 부분이므로 민법적 이론을 바탕으로 하여 정확한 이해가 필요하다.
□ 등기의 종류, 등기사항, 등기의 효력, 등기의 유효요건을 공부하며 특히 등기사항은 등기신청의 각하사유 및 직권말소, 이의신청과 연결되는 내용이므로 정확한 이해가 필요하다.

제1절 부동산등기제도의 개관

1 부동산등기제도

① 등기부라는 보조기억장치(자기디스크, 자기테이프, 기타 이와 유사한 방법에 의하여 일정한 등기사항을 기록·보관할 수 있는 전자적 정보저장매체 포함)에 기록이라는 방법으로 물권을 공시함으로써 부동산 거래의 안전과 신속을 도모함을 목적으로 한다.

② 채권(특정인이 다른 특정인의 특정한 행위를 청구할 수 있는 권리)은 채무자에 대하여서만 주장할 수 있는 상대권이므로 그 존재 및 내용을 외부에 알릴 필요가 없으나, 물권(특정인이 특정한 물건을 직접 지배해서 이익을 얻는 배타적 권리)은 모든 자에게 주장할 수 있는 절대권이고, 특히 소유권이나 저당권 등은 현실적 지배를 요소로 하지 않는 관념적 권리이므로, 물권거래의 안전을 확보하기 위하여 물권의 존재 및 내용을 외부에서 용이하게 알 수 있는 공시방법이 필요하다.

③ 「부동산등기법」이 적용되는 것은 부동산 중 토지 및 건물에 관한 등기뿐이므로, 본 교재에서는 토지 및 건물에 관한 등기에 대해서만 살펴보기로 한다.

2 부동산등기의 의의

1. 의의

등기라 함은 국가기관인 등기관이 등기소에서 전산정보처리조직에 의하여 입력·처리된 등기정보자료를 편성한 등기부인 보조기억장치(자기디스크, 자기테이프, 기타 이와 유사한 방법에 의하여 일정한 등기사항을 기록·보관할 수 있는 전자적 정보저장매체 포함)에 전산정보처리조직을 이용하여 '기록하는 것' 또는 그 '기록 자체'를 말한다.

2. 부동산등기와의 구별개념

부동산등기는 부동산 중 토지와 건물을 그 대상으로 하므로 이와 관련 없는 입목등기, 선박등기, 법인등기 등과 구별된다.

> **심화학습**
>
> 용어의 정의 및 효력발생시기
>
> 1. 부동산등기 용어정의
>   ① '등기부'란 전산정보처리조직에 의하여 입력·처리된 등기정보자료를 대법원규칙으로 정하는 바에 따라 편성한 것을 말한다.
>   ② '등기부부본자료(登記簿副本資料)'란 등기부와 동일한 내용으로 보조기억장치에 기록된 자료를 말한다.
>   ③ '등기기록'이란 1필의 토지 또는 1개의 건물에 관한 등기정보자료를 말한다.
>   ④ '등기필정보(登記畢情報)'란 등기부에 새로운 권리자가 기록되는 경우에 그 권리자를 확인하기 위하여 등기관이 작성한 정보를 말한다.
> 2. 등기신청의 접수시기 및 등기의 효력발생시기
>   ① 등기신청은 대법원규칙으로 정하는 등기신청정보가 전산정보처리조직에 저장된 때 접수된 것으로 본다.
>   ② 등기관이 등기를 마친 경우 그 등기는 접수한 때부터 효력을 발생한다.

3 부동산등기제도의 기능

1. 법률행위로 인한 부동산물권변동의 효력발생요건(민법 제186조)

부동산에 관한 법률행위로 인한 물권의 득실변경은 등기하여야 그 효력이 생긴다(민법 제186조). 부동산등기는 법률행위로 인한 부동산물권변동의 효력발생요건이다.

> **사례보기**
>
> 매도인과 매수인이 매매계약을 체결하였으나 소유권이전등기를 신청하지 않아 그 등기가 경료되지 않았다면, 현행 「민법」과 같이 형식주의를 취하는 경우 매수인은 소유권을 취득할 수 없어 모든 자에 대하여 소유권을 주장할 수 없다. 그리고 부동산등기는 물권변동의 효력발생요건일 뿐 효력존속요건은 아니므로 등기가 부당하게 소멸된 경우에 당해 등기가 표상하는 물권이 소멸하는 것은 아니다.

2. 법률의 규정에 의하여 취득한 물권의 처분요건(민법 제187조)

상속, 공용징수, 판결, 경매, 기타 법률의 규정에 의한 부동산물권의 취득은 등기를 요하지 아니한다. 그러나 등기하지 아니하면 이를 처분하지 못한다(민법 제187조). 즉, 법률의 규정에 의한 부동산물권의 변동에 있어서는 등기 없이도 그 효력이 발생하나, 취득한 물권을 처분하기 위해서는 취득한 물권에 관한 등기가 선행되어야 한다. 따라서 법률의 규정에 의한 물권변동에 있어서 등기는 취득한 물권의 처분요건에 해당한다. 구체적인 내용을 살펴보면 다음과 같다.

(1) 상속

① 상속에 의한 물권변동의 효력은 상속이 개시된 때(피상속인의 사망 시)에 발생한다(민법 제997조). 즉, 상속에 의하여 피상속인의 재산상 권리의무는 상속인에게 포괄적으로 승계되며, 등기 없이도 물권변동의 효력이 발생한다. 다만, 이를 처분하기 위해서는 먼저 상속등기가 이루어져야 한다.

② 포괄유증과 회사합병의 경우에도 부동산물권변동에 있어서 물권변동에 관한 등기를 요하지 아니하는바, 포괄적 유증의 경우에는 유증자의 사망 시에, 회사합병의 경우에는 회사합병등기 시에 물권변동의 효력이 발생한다. 다만, 유증에 있어 주의할 것은 포괄유증과는 달리 특정유증은 등기하여야 물권변동의 효력이 발생한다는 점이다.

심화학습

포괄유증, 회사의 합병

1. 포괄유증
포괄유증이란 유언에 의한 증여(포괄적)를 의미하며 유언의 효력이 발생하는 시점(일반적으로 조건과 기한이 없다면 유언자의 사망 시)에서 등기 없이 물권변동의 효력이 발생하며, 등기신청은 공동신청에 의한다.

2. 회사의 합병
회사의 합병이란 2개 이상의 회사가 합하여 그 중 어느 하나의 회사로 존속하거나 또는 새로운 회사를 설립하여 하나의 회사가 되는 것을 말한다. 전자를 흡수합병이라 말하며, 후자는 신설합병이라 말한다. 회사합병은 상속과 유사한 개념으로 접근하면 된다.

---

(2) 공용징수

① 공용징수(공용수용)라 함은 공익사업을 위하여 국민의 특정 재산권을 법률의 규정에 의하여 강제로 취득하는 것이다. 대표적으로 「공익사업을 위한 토지 등의 취득 및 보상에 관한 법률」에 의한 수용을 들 수 있다.

② 공용징수에 의하여 사업시행자는 수용의 개시일에 등기 없이도 물권을 취득하나, 이를 처분하기 위해서는 등기를 하여야 한다.

③ 공용징수에 의한 소유권의 취득은 원시취득이기 때문에 보존등기를 하여야 할 것이지만, 등기된 부동산에 대한 소유권을 수용한 경우에는 실무상으로 이전등기를 한다.

(3) 판결

판결은 그 내용에 따라 이행판결, 확인판결, 형성판결로 나뉜다. 여기서 「민법」 제187조의 판결은

'형성판결'만을 의미하는 것으로 보는 것이 통설 및 판례의 입장이다. 그리고 확정판결과 동일한 효력이 있는 화해조서나 인낙조서 등도 그 내용이 법률관계의 형성에 관한 것이면 형성판결과 동일한 효력이 있으며, 따라서 판결확정 시 등기 없이도 물권변동의 효력이 발생한다. 형성판결로는 공유물분할판결, 사해행위취소판결, 상속재산분할판결 등을 들 수 있다.

심화학습

판결의 종류

1. **이행판결**
   이행판결은 원고의 이행청구권의 존재를 확정하고 피고에게 일정한 급부 내지 의무이행을 명하는 판결을 말한다. 등기절차의 이행을 명하는 판결이 확정된 때에는 등기신청을 단독으로 할 수 있는 특칙은 있지만, 물권변동의 효력은 판결이 확정된 때가 아니라 등기가 이루어진 때에 발생한다.

2. **확인판결**
   확인판결은 기존의 권리나 법률관계의 존부 또는 법률관계를 증명하는 정보의 진부를 확인하는 효력만을 가질 뿐 법률관계의 변동이나 단독신청의 특칙은 인정되지 아니한다.

3. **형성판결**
   형성판결은 권리 또는 법률관계의 설정·변경·소멸을 선언하는 판결로써 그 판결의 확정으로 새로운 법률관계의 변동의 효과가 발생한다.

---

(4) 경매

① 경매에는 사인 사이에서 행하여지는 사경매와 국가기관이 행하는 공경매가 있는데, 「민법」 제187조에서의 경매는 공경매만을 의미한다. 공경매는 일반채권자가 집행권원(종전의 채무명의)을 받아 행하는 강제경매, 담보권 실행을 위한 경매, 국세체납처분에 의한 「국세징수법」상 공매 등을 말한다.

② 현재 부동산에 관하여는 실질적으로 입찰방식에 의하여 경매가 이루어지고 있다. 경매의 경우에는 매수인이 매각대금을 완납한 때에 매각의 목적인 권리를 취득하고, 공매의 경우에는 매수인이 매수대금을 완납한 때에 그 권리를 취득한다.

(5) 기타 법률의 규정이나 관습법에 의한 경우

① 신축건물의 소유권 취득(판례)

② 공유수면매립지에 대한 소유권 취득(준공인가 받은 날 취득)

③ 법정지상권의 취득(민법 제305조, 제366조)

④ 관습법상의 법정지상권의 취득

⑤ 피담보채권의 소멸에 의한 저당권의 소멸(민법 제369조)

⑥ 혼동으로 인한 물권의 소멸(민법 제191조)

⑦ 존속기간 만료에 따른 용익물권의 소멸

⑧ 부동산의 멸실에 의한 물권의 소멸

⑨ 소멸시효완성으로 인한 물권의 소멸(통설·판례)

⑩ 원인행위의 무효·취소 또는 해제로 인한 물권의 복귀(판례)

⑪ 해제조건의 성취에 의한 용익물권의 소멸(법 제54조)

⑫ 부합으로 인한 소유권의 변동(민법 제256조)

⑬ 재단법인설립 시 출연재산의 귀속(민법 제48조)

⑭ 대위변제에 의한 저당권 이전(민법 제482조)

3. 부동산에 관한 임차권·환매권·채권 등의 대항요건

부동산 채권인 환매권, 임차권의 설정, 지상권의 지료·존속기간, 저당권의 이자·변제기, 전세권의 존속기간·양도금지의 특약사항 등과 같은 약정 등도 등기할 수 있는데, 이를 등기하면 제3자에게 그 내용을 주장할 수 있는 대항력이 생긴다. 이 경우 등기는 제3자에 대한 대항요건이 되는 것이다.

4 현행 부동산등기제도의 특징

1. 물적 편성주의 – 1부동산 1등기기록의 원칙

등기부에는 1필의 토지 또는 1동의 건물에 대하여 1기록을 사용한다. 그러나 1동의 건물을 구분한 건물에 있어서는 1동의 건물에 속하는 전부에 대하여 1등기기록을 사용한다.

2. 등기절차의 개시 – 신청주의(공동·출석·서면 신청주의)

(1) 「부동산등기법」은 "등기는 당사자의 신청 또는 관공서의 촉탁에 따라 한다. 다만, 법률에 다른 규정이 있는 경우에는 그러하지 아니하다."라고 규정하여 신청주의를 선언한 후, "등기를 신청함에 있어서는 등기권리자와 등기의무자가 공동으로 신청하고(공동신청), 신청인 또는 그 대리인이 등기소에 출석하여 신청하여야 하며(출석신청), 소정의 정보(등기신청정보, 등기원인을 증명하는 정보 등)에 의하여 신청하여야 한다(서면신청)."라고 규정함으로써 공동신청주의·출석신청주의·서면신청주의를 취하고 있다.

(2) 다만, 인터넷에 의한 신청(전자신청)의 경우 전산정보처리조직에 의하여 신청하므로 직접 등기소에 출석할 필요가 없다. 그러므로 출석신청주의가 배제된다.

3. 등기관의 심사권 – 형식적 심사주의

등기관의 심사범위에 관하여는 신청정보·첨부정보·등기부 등에 의하여 등기관이 등기신청이 절차법상의 요건을 구비하였는지 조사하는 형식적 심사주의를 채택하고 있다.

4. 등기의 효력

부동산등기는 법률행위로 인한 부동산물권변동의 효력발생요건이며 대항요건은 아니다. 다만, 전술한 바와 같이 등기는 제3자에 대한 대항요건인 경우도 있고, 법률의 규정에 의하여 등기 없이 취득한 물권의 처분요건인 경우도 있다.

5. 등기의 공신력 – 불인정

현행법상 등기의 공신력을 부정하는 명문의 규정은 없으나, 판례는 등기의 공신력을 부정하고 있다. 등기의 공신력을 부정하면 진정한 권리자는 보호할 수 있으나, 등기를 믿고 거래한 제3자를 충분히 보호할 수 없게 되어 거래의 안전을 해할 우려가 있다. 물론 공신력을 부정한다고 해서 무효인 등기를 믿고 거래한 제3자가 보호받을 여지가 전혀 없는 것은 아니다. 현행 「민법」은 법률행위를 함에 있어 특별히 제3자를 보호할 필요가 있는 경우를 고려하여 제3자에 대한 보호규정(🔳 민법 제107조 ~ 제110조)을 두고 있는바, 이러한 규정에 의하여 보호받을 여지는 있다. 여기서 제3자 보호란 「민법」규정에 의한 보호일 뿐이지 등기의 공신력이 있기 때문에 보호되는 것은 아니다.

6. 토지등기부와 건물등기부의 이원화

현행 「민법」은 토지와 건물을 별개의 독립한 물건으로 보고 있으며, 이에 따라 「부동산등기법」은 토지등기부와 건물등기부로 이원화하고 있으므로 동일 지번상에 토지등기부와 건물등기부가 따로따로 존재한다.

7. 등기부와 대장의 이원화

현행법은 동일한 토지 또는 건물에 관한 공시사항을 대장과 등기부로 나누어 기록함으로써 이원화 체계를 취하고 있다. 등기는 주로 부동산에 관한 권리관계를 공시하나, 각종 대장(토지대장, 임야대장, 건축물대장)은 부동산에 관한 사실관계를 공시한다.

권리관계의 변동은 등기부를 기초로 대장을 정리하고, 사실관계의 변동은 대장을 기초로 등기부를 정리함으로써 양자는 서로 의존관계에 있다고 볼 수 있다. 그러나 등기부와 대장이 이원화되어 있는 관계로 양자 사이에 불일치가 발생할 우려가 있다.

8. 국가배상책임주의

등기관도 국가공무원이므로 그 직무집행과 관련하여 고의 또는 과실로 법령에 위반하여 타인에게 손해를 가한 때에는 국가가 그 손해배상책임을 진다(국가배상법 제2조). 이 경우 등기관에게 고의나 중과실이 있는 때에는 국가는 등기관에게 구상권을 행사할 수 있다(판례).

제2절 부동산등기의 종류

1 등기의 기능(대상)에 의한 분류

1. 사실의 등기, 표제부의 등기

(1) 등기기록 중 표제부에서 하는 부동산표시의 등기이다. 즉, 부동산의 위치, 사용목적, 면적 등을 표시해서 그 등기기록이 어느 부동산에 관한 것인지를 밝혀 주는 등기이다.

(2) 부동산표시에 관한 등기(표제부만의 등기)만을 독립적으로 인정하지 아니하였으나 집합건물에 관한 등기가 제정됨에 따라 '구분건물의 표시'에 관한 사항은 독립적으로 등기할 수 있는 사항으로 규정하고 있다. 또한 규약상 공용부분에 관하여도 표제부만을 두도록 함으로써 역시 부동산표시에 관한 등기만을 독립적으로 인정하고 있다.

(3) 표제부의 등기는 권리변동에 관한 등기가 아니므로 그 변경등기·멸실등기는 등기명의인의 단독신청에 의하고 있다.

2. 권리의 등기, 갑구·을구의 등기

권리의 등기란 등기기록 중 갑구 및 을구에 기록하는 부동산의 권리관계에 관한 등기를 말한다. 권리의 등기는 소유권보존등기와 소유권보존등기를 기초로 하여 이루어지는 권리변동의 등기로 구분할 수 있다.

(1) 보존등기

미등기의 부동산에 관하여 최초로 부동산의 등기기록이 개설되어 기록되는 소유권의 등기를 말하며, 이후 그 부동산에 관한 권리변동은 모두 이 보존등기를 기점으로 하여 행해지게 된다.

(2) 권리변동의 등기

소유권의 보존등기를 기초로 하여 그 후에 기록되는 권리변동(소유권의 이전, 제한물권의 설정·변경·말소 등)의 등기를 말한다.

2 등기의 효력에 의한 분류

등기의 효력에 따라 등기의 본래 효력인 물권변동과 같은 실체법상 효력이 발생하는 종국등기(본등기) 와, 물권변동과는 직접적인 관계가 없는 예비등기로 나뉜다.

1. 종국등기

등기의 본래의 효력, 즉 물권변동과 같은 실체법상 효력을 발생케 하는 등기를 종국등기라 한다.

2. 예비등기

등기의 본래의 효력인 물권변동과는 직접 관계가 없고, 장차 종국등기에 대비하기 위해서 하는 등기이다. 이에는 가등기가 있다.

가등기(순위보전적 효력)는 장래에 할 본등기의 준비로서 하는 등기로, 즉 장래에 행사하게 될 일정한 청구권(구체적으로 부동산물권 또는 부동산임차권 등의 변동을 목적으로 하는 본등기청구권)을 미리 보전하기 위하여 예비적으로 하는 등기를 말한다. 가등기에 의하여 보전된 이들 청구권에 기하여 장차 본등기를 하게 되면, 본등기의 순위가 그 가등기의 순위로 소급된다. 결국 가등기는 장차 행하여질 본등기의 순위를 보전하는 것을 목적으로 하는 등기라고 할 수 있다.

3 등기의 방법 내지 형식에 의한 분류 제21회, 제22회, 제23회, 제28회, 제30회, 제31회, 제32회, 제33회, 제35회

등기는 그 형식을 기준으로 하여 주등기와 부기등기로 나눌 수 있다.

1. 주등기(독립등기)

주등기란 등기의 표시번호나 순위번호에 이어지는 독립한 번호를 붙여서 하는 등기로서 원칙적으로 독립등기의 형식으로 이루어지는 등기이다.

2. 부기등기

(1) 의의

부기등기란 그 자체로는 독립한 번호를 갖지 않으며 그 부기등기가 어느 등기에 기초한 것인지 알 수 있도록 주등기 또는 부기등기의 순위번호에 가지번호를 붙여서 하여야 한다.

(2) 부기등기로 할 사항

부기등기는 기존 주등기와의 연장임을 표시하거나, 동일성을 유지할 필요가 있을 때에 행하여진다. 또한 법률의 규정 또는 근거가 있을 때에 한하여 할 수 있으며, 갑구 및 을구에서만 행하여지는 것이 원칙이다.

구분	구체적 등기사항
주등기로 하는 것	① 소유권보존등기 ② 소유권이전등기 ③ 부동산표시 변경등기 ④ 소유권이전가등기 ⑤ 소유권에 대한 처분제한등기(가압류·가처분·경매개시결정등기) ⑥ 용익물권설정등기 ⑦ 소유권에 대한 저당권설정등기 ⑧ 기타: 말소등기, 말소회복등기(전부회복), 멸실등기, 대지권의 등기, 토지등기부에 하는 　 대지권인 취지의 등기
부기등기로 하는 것	① 등기명의인표시 변경등기 ② 등기명의인표시 경정등기 ③ 소유권 이외의 권리의 이전등기(예 저당권이전등기, 전세권이전등기, 지상권이전등기 등) ④ 소유권 이외의 권리를 목적으로 하는 등기[지상권부저당권설정등기, 전세권을 목적으로 　 하는 저당권설정등기, (근)저당권을 목적으로 하는 권리질권설정등기, 전전세권설정등기] ⑤ 소유권 이외의 권리에 대한 처분제한의 등기(전세권에 대한 가압류 등) ⑥ 환매특약등기 ⑦ 권리소멸약정등기 ⑧ 공유물 분할금지의 약정등기 ⑨ 기타: 가등기의 이전등기, 가등기의 이전가등기, 가등기에 대한 가압류 또는 가처분등기, 　 권리소멸의 약정등기
주등기 또는 부기등기로 하는 것	① 권리변경등기, 권리경정등기 　 ⊙ 이해관계인의 승낙서 첨부 시 – 부기등기 　 ⓒ 이해관계인의 승낙서 미첨부 시 – 주등기 ② 저당권설정등기 　 ⊙ 소유권 – 주등기 　 ⓒ 지상권 또는 전세권 – 부기등기 ③ 말소회복등기 　 ⊙ 전부회복 – 주등기 　 ⓒ 일부회복 – 부기등기 ④ 가등기 　 ⊙ 본등기가 주등기면 가등기 – 주등기 　 ⓒ 본등기가 부기등기면 가등기 – 부기등기

4 등기의 내용에 의한 분류

1. 기입등기

새로운 등기원인에 의하여 어떤 사항을 등기부에 새로이 기입하는 등기이다. 그 예로서 소유권보존 등기, 소유권이전등기, 저당권설정등기, 저당권이전등기 등이 이에 해당한다(설정, 보존, 이전 등).

2. 변경등기

등기가 행하여진 후발적 원인에 의하여 등기사항에 일부 변경이 생겨서 등기와 실체관계가 불일치 하게 된 경우에 이를 실체관계에 부합하는 내용으로 시정하고자 하는 등기를 변경등기라 한다.

> **사례보기**
>
> 등기가 실행된 후에 소유자의 주소나 성명의 변경 또는 저당권의 피담보채권의 증감 등이 있는 때에 실체관계에 부합하도록 하는 등기를 말한다.

3. 경정등기

등기를 하는 과정에서 당사자의 과오 또는 등기관의 과오로 인하여 착오 또는 유루가 있어서 원시적 으로 등기와 실체관계와의 사이에 일부 불일치가 생긴 경우에 이를 시정하기 위하여 하는 등기이다.

> **사례보기**
>
> 소유권이전등기를 함에 있어서 소유자의 주소를 잘못 기록하였거나 일부 등기사항을 빠뜨린 때, 전세권설정등기 를 함에 있어 전세금 또는 그 존속기간을 잘못 기록한 때에 이를 바로잡아 시정하는 등기를 말한다.

4. 말소등기

(1) 말소등기란 등기에 대응하는 실체관계가 없어 당해 등기가 실체관계와 전부 불일치(부적법)하게 된 경우에 그 등기를 소멸시킬 목적으로 행하는 등기이다. 말소등기는 기존 특정 등기의 전부를 소멸시킨다는 점에서 변경등기 및 경정등기와 구별된다. 불일치(부적법)의 원인이 원시적이든 후발 적이든, 실체적이든 절차적이든 묻지 않고 등기의 전부가 부적법하게 된 때에는 말소등기의 대상 이 된다.

> **사례보기**
>
> 채권이 변제 등의 사유로 소멸됨으로써 저당권설정등기가 더 이상 실체관계에 부합하지 않게 되었거나, 매매계약 이 무효 또는 취소됨으로써 매수인 명의의 소유권이전등기가 실체관계에 맞지 않게 된 때에 이들 권리가 소멸되었 음을 알리기 위하여 행하여지는 등기를 말한다.

(2) 말소등기는 독립등기(주등기)로써 말소의 등기(어떠한 등기를 말소한다는 뜻의 등기)를 한 후에 말소될 등기를 실선으로 지워야 한다.

5. 멸실등기

(1) 기존에 등기된 토지 또는 건물이 전부 멸실된 경우에 행하여지는 등기이다. 멸실등기는 표제부에서 행하여지는 사실의 등기이며, 부동산이 전부 멸실된 때에는 그 부동산 위의 권리도 모두 소멸함이 원칙이다. 부동산이 전부 멸실된 때에는 소유권의 등기명의인의 단독신청에 의하여 멸실등기를 하며, 멸실등기를 한 때에는 그 등기기록을 폐쇄하여야 한다.

(2) 토지나 건물의 일부가 멸실한 때에는 '변경등기'가 행하여진다.

(3) 멸실등기는 표제부에 행하는 사실의 등기이므로 대장정리가 선행되어야 하고, 단독신청이며, 무효의 등기 유용은 허용하지 아니하며, 항상 주등기로 행하여진다.

6. 회복등기

회복등기란 실체관계에 대응하는 완전 유효한 등기가 부당히 소멸되어 그 존재를 잃게 된 경우에 이를 재현하여 회복하는 등기를 말한다.

(1) 말소회복등기

기존 특정 등기의 전부 또는 일부가 부적법하게 말소된 경우에 그 회복을 위하여 행하여지는 등기이다.

☐ 저당권등기가 원인 없이 불법하게 말소된 경우에 이를 회복하기 위한 저당권회복등기를 들 수 있다. 회복등기를 하게 되면 말소되기 전의 등기의 효력을 회복하게 된다.

제3절 등기사항 제23회, 제24회, 제34회

1 등기할 사항인 물건

「부동산등기법」상 등기할 사항인 물건은 부동산 중 토지와 건물이다. 즉, 부동산 중 토지와 토지의 정착물 중 건물만이 「부동산등기법」상 등기의 대상이 된다. 다만, 특별법상의 등기대상은 등기법상의 등기대상이 아님을 주의하자. 예를 들면, 「선박등기법」에 의한 20톤 이상의 선박, 「입목에 관한 법률」에 의한 입목 등이 있다.

1. 토지

(1) 1필의 토지

토지는 연속하고 있어서 물량적으로는 구분성이 없고 개수의 관념을 인정할 수 없는 것이지만 인위적으로 경계선을 긋고 구획하여 개수를 정한다. 「공간정보의 구축 및 관리 등에 관한 법률」에 의하면 모든 토지는 필지마다 지번, 지목, 경계 또는 좌표와 면적을 정하여 지적공부에 등록되며, 이처럼 「공간정보의 구축 및 관리 등에 관한 법률」에 의하여 지적공부에 등록된 각 필지는 비로소 독립성이 인정되어 등기의 대상인 하나의 물건으로 취급된다.

심화학습

「하천법」 제4조 제2항에 따른 등기할 사항의 범위 등에 관한 업무처리지침(등기예규 제1387호)

1. 목적

   이 예규는 「하천법」 제4조 제2항에 따른 등기할 사항의 범위를 명확히 규정함을 목적으로 한다.

2. 대상토지

   「하천법」상의 하천으로서, 등기부상의 지목이 하천 또는 제방으로 등기된 토지(소유권보존등기의 경우에는 토지대장상의 지목이 하천 또는 제방)를 대상으로 한다.

3. 등기를 할 수 있는 경우

   ① 「하천법」상의 하천에 대한 등기는 다음의 1에 해당하는 권리의 설정, 보존, 이전, 변경, 처분의 제한 또는 소멸에 대하여 이를 할 수 있다.

   　㉠ 소유권

   　㉡ 저당권

   　㉢ 권리질권

   ② 가등기는 위 ①의 각각의 1에 해당하는 권리의 설정, 이전, 변경 또는 소멸의 청구권을 보전하려 할 때에 이를 할 수 있다.

   ③ 신탁등기

   ④ 부동산표시 변경등기

---

⑤ 등기명의인표시의 표시변경등기
⑥ 「부동산등기법」, 「민법」 또는 특별법에 따른 특약 또는 제한사항의 등기

4. 등기를 할 수 없는 경우

지상권·지역권·전세권 또는임차권에 대한 권리의 설정, 이전 또는 변경의 등기는 「하천법」상의 하천에 대하여는 이를 할 수 없다.

(2) 사권의 목적이 되는 것

여기서 말하는 토지는 사권(私權)의 목적이 되는 것에 한하며, 개인의 지배가능성이 배제되는 공유수면하의 토지는 사권의 목적이 될 수 없다. 「도로법」상의 도로는 비록 공용제한을 받고 있다 하더라도 사권의 목적이 되는 토지이므로 등기의 대상이 된다.

(3) 1필의 토지의 일부

1필의 토지의 일부에 대하여는 분필절차(分筆節次)를 밟기 전에는 이를 양도하거나 저당권을 설정하거나 점유시효취득으로 인한 소유권을 취득하지 못한다. 다만, 지상권·지역권·전세권·임차권은 분필절차를 밟지 않아도 1필의 토지의 일부 위에 설정할 수 있는 예외가 인정된다.

2. 건물

(1) 의의

우리 법제상 건물은 그 대지인 토지와 별개의 독립한 부동산이며 독립적인 등기의 대상이 된다. 건물이라 함은 지붕, 주벽 또는 이와 유사한 것을 가지고 토지에 정착한 건조물을 말하나, 구체적으로는 사회의 일반 거래관념에 따라 판단하여야 한다.

(2) 건물의 개수

① 건물은 물리적 구조, 거래나 이용의 상태, 건축자의 의사 등을 고려하여 판단한다. 즉, 건물의 정착성·영구성·독립성을 갖추어야 하며 판례는 건물의 개수를 판단함에 있어서는 물리적 구조뿐만 아니라 거래 또는 이용의 목적물로서 관찰한 건물의 상태도 그 개수의 판단에 중요한 자료가 된다고 한다. 이러한 상태를 판별하기 위해서는 주위 건물과 인근의 정도, 주위상황 등 객관적 사정은 물론 건축자의 의사와 같은 주관적 사정도 고려하여야 하며, 단순한 물리적 구조만으로 그 개수를 판단할 수는 없다고 한다(대판 1961.11.23, 60다623).
② 또한 1동의 건물을 구조상 내부적으로 구분하여 구조상 독립성과 이용상 독립성을 갖춘 구분건물에는 소유자의 의사에 따라 그 부분을 독립된 1개의 건물로서 등기할 수도 있다. 또한 구분점포의 경우에는 이용상 독립성이 있으면 구조상 독립성이 없는 경우에도 일정한 요건을 갖춘 경우에는 독립된 소유권의 객체로서 등기의 대상이 될 수 있다. 이렇게 1개의 건물로 등기된

이후에는 구분 또는 분할의 절차를 거치기 전에는 그 일부만을 처분하지 못한다. 단, 전세권, 임차권은 건물의 일부에도 설정이 가능하다.

(3) 주건물과 부속건물

주된 건물의 사용에 제공되는 부속건물은 소유자의 신청에 따라 주된 건물의 건축물대장에 부속건물로 등재하여 1개의 건물로 소유권보존등기를 신청할 수도 있다. 다만, 주건물과 부속건물의 건축물대장이 별도로 작성된 경우에는 부속건물을 별개의 독립된 건물로 하여 보존등기를 신청할 수도 있다.

등기할 사항인 물건	등기할 사항이 아닌 물건
① 「하천법」상의 하천(국가하천, 지방1급하천)	① 공유수면하의 토지
② 지방 2급하천	② 터널
③ 「도로법」상의 도로	③ 교량
④ 유류저장탱크	④ 일시사용을 위한 가설건축물
⑤ 농업용 고정식 온실	⑤ 견본주택
⑥ 방조제	⑥ 비닐하우스
⑦ 창고	⑦ 양어장
⑧ 개방형 축사	⑧ 옥외풀장
⑨ 사일로	⑨ 방조제의 부대시설(배수갑문, 양수기)
⑩ 구분건물의 전유부분	⑩ 경량철골조 혹은 조립식 패널구조의 건축물
⑪ 구분건물의 규약상 공용부분	⑪ 구분건물의 구조상 공유부분(복도, 계단)
⑫ 구분건물의 부속건물	⑫ 건물의 승강기
⑬ 공동주택의 지하주차장	⑬ 지하상가나 시장건물의 통로
⑭ 경량철골조 경량패널지붕건축물	⑭ 주유소의 캐노피
⑮ 조적조 및 컨테이너 구조 슬레이트 지붕주택	

2 등기할 사항인 권리

「부동산등기법」상 등기할 수 있는 권리는 부동산물권이 주가 되지만, 이외에도 등기가 인정되는 권리가 있다. 구체적으로 보면 다음과 같다.

(1) 부동산물권

「부동산등기법」상 등기할 사항인 권리는 원칙적으로 부동산물권이다. 부동산물권 중에서도 '소유권·지상권·지역권·전세권·저당권'은 등기할 수 있는 물권이지만, 점유권·유치권·동산질권·주위토지통행권 등은 등기할 사항인 권리가 아니다.

(2) 권리질권

부동산물권은 아니지만 등기능력이 인정되는 권리로서 권리질권이 있다. 권리질권이란 소유권 이외의 재산권을 목적으로 하는 질권을 말한다. 구체적으로 권리질권의 대상이 되는 권리는 채권, 주식, 무체재산권 등이다. 다만, 권리질권 중 「부동산등기법」상 등기할 수 있는 권리질권은 (근)저당권에 의하여 담보된 채권[(근)저당권부채권]을 목적으로 한 권리질권[(근)저당권부질권]에 한한다.

(3) 채권담보권

(4) 부동산임차권·환매권

물권은 아니지만 예외적으로 등기할 수 있는 권리로는 부동산임차권과 부동산환매권이 있다. 이들 권리는 등기하면 제3자에 대한 대항력이 생긴다.

심화학습

등기사항

1. 부동산의 특정 일부에 대한 등기
   ① 허용되는 경우(용익권 설정등기)
      ㉠ 토지의 일부: 지상권, 지역권, 전세권, 임차권의 등기
      ㉡ 건물의 일부: 전세권, 임차권의 등기
   ② 허용되지 않는 경우: 소유권이전등기, 소유권보존등기, 소유권이전가등기, 저당권 등 담보물권 설정등기, 가압류·가처분·압류의 등기, 경매개시결정기입등기 등
2. 권리의 일부(지분)에 대한 등기
   ① 허용되는 경우(소유권·저당권)
      ㉠ 소유권의 일부(지분)이전등기
      ㉡ 소유권의 일부(지분)에 대한 가압류·가처분·압류·경매개시결정등기
      ㉢ 소유권 일부(지분)에 대한 저당권설정등기
      ㉣ 소유권의 일부에 대한 이전청구권가등기
      ㉤ 수증자가 수인인 포괄유증의 경우 수증자 중 1인 지분만의 이전등기
      ㉥ 복수의 가등기권리자 중 일부 가등기권리자의 지분만에 대한 본등기
   ② 허용되지 않는 경우
      ㉠ 권리의 일부(지분)에 대한 용익물권설정등기, 임차권설정등기
      ㉡ 공동상속인 중 1인 지분만의 상속등기
      ㉢ 미등기부동산이 공유인 경우 1인 지분만의 보존등기

3 등기할 사항인 권리변동

등기되어야 할 권리변동은 부동산물권의 득실변경이며, 등기할 권리변동에 관하여 「부동산등기법」은 부동산물권의 설정·보존·이전·변경·처분의 제한 또는 소멸을 구체적으로 규정하고 있다.

1. 설정

(1) 권리의 설정이란 부동산물권 위에 '소유권 이외의 권리'를 새로이 창설하는 것을 말한다. 설정의 목적이 될 수 있는 권리(설정의 기반이 되는 권리)는 소유권이 일반적이지만, 소유권 이외의 권리도 독립된 물권으로서 다른 권리의 설정의 목적이 될 수 있다.

> **사례보기**
>
> 지상권 또는 전세권은 저당권의 설정 목적이 될 수 있고, 저당권은 권리질권의 설정 목적이 될 수 있으며, 지상권은 임차권 또는 지역권의 목적이 될 수 있는 권리에 해당한다.

(2) 설정에 의하여 취득할 수 있는 권리로는 지상권, 지역권, 전세권, 저당권, 권리질권, 임차권, 환매권 등이다. 주의할 것은, 소유권은 완전물권으로서 설정의 기반이 되는 권리이지 다른 권리를 기반으로 해서 그 위에 설정되는 권리는 아니다. 현행법상 소유권은 다른 권리와는 달리 보존등기를 해야 하며, 설정등기를 할 수는 없다. 설정의 원인은 법률행위가 일반적이지만 법률의 규정에 의한 경우도 있다(예 법정지상권).

2. 보존

보존이란 미등기의 부동산에 관하여 법률의 규정에 의하여 이미 취득하고 있는 소유권의 존재를 확보하고 이를 공시하기 위하여 처음으로 하는 등기를 말한다. 보존등기를 할 수 있는 권리는 소유권뿐이다. 보존등기를 할 수 있는 경우는 ① 부동산을 원시취득한 경우(건물의 신축, 공유수면의 매립), ② 규약상 공용부분인 취지의 등기를 말소하는 경우(말소등기와 더불어 갑구에 보존등기를 하여야 한다) 등을 들 수 있다.

3. 이전

(1) 이전이란 어떤 자에게 속하고 있던 권리가 동일성을 유지하면서 다른 자에게 이전하는 것, 즉 권리의 주체가 변경되는 것을 말한다. 이전의 대상이 되는 권리는 소유권뿐만 아니라, 소유권 이외의 권리(지상권, 지역권, 전세권, 저당권, 임차권, 권리질권, 환매권)도 포함된다. 다만, 지역권은 요역지의 소유권과 일체로 되어 이전되며, 요역지와 분리하여 지역권만을 이전할 수 없음을 주의하여야 한다.

(2) 법률행위로 인한 부동산물권의 이전에는 등기를 요하나(민법 제186조), 법률의 규정에 의한 이전에는 등기를 요하지 아니한다(민법 제187조). 다만, 점유취득시효로 인한 소유권이전에는 등기를 하여야 한다는 점을 유의하여야 한다.

> 🗋 이전등기는 원칙적으로 권리를 승계취득한 경우에 하는 등기이나, 부동산점유취득시효의 경우, 등기된 부동산을 수용한 경우 등에 있어서는 원시취득임에도 불구하고 이전등기를 한다는 점이다.

4. 변경

변경이란 기존의 등기사항의 일부가 변동되어 등기와 실체관계가 불일치하게 된 것을 말한다. 이처럼 기존 등기사항에 변경이 생긴 경우에 이를 시정하는 등기가 변경등기이다. 넓은 의미의 변경등기는 협의의 변경등기와 경정등기를 포함한다. 변경등기를 할 수 있는 권리에는 소유권뿐만 아니라, 소유권 이외의 권리도 포함된다.

5. 처분의 제한

(1) '처분의 제한'이라 함은 소유권 기타의 권리자가 가지는 일정한 처분권능을 제한하는 것을 말하며, 그 성질상 처분할 수 있는 권리에 대해서만 가능하다.

(2) 처분제한의 등기는 반드시 법률의 규정 또는 근거가 있는 경우에만 할 수 있다. 따라서 법률의 규정 또는 근거가 없는 경우에는 비록 당사자 간에 처분제한의 약정이 있는 경우라 하더라도 이를 등기할 수는 없다. 예컨대, 저당권설정계약에 수반한 경매금지의 특약, 지상권양도금지의 특약 등은 법률이 허용하지 않는 특약으로서 이러한 특약을 공시하기 위한 등기는 허용되지 아니한다. 구체적으로 처분제한의 등기가 가능한 경우로는 가압류등기, 가처분등기, 체납처분에 의한 압류등기, 경매개시결정등기, 전세권에 대한 처분제한의 특약등기, 공유물불분할의 특약등기 등이 있다.

(3) 처분제한의 등기가 있는 경우에도 권리자는 당해 부동산을 처분할 수 있으나, 다만, 본안소송(本案訴訟)의 승소자 또는 경매 등에 있어서 매수인이 권리를 취득하는 때에는 처분제한등기 후에 실행된 등기는 일정한 범위에서 그 효력이 부정된다.

6. 소멸

소멸이란 부동산에 대한 일정한 권리가 원시적 또는 후발적인 사유로 인하여 없어지는 것을 말한다. 예컨대, 등기원인의 부존재·무효·취소 등으로 소유권이나 소유권 이외의 권리가 소멸하는 것, 포기·합의·혼동·해제 등으로 인한 권리소멸 등을 들 수 있다. 그 밖에 목적부동산이 멸실한 때에도 그 부동산에 관한 권리는 등기 없이 소멸한다. 등기된 권리가 효력을 상실하거나 목적부동산이 전부 멸실되어 권리가 소멸된 때에는 그 소멸에 관한 등기로서 말소등기 또는 멸실등기를 하게 된다.

제 4 절 **부동산등기의 효력(종국등기의 효력)** 제32회, 제34회

1 물권변동적 효력

(1) 부동산에 관한 법률행위로 인한 물권의 득실변경은 등기하여야 효력이 생긴다(민법 제186조). 물권 변동에 있어서 형식주의(성립요건주의)를 취하고 있는 우리나라에서는 법률행위로 인한 물권변동은 당사자 간의 의사의 합치만으로는 그 효력이 발생하지 아니하고, 등기하는 형식을 구비하여야 그 효력이 발생한다.

(2) 물권변동의 효력이 발생하는 시점은 등기관이 등기를 마친 경우 그 등기는 접수한 때부터 효력을 발생한다. 즉, 등기관이 등기부에 등기사항을 기록하고 등기관의 식별부호(날인 또는 교합)를 등기 전산시스템에 기록하여 등기를 완료하면 등기신청이 접수된 때로 소급하여 물권변동의 효력이 발생한다.

2 대항적 효력

등기의 대항적 효력(또는 대항력)이라 함은 등기 없이도 당사자 간에는 효력이 발생하나, 등기를 함으로 써 그 권리의 내용에 관하여 당사자 이외의 제3자에게도 대항할 수 있는 효력을 말한다. 따라서 등기하 여야 대항력이 발생하는 사항에 대하여 이를 등기하지 않으면 제3자에게는 대항할 수 없고, 당사자 사이에 채권적 효력만이 있을 뿐이다. 등기함으로써 대항적 효력이 발생하는 경우를 구체적으로 보면 다음과 같다.

(1) 부동산임차권의 존재 및 그 존속기간·차임의 지급시기·보증금의 약정 등

(2) 부동산환매권의 존재 및 환매기간

(3) 지상권의 존속기간, 지료, 지급시기 등

(4) 전세권의 존속기간 및 양도금지의 특약, 위약금에 관한 약정 등

(5) 저당권에 있어서 변제기, 이자 및 그 발생시기, 지급시기, 지급장소 등

3 순위확정적 효력

1. 의의

어떤 권리에 관하여 등기를 하면 그 등기된 권리의 순위는 법률에 다른 규정이 없으면 등기의 전후
에 의하여 확정되는데, 이를 등기의 순위확정적 효력이라고 한다. 현행 「부동산등기법」은 "같은
부동산에 관하여 등기한 권리의 순위는 법률에 다른 규정이 없으면 등기한 순서에 의한다."라고
규정함으로써 등기한 권리의 순위는 원칙적으로 등기의 전후에 의하도록 하고 있다.

2. 등기의 순위

(1) 주등기의 순위

① 동일한 부동산에 관하여 등기한 권리의 순위는 법률에 다른 규정이 없는 때에는 등기의 전후에
의한다. 등기의 전후는 등기기록 중 같은 구(同區)에서 한 등기는 '순위번호'에 의하고, 다른 구(別
區)에서 한 등기는 '접수번호'에 의한다.
② 대지권을 등기한 후에 한 건물에 대한 소유권에 관한 등기로서 건물만에 관한 취지의 부기가
없는 것은 대지권에 대하여 동일한 등기로서의 효력이 있다. 이 경우 구분건물의 등기 중 대지권
에 대한 등기로서의 효력이 있는 등기와 대지권의 목적인 토지의 등기기록 중 갑구, 을구에
한 등기의 전후는 '접수번호'에 의한다.

(2) 부기등기의 순위

부기등기의 순위는 주등기의 순위에 의하고, 부기등기 상호간의 순위는 그 전후에 의한다.

(3) 가등기에 기한 본등기의 순위

가등기에 기한 본등기의 순위는 가등기의 순위에 의한다.

(4) 말소회복등기의 순위

말소회복등기는 종전의 등기(회복하고자 하는 등기)와 동일한 순위 및 효력을 보유한다(판례).

4 등기의 추정력(권리추정력)

1. 의의

어떠한 등기가 있으면 그에 상응하는 실체적 권리관계가 존재하는 것으로 추정되는 효력을 등기의
추정력이라 한다. 이에 따라 등기의 진실성을 부인하려는 자는 그 사실의 주장과 입증책임이 있으
며, 반대증거에 의하여 추정력은 깨어진다(판례).

등기의 추정력에 관하여는 명문의 규정은 없으나, 학설·판례상 인정된다. 등기의 추정력의 성질에 관하여 판례는 법률상 추정으로 본다.

2. 추정력의 구체적 내용

(1) 절차의 적법추정

어떤 등기가 있을 때에는 그에 대응하는 실체적 권리관계가 존재하는 것으로 추정되는 것은 물론, 적법한 절차에 의하여 실행된 등기라고 추정된다. 예컨대, 농지매매에 의한 소유권이전등기가 경료된 때에는 농지취득자격증명을 받은 사실이 추정되고, 매각허가결정에 의한 소유권이전등기가 경료된 때에는 법원의 적법한 매각허가결정이 있었다는 사실이 추정된다.

(2) 등기된 권리의 적법추정

등기된 모든 부동산물권에도 적법추정력이 인정된다. 예컨대, 저당권설정등기의 경우에는 저당권의 존재 자체뿐만 아니라, 이에 상응하는 피담보채권의 존재도 추정된다.

(3) 등기원인의 적법추정

등기의 추정력은 등기원인에는 미치지 아니한다는 견해도 있으나, 판례는 등기원인에 추정력이 미치는 것으로 보고 있다. 예컨대, 매매를 원인으로 소유권이전등기가 경료된 경우 매매라는 등기원인이 부존재하거나 무효라고 주장하는 자는 그 부존재 또는 무효사실을 입증하여야 할 책임이 있다(대판 1977.6.7, 76다3010).

(4) 추정력의 인적 범위

등기의 추정력은 제3자에 대한 관계에서뿐만 아니라, 권리변동의 당사자 사이에도 미친다. 소유권이전등기가 경료되어 있는 경우에는 그 등기명의자는 제3자에 대해서뿐만 아니라, 그전 소유자에 대해서도 적법하게 소유권을 취득한 것으로 추정된다(대판 1982.6.22, 81다791). 따라서 매매를 원인으로 소유권이전등기가 경료된 경우, 매도인이 등기의 효력을 부인하고 그 매매가 무효임을 주장하여 소유권이전등기의 말소등기절차의 이행을 구하려면 매도인에게 그 무효사실을 주장하고 이를 입증하여야 할 책임이 있다.

(5) 등기의 추정력과 점유의 추정력

점유자가 점유물에 대하여 행사하는 권리는 적법하게 보유한 것으로 추정한다(민법 제200조).

판례보기

점유자가 소유권에 기해 물건을 점유한다고 주장하는 경우에는 점유자에게 소유권이 있는 것으로, 임차권에 기해 물건을 점유한다고 할 경우에는 점유자에게 임차권이 있는 것으로 추정된다. 그러나 이러한 점유의 추정력은 그 점유물이 동산인 경우에 한한다. 따라서 등기된 부동산에 대해서는 점유의 추정력은 인정되지 않는다(통설, 판례). 즉, 등기된 부동산에 대하여 등기명의인과 점유자가 일치하지 않는 경우에는 점유가 아닌 등기에 권리추정력이 인정된다. 또한 미등기부동산의 경우에도 점유에 추정력을 인정할 것은 아니며, 통상의 입증에 따라 권리자를 가려야 한다(대판 1976.9.28, 76다431).

---

3. 추정력의 부수적 효과

등기를 신뢰하고 거래하는 자에게는 선의와 무과실이 추정되나, 선의라도 등기내용을 조사하지 아니한 경우에는 과실이 있는 것으로 추정된다.

추정력

의미	① 어떠한 등기가 있으면 그에 대응하는 실체적 권리관계가 존재하는 것으로 추정되는 효력을 등기의 추정력이라 한다. ② 등기의 추정력과 반대되는 증거에 의하여 상대방은 추정을 뒤집을 수 있으며, 그 입증책임은 주장자에게 있다.
인정	① 저당권설정등기의 경우에 담보물권의 존재 자체뿐만 아니라 이에 상응하는 피담보채권의 존재에도 추정력이 있다. ② 등기원인 ③ 권리변동의 당사자 사이에도 추정력이 인정된다. ④ 등기부를 신뢰하고 거래한 자는 무과실로 추정하며, 등기내용에 대하여는 악의로 추정한다. ⑤ 토지거래허가구역 내의 부동산에 대하여 소유권이전등기가 경료된 경우 그 소유권이전등기 시 허가를 받았을 것이라고 추정된다. ⑥ 등기가 불법하게 말소된 경우 권리는 존재하는 것으로 추정된다. ⑦ 동일인 명의의 이중보존등기의 경우에는 선등기기록에만 추정력이 인정되고 후등기에는 추정력이 인정되지 아니한다(대판 1981.8.25, 80다3259).
부정	① 가등기 ② 사자(死者) 명의의 등기, 허무인(虛無人) 명의의 등기 ③ 등기된 부동산에 대하여는 등기의 추정력은 인정하지만 점유의 추정력은 인정하지 않는다. ④ 전 소유자가 양도한 사실을 부인하는 경우(소유권보존등기인 경우에 한하여) ⑤ 사실의 등기: 등기는 권리관계를 공시하는 제도이므로 사실등기(표제부)에는 추정력이 미치지 않는다. ⑥ 건축물대장 ⑦ 폐쇄등기부

판례보기

추정력의 여부가 문제되는 경우

1. **부동산표시의 등기의 추정력(부정)**

   등기의 추정력은 권리의 등기에 대해서만 인정되며, 부동산표시의 등기에 대하여는 추정력이 인정되지 아니한다.

2. **가등기의 추정력(부정)**

   가등기의 경우에는 추정력이 인정되지 아니한다. 따라서 가등기가 있다고 하여 본등기를 청구할 어떤 법률관계가 있다고 추정되지 아니한다(통설, 판례).

3. **소유권보존등기의 추정력**

   소유권보존등기도 추정력을 갖지만 보존등기명의인이 원시취득자가 아니라는 점이 증명되면 보존등기의 추정력은 깨어진다. 예컨대, 소유권보존등기가 경료되어 있는 이상 그 보존등기의 명의인에게 소유권이 있음이 추정된다 하더라도 그 보존등기명의인이 전 소유자로부터 양수한 것이라고 주장하고, 전 소유자가 양도사실을 부인하는 경우에는 그 보존등기의 추정력은 깨어지고, 그 명의인이 양수사실을 입증할 책임이 있다(대판 1982.9.14, 82다카707).

4. **특별조치법에 의한 등기의 강한 추정력**

   (구)「일반농지의 소유권이전등기 등에 관한 특별조치법」, (구)「임야소유권이전등기 등에 관한 특별조치법」, (구)「부동산소유권이전등기 등에 관한 특별조치법」등에 따라 경료된 등기는 강한 추정력이 인정되므로 등기절차상 첨부된 정보(보증서, 확인서 등)가 허위 또는 위조된 사실을 입증하여야 추정력이 깨어진다(대판 전합체 1987.10. 13, 86다카2928).

5. **부적법하게 말소된 등기의 추정력(부정)**

   등기가 부적법하게 말소된 경우에는 물권의 효력에 아무런 영향이 없고, 따라서 회복등기가 마쳐지기 전이라도 말소된 등기의 등기명의인은 적법한 권리자로 추정된다(대판 1997.9.30, 95다39526). 즉, 원인 없이 부적법하게 말소된 등기에는 권리의 소멸 또는 부존재의 추정력이 인정되지 아니한다.

6. **이중보존등기의 추정력**

   동일인 명의의 이중보존등기의 경우에는 선등기기록에만 추정력이 인정되고 후등기에는 추정력이 인정되지 아니한다(대판 1981.8.25, 80다3259).

7. **사자(死者) 명의의 등기(부정)**

   사자(死者) 명의 등기 또는 허무인(虛無人) 명의의 등기에는 추정력이 인정되지 아니하며, 전 소유자가 허무인인 경우에는 현 소유자의 등기에도 추정력이 부정된다(대판 1985.11.12, 84다카2494).

8. 전(前) 등기명의인의 직접적인 처분행위에 의한 것이 아니라 제3자가 그 처분행위에 개입된 경우 현 등기명의인이 그 제3자가 전 등기명의인의 대리인이라고 주장하더라도 현 소유명의인의 등기가 적법하게 이루어진 것으로 추정된다. 따라서 전 등기명의인이 등기가 무효임을 내세워 말소를 청구하기 위해서는 그 제3자에게 대리권한이 없었다든지 아니면 그 제3자가 전 등기명의인의 등기서류를 위조하였다는 등의 무효사실을 입증하여야 한다(대판 1992.4.24, 91다26379).

5 점유적 효력

부동산소유자로 등기되어 있는 자가 10년간 소유의 의사로 평온·공연하게 선의이며 과실 없이 그 부동산을 점유한 때에는 소유권을 취득한다(민법 제245조 제2항). 이를 등기부 취득시효라고 하는바, 이때의 등기는 마치 동산의 점유취득시효에 있어서 '점유'와 같은 효력을 가지게 되는데, 이를 등기의 점유적 효력이라 한다. 부동산의 점유취득시효기간이 20년인 데 반하여 등기부취득시효에 있어서는 점유기간을 10년으로 함으로써 등기가 점유기간을 10년간 단축시키는 효력을 갖게 되는데, 이를 등기의 취득시효시간 단축의 효력이라고 하는 견해도 있다.

6 후등기저지력(형식적 확정력)

어떤 등기가 존재하는 이상 그것이 비록 실체법상의 효력을 가지지 못하는 무효의 등기라 하더라도 형식상의 효력은 가지는 것이므로, 법정의 요건과 절차에 따라 그것을 말소하지 않고서는 그것과 양립할 수 없는 새로운 등기는 할 수 없다. 이와 같은 효력을 후등기저지력 또는 형식적 확정력이라 한다. 예컨대, 어떤 부동산에 대하여 소유권보존등기가 경료되어 있으면 비록 당해 보존등기가 무권리자 명의로 경료된 무효의 등기라 하더라도 그 등기를 말소하지 않는 한 진정한 소유자 명의로 보존등기를 할 수 없으며, 전세권설정등기가 경료되어 있는 한 당해 전세권등기가 실체관계에 부합하지 않는 무효의 등기라 하더라도 당해 등기를 말소하기 전에는 동일 부분에 대하여 새로운 전세권설정등기는 허용되지 아니한다.

제5절 등기의 유효요건 제21회, 제24회, 제26회

1 형식적(절차적) 유효요건

1. 등기가 존재할 것

등기로서 효력을 갖기 위해서는 등기부에 기록이 있어야 한다.

2. 적법한 절차에 따른 등기일 것

(1) 관할위반의 등기가 아닐 것

관할위반의 등기신청이 있는 경우에 등기관은 그 등기신청을 각하하여야 한다. 이에 위반하여 이루어진 등기는 그것이 실체관계에 부합하는 경우라도 당연무효이고, 등기관은 그 등기를 일정한 절차를 밟아 직권으로 말소하여야 한다.

(2) 등기능력 있는 사항에 대한 등기일 것

등기는 등기할 수 있는 사항에 대해서만 가능하며, 사건이 등기할 것이 아닌 것에 해당하는 등기신청이 있는 경우에는 등기관은 이를 각하하여야 한다. 이에 위반하여 이루어진 등기는 그것이 실체관계에 부합하는 경우라도 당연무효이고, 등기관은 그 등기를 일정한 절차를 밟아 직권으로 말소하여야 한다.

(3) 신청절차에 흠결이 없을 것(법 제29조 제3호 이하)

등기는 위에서 든 요건 이외에도 법 제29조 제3호 내지 제11호의 규정에 위반하여 실행되어서는 아니 된다. 다만, 이에 위반하여 실행된 등기라도 실체관계에 부합하는 경우에는 유효하다.

2 실체적(실질적) 유효요건

1. 등기에 부합하는 실체관계가 존재하여야 한다

(1) 등기가 유효하기 위해서는 실체관계에 부합하는 것이어야 한다.

(2) 실체관계에 부합하기 위해서는 먼저 등기에 부합하는 부동산이 존재하여야 한다.

(3) 또한 등기명의인이 허무인이 아니어야 하며, 등기에 부합하는 실체적 권리변동 내지는 물권행위가 있어야 한다.

2. 등기와 실체관계의 부합의 정도

등기가 유효하기 위해서는 실체관계에 부합하여야 한다. 그런데 어느 정도 부합하여야 효력을 가질 수 있는지에 대하여 판례는 상당히 완화된 입장을 취하고 있는데, 구체적인 내용은 다음과 같다.

(1) 부동산표시와 등기가 부합하여야 한다

부동산의 실제 현황과 등기부에 기록된 부동산의 표시가 불일치하면 당해 등기는 무효가 됨이 원칙이다. 그러나 부동산의 실제 현황과 등기부의 기록이 다소 불일치하더라도 사회통념상 동일성 또는 유사성이 인정되면 그 등기는 유효하며, 이는 경정등기나 변경등기로 시정할 수 있다.

① 일반적으로 토지의 경우에 그 지번이 다르게 기록된 때에는 동일성이 없어 무효에 해당하나, 지번이 잘못 기록된 경우가 아니라면 지목 또는 면적에 다소 차이가 있는 경우라도 동일성이 인정되어 그 등기는 유효하다.
② 건물의 경우에는 건물에 관한 보존등기상의 표시와 실제 건물과의 사이에 건물의 건축시기, 건물의 구조, 평수, 소재, 지번 등에 관하여 다소 차이가 있다 하더라도 사회통념상 동일성 혹은 유사성이 인식될 수 있으면 그 등기는 당해 건물에 관한 등기로서 유효한 것으로 보는 것이 판례의 태도이다.

(2) 실체관계와 등기가 부합하여야 한다

실체관계와 등기 사이에 그 권리의 주체·객체·종류가 부합하지 않는 경우에는 당해 등기는 무효이다. 즉, 권리의 주체(권리자인 甲을 乙로 등기한 경우), 권리의 객체(甲地에 하여야 할 등기를 乙地에 한 경우), 권리의 종류(전세권을 지상권으로 등기한 경우) 등이 잘못된 경우에는 그 등기는 무효이다.

(3) 실체관계와 등기가 후발적으로 부합하게 된 경우

등기실행 당시에는 실체관계가 존재하지 않다가 후에 그에 상응하는 실체관계가 생긴 경우에도 당해 등기는 실체관계가 구비된 때로부터 유효하게 된다.

사례보기

적법한 등기원인 없이 소유권이전등기가 이루어진 후에 적법한 매매가 있게 되면 당해 등기는 그때부터 유효한 등기로 취급된다. 또한 건물이 완공되기 전에 미리 보존등기가 실행되었다면 그 등기는 무효이나, 나중에 그 등기에 부합하는 건물이 완공되면 그때부터 유효한 등기로 된다.

3 실체적 유효요건의 완화(재판상의 유효요건)

1. 중간생략등기

(1) 의의

부동산물권이 최초의 양도인으로부터 중간취득자에게, 중간취득자로부터 최종취득자에게 이전되어야 할 경우에, 그 중간취득자의 등기를 생략하고 최초의 양도인으로부터 직접 최후의 취득자에게 등기하는 것을 말한다. 즉, 중간생략등기란 물권변동 과정의 전부 또는 일부를 생략하여 현재의 권리관계를 기록하고 있는 등기를 총칭하는 것이다.

> **사례보기**
>
> 최초의 양도인으로부터 그 중간취득자에의 등기를 생략하고 최후의 양수인에게 이전등기하는 경우와, 상속받은 부동산에 대하여 상속등기를 하지 않고 양도하고 피상속인으로부터 양수인 앞으로 소유권이전등기를 하는 경우 등이 이에 해당한다.

(2) 중간생략등기의 효력

① 「부동산등기 특별조치법」상 조세포탈과 부동산투기 등을 방지하기 위하여 중간생략등기를 금지하고 있으나, 판례는 중간생략등기의 금지규정을 '단속규정'으로 봄으로써 중간생략등기 합의에 관한 사법상 효력까지는 부정하지 않는 태도를 취하고 있다. 따라서 실체관계에 부합하면 유효하다고 보는 것이 판례의 태도이다.

② 다만, 토지거래허가구역 내에서 중간취득자의 허가를 생략한 상태에서 이루어진 중간생략등기는 무효라는 것이 판례의 태도이다(대판 1996.6.28, 96다3982).

③ 원칙적으로 3자(최초 양도인, 중간자, 최종 양수인) 간의 합의가 있어야 최종 양수인이 최초 양도인에게 최종 양수인 명의로의 등기청구가 가능하다. 3자 간 합의가 없다면 최종 양수인이 최초 양도인에게 직접 최종 양수인 명의로의 등기를 청구할 수 없고, 중간자를 대위하여 중간자 명의로의 소유권이전등기를 청구할 수 있을 뿐이다. 다만, 3자 간의 합의가 없었더라도 이미 중간생략등기가 적법한 등기원인에 의하여 성립되어 있다면, 3자 간의 합의가 없었다는 이유로 하여 최초 양도인은 최종 양수인 명의의 중간생략등기의 무효를 주장하지 못하고 또 그 말소등기를 청구할 수 없다.

2. 모두생략등기(冒頭省略登記)

미등기부동산에 대하여 양수인이 직접 소유권보존등기를 하는 것을 모두생략등기라 하는바, 이러한 등기도 실체관계에 부합하는 한 유효하다(판례).

3. 실제와 다른 등기원인에 의한 등기

예컨대, 실질적으로 증여인데 매매를 원인으로 소유권이전등기를 하는 경우에도 실체관계에 부합하는 한 유효하며, 법률행위의 무효·취소·해제 등으로 물권이 복귀하는 경우에 말소등기를 하지 않고 이전등기를 한 경우에도 실체관계에 부합한다는 점에서 그 유효성을 인정하는 것이 통설과 판례의 태도이다.

4. 무효등기의 유용(流用)

등기부상에 기록되어 있는 등기는 비록 무효의 등기라 하더라도 형식적이나마 확정력을 가진다. 그러므로 유효하게 존재하였던 등기가 후에 실체관계에 부합하지 않게 되어 무효로 되었으나, 그 후 다시 그 등기에 부합하는 실체관계가 생긴 경우에 당해 무효의 등기를 나중에 발생된 실체관계의 공시방법으로서 이용하는 것을 '무효등기의 유용'이라고 한다.

(1) 권리의 등기에서만 허용된다

저당권이나 담보가등기의 유용에 관하여는 등기의 유용합의 이전에 등기상 이해관계 있는 제3자가 없는 한 유효하다는 것이 판례이다.

> **사례보기**
>
> 저당권설정등기(또는 담보가등기)가 피담보채권의 변제로 무효가 된 경우, 또는 근저당권설정등기가 확정채권의 변제 또는 해지 등의 사유로 무효가 된 경우 등에 있어서 이를 말소하지 않고 있다가 후에 발생한 채권을 담보하기 위해서 당해 등기를 유용하는 경우가 그 예에 해당한다.

(2) 표제부등기는 유용을 허용하지 않는다

표제부의 등기는 유용을 허용하지 않으므로, 즉 멸실된 건물의 보존등기를 멸실 후에 신축한 건물의 보존등기로 유용하지는 못한다(판례).

핵심정리 | 실체적 유효요건의 완화

1. 토지거래허가구역에서 중간생략등기는 무효이다.
2. 미등기부동산에 대하여 최초의 소유권자 명의로 보존등기를 하지 않은 상태에서 처분행위를 하고 이전받은 자의 명의로 실행된 소유권보존등기에 대하여도 유효성을 인정한다.
3. 실질적으로 증여인데, 매매를 원인으로 소유권이전등기를 한 경우 실체관계에 부합하면 유효이다.
4. 무효등기의 유용은 권리의 등기에 이해관계 있는 제3자가 없는 경우에 한하여 유용할 수 있다.
5. 이미 멸실된 건물(무효인)의 등기부를 멸실 후에 신축한 건물의 보존등기로 유용할 수 없다.

판례보기

- 당초 실체관계를 수반한 유효한 등기가 실체관계의 소멸로 후발적으로 무효로 되었으나, 그 후 종전 실체관계와 같은 내용의 다른 실체관계가 발생한 경우에는 특별한 사유가 없는 한 그 사유가 발생한 때부터 후자의 실체관계를 공시하는 등기로써 효력이 있다(대판 1969.3.4., 67다2910).
- 실질관계의 소멸로 무효가 된 등기의 유용은 그 등기를 유용하기로 하는 합의가 이루어지기 전에, 등기상 이해관계가 있는 제3자가 생기지 않은 경우에 한하여 허용된다(대판 2002.12.6, 2001다2846).
- 당사자가 실체적 권리의 소멸로 인하여 무효로 된 가등기를 이용하여 거래를 하기로 하였다면, 그 구등기에 부합하는 가등기설정계약의 합의가 있어 구등기를 유용하기로 하고 거래를 계속하기로 한 취지라고 해석함이 타당하고, 따라서 위 가등기의 유용합의 이전에 등기상 이해관계 있는 제3자가 나타나지 않는 한 위 가등기는 원래의 담보채무소멸 후에도 유효하게 존속한다(대판 1986.12.9, 86다카716).

부동산등기규칙

최종 소유권의 등기명의인이 동일한 경우 (제34조)	원칙	후등기기록을 폐쇄한다.
	예외	후등기기록에 소유권 외의 권리 등에 관한 등기가 있고 선등기기록에는 그와 같은 등기가 없는 경우에는 선등기기록을 폐쇄한다.
	절차	① 이해관계인에게 통지 × ② 지방법원장의 허가 × ③ 등기관이 직권으로 정리 ○
최종 소유권의 등기명의인이 다른 경우 (제35조)	원칙	A등기기록의 최종 소유권의 명의인은 甲의 명의로 되어 있고, B등기의 최종 소유권의 명의인은 乙인 경우 A등기기록이 후등기이거나 소유권 이외의 권리에 관한 등기가 없는 선등기일 경우 A등기기록을 폐쇄한다.
	절차	① 이해관계인에게 통지 × ② 지방법원장의 허가 × ③ 등기관이 직권으로 정리 ○
최종 소유권의 등기명의인이 다른 경우 (제36조)	내용	원시취득 또는 분배농지의 상환완료를 등기원인으로 한 소유권이전등기가 있을 때에는 그 등기기록을 제외한 나머지 등기기록을 폐쇄한다.
	절차	① 이해관계인에게 통지 ○ ② 지방법원장의 허가 ○

중복등기

의의	① 「부동산등기법」 제15조 제1항은 "1필의 토지 또는 1개의 건물에 대하여 1개의 등기기록을 둔다."라고 규정함으로써 물적 편성주의를 취하고 있다. ② 중복등기의 정리는 실체관계에 영향을 미치지 않는다.	
판단	「부동산등기법 시행규칙」	최종 소유권의 등기명의인을 기준
	판례	소유권보존등기의 명의인을 기준

건물 중복등기 정리절차에 관한 업무처리지침

보존등기 명의인이 동일한 경우	후행 보존등기를 기초로 한 새로운 등기가 없는 경우	후행 보존등기를 직권으로 말소한다.
	후행 보존등기를 기초로 한 새로운 등기가 있는 경우	① 후행 등기기록에 등기된 일체의 등기를 직권말소하여 등기기록을 폐쇄함과 동시에 그 등기기록에 기재된 소유권보존등기 외의 다른 등기를 선행 등기기록에 이기하여야 한다. ② 일반건물과 구분건물로 그 종류를 달리하는 경우에는 직권으로 정리할 수 없다.
	선·후행 등기 모두 새로운 등기가 있는 경우	직권으로 정리할 수 없다.
보존등기 명의인이 다른 경우	직권	직권으로 정리할 수 없다.
	신청	① 어느 한쪽의 등기명의인이 스스로 그 소유권보존등기의 말소등기를 신청할 수 있다. ② 말소되는 등기에 대해 이해관계 있는 제3자가 있는 경우에는 승낙서 또는 이에 대항할 수 있는 재판의 등본을 제공하여야 한다.
새로운 등기신청	보존등기명의인이 동일한 경우	① 선행 등기기록상의 등기를 기초로 한 새로운 등기신청은 수리한다. ② 후행 등기기록상의 등기를 기초로 한 새로운 등기신청은 각하한다.
	보존등기명의인이 다른 경우	새로운 등기신청은 이를 수리한다.

참고학습 | 건물 중복등기 정리절차에 관한 업무처리지침(등기예규 제1374호)

1. 목적

이는 동일 건물에 대하여 2중으로 소유권보존등기가 경료된 경우 그 중복등기에 대하여 등기관이 직권으로 정리할 수 있는 범위와 그 정리절차를 규정함을 목적으로 한다.

2. 중복등기 여부의 판단

① 건물의 동일성은 지번 및 도로명 주소, 종류, 구조, 면적과 도면에 나타난 건물의 길이, 위치 등을 종합하여 판단하여야 한다. 따라서 지번이 일치되더라도 도로명 주소와 종류 구조, 면적 또는 도면에 나타난 건물의 길이, 위치 등이 다른 경우에는 동일한 건물로 볼 수 없다.

② 건물의 종류와 구조, 면적 등 일부가 일치하지 않더라도 건축물대장의 변동사항 등에 의하여 동일건물로 봄이 상당하다고 인정되는 경우에는 동일 건물로 보아야 한다.

③ 각각 일반건물과 구분건물로 보존등기가 경료되어 있는 경우라도 그 지번 및 도로명주소, 종류, 구조, 면적이 동일하고 도면에 나타난 건물의 길이, 위치 등이 동일하다면 동일건물로 볼 수 있다.

3. 건물의 보존등기명의인이 동일한 경우

① 후행 보존등기를 기초로 한 새로운 등기가 없는 경우, 등기관은 「부동산등기법」 제58조의 절차에 의하여 후행 보존등기를 직권으로 말소한다.

② 선행 보존등기를 기초로 한 새로운 등기는 없으나 후행 보존등기를 기초로 한 새로운 등기가 있는 경우
  ㉠ 등기관은 「부동산등기법」 제58조의 절차에 따라 후행 등기기록에 등기된 일체의 등기를 직권말소하여 등기기록을 폐쇄함과 동시에 그 등기기록에 기재된 소유권보존등기 외의 다른 등기를 선행 등기기록에 이기(미처리된 등기의 실행방법의 의미로서)하여야 한다.
  ㉡ 일반건물과 구분건물로 그 종류를 달리하는 경우에는 등기관은 이를 ㉠과 같이 직권으로 정리할 수 없다.

③ 선행 보존등기 및 후행 보존등기를 기초로 한 새로운 등기가 모두 있는 경우, 등기관은 이를 직권으로 정리할 수 없다.

4. 건물의 보존등기명의인이 서로 다른 경우

① 실질적 심사권이 없는 등기관으로서는 이를 직권으로 정리할 수 없다.

② 등기명의인의 신청에 의한 중복등기의 해소
  ㉠ 어느 한쪽의 등기명의인이 스스로 그 소유권보존등기의 말소등기를 신청할 수 있다.
  ㉡ 또한 어느 일방 보존등기의 등기명의인이 자신의 보존등기가 유효함을 이유로 다른 일방 보존등기명의인을 상대로 그 소유권보존등기의 말소등기절차이행을 구하는 소를 제기하여 그 승소의 확정판결에 의해 다른 일방 보존등기에 대한 말소등기를 신청할 수 있다.
  ㉢ 위 각 경우 말소되는 등기에 대해 이해관계 있는 제3자가 있는 경우에는 신청서에 그 승낙서 또는 이에 대항할 수 있는 재판의 등본을 첨부하여야 한다.

5. 중복등기가 존속하고 있는 동안에 새로운 등기신청이 있는 경우

① 보존등기명의인이 동일한 경우, 중복등기의 존속 중에 새로운 등기신청이 있는 경우에는 선행 등기기록상의 등기를 기초로 한 새로운 등기신청은 이를 수리하고, 후행 등기기록상의 등기를 기초로 한 새로운 등기신청은 이를 각하한다.

② 보존등기명의인이 서로 다른 경우, 중복등기의 존속 중에 어느 일방의 등기기록상의 등기를 기초로 하는 새로운 등기신청은 이를 수리한다.

01 CHAPTER

기출 및 예상문제

01 부동산등기법상 등기할 수 <u>없는</u> 것을 모두 고른 것은? (제34회)

ㄱ. 분묘기지권	ㄴ. 전세권저당권
ㄷ. 주위토지통행권	ㄹ. 구분지상권

① ㄱ, ㄷ   ② ㄴ, ㄹ   ③ ㄱ, ㄴ, ㄷ
④ ㄱ, ㄷ, ㄹ   ⑤ ㄴ, ㄷ, ㄹ

> **해설** ㄱ. ㄷ.은 등기사항이 아니다.

정답 ①

02 등기가 가능한 것은? (제19회)

① 소유권보전등기의 가등기
② 일부 공유지분만에 대한 전세권설정등기
③ 건물 소유 목적의 농지에 대한 지상권설정등기
④ 농작물 경작 목적의 농지에 대한 전세권설정등기
⑤ 리모델링 공사대금 담보 목적의 건물에 대한 유치권설정등기

> **해설** ① 가등기는 청구권을 보전하기 위한 것이므로 청구권이 존재하지 않는 보존등기는 가등기할 수 없다.
> ② 지분위에 전세권은 등기할 수 없다.
> ③,④ 농지에 전세권은 등기할 수 없지만, 지상권등기는 할 수 있다.
> ⑤ 유치권은 등기할 수 없다.

정답 ③

03 등기와 관련한 다음 설명 중 옳은 것은?　제15회

① 상속이나 포괄적 유증의 경우 등기하여야 물권변동의 효력이 생긴다.
② 공익사업을 위한 토지등의 취득 및 보상에 관한 법률에 의한 수용의 경우 등기하여야 물권변동의 효력이 생긴다.
③ 판례에 따르면, 이행판결의 경우 판결의 확정으로 권리의 변동이 일어난다고 한다.
④ 판례에 따르면, 계약을 해제한 경우 이전등기를 말소하지 않더라도 소유권은 매도인에게 당연히 복귀한다고 한다.
⑤ 공유물의 분할을 제한하는 약정은 등기 없이도 지분의 양수인에게 대항할 수 있다.

해설　① 상속과 포괄적 유증은 권리의 포괄적 승계로서 등기 없이 사망한 때 효력이 발생한다.
② 수용은 등기없이 수용한 날에 물권변동의 효력이 생긴다.
③ 판례에 따르면, 민법 제187조의 판결은 형성판결만을 의미한다.
④ 판례에 따르면, 계해제의 의사표시를 하면 말소등기 없이도 당연히 복귀한다고 본다.
⑤ 공유물불분할약정은 등기하지 아니하면 당사자가 아닌 지분의 양수인에게 주장할 수 없다.

정답 ④

04 등기의 효력에 관한 설명으로 틀린 것은? (다툼이 있으면 판례에 따름)　제26회

① 등기를 마친 경우 그 등기의 효력은 대법원규칙으로 정하는 등기신청정보가 전산정보처리조직에 저장된 때 발생한다.
② 대지권을 등기한 후에 한 건물의 권리에 관한 등기는 건물만에 관한 것이라는 뜻의 부기등기가 없으면 대지권에 대하여 동일한 등기로서 효력이 있다.
③ 같은 주등기에 관한 부기등기 상호간의 순위는 그 등기순서에 따른다.
④ 소유권이전등기청구권을 보전하기 위한 가등기에 대하여는 가압류등기를 할 수 없다.
⑤ 등기권리의 적법추정은 등기원인의 적법에서 연유한 것이므로 등기원인에도 당연히 적법추정이 인정된다.

해설　④ 소유권이전등기청구권을 보전하기 위한 가등기에 대하여는 부기등기 형식으로 가압류등기를 할 수 있다.

정답 ④

05 부동산등기법상 등기한 권리의 순위에 관한 설명으로 옳지 <u>않은</u> 것은?

① 동일한 부동산에 관하여 등기한 권리의 순위는 법률에 다른 규정이 없는 때에는 등기한 순서에 따른다.

② 등기의 순서는 등기기록상의 같은 구에서 한 등기에 대해서는 순위번호에 의하고 다른 구에서 한 등기에 대해서는 접수번호에 의한다.

③ 같은 주등기에 관한 부기등기 상호간의 순위는 주등기의 순위에 의한다.

④ 가등기를 한 경우에 본등기의 순위는 가등기의 순위에 의한다.

⑤ 구분건물에서 대지권에 대한 등기로서 효력있는 등기와 대지권의 목적인 토지의 등기기록 중 해당구 사항란에 한 등기의 전후는 접수번호에 의한다.

> **해설** 같은 주등기에 관한 부기등기 상호간의 순위는 그 등기순서에 따른다. 만약 부기등기 상호간(2-1과 2-2)의 순위는 주등기 순위에 따르게 되면 동순위가 되므로 틀린 표현이다.

정답 ③

02 CHAPTER 등기절차 총론

- 등기절차에 대한 전체적인 흐름을 공부하는 총론부분이다. 매년 3~4문제 정도 출제되는 부분으로 등기법에서 가장 중요한 부분이라 할 수 있다. 즉 등기절차의 각론의 요약부분이라고 할 수 가 있다.
- 특히, 직권등기,단독신청 등기, 제3자의 등기와 등기신청정보,등기신청의 각하사유,등기필정보등은 출제가능성이 높으므로 세심한 학습이 요구된다.

제1절 등기절차 개시

1 신청에 의한 등기절차의 개시(원칙)

「부동산등기법」은 "등기는 당사자의 신청 또는 관공서의 촉탁에 따라 한다. 다만, 법률에 다른 규정이 있는 경우에는 그러하지 아니하다."라고 규정(제22조)함으로써 등기절차에 관하여 신청주의를 원칙으로 하고 있다.

즉, 등기는 원칙적으로 당사자의 신청 또는 관공서의 촉탁에 의하여서 할 수 있다. 다만, 예외적으로 법률에 규정이 있는 경우에는 '등기관의 직권에 의한 등기'와 '법원의 명령에 의한 등기'가 허용된다.

1. 당사자의 신청

(1) 임의신청의 원칙

사적자치의 원칙상 또한 당사자의 신청을 바탕으로 할 때에 진정한 등기를 보장할 수 있기 때문에 등기절차는 당사자의 신청이 있을 때 개시되는 것이 원칙이다. 따라서 원칙적으로 등기신청의 의무는 부과하지 않는 것이 원칙이다.

(2) 예외적인 신청의무 부과 제25회, 제28회

등기부와 대장상 부동산표시를 일치시키기 위한 경우 또는 등기제도를 악용한 투기, 탈세, 탈법 등을 방지하기 위하여 일정한 경우에는 등기신청의무를 부과하고 있다.

심화학습

등기당사자에 신청의무 부과

등기절차에 관하여 임의신청을 원칙으로 하면서도 다음과 같은 일정한 경우에는 당사자에게 신청의무를 부과하고 있다.

1. 「부동산등기법」상 신청의무
   ① 토지표시의 변경등기 등
      ㉠ 신청의무: 토지의 분할·합병이 있는 경우와 제34조의 등기사항(표시번호·접수연월일·소재와 지번·지목·면적·등기원인)에 변경이 있는 경우에는 그 토지 소유권의 등기명의인은 그 사실이 있는 때부터 1개월 이내에 그 등기를 신청하여야 한다.
      ㉡ 신청의무의 해태: 등기신청의 의무가 있는 자가 그 등기신청을 게을리한 때에도 과태료부과 대상은 아니다.
   ② 건물표시의 변경등기 등
      ㉠ 신청의무: 건물의 분할, 구분, 합병이 있는 경우와 제40조의 등기사항(표시번호·접수연월일·소재·지번 및 건물번호·건물의 종류·구조와 면적·등기원인·도면의 번호)에 변경이 있는 경우에는 그 건물 소유권의 등기명의인은 그 사실이 있는 때부터 1개월 이내에 그 등기를 신청하여야 한다.
      ㉡ 신청의무의 해태: 등기신청의 의무가 있는 자가 그 등기신청을 게을리한 때에도 과태료부과 대상은 아니다.
   ③ 멸실등기
      ㉠ 신청의무: 토지 또는 건물이 멸실된 경우에는 그 소유권의 등기명의인은 그 사실이 있는 때부터 1개월 이내에 멸실등기를 신청하여야 한다. 단, 존재하지 아니하는 건물에 대한 등기가 있을 때에는 그 소유권의 등기명의인은 지체 없이 그 건물의 멸실등기를 신청하여야 한다.
      ㉡ 신청의무의 해태: 토지 또는 건물의 경우에 등기신청의 의무가 있는 자가 그 등기신청을 게을리한 때에도 과태료 부과대상은 아니다.

2. 「부동산등기 특별조치법」상의 신청의무
   ① 소유권보존등기 신청의무: 소유권보존등기가 되어 있지 아니한 부동산에 대하여 소유권 이전을 내용으로 하는 계약을 체결한 자는 다음의 1에 정하여진 날부터 60일 이내에 소유권보존등기를 신청하여야 한다.
      ㉠ 「부동산등기법」 제65조에 따라 소유권보존등기를 신청할 수 있음에도 이를 하지 아니한 채 계약을 체결한 경우에는 그 계약을 체결한 날부터 60일 이내
      ㉡ 계약을 체결한 후에 「부동산등기법」 제65조에 따라 소유권보존등기를 신청할 수 있게 된 경우에는 소유권보존등기를 신청할 수 있게 된 날부터 60일 이내
   ② 소유권이전등기 신청의무: 부동산의 소유권 이전을 내용으로 하는 계약을 체결한 자는 다음의 1에 정하여진 날부터 60일 이내에 소유권이전등기를 신청하여야 한다. 다만, 그 계약이 취소·해제되거나 무효인 경우에는 그러하지 아니하다.
      ㉠ 계약의 당사자가 서로 대가적인 채무를 부담하는 경우에는 반대급부의 이행이 완료된 날부터 60일 이내
      ㉡ 계약당사자의 일방만이 채무를 부담하는 경우에는 그 계약의 효력이 발생한 날부터 60일 이내
   ③ 신청의무의 해태: 등기권리자가 상당한 사유 없이 위와 같은 등기신청을 해태한 때에는 그 해태한 날 당시의 부동산에 대하여 과태료에 처한다.

(3) 공동신청, 출석신청, 서면신청

등기는 신청인 또는 대리인이 공동으로 등기소에 출석하여 신청정보로 제공하여야 한다. 다만, 대리인이 변호사[법무법인, 법무법인(유한) 및 법무조합을 포함한다. 이하 같다]나 법무사[법무사법인 및 법무사법인(유한)을 포함한다. 이하 같다]인 경우에는 대법원규칙으로 정하는 사무원을 등기소에 출석하게 하여 그 서면을 제출할 수 있고 전산정보처리조직을 이용하여 등기를 신청(전자신청)하는 경우에는 등기소에 출석할 필요가 없다.

2. 관공서의 촉탁

(1) 의의

등기절차는 관공서의 촉탁에 의하여서도 개시된다. 즉, 관공서는 등기권리자, 등기의무자로서 또는 공권력의 주체로서 등기를 촉탁할 수 있다. 관공서의 촉탁도 그 실질은 신청의 한 형태에 해당하며, 따라서 촉탁에 따른 등기절차는 법률에 다른 규정이 없는 경우에는 신청에 따른 등기에 관한 규정을 준용한다. 관공서가 등기신청의 당사자인 경우 촉탁에 의하지 않고 당사자와 공동신청하는 것도 가능하다.

(2) 촉탁대상

관공서가 등기를 촉탁할 수 있는 경우 중 주요한 것을 들면 다음과 같다.

① 체납처분으로 인한 압류의 등기
② 공매처분으로 인한 권리이전의 등기
③ 토지수용의 경우 관공서가 기업자인 때의 소유권이전등기
④ 가압류등기, 가처분등기
⑤ 경매개시결정기입등기, 경락인(매수인)으로의 소유권이전등기
⑥ 경락인이 인수하지 아니하는 부동산 위의 부담의 기입의 말소등기
⑦ 임차권등기명령신청에 의한 주택 또는 상가건물임차권등기

2 법률의 규정에 의한 등기절차개시(신청주의의 예외)

등기절차는 당사자의 신청이나 관공서의 촉탁이 없더라도 '법률에 다른 규정이 있는 경우'에는 예외적으로 개시되는데, 등기관의 직권에 의한 등기와 법원의 명령에 의한 등기가 이에 해당한다.

1. 등기관의 직권에 의한 등기

등기관의 직권에 의한 등기는 법률의 규정에 의한 등기이므로 등기관의 착오나 유루가 있는 경우 또는 신청이나 촉탁의 전제로서 행하여지는데, 일반적으로 별도의 다른 절차에서 어떤 등기를 하여야 할 사실을 알 수 있을 때 행하여진다.

(1) 소유권보존등기

미등기부동산에 대한 소유권의 처분제한의 등기촉탁(가압류등기, 처분금지가처분등기, 강제경매개시결정
기입등기, 주택 또는 상가건물에 대한 임차권명령등기 등)이 있는 경우의 소유권보존등기

(2) 일정한 경우의 변경등기

① 소유권이전등기를 신청함에 있어 주소증명정보에 의하여 주소변경사실이 명백한 경우의 등기명
의인표시(주소) 변경등기
② 행정구역 또는 그 명칭이 변경된 경우의 부동산표시 변경등기 또는 등기명의인의 주소변경등기
③ 지적공부 지적소관청의 불부합통지에 의한 부동산표시 변경등기

(3) 경정등기

등기관의 과오로 인하여 등기의 착오 또는 유루가 있는 때의 경정등기

(4) 일정한 경우의 말소등기

① 말소등기 시 말소될 권리를 목적으로 하는 제3자의 권리의 등기는 직권말소
② 토지수용으로 인한 소유권이전 등기 시 다른 권리의 말소등기
③ 관할위반의 등기와 사건이 등기할 것이 아닌 등기의 말소등기
④ 환매에 의한 권리취득등기 후의 환매특약의 말소등기
⑤ 가등기에 의한 본등기 후의 중간처분등기의 말소등기
⑥ 가처분권리자가 원고승소판결 후 소유권이전등기 또는 말소등기 신청 시 당해 가처분등기는
직권말소
⑦주등기 말소로 인한 부기등기는 직권말소

(5) 일정한 경우의 말소회복등기

① 가등기에 기한 본등기 후 본등기가 무효로 되어 본등기를 말소하는 경우 본등기 시 직권말소된
중간처분의 등기에 대한 말소회복등기
② 등기관의 과오로 부적법하게 말소된 등기의 말소회복등기

(6) 지역권설정등기 시 요역지 등기기록에 하는 지역권등기

(7) 대지권인 뜻(취지)의 등기

(8) 추가공동담보등기 시 그 등기와 종전 등기에 공동담보의 목적이라는 취지의 등기

2. 법원의 명령에 의한 등기

법원의 명령에 의한 등기는 이의신청이 있는 경우에만 할 수 있다.

(1) 등기관의 결정 또는 처분을 부당하다고 하는 자는 관할 지방법원에 이의신청을 할 수 있다.

(2) 이의신청에 대하여 이의가 이유 있다고 인정한 때에는 관할 지방법원은 등기관에게 상당한 처분을 명하고, 이 명령에 의하여 등기관은 그 등기를 하여야 한다.

(3) 필요한 경우 관할 지방법원은 이의에 대하여 결정하기 전에 등기관에게 가등기 또는 이의가 있다는 취지의 부기등기를 명할 수 있다.

제 2 절　등기신청행위

1 의의

등기신청행위는 등기신청인이 국가기관인 등기소에 대하여 일정한 내용의 등기를 하여 줄 것을 요구하는 행위이다.

2 등기신청행위의 유효요건

등기신청행위의 유효요건은 등기가 실행되기 전 단계로서 유효한 신청행위가 되기 위한 요건이다. 이러한 등기신청행위가 유효하기 위해서는 다음과 같은 요건을 갖추어야 한다.

1. 등기신청능력을 갖추어야 한다

(1) 의사능력

등기신청행위는 등기소에 대하여 등기할 것을 요구하는 절차법상의 의사표시에 해당하므로, 신청인에게 의사능력이 있어야 한다.

(2) 등기신청권한이 없는 자의 등기신청

등기신청인에게 등기신청권한이 없는 경우에는 법 제29조 제3호(신청권한이 없는 자가 신청한 경우)에 해당하여 이를 각하하여야 한다. 다만, 이를 간과하여 등기가 이미 실행된 경우 당연무효의 등기는 아니며 실체관계에 부합하는 한 유효한 등기이다.

2. 신청의 진의가 있어야 한다

신청행위의 심리적 성립과정에 비진의표시, 착오, 사기, 강박 등의 흠이 있는 경우에 그러한 신청행위는 당사자의 출석이 없는 것으로 보아 이를 각하하여야 한다. 다만, 이를 간과하고 등기가 실행된 경우 당연무효는 아니며, 실체관계에 부합하는 한 유효의 등기이다.

3. 등기신청행위는 신청정보를 제공하는 일종의 요식행위이다

등기신청은 반드시 대법원규칙이 정하는 신청정보를 제공해야 하며, 그러한 방식을 갖추지 아니한 신청은 이를 각하하여야 한다(법 제29조 제4호). 다만, 이를 간과하고 등기가 실행된 경우 당연무효는 아니며, 실체관계와 부합하는 한 유효의 등기이다.

제3절 | 등기신청의 당사자능력(등기신청적격)

1 의의

등기신청적격 또는 등기신청의 당사자능력이란 등기절차상의 등기권리자 또는 등기의무자가 될 수 있는 자격을 말한다. 즉, 등기명의인이 될 수 있는 자격을 말한다. 원칙적으로 등기신청의 당사자능력은 권리의무의 주체가 될 수 있는 자연인과 법인을 의미하나 예외적으로 비법인사단·재단도 포함된다.

2 당사자능력이 인정되는 경우 제24회, 제28회, 제32회, 제34회

1. 자연인

자연인인 이상 의사무능력자이든 제한능력자[(구) 행위무능력자]이든 묻지 않으며, 외국인도 법령이나 조약에 의해 제한을 받는 경우를 제외하고는 원칙적으로 등기권리자 또는 등기의무자, 즉 등기명의인이 될 수 있다.

2. 법인

법인의 경우에도 공법인, 사법인, 사단법인, 재단법인, 영리법인, 비영리법인을 불문하고 등기신청적격이 인정된다. 국가 또는 지방자치단체(특별시·광역시·도, 시·군·구)도 법인으로 보며, 따라서 등기명의인이 될 수 있으나 지방자치단체가 아닌 읍·면·동·리는 등기명의인이 될 수 없다. 다만, 리·동의 경우 비법인사단 또는 재단으로서 당사자능력은 인정된다.

3. 권리능력 없는 사단·재단(비법인사단·재단)

(1) 권리능력 없는 사단 또는 재단은 비록 법인격은 인정되지 않지만 현행 「부동산등기법」은 그 등기 신청적격을 인정하고 있다. 즉, 종중, 문중 기타 대표자나 관리인이 있는 법인 아닌 사단이나 재단에 속하는 부동산의 등기에 관하여는 그 사단 또는 재단을 등기권리자 또는 등기의무자로 한다. 따라서 종중, 문중은 물론 정당, 교회, 아파트입주자대표회의, 동창회, 학우회, 「전통사찰의 보존 및 지원에 관한 법률」에 의하여 등록된 사찰, 자연부락 등도 등기명의인이 될 수 있다.

(2) 이 경우 그 등기는 사단 또는 재단의 명의로 그 대표자나 관리인이 이를 신청한다.

3 당사자능력이 부정되는 경우

1. 태아

정지조건설(판례)에 의하면, 태아는 살아서 출생하기 전에는 권리능력이 없기 때문에 태아는 등기명의인이 될 수 없다고 한다.

2. 학교

(1) 학교는 하나의 교육시설물에 불과하여 권리·의무의 주체가 될 수 없으므로, 학교 명의로 등기를 신청할 수 없고, 실질적 운영주체 명의로 등기하여야 한다.

(2) 국립의 경우에는 국가 명의로, 공립의 경우에는 지방자치단체 명의로, 사립의 경우에는 설립재단 명의로 등기하여야 한다.

3. 「민법」상 조합

(1) 「민법」상 조합에는 법인격이 없으므로 조합 자체의 명의로 등기를 할 수 없으며, 조합원 전원의 합유로 등기를 신청하여야 한다. 합유지분은 기록하지 않으며, 합유자의 증감이 있을 경우에는 합의자명의인(표시) 변경등기를 하여야 한다.

(2) 다만, 특별법상의 조합(농업협동조합, 수산업협동조합, 각종 신용협동조합 등)은 법인이므로 등기신청적격이 있다.

4. 읍·면·동(리)

(1) 읍·면·동(리)은 지방자치단체가 아니며, 단순히 행정구역에 불과하여 자기명의로 등기를 할 수 없다.

(2) 그러나 다만, 동민이 법인 아닌 사단을 구성하고 그 명칭을 행정구역인 동 명의와 동일하게 한 경우에는 그 동민의 대표자가 동 명의로 등기신청을 할 수 있다(2011.10.12 등기예규 제1435호). 이 경우 그 명칭을 동 명의와 같이 했을 뿐, 그 실체는 법인 아닌 사단이기 때문이다.

제 4 절 **전산정보처리조직에 의한 등기절차**(전자신청)

1 의의

1. 사용자등록

등기신청의 당사자 또는 대리인은 등기소를 방문하지 않고 전산정보처리조직을 이용하여 등기를 신청(이하 '전자신청'이라 한다)할 수 있는데, 전자신청을 하기 위해서는 최초의 등기신청 전에 등기소를 방문하여 사용자등록을 하여야 한다.

2. 전자신청

(1) 전자신청할 수 있는 자로서 대한민국 국적을 가진 사람으로서 사용자등록을 한 경우와, 법인으로서 전자증명서를 발급받은 경우, 일정한 요건을 갖춘 외국인이 할 수 있다. 다만, 법인 아닌 사단 또는 재단은 전자신청을 할 수 없다.

(2) 대리에 의한 신청의 경우에는 변호사나 법무사가 아닌 자는 다른 사람을 대리하여 전자신청을 할 수 없다.

3. 출석주의의 예외

전산정보처리조직을 이용하여 등기를 신청하는 경우에는 법 제29조 제4호(출석주의 위반으로 인한 각하)를 적용하지 아니한다.

4. 등기신청정보의 접수시기

전산정보처리조직에 따라 등기사무를 처리하는 경우에는 대법원규칙이 정하는 등기신청정보(부동산을 식별하기 위하여 필요한 정보, 기타 법원행정처장이 정하는 정보)가 '전산정보처리조직에 전자적으로 저장된 때'에 등기신청정보가 접수된 것으로 본다.

5. 사용자등록 절차

(1) 전자신청을 하고자 하는 당사자 또는 변호사나 법무사(자격자대리인)는 범용공인인증서를 발급받아 최초의 전자신청 전에 등기소(주소지나 사무소 소재지 관할 이외의 등기소에서도 할 수 있다)에 직접 출석하여 미리 사용자등록을 하여야 한다.

(2) 사용자등록을 신청하는 당사자 또는 자격자대리인은 등기소에 출석하여 사용자등록신청정보를 제공하여야 하며, 신청인은 사용자등록신청서에 「인감증명법」에 따라 발급된 신청인의 인감증명과 주소를 증명하는 서면(발행일부터 3개월 이내의 것이어야 한다)을 첨부하여야 한다.

(3) 사용자등록기한은 등기소로부터 접근번호를 부여받은 후 10일 이내에 하여야 한다.

(4) 사용자등록의 유효기간은 3년으로 하며, 사용자등록의 유효기간 만료일 3월 전부터 만료일까지는 그 유효기간의 연장을 신청할 수 있다. 유효기간의 연장신청은 사용자등록관리시스템을 통해서도 할 수 있으며, 이 경우에는 공인인증서와 사용자등록번호를 이용하여 사용자인증을 받아야 한다.

제 5 절 | 등기신청의 당사자(등기신청인)

1 공동신청의 원칙

1. 의의

등기는 등기권리자와 등기의무자의 공동신청에 의함을 원칙으로 한다. 이는 실체관계에 부합하지 않은 등기 또는 허위·부실 등기가 행하여지는 것을 방지함으로써 등기의 진정성을 확보하려는 데 그 의미가 있다.

참고학습 | 등기청구권과 등기신청권

1. 등기청구권
   등기권리자가 등기의무자에게 등기신청절차에 협력할 것을 청구할 수 있는 사법상의 권리로서, 권리의 등기 중 공동신청의 경우에만 발생할 수 있는 권리이다.

2. 등기신청권
   등기신청의 당사자가 국가기관인 등기관에 대하여 등기를 실행하여 줄 것을 요구할 수 있는 권리(공법상 권리)를 말한다. 등기권리자 또는 등기의무자는 「부동산등기법」상 등기신청권을 당연히 가지며, 본래의 등기신청권이 없는 경우에도 대리인, 대위신청인과 같이 등기신청권을 행사할 수 있는 경우가 있다.

3. 등기청구권과 등기신청권의 비교
   등기신청권은 공동신청은 물론 단독신청의 경우에도 인정되는 권리라는 점, 등기청구권이 실체법상의 사권인 데 대하여 등기신청권은 절차법상의 공권에 해당된다는 점 등에서 양자는 차이가 있다.

구분	등기청구권	등기신청권
권리	① 사인과 사인 사이 ② 사권	① 등기소와 사인 사이 ② 공권(공법상 인정되는 권리)
신청	공동신청	단독신청·공동신청
판결	판결로 강제 실현할 수 있다.	판결로 강제 실현할 수 없다. 따라서 이의신청의 방법으로 실현할 수 있다.

2. 등기권리자와 등기의무자 ^{제30회, 제31회}

등기절차에 있어서의 당사자를 등기권리자·등기의무자라고 하는데, 이는 다음과 같이 구분된다.

(1) 실체법상의 등기권리자와 등기의무자

실체법상의 등기권리자라 함은 등기청구권(등기신청에 협력할 것을 요구할 수 있는 권리)을 가진 자를 의미한다. 실체법상의 등기의무자라 함은 등기절차에 협력할 의무를 부담하는 자를 의미한다.

(2) 절차법상의 등기권리자와 등기의무자

① 절차법상의 등기권리자라 함은, 신청된 등기가 행하여짐으로써 등기부의 기록 형식상 권리를 취득하거나 이익을 받는 자를 의미한다.

② 절차법상의 등기의무자라 함은, 등기가 행하여지면 등기부의 기록 형식상 권리를 잃거나 불이익을 받는 자를 의미한다.

3. 절차법상·실체법상의 권리자와 의무자의 관계

절차법상 등기권리자인지 등기의무자인지의 여부는 등기부상으로 보아 형식적으로 판단하여야 한다. 일반적으로는 절차법상의 등기권리자 또는 등기의무자와, 실체법상의 등기권리자 또는 등기의무자가 일치하는 것이지만 양자가 반드시 일치하는 것은 아니다.

사례보기

1. 매매로 인하여 甲(매도인)과 乙(매수인)이 매매계약을 체결하여 소유권이전등기를 신청하는 경우
2. 절차법상으로는 기록형식상 매수인이 권리를 취하므로 권리자가 되며, 매도인이 기록형식상 권리를 잃으므로 의무자가 된다.
3. 실체법상으로는 매수인이 소유권이전청구권을 가지므로 권리자가 되며, 이에 협력할 상대방인 매도인이 의무자가 되는 것이 일반적이나, 매도인이 등기인수청구권을 행사하는 경우에는 매도인이 권리자가 되고 매수인이 의무자가 되므로 실체법상의 권리자·의무자는 청구권을 어느 관점에서 보느냐에 따라서 달라진다.

핵심정리 | 각종 등기에 있어서 등기권리자와 등기의무자

1. 소유권이전등기(매매)
   ① 등기권리자: 매수인
   ② 등기의무자: 매도인

2. 소유권이전등기의 말소(매매해제)
   ① 등기권리자: 매도인
   ② 등기의무자: 매수인

3. 저당권설정등기
   ① 등기권리자: 채권자(저당권자)
   ② 등기의무자: 부동산소유자(저당권설정자)
4. 저당권설정등기의 말소등기
   ① 저당권 설정 후 소유권이 제3자에게 이전된 때
      ㉠ 등기권리자: 저당권설정자 또는 제3취득자
      ㉡ 등기의무자: 저당권자
   ② 저당권 설정 후 저당권이 제3자에게 이전된 때
      ㉠ 등기권리자: 저당권설정자
      ㉡ 등기의무자: 저당권양수인(종전 저당권자 ×)
5. 저당권의 말소회복등기
   ① 저당권이 말소된 후 소유권이 제3자에게 이전된 때
      ㉠ 등기권리자: 저당권자
      ㉡ 등기의무자: 말소 당시의 소유자(현 소유자 ×)
   ② 저당권을 제3자가 불법말소한 때
      ㉠ 등기권리자: 저당권자
      ㉡ 등기의무자: 저당권설정자(말소한 제3자 ×)
6. 저당권변경등기(채무인수로 인한 채무자변경)
   ① 등기권리자: 저당권자
   ② 등기의무자: 저당권설정자
7. 근저당권변경등기(채권최고액 증액)
   ① 등기권리자: 근저당권자
   ② 등기의무자: 근저당권설정자

2 공동신청의 예외(단독신청) 제24회, 제27회, 제28회 제32회, 제33회, 제35회

등기신청에 있어서 의무자와 권리자가 공동신청하는 경우는 권리의 등기에 진정성을 확보하기 위하여 신청하는 것이므로 공동으로 신청하지 않더라도 등기의 진정성을 보장할 수 있는 특별한 사정이 있는 경우이거나 등기의 성질상 등기의무자가 있을 수 없는 경우, 타인의 권리에 영향이 없는 경우 등 구체적 사정에 따라 법률의 규정에 의하여 단독신청을 허용하는 경우가 있다. 「부동산등기법」상 단독신청이 허용되는 경우는 다음과 같다.

① 판결에 의한 등기
② 상속, 법인의 합병, 그 밖에 대법원규칙으로 정하는 포괄승계에 따른 등기
③ 가등기(가등기의무자의 승낙서 또는 가처분명령정본을 첨부)
④ 멸실등기
⑤ 등기된 권리가 어떤 자의 사망으로 소멸한 때에 하는 말소등기

⑥ 부동산의 분합등기, 기타 부동산표시의 변경 또는 경정등기
⑦ 소유권보존등기
⑧ 등기명의인표시의 변경 또는 경정등기
⑨ 등기의무자가 행방불명된 경우의 말소등기(공시최고와 제권판결)
⑩ 가등기명의인 또는 등기상 이해관계인에 의한 가등기의 말소등기
⑪ 토지수용으로 인한 소유권이전등기
⑫ 규약상 공용부분인 취지의 등기
⑬ 신탁재산에 속하는 부동산의 신탁등기

1. 상속, 법인의 합병, 그 밖에 대법원규칙으로 정하는 포괄승계에 따른 등기

(1) 상속등기

① 상속으로 인한 등기는 등기권리자만으로 이를 신청할 수 있다. 상속으로 인한 등기를 신청하는 시점에 등기의무자(피상속인)가 존재하지 않으므로 현실적으로 공동신청하는 것이 가능하지 않고, 또한 상속의 개시 여부는 상속을 증명하는 정보(가족관계기록사항증명서 등)에 의하여 명백하게 나타나기 때문에 단독신청할 수 있도록 규정하고 있는 것이다.

② 법정상속분에 의하여 상속등기를 하는 경우에는 상속인 중 1인 또는 전원이 전원을 위하여 상속등기를 단독으로 신청할 수 있다. 다만, 상속인 중 1인이 자기지분만에 대하여 상속등기를 신청하는 것은 허용되지 아니한다.

(2) 법인의 합병, 그 밖에 대법원규칙으로 정하는 포괄승계에 따른 등기

① 법인의 합병, 그 밖에 대법원규칙으로 정하는 포괄승계에 따른 등기는 등기권리자가 단독으로 신청한다.

② 법인의 분할로 인하여 분할 전 법인이 소멸하는 경우

③ 법인이나 단체의 권리·의무를 포괄승계하는 경우

2. 판결에 의한 등기

(1) 법 제23조 제4항의 판결 - 이행판결일 것

① 판결에 의한 등기는 승소한 등기권리자 또는 등기의무자만으로 이를 신청할 수 있다. 여기서 판결은 피고에 대하여 등기신청의 의사표시를 할 것을 명하는 내용의 판결, 즉 이행판결을 의미하며, 확인판결과 형성판결은 이에 해당하지 아니한다. 다만, 공유물분할의 판결(형성판결)이 확정되거나 재판상 화해가 성립되면 공유자는 각각 분할된 부분에 대한 단독 소유권을 취득하게 되는 것이므로, 소송 당사자는 원고인지 피고인지를 묻지 않고 각자 그 확정판결이나 화해조서를 첨부하여 공유물분할을 원인으로 하는 지분이전등기를 단독신청할 수 있다.

② 의사의 진술을 명하는 판결이 확정되어야 비로소 그 판결을 의사의 진술로 볼 수 있기 때문에 여기서의 판결은 확정판결을 의미한다.

③ 확정판결에 의하여 확정된 채권은 일반적으로 10년의 소멸시효에 걸리나, 그 확정판결이 이행을 명하는 것인 때에는 그 확정시기를 묻지 않고 그 판결에 의하여 소유권이전등기를 신청할 수 있다.

④ 확정판결과 동일한 효력이 있는 소송상 화해조서나 청구의 인낙조서, 조정조서, 가사조정조서의 경우에도 그 조서에 등기의무자(또는 등기권리자)의 등기신청에 대한 의사의 진술을 명하는 것이라면 판결에 준하여 단독신청할 수 있다. 다만, 등기절차의 이행을 내용으로 하는 공정증서는 여기에 포함되지 아니하며, 따라서 그와 같은 공정증서를 첨부하여 등기를 단독으로 신청할 수는 없다.

(2) 판결에 의한 등기신청절차

① 신청인

㉠ 등기절차의 이행 또는 인수를 명하는 판결에 의한 등기는 승소한 등기권리자 또는 등기의무자가 단독으로 신청하고, 공유물을 분할하는 판결에 의한 등기는 등기권리자 또는 등기의무자가 단독으로 신청한다. 패소한 등기권리자나 패소한 등기의무자는 단독신청할 수 없다(다만, 공유물분할판결은 패소한 당사자도 상대방의 승소판결에 의한 단독신청이 가능하다).

㉡ 따라서 소유권이전등기말소청구의 소를 제기하여 승소판결을 받은 자가 그 판결에 의한 등기신청을 하지 아니하는 경우 패소한 등기의무자가 그 판결에 기하여 직접 말소등기를 신청하거나 대위신청할 수는 없다.

㉢ 채권자대위소송에 의한 경우에는 채권자가 제3채무자를 상대로 채무자를 대위하여 등기절차의 이행을 명하는 판결을 얻은 경우 채권자는 채무자의 대위신청인으로서 그 판결에 의하여 단독으로 등기를 신청할 수 있다.

㉣ 채권자대위소송에서 채무자가 채권자대위소송이 제기된 사실을 알았을 경우에는 채무자 는 채권자가 얻은 승소판결에 의하여 단독으로 등기를 신청할 수 있다.

② 등기원인과 그 연월일: 판결에 의한 등기신청의 경우에는 신청정보에 '등기원인과 그 연월일'을 기록하여야 한다. 이행판결의 경우 등기원인으로는 '판결에서 인정한 권리변동의 원인인 법률행위 그 자체'를 기록하고, 그 연월일은 '법률행위의 발생연월일'을 기록한다. 다만, 예외적으로 등기절차의 이행을 명하는 판결주문에 등기원인과 그 연월일이 명시되어 있지 아니한 경우 등기신청정보에는 등기원인은 '확정판결'로, 그 연월일은 '판결선고일'을 기록한다. 이에 반하여 형성판결의 경우에는 등기원인은 '판결에서 행한 형성처분'을 기록하고, 그 연월일은 '판결확정일'을 기록한다.

③ 등기원인을 증명하는 정보: 판결에 의한 등기의 경우 등기원인을 증명하는 정보는 판결 정본이다. 이는 이행판결의 경우는 물론 형성판결의 경우에도 같다.

> **참고학습** | 판결 관련 예규 및 선례

1. 원고 甲이 피고 乙에 대하여 진정명의회복을 위한 소유권이전등기청구의 소를 제기하여 승소판결을 받은 경우, 甲은 위 판결에 의하여 소유권이전등기를 단독으로 신청할 수는 있으나 乙의 소유권이전등기에 대한 말소등기를 신청할 수는 없다(2001.12.26, 등기선례).
2. 채권자가 채권자대위권을 행사하는 방법으로 제3채무자를 상대로 소송을 제기하여 판결을 받은 경우에는 어떤 사유로든 소제기의 사실을 채무자가 알았다면 그 판결의 효력은 채무자에게도 미친다(대판 전합체 1975.5.13, 74다1664). 따라서 채권자 丙이 채무자 乙의 제3채무자 甲에 대한 소유권이전청구권에 관하여 대위소송을 제기한 사실을 채무자 乙이 알았다면 乙은 丙이 얻은 승소판결에 의하여 직접 자기 앞으로 소유권이전등기신청을 할 수 있다(1985.4.10, 등기예규 제563호).
3. 승소한 원고(등기권리자 혹은 등기의무자)가 사망한 경우 그 상속인은 피상속인이 얻은 판결에 의하여 등기를 단독신청할 수 있다.
4. 말소등기 또는 말소회복등기의 경우 판결을 받아 단독으로 등기를 신청하는 경우에도 등기상 이해관계인의 승낙서 또는 이에 대항할 수 있는 재판의 등본은 면제되지 아니한다.
5. 부동산의 특정 일부에 대하여 판결을 받은 경우, 1필의 토지 중 특정부분에 대한 소유권이전등기를 명한 판결에 대하여 소유권이전등기를 신청하고자 할 경우에는 먼저 그 특정부분을 분할하여 대위에 의한 분필등기를 한 다음 소유권이전등기를 신청하여야 하고, 지분으로 표시하여 소유권이전등기를 신청할 수는 없다(1996.4.25, 등기선례).
6. 부동산의 일부지분에 대한 소유권이 무효이어서 일부말소판결을 받은 경우에는 말소등기를 신청할 수는 없고 일부말소 의미의 경정등기를 신청하여야 한다(2001.7.5, 등기예규 제1027호).
7. 1필의 토지 전부에 대하여 소유권이전등기절차의 이행을 명하는 판결을 받은 경우 그 판결을 첨부하여 그 토지의 3분의 1 지분에 대한 이전등기를 경료받는 것도 가능하다(1999.3.9, 등기선례).

3. 기타의 경우

(1) 부동산표시의 변경등기

토지의 분할, 합병이 있는 경우와 제34조의 등기사항(표시번호·접수연월일·소재와 지번·지목·면적·등기원인)에 변경이 있는 경우에는 그 토지소유권의 등기명의인은 그 사실이 있는 때부터 1개월 이내에 그 등기를 신청하여야 하며(법 제35조), 건물의 분할·구분·합병이 있는 경우와 제40조의 등기사항(표시번호·접수연월일·소재·지번 및 건물번호·건물의 종류·구조와 면적·등기원인·도면의 번호)에 변경이 있는 경우에는 그 건물소유권의 등기명의인은 그 사실이 있는 때부터 1개월 이내에 그 등기를 신청하여야 한다(법 제41조 제1항).

(2) 등기명의인의 표시의 변경 또는 경정등기

등기명의인표시의 변경이나 경정의 등기는 해당 권리의 등기명의인이 단독으로 신청한다(법 제23조 제6항).

(3) 사망 등으로 인한 권리의 소멸과 말소등기

등기명의인인 사람의 사망 또는 법인의 해산으로 권리가 소멸한다는 약정이 등기되어 있는 경우에 사람의 사망 또는 법인의 해산으로 그 권리가 소멸하였을 때에는, 등기권리자는 그 사실을 증명하여 단독으로 해당 등기의 말소를 신청할 수 있다(법 제55조).

(4) 등기의무자의 소재불명과 말소등기

등기권리자가 등기의무자의 소재불명으로 인하여 공동으로 등기의 말소를 신청할 수 없을 때에는 「민사소송법」에 따라 공시최고(公示催告)를 신청할 수 있으며, 이 경우에 제권판결(除權判決)이 있으면 등기권리자가 그 사실을 증명하여 단독으로 등기의 말소를 신청할 수 있다(법 제56조).

(5) 가등기의 말소등기

가등기명의인은 단독으로 가등기의 말소를 신청할 수 있으며, 가등기의무자 또는 가등기에 관하여 등기상 이해관계 있는 자는 가등기명의인의 승낙을 받아 단독으로 가등기의 말소를 신청할 수 있다 (제93조).

(6) 가등기

가등기권리자는 가등기의무자의 승낙이 있을 때에는 단독으로 가등기를 신청할 수 있다. 또한 가등기권리자가 목적부동산의 소재지를 관할하는 법원에 가등기의 원인을 소명하여 법원의 가등기가처분명령이 있을 때에는 단독으로 가등기를 신청할 수 있다(제89조, 제90조).

(7) 멸실등기

부동산이 전부 멸실된 경우에는 그 소유권의 등기명의인은 그 사실이 있는 때부터 1개월 이내에 단독으로 그 등기를 신청하여야 한다(제39조, 제43조). 다만, 존재하지 아니하는 건물에 대한 등기가 있을 때에는 그 소유권의 등기명의인은 지체 없이 그 건물의 멸실등기를 신청하여야 한다(제44조).

(8) 소유권보존등기, 소유권보존등기의 말소등기

등기명의인으로 될 자 또는 등기명의인이 단독으로 신청한다.

(9) 수용으로 인한 등기

수용으로 인한 소유권이전등기는 사업시행자인 등기권리자가 단독으로 신청할 수 있다(제99조). 다만, 관공서가 사업시행자인 경우에는 그 관공서가 소유권이전등기를 촉탁하여야 한다(2003.3.6, 등기예규 제1067호).

(10) 신탁등기

신탁재산에 속하는 부동산의 신탁등기는 수탁자(受託者)가 단독으로 신청한다.

(11) 소송(본안소송)의 승소에 따른 등기를 실행하는 경우 가처분에 저촉되는 등기의 말소

① 본안사건의 승소에 따른 소유권이전등기를 신청하는 경우

　㉠ 가처분권리자가 승소판결에 의한 단독으로 또는 가처분채무자와 공동으로 소유권이전등기를 신청하는 경우, 가처분등기 이후에 경료된 제3자 명의의 소유권이전등기, 제3자 명의의 가등기, 소유권 이외의 권리에 관한 등기, 가압류등기, 국세체납에 의한 압류등기, 경매신청등기, 처분금지가처분등기의 말소등기를 단독 및 동시에 신청하여야 한다.

　㉡ 승소판결에 따른 소유권이전등기를 신청한 경우, 소유권이전등기를 경료한 후 당해 가처분등기는 등기관이 직권으로 이를 말소한다.

② 본안사건의 승소에 따른 소유권말소등기를 신청하는 경우

　㉠ 가처분권리자가 승소판결에 의한 단독으로 또는 가처분채무자와 공동으로 소유권말소등기를 신청하는 경우, 가처분등기 이후에 경료된 제3자 명의의 소유권이전등기, 제3자 명의의 가등기, 소유권 이외의 권리에 관한 등기, 경매신청등기, 처분금지가처분등기, 국세체납에 의한 압류등기의 말소등기를 단독으로 동시에 신청하여야 한다.

　㉡ 승소판결에 따른 소유권말소등기를 신청한 경우, 소유권이전등기를 경료한 후 당해 가처분등기는 등기관이 직권으로 이를 말소한다.

(12) 규약상 공용부분의 등기

공용부분이라는 뜻의 등기는 소유권의 등기명의인이 신청하여야 한다. 이 경우 공용부분인 건물에 소유권 외의 권리에 관한 등기가 있을 때에는 그 권리의 등기명의인의 승낙이 있어야 한다(제47조 제1항).

3 제3자에 의한 등기신청 제31회, 제32회

1. 상속인(포괄승계인)에 의한 신청

(1) 의의

상속인에 의한 등기신청이란 등기원인은 이미 존재하고 있었으나 그에 따른 등기신청을 하지 아니한 상태에서 상속이 개시된 경우에 등기권리자나 등기의무자의 지위를 승계한 상속인이 피상속인을 갈음하여 행하는 등기신청을 말한다.

(2) 등기신청절차

① **등기신청인**: 등기의무자가 사망한 경우에는 그의 상속인과 등기권리자가 공동으로 등기를 신청하며, 등기권리자가 사망한 경우에는 그의 상속인과 등기의무자가 공동으로 등기를 신청한다.

② **등기원인정보와 등기필정보**: 피상속인이 생전에 체결하여 작성한 매매계약서 등을 등기원인정보로서 제공하여야 한다. 또한 상속등기와는 달리 등기의무자의 권리에 관한 등기필정보를 신청정보에 기록하여야 한다.

③ **상속인을 증명하는 정보**: 피상속인이 신청할 등기를 상속인이 신청하는 경우에는 신청정보에 상속인의 신분을 증명하는 시·구·읍·면의 장의 정보나 기타 상속을 증명할 만한 정보를 제공하여야 한다.

(3) 등기실행절차

① 상속인에 의한 등기신청의 경우에는 신청정보상의 등기의무자의 표시(상속인의 성명, 주소, 주민등록번호)와 등기부상의 등기의무자표시(피상속인의 성명, 주소, 주민등록번호)가 서로 부합하지 않더라도 법 제29조 제7호의 각하사유에 해당하지 아니한다.

② 상속인에 의한 등기신청의 경우에는 상속등기를 경유하지 않고 피상속인으로부터 그 상대방 앞으로 직접 등기가 이루어진다.

> **핵심정리** | **상속인에 의한 등기와 상속등기의 구별, 기타 정리**

1. 상속인에 의한 등기와 상속등기의 구별

구분	상속인에 의한 등기	상속에 의한 등기(상속등기)
등기원인	피상속인이 행한 법률행위 등	상속
등기신청	일반원칙에 따라 공동신청	단독신청(상속인)
등기필정보	원칙적으로 제공	제공 불요
기타 첨부정보	① 피상속인이 생전에 작성한 등기원인을 증명하는 정보(매매계약서, 저당권설정계약서 등) 제공 ② 상속인 신분을 증명하는 시·구·읍·면의 장의 정보나 기타 상속을 증명할 만한 정보(가족관계기록에 관한 증명서)	상속(등기원인)을 증명하는 시·구·읍·면의 장의 정보나 기타 상속을 증명할 만한 정보(가족관계기록에 관한 증명서) 제공
등기실행	피상속인 명의로부터 그 상대방에게 직접 등기(상속등기의 경우 불요)	피상속인 명의로부터 상속인 명의로 등기

2. 기타 정리

① 상속인에 의한 등기가 공동신청할 것인 때에는 등기의무자의 권리에 관한 등기필정보를 제공하여야 한다.

② 소유권이전등기청구의 소에서 원고인 등기권리자가 판결확정 후 사망한 경우에, 그 상속인은 판결에 의하여 직접 상속인 명의로 소유권이전등기를 신청할 수 있다(2002.3.21, 등기 3402-185 질의회답).
③ 가등기의무자가 사망하고 그 상속인이 가등기권리자를 위하여 가등기에 기한 본등기를 신청하는 경우에는 피상속인으로부터 직접 등기권리자 앞으로 등기를 할 수 있다(1987.12.21, 등기예규 제644호).
④ 소유권이전가등기의 권리자가 사망한 때에는 그 상속인은 상속등기를 하지 않고 직접 상속인 명의로 가등기에 기한 본등기를 신청할 수 있다(1997.12.14, 등기선례).

2. 대위신청

(1) 채권자의 대위신청 제33회

① 의의: 채권자는 자기의 채권을 보전하기 위하여 채무자의 권리를 행사할 수 있는바(민법 제404조), 이에 따라 법 제28조는 채권자는 자기 이름으로 채무자의 등기를 대위신청할 수 있도록 규정함으로써 채권자에 의한 대위신청제도를 두고 있다.

② 채권자대위신청의 요건
㉠ 채무자에게 등기신청권이 있을 것: 대위에 의한 등기는 채권자가 채무자의 등기신청권을 대위행사함에 의하여 실현되므로 그 전제로서 채무자에게 등기신청권이 있어야 한다.
㉡ 채권자에게 채권이 존재할 것: 채권자의 채권은 특정채권(등기청구권)이든 일반 금전채권이든 묻지 아니한다. 또한 특정채권인 경우 그것이 채권적 청구권(매매로 인한 소유권이전청구권)이든 물권적 청구권(매매해제로 인한 소유권말소청구권)이든 이를 묻지 아니한다.

▢ 대위신청에 의하여 보전하고자 하는 채권자의 채권이 특정채권인 경우에는 대위신청의 요건으로서 채무자의 무자력을 요하지 아니하나, 금전채권인 때에는 '채무자의 무자력'이 요구된다. 다만, 현행법상 등기관에게 형식적 심사권밖에 없고, 일반 금전채권자가 대위신청하는 경우에 특별히 채무자의 무자력을 입증할 것을 요구하고 있지 아니하므로(2001.4.13, 등기예규 제1019호), 실질적으로는 채무자의 무자력을 요건으로 하지 아니한다.

㉢ 대위신청할 수 있는 등기의 범위: 채권자가 대위신청할 수 있는 등기는 채무자에게 유리한 등기(채무자가 등기권리자로서 신청할 등기) 또는 권리에 영향이 없는 등기에 한한다. 따라서 채무자에게 불리해질 가능성이 있는 등기(채무자가 등기의무자로서 신청할 등기)는 대위신청할 수 없다. 채권자가 대위할 수 있는 등기는 일반적으로는 권리에 관한 등기이지만, 부동산표시에 관한 등기도 대위행사할 수 있다.

③ 대위신청의 절차
㉠ 등기신청인: 채무자가 단독으로 신청할 수 있는 등기는 채권자가 단독으로 대위신청할 수 있으나, 채무자와 제3자의 공동신청에 의하여 행하여질 등기에 있어서는 채권자와 제3자가 공동으로 신청하여야 한다. 대위신청할 등기를 대리인에게 위임하여 신청하게 할 수도 있다.

▢ 채권자가 채무자의 등기를 대위신청함에 있어 채권자 명의의 등기를 반드시 동시에 신청할 것은 아니라는 점이다(2001.4.13, 등기예규 제1019호).

ⓛ 신청정보 제공사항: 대위에 의한 등기를 신청하는 경우에는 다음의 사항을 신청정보의 내용으로 등기소에 제공하고, 대위원인을 증명하는 정보를 첨부정보로서 등기소에 제공하여야 한다(규칙 제50조).

    ⓐ 피대위자의 성명(또는 명칭), 주소(또는 사무소 소재지) 및 주민등록번호(또는 부동산등기용등록번호)

    ⓑ 신청인이 대위자라는 뜻

    ⓒ 대위자의 성명(또는 명칭)과 주소(또는 사무소 소재지)

    ⓓ 대위원인

ⓒ 첨부정보: 신청정보에는 대위원인을 증명하는 정보를 제공하여야 한다. 대위원인을 증명하는 정보에는 매매계약서, 저당권설정계약 등과 같은 사서증서는 물론 판결서 정본, 가압류결정서, 가처분결정서 등과 같은 공문서도 포함된다.

ⓔ 대위신청권의 대위행사: 채권자의 채권자도 채권자의 대위권을 다시 대위하여 등기신청을 할 수 있다.

④ 등기의 실행

    ㉠ 대위신청에 의하여 등기를 할 때에는 대위자의 성명(명칭), 주소(사무소 소재지)와 대위원인을 기록하여야 한다(법 제28조 제2항). 이 경우 등기명의인은 피대위자인 채무자가 된다.

    ㉡ 등기관이 등기를 완료한 때에는 대위채권자와 피대위자(채무자)에게 등기완료통지를 한다.

참고학습 | **채권자대위신청의 구체적 예**

1. 甲소유의 부동산에 대하여 甲과 乙, 乙과 丙 간에 매매계약이 순차로 이루지고 아직 등기명의가 甲 앞으로 되어 있는 경우, 甲은 乙과의 등기신청절차에 협력할 의사를 가지고 있으나 乙이 등기신청을 하지 않고 있는 때에는 丙이 자기 채권을 보전하기 위하여 甲으로부터 乙 앞으로의 등기를 乙을 대위하여 (甲과 공동으로) 신청할 수 있다.

2. 미등기부동산의 소유자인 甲이 보존등기를 하지 아니하고 乙에게 매도한 경우에 甲이 소유권보존등기와 乙에게로의 소유권이전등기신청을 게을리하는 때에는 乙이 甲의 보존등기신청권을 대위행사할 수 있다. 이 경우 甲 명의로 보존등기가 경료된 때에는 乙이 甲과 공동으로(또는 판결을 받아 단독으로) 소유권이전등기를 신청할 수 있다.

3. 甲소유의 미등기부동산에 대하여 乙 명의로 무효의 보존등기가 경료된 경우에는 그 소유권보존등기의 말소신청은 등기명의인인 乙이 단독으로 신청하여야 한다. 그러나 乙이 등기신청을 하지 않는 경우 실체법상 소유권자인 甲이 乙을 상대로 소유권보존등기의 말소의 소를 제기하여 승소한 때에는 乙을 대위하여 보존등기의 말소신청을 할 수 있다.

4. 1필의 토지 중 특정부분에 대한 소유권이전등기를 명한 판결에 의하여 소유권이전등기를 신청하고자 하는 경우에는 먼저 그 특정부분을 분할하여 대위에 의한 분필등기를 한 후 소유권이전등기를 신청하여야 한다(1996.4.25, 등기선례).

5. 상속을 포기할 수 있는 기간 중이라도 채권자는 상속등기를 대위신청할 수 있다. 예컨대, 저당권설정자가 사망한 후 그의 제1순위 상속인 전원이 상속을 포기할 수 있는 기간이라도 당해 부동산의 저당권자(또는 채권자)는 공동상속인 명의의 상속등기를 대위신청할 수 있다. 이는 채권자대위신청에 의하여 상속등기가 경료되었어도 상속인들이 법정기간 내에 한정승인 또는 상속포기를 할 수 있는 권한에 영향을 미치지 아니하기 때문이다(1964.4.3, 등기예규 제55호).

6. 매도인을 상대로 소유권이전등기청구의 소를 제기하여 승소판결을 받은 매수인이 그 판결에 따른 소유권이전등기를 신청하지 않는 경우, 그 매수인에 대하여 금전채권이 있는 채권자는 대위원인을 증명하는 소비대차계약서를 첨부하여 위 판결에 의한 소유권이전등기를 자기 채무자(매수인)를 대위하여 신청할 수 있다(2001. 5.28, 등기선례).

(2) 구분소유자의 대위신청

① **구분건물의 표시등기의 대위**: 구분소유자 중의 일부가 최초로 소유권보존등기를 신청하는 경우에는 다른 구분건물의 표시등기를 동시에 신청하여야 한다. 이 경우에 보존등기를 신청하는 구분소유자는 타인소유의 미등기 구분건물에 관한 표시의 등기를 그 타인을 대위하여 신청할 수 있다.

② **표시변경등기의 대위**: 구분건물이 아닌 건물로 등기된 건물에 접속하여 구분건물을 신축한 경우에 그 신축건물의 소유권보존등기를 신청할 때에는 구분건물이 아닌 건물을 구분건물로 변경하는 건물의 표시변경등기를 동시에 신청하여야 한다. 이 경우에 건물의 소유자는 다른 건물의 소유자에 대위하여 건물의 표시에 관한 등기 또는 표시변경등기를 신청할 수 있다.

(3) 신탁에 의한 대위신청

① 신탁재산에 속하는 부동산의 신탁등기는 수탁자(受託者)가 단독으로 신청한다.

② 수익자 또는 위탁자는 수탁자를 대위하여 신탁등기를 신청할 수 있다.

(4) 건물멸실등기 시 건물대지소유자의 대위신청

① 건물멸실의 경우에 그 소유권의 등기명의인이 1개월 이내에 멸실등기를 신청하지 아니하면 그 건물대지의 소유자가 건물 소유권의 등기명의인을 대위하여 그 등기를 신청할 수 있다.

② 존재하지 아니하는 건물에 대한 등기가 있을 때에는 그 소유권의 등기명의인은 지체 없이 그 건물의 멸실등기를 신청하여야 한다. 소유권의 등기명의인이 1월 이내에 그 등기를 신청하지 아니한 때에는 그 건물대지의 소유자가 건물 소유권의 등기명의인을 대위하여 그 등기를 신청할 수 있다.

(5) 수용 시 대위신청

수용으로 인한 소유권이전등기를 신청하는 경우에 등기명의인이나 상속인, 그 밖의 포괄승계인을 갈음하여 부동산의 표시 또는 등기명의인의 표시의 변경, 경정 또는 상속, 그 밖의 포괄승계로 인한 소유권 이전의 등기를 신청할 수 있다. 국가 또는 지방자치단체가 등기권리자인 경우에는 국가 또는 지방자치단체는 지체 없이 위의 등기를 등기소에 촉탁하여야 한다(법 제99조 제2항·제3항).

(6) 체납처분에 의한 압류등기 시의 대위

① 관공서가 체납처분으로 인한 압류등기를 촉탁하는 경우에는 등기명의인 또는 상속인, 그 밖의 포괄승계인을 갈음하여 부동산의 표시, 등기명의인의 표시의 변경, 경정 또는 상속, 그 밖의 포괄승계로 인한 권리이전의 등기를 함께 대위촉탁할 수 있다(법 제96조). 또한 체납처분청은 채권자의 지위에 있으므로 체납자가 부동산을 매수하여 사실상 소유하고 있음에도 불구하고 소유권이전등기를 하지 않고 있는 경우에는 체납처분청이 체납자를 대위하여 체납자 명의로 소유권이전등기를 신청 또는 촉탁할 수 있다.

② 또한 미등기부동산에 대하여 체납처분에 의한 압류등기를 촉탁한 경우에는 등기관이 직권으로 보존등기를 할 사안이 아니므로, 이러한 경우에는 관할 세무서장이 당해 부동산의 대장정보를 갖추어 체납자명의의 소유권보존등기를 등기소에 대위촉탁하여야 한다.

3. 대리인에 의한 신청 제30회

(1) 의의

등기는 반드시 등기권리자와 등기의무자가 출석하여 신청하여야 하는 것은 아니며, 그 대리인에 의하여서도 이를 신청할 수 있다. 대리인에 의한 신청은 공동신청의 경우뿐만 아니라 단독신청이나 대위신청의 경우에도 가능하다. 대리인은 임의대리인과 법정대리인을 불문한다.

(2) 자기계약·쌍방대리의 허용

① 「민법」 제124조에서는 "대리인은 본인의 허락이 없으면 본인을 위하여 자기와 법률행위를 하거나 동일한 법률행위에 관하여 당사자 쌍방을 대리하지 못한다. 그러나 채무의 이행은 할 수 있다."라고 규정함으로써 법률행위에 관하여 자기계약(상대방대리)·쌍방대리를 금지하고 있다. 여기서 등기신청의 대리에도 이러한 제한을 받는지 여부가 문제 되는데, 등기신청행위의 대리는 사법상 법률행위의 대리가 아니고 채무이행에 준하는 것으로 볼 수 있으므로 등기신청에 있어서는 자기계약(상대방대리)·쌍방대리가 허용된다.

② 등기신청에 있어 자기계약(상대방대리)이라 함은 등기권리자 또는 등기의무자가 동시에 상대방의 대리인으로서 그 등기신청을 하는 것을 말하고, 쌍방대리란 한 사람이 등기권리자와 등기의무자 쌍방을 대리하여 등기신청하는 것을 말한다.

▢ 매매로 인한 소유권이전등기를 신청함에 있어 매수인이 매도인을 대리하여 신청하는 것이 가능하고, 동일인(예 법무사, 변호사 등)이 매도인과 매수인 쌍방을 대리하여 등기신청을 할 수도 있다.

(3) 대리권의 존속시기와 흠결의 효과

① 대리권의 존속시기: 등기신청의 대리권은 '신청정보의 접수 시'까지 있으면 족하고 등기가 완료될 때까지 있을 필요는 없다. 따라서 등기신청 시에 대리권이 있었다면 등기완료 전에 본인이나 대리인이 사망하거나 기타 사유로 대리권이 소멸한 경우라도 그 등기신청은 적법 유효라고 보는 것이 판례이다. 더 나아가 등기신청의 대리권을 수여받은 자가 본인의 사망 후에 등기를 신청하여 경료된 등기라도 사망 전에 적법하게 수여된 대리권에 기하여 경료된 등기라면 무효라고 할 수 없다(대판 1989.10.27, 88다카29986).

② 대리권흠결의 효과: 대리권 없는 자(표현대리 포함)가 한 등기신청은 무권대리로서 그 등기신청은 각하사유에 해당하나, 이를 간과하고 등기가 경료된 경우라도 본인의 추인이 있거나 그 등기가 실체관계에 부합하는 경우에는 무효의 등기라고 할 수 없다(대판 1971.8.31, 71다1163).

(4) 대리인의 신청에 의한 등기절차

① 신청정보 기록사항: 대리인에 의하여 등기를 신청할 때에는 신청정보에 대리인의 성명과 주소를 기록하여야 한다.

② 대리권의 증명정보: 대리인이 등기를 신청할 때에는 대리권한증명정보를 제공하여야 한다. 임의대리의 경우에는 위임장, 법정대리의 경우에는 가족관계기록에 관한 증명서, 법인의 경우에는 법인등기부등본, 법인 아닌 사단·재단의 경우에는 정관이나 규약, 기타 결의서 등이 대리권한증명정보에 해당한다.

③ 등기부의 기록사항: 대리인에 의하여 등기가 경료된 경우에 대리인의 성명, 주소 등은 이를 등기부에 기록하지 아니하고, 법인의 경우에도 그 대표자의 성명, 주소 등은 이를 등기부에 기록하지 아니하나, 법인 아닌 사단이나 재단의 경우에는 그 대표자나 관리인의 성명, 주소, 주민등록번호를 등기부에 기록하여야 한다.

제6절 등기신청 및 필요한 신청정보

1 등기신청방법 제23회

(1) 등기신청은 다음 각 호의 어느 하나에 해당하는 방법으로 한다.

① **방문신청:** 신청인 또는 그 대리인(代理人)이 등기소에 출석하여 신청정보 및 첨부정보를 적은 서면을 제출하는 방법. 다만, 대리인이 변호사[법무법인, 법무법인(유한) 및 법무조합을 포함한다. 이하 같다]나 법무사[법무사법인 및 법무사법인(유한)을 포함한다. 이하 같다]인 경우에는 대법원규칙으로 정하는 사무원을 등기소에 출석하게 하여 그 서면을 제출할 수 있다.

② **전자신청:** 전산정보처리조직을 이용[이동통신단말장치에서 사용되는 애플리케이션(Application)을 통하여 이용하는 경우를 포함한다]하여 신청정보 및 첨부정보를 보내는 방법. 전자신청이 가능한 등기유형에 관한 사항과 전자신청의 방법은 대법원규칙으로 정한다.(25년시행 및 개정)

(2) 등기의 신청은 1건당 1개의 부동산에 관한 신청정보를 제공하는 방법으로 하여야 한다. 다만, 등기목적과 등기원인이 동일하거나 그 밖에 대법원규칙으로 정하는 경우에는 여러 개의 부동산에 관한 신청정보를 일괄하여 제공하는 방법으로 할 수 있다.(25년시행 및 개정)

여기서 그 밖에 대법원규칙으로 정하는 경우라 함은,

① 같은 채권의 담보를 위하여 소유자가 다른 여러 개의 부동산에 대한 저당권설정등기를 신청하는 경우

② 공매처분으로 인한 권리이전의 등기, 공매처분으로 인하여 소멸한 권리등기의 말소등기, 체납처분에 관한 압류등기의 말소등기를 촉탁하는 경우를 말한다.

(3) 법인 아닌 사단 등의 등기신청 제26회

① 종중, 문중, 그 밖에 대표자나 관리인이 있는 법인 아닌 사단이나 재단에 속하는 부동산의 등기에 관하여는 그 사단이나 재단을 등기권리자 또는 등기의무자로 한다.

② 위 ①의 법인 아닌 사단 등의 등기는 그 사단이나 재단의 명의로 그 대표자나 관리인이 신청한다.

③ 종중, 문중, 그 밖에 대표자나 관리인이 있는 법인 아닌 사단이나 재단이 등기를 신청하는 경우에는 다음 각 호의 정보를 첨부정보로서 등기소에 제공하여야 한다.

   ㉠ 정관이나 그 밖의 규약

   ㉡ 대표자나 관리인임을 증명하는 정보. 다만, 등기되어 있는 대표자나 관리인이 신청하는 경우에는 그러하지 아니하다.

   ㉢ 사원총회의 결의가 있음을 증명하는 정보(법인 아닌 사단이 등기의무자인 경우로 한정한다)

   ㉣ 대표자나 관리인의 주소 및 주민등록번호를 증명하는 정보

2 신청인의 기명날인

(1) 신청정보에는 법정사항을 기록하고 신청인이 이에 기명날인 또는 서명하여야 한다.

(2) 신청정보가 여러 장일 때에는 신청인 또는 그 대리인은 간인을 하여야 한다. 등기권리자 또는 등기의무자가 여러 명일 때에는 그 중의 1명이 간인하는 방법으로 한다. 그러나 신청정보를 정정하는 경우에는 신청인 전원이 날인하여야 한다.

(3) 전자표준양식(e-form신청)에 의한 신청(규칙 제64조) 제33회

① 신청인이 인터넷등기소에 접속하여 전산정보처리조직에 신청정보를 입력하고, 그 입력한 신청정보를 서면으로 출력하여 등기소에 방문출석하여 제출할 수 있다.

② 이러한 e-form신청제도는 신청인에게 신청서작성이 편의를 제공하고 등기관에게는 접수나 기입업무의 경감을 위한 것으로 방문신청시에 인정되는 제도이다. 따라서 전자신청이 아니므로 사용자등록을 하지 않고도 이용할 수 있다. 또한 첨부정보는 서면으로 제출하여야 한다(예규 제1298호).

3 신청정보의 기록사항 제22회, 제25회, 제33회, 제35회

등기를 신청하는 경우에는 다음 각각의 사항을 신청정보의 내용으로 등기소에 제공하여야 한다(규칙 제43조 제1항). 등기신청정보의 기록사항은 필요적 기록사항과 임의적 기록사항으로 나누어 볼 수 있다.

1. 필요적 기록사항

필요적 기록사항이란 신청정보에 반드시 기록해야 할 사항으로서 그러한 기록이 없으면 등기신청정보가 무효로 되는 사항을 말한다. 즉, 신청정보가 유효하기 위하여 반드시 기록해야 할 사항으로서 그러한 기록이 없으면 신청정보가 방식에 적합하지 않은 경우(법 제29조 제5호)에 해당하여 이를 각하해야 한다. 다음과 같은 사항이 이에 해당한다.

(1) 부동산의 표시에 관한 사항

① 토지의 경우: 소재·지번·지목·면적
② 건물의 경우
ㄱ 건물의 소재·지번·면적
ㄴ 종류(단독주택, 공동주택, 공장, 기숙사, 근린생활시설 등)
ㄷ 구조(철근콘크리트조·철골조 등 구성부분의 자재, 기와지붕·슬래브지붕 등 지붕, 단층·3층 등 층수)
ㄹ 부속건물이 있는 때에는 그 종류·구조·면적
ㅁ 건물번호(1필지 또는 수필지상에 수개의 건물이 있는 때)

③ 구분건물의 경우

    ㉠ 1동의 건물의 소재·지번·종류·구조·면적·건물명칭 및 번호

    ㉡ 전유부분의 건물번호·구조·면적(소재 ×, 지번 ×)

    ㉢ 구분건물에 대지권이 있을 때에는 그 권리의 표시

(2) 등기원인과 그 연월일(예 2004년 2월 1일 매매)

① 등기원인: '등기원인'은 부동산에 관한 권리변동의 원인(매매, 상속 등)일 수도 있고, 부동산표시나 등기명의인의 표시 등의 변경원인인 법률사실(건물의 증축, 주소변경 등)인 경우도 있다.

② 연월일: '연월일(등기원인일자)'이란 등기원인의 성립 내지 효력발생일을 말한다(예 매매계약일 또는 피상속인의 사망일 등). 다만, 등기원인에 제3자의 허가 등이 효력발생요건일 때에는 그 허가일이, 시기부 또는 조건부 법률행위일 때에는 기한의 도래 또는 조건의 성취일이 그 연월일에 해당한다.

③ 판결의 경우: 이행판결의 경우에는 판결상 인정된 법률행위 등이 등기원인에 해당하고, 등기원인 일자는 법률행위일 등이다. 형성판결의 경우에는 판결에 의한 형성처분이 등기원인이며, 등기원 인일자는 판결확정일이다.

(3) 등기의 목적

등기의 목적이란 등기부에 기록되는 각 등기의 종류를 말한다. 예컨대, '소유권 보존', '소유권 이전', '저당권 설정', '전세권 말소', '소유권이전청구권가등기' 등을 의미한다. 등기의 목적은 표제부에서는 기록하지 아니하며, 갑구·을구에서만 이를 기록한다.

(4) 신청인에 관한 사항

① 신청인이 자연인인 경우: 성명, 주소, 주민등록번호

② 법인인 경우: 그 명칭, 사무소 소재지, 부동산등기용등록번호, 대표자의 성명, 주소

③ 비법인사단·재단인 경우: 그 명칭, 사무소 소재지, 부동산등기용등록번호, 그 대표자나 관리인의 성명, 주소, 주민등록번호

④ 대리인인 경우: 그 성명, 주소

⑤ 채권자대위신청의 경우: 채무자의 성명(명칭), 주소(사무소), 주민등록번호(부동산등기용등록번호), 신청인이 대위자라는 뜻, 채권자의 성명(명칭), 주소(사무소의소재지), 대위원인

⑥ 권리자가 2인 이상인 경우에는 권리자별 지분을 기록하여야 하고 등기할 권리가 합유(合有)인 때에는 그 뜻을 기록하여야 한다.

1. 비법인사단·재단이 등기명의인인 경우 그 대표자 또는 관리인에 관한 사항은 등기부에 기록된다.
2. 채권자대위신청의 경우에는 채권자의 성명(명칭), 주소(사무소 소재지), 대위원인은 등기부에 기록된다.
3. 대리인 또는 법인대표자의 성명, 주소는 등기부에는 기록되지 않는다.

	신청정보 내용	등기부 기록
자연인	성명, 주소, 주민등록번호	○
법인의 대표자	성명, 주소	×
비법인 사단 재단의 대표자	성명, 주소, 주민등록번호	○
대리인	성명, 주소	×
대위자	성명, 주소	○

(5) 등기필정보 제30회, 제34회, 제35회

다만, 공동신청 또는 승소한 등기의무자의 단독신청에 의하여 권리에 관한 등기를 신청하는 경우로 한정한다. 등기권리자와 등기의무자가 공동으로 권리에 관한 등기를 신청하는 경우에 신청인은 그 신청정보로 등기의무자의 등기필정보를 등기소에 제공하여야 한다. 승소한 등기의무자가 단독으로 권리에 관한 등기를 신청하는 경우에도 또한 같다.

① 등기필정보가 있는 경우
  ㉠ 전자신청의 경우: 신청인은 등기필정보를 입력하는 화면에서 일련번호와 50개의 비밀번호 중 임의로 선택한 1개의 비밀번호를 입력한다. 그러므로 등기신청을 위임할 경우에도 수임인에게 등기필정보통지서를 교부해 줄 필요가 없으며 일련번호와 여러 개의 비밀번호 중 1개만 알려 주면 된다. 한 번 사용한 비밀번호는 다시 사용할 수 없다. 다만, 50개의 비밀번호를 모두 사용한 후에는 다시 사용할 수 있다.
  ㉡ 방문신청의 경우: 신청인이 일련번호와 비밀번호를 신청서에 기재한다. 비밀번호의 사용방법은 전자신청의 경우와 같다. 한편 실무에서는 종전에 등기의무자의 등기필증을 신청서에 첨부하듯이 첨부정보로 등기소에 제공하는 경우가 있는데, 현재는 등기필정보통지서를 첨부정보로 등기소에 제공하는 것이 아님에 유의해야 한다.
② 등기필정보가 없는 경우(재교부는 받을 수 없다)
  ㉠ 등기의무자 또는 그 법정대리인(이하 '등기의무자등'이라 한다)이 등기소에 출석하여 등기관으로부터 등기의무자등임을 확인받아야 한다(확인조서).
  ㉡ 등기신청인의 대리인(변호사나 법무사만을 말한다)이 등기의무자등으로부터 위임받았음을 확인한 경우(확인서면 또는 확인정보)

ⓒ 신청서(위임에 의한 대리인이 신청하는 경우에는 그 권한을 증명하는 서면을 말한다) 중 등기의무자 등의 작성부분에 관하여 공증(公證)을 받은 경우

(6) 등기소의 표시(부동산 소재지의 관할 등기소)

(7) 신청정보 제공연월일

(8) 매매에 관한 거래계약서를 등기원인을 증명하는 정보로 하여 소유권이전등기를 신청하는 경우에는 거래신고필증에 기록된 거래가액

(9) 등록세 등 기타 기록사항

2. 임의적 기록사항

임의적 기록사항은 신청정보에 반드시 기록하지 않아도 무방한 사항으로서 당사자 간에 약정이 있는 경우에 한하여 기록하는 사항이다. 그러나 등기원인을 증명하는 정보에 약정 등이 기록되어 있으면 신청정보에도 이를 기록해야 한다. 임의적 기록사항의 구체적 내용을 보면 다음과 같다.

① 등기의 목적인 권리의 소멸에 관한 약정이 있는 경우 그에 관한 사항
② 공유물불분할의 특약
③ 환매권의 환매기간
④ 지상권의 존속기간, 지료, 그 지급시기
⑤ 지역권에 있어서 수반성 배제특약 등
⑥ 전세권의 경우 존속기간·위약금·배상금 또는 양도금지특약 등
⑦ 저당권의 경우에는 변제기, 이자 및 그 발생시기, 지급시기, 원본 또는 이자의 지급장소, 채무불이행으로 인한 손해배상에 관한 약정, 채권이 조건부인 때에는 그 조건, 부합물 또는 종물에 저당권의 효력이 미치지 않는다는 특약
⑧ 임차권의 경우 존속기간 및 그 지급시기, 임차보증금의 약정, 임차권의 양도나 전대에 대한 임대인의 동의가 있는 때에는 그 취지

각종 등기신청정보의 주요 기록사항 정리

구 분	필요적 기록사항	임의적 기록사항
소유권 보존	신청근거조항(예 법 제65조 제1호)	등기원인과 그 연월일은 기록하지 않음.
지상권	지상권 설정의 목적, 범위	존속기간, 지료 및 그 지급시기
지역권	지역권 설정의 목적, 범위, 요역지와 승역지 표시	수반성 배제특약, 용수승역지의 수량공급을 달리하는 특약, 승역지소유자의 수선의무 등 부담의 특약
전세권	전세금, 범위	존속기간, 양도금지 등 처분금지의 특약, 위약금 또는 배상금의 특약
저당권	채권액, 채무자, 지상권 또는 전세권이 저당권의 목적인 경우 그 권리의 표시, 공동저당의 경우 각 부동산에 관한 권리의 표시	변제기, 이자 및 그 발생시기·지급시기, 원본 및 이자의 지급장소, 채무불이행으로 인한 손해배상에 관한 약정, 채권이 조건부인 때 그 취지, 부합물 또는 종물에 저당권의 효력이 미치지 않는다는 특약
근저당권	채권최고액, 채무자, 등기원인이 근저당권설정계약이라는 취지, 지상권 또는 전세권이 근저당권의 목적인 경우 그 권리의 표시, 공동근저당의 경우 각 부동산에 관한 권리의 표시	부합물 또는 종물에 저당권의 효력이 미치지 않는다는 특약 참고 이자에 관한 약정, 채무불이행으로 인한 손해배상에 관한 약정 등은 신청정보에 기록하지 않음.
환매특약	매매대금, 매매비용	환매기간
임차권	차임	임차보증금, 존속기간, 차임의 전급·지급시기, 임차권의 양도 또는 전대차에 대한 임대인의 동의

등기신청정보 양식 및 기록례

1. 소유권보존등기

건물소유권보존등기신청

접수	년월일	처리인	접 수	조 사	기 입	교 합	각 종 통 지
	제 호						

부 동 산 의 표 시

서울특별시 서초구 서초동 100
시멘트 벽돌조 슬레이트지붕 단층 주택 100m²

부속 시멘트 벽돌조 슬래브지붕 단층 창고 50m²

이   상

등기의 목적	소유권 보존		
신청근거규정	부동산등기법 제65조 제1호		
구 분	성 명 (상호·명칭)	주민등록번호 (등기용등록번호)	주 소 (소 재 지)	지 분 (개 인 별)
신청인	김 갑 동	480412-○○○○○○○	서울 종로구 원서동 9	

시가표준액 및 국민주택채권매입금액

부동산 표시	부동산별 시가표준액	부동산별 국민주택채권매입금액
1. 토 지	금 ○○,○○○,○○○원	금 ○○○,○○○원
2. 건 물	금 ○○,○○○,○○○원	금 ○○○,○○○원
3.	금 원	금 원
국 민 주 택 채 권 매 입 총 액		금 ○○○,○○○원
국 민 주 택 채 권 발 행 번 호		○○○
등록세 금 ○○○,○○○원		교육세 금 ○○○,○○○원
세 액 합 계	금	○○○,○○○원
등 기 신 청 수 수 료	금	9,000원

첨 부 서 면

		〈기타〉	
1. 등록세영수필확인서·통지서	1통	• 건물도면	1통
1. 토지 또는 임야대장정보	1통		
1. 주민등록표등(초)본	1통		
1. 신청정보부본	3통		
1. 위임장	통		

2001년   10월   1일

위 신청인   이   대   백   ⑩   (전화: 200 - 7766)
                김   갑   동   ⑩   (전화: 300 - 7766)

(또는)위 대리인   (전화:)

서울중앙지방법원   등기과 귀중

- 신청정보 작성요령 및 등기수입증지 첩부란 -

* 1. 부동산표시란에 2개 이상의 부동산을 기록하는 경우에는 그 부동산의 일련번호를 기록하여야 합니다.
  2. 신청인란 등 해당란에 기록할 여백이 없을 경우에는 별지를 이용합니다.
  3. 등기신청수수료 상당의 등기수입증지를 이 난에 첩부합니다.

2. 매매로 인한 소유권이전등기

			소유권이전등기신청			
접수	년월일	처리인	접수	기입	교합	각종통지
	제 호					

부 동 산 의 표 시

1동의 건물의 표시
  서울특별시 서초구 서초동 100
  서울특별시 서초구 서초동 101　　샛별아파트 가동
전유부분의 건물의 표시
  건물의 번호　1-101
  구　　　조　철근콘크리트조
　　　　　　　　면　　　적　1층 101호 86.03m²
대지권의 표시　토지의 표시
　　　　　　1. 서울특별시 서초구 서초동 100　　　대 1,400m²
　　　　　　2. 서울특별시 서초구 서초동 101　　　대 1,600m²
대지권의 종류　소유권
대지권의 비율 1.2.: 3,000분의 500
거래신고일련번호: 12345-2006-4-1234560, 거래가액: 350,000,000원

이　　　　　　상

등기원인과 그 연월일	2006년　6월　1일　매매			
등기의 목적	소유권 이전			
이전할 지분				
구 분	성 명 (상호·명칭)	주민등록번호 (등기용등록번호)	주　소 (소재지)	지 분 (개인별)
등기 의무자	이 대 백	730320-○○○○○○○	서울 서초구 서초동 200	
등기 권리자	김 갑 동	480412-○○○○○○○	서울 종로구 원서동 9	

시가표준액 및 국민주택채권매입금액

부동산 표시	부동산별 시가표준액	부동산별 국민주택채권매입금액
1. 토 지	금 ○○,○○○,○○○원	금 ○○○,○○○원
2. 건 물	금 ○○,○○○,○○○원	금 ○○○,○○○원
3.	금 원	금 원
국 민 주 택 채 권 매 입 총 액		금 ○○○,○○○원
국 민 주 택 채 권 발 행 번 호		○○○

등록세 금 ○○○,○○○원	교육세 금 ○○○,○○○원
세 액 합 계 　금	○○○,○○○원
등 기 신 청 수 수 료 　금	9,000원

첨 부 서 면

1. 매매계약서	1통	1. 주민등록등(초)본	2통
1. 등록세영수필확인서및통지서	1통	1. 부동산거래계약신고필증	1통
1. 인감증명서	1통	1. 매매목록	통
1. 등기필증	1통	1. 신청정보부본	2통
1. 토지대장정보	1통	1. 위임장	통
1. 집합건축물대장정보	1통	〈기 타〉	

등기의무자의 등기필정보

성명: 이대백　　등기필정보: ACDI-0198-7329　　비밀번호: 12-3126

2006년　6월　1일

위 신청인　　　　이　대　백　⑪　(전화: 200-7766)
　　　　　　　　김　갑　동　⑪　(전화: 300-7766)

(또는)위 대리인　　　　　　　　(전화:　　　)

서울중앙지방법원　　　　　등기과 귀중

- 신청정보 작성요령 및 등기수입증지 첨부란 -

* 1. 부동산표시란에 2개 이상의 부동산을 기록하는 경우에는 부동산의 일련번호를 기록하여야 합니다.
  2. 신청인란 등 해당란에 기록할 여백이 없을 경우에는 별지를 이용합니다.
  3. 등기신청수수료(등기수입증지)를 이 난에 첨부합니다.

4 등기신청 시 첨부정보

1. 등기원인을 증명하는 정보

(1) 등기원인을 증명하는 정보의 의의

등기원인을 증명하는 정보라 함은 등기할 권리변동의 원인인 법률행위 기타 법률사실의 성립을 증명하는 정보로서 구체적인 경우에 따라 다를 것이므로 일률적으로 어느 특정정보만이 등기원인을 증명하는 정보가 된다고 할 수 없다.

① 법률행위의 성립을 증명하는 서면은 다음과 같다
   ㉠ 소유권이전등기의 경우에는 매매계약서, 증여계약서, 공유물분할계약서, 대물반환계약서, 명의신탁해지증서 등
   ㉡ 가등기의 경우에는 매매예약서, 매매계약서
   ㉢ 각종 권리의 설정등기의 경우에는 근저당권설정계약서, 전세권설정계약서 등
   ㉣ 각종 변경등기의 경우에는 권리변경계약서
   ㉤ 말소등기의 경우에는 해지(해제)증서 등
② 법률사실을 증명하는 서면은 다음과 같다
   ㉠ 수용에 의한 소유권이전등기신청의 경우 협의성립확인서 또는 재결서
   ㉡ 판결에 의한 등기신청의 경우 집행력 있는 판결정본 등
③ 그 밖에 등기원인증서로 볼 수 있는 서면은 다음과 같다
   ㉠ 규약상 공용부분인 취지의 등기의 경우 규약 또는 공정증서
   ㉡ 이혼당사자 사이의 재산분할협의서

(2) 계약을 원인으로 한 소유권이전등기의 경우(검인계약서) 제32회

① 의의: 계약을 원인으로 소유권이전등기를 신청할 때에는 계약서에 검인신청인을 표시하여 부동산의 소재지를 관할하는 시장(구가 설치되어 있는 시에 있어서는 구청장)·군수 또는 그 권한의 위임을 받은 자(읍·면·동장)의 검인을 받아 관할 등기소에 이를 제공하여야 한다. 이 경우 등기원인을 증명하는 정보가 집행력 있는 판결서 또는 판결과 같은 효력을 갖는 조서인 때에는 판결서 등에 검인을 받아 제공하여야 한다.

② 검인의 대상 여부: 계약을 원인으로 소유권이전등기를 신청할 때에는 계약의 일자 및 종류를 불문하고 계약서 원본 또는 확정판결 정본(화해·인낙·조정조서 포함)에 검인을 받아 제공하여야 한다.
   검인을 받아야 할 경우를 구체적으로 보면 다음과 같다.

   ㉠ 검인을 받아야 하는 경우
      ⓐ 매매(거래신고필증 첨부 시 예외)·교환·증여계약서

   ⓑ 명의신탁해지약정서

   ⓒ 양도담보계약서

   ⓓ 공유물분할계약서

   ⓔ 집행력 있는 판결서(화해·인낙·조정조서 포함)

   ⓕ 소유권이전가등기에 기한 본등기

   ⓖ 미등기 건물에 대한 아파트분양계약서

   ⓗ 무허가 건물에 대한 계약서

   ⓘ 이혼당사자 사이의 재산분할협의서 또는 재산분할판결서

 ⓛ 검인을 받지 아니하는 경우

   ⓐ 경매(매각), 공매, 수용, 상속, 시효취득을 원인으로 한 경우

   ⓑ 계약의 일방 당사자가 국가 또는 지방자치단체인 경우

   ⓒ 토지거래허가증을 교부받은 경우

   ⓓ 소유권이전가등기(본등기 시에 검인 요함)의 경우

   ⓔ 부동산등기가 아닌 선박, 입목, 재단등기의 경우

   ⓕ 소유권이전등기의 말소신청의 원인증서가 매매계약해제증서인 경우

   ⓖ 부동산거래신고필증 또는 주택거래신고필증을 첨부한 경우

2. 등기원인에 요구되는 제3자의 허가·동의 또는 승낙을 증명하는 정보

(1) 농지취득자격증명

농지취득 자격증명 첨부 ○	① 농지에 대하여 매매, 증여, 교환, 양도담보, 공매, 상속인 이외의 자에 대한 특정적 유증 ② 「신탁법」상의 신탁, 명의신탁해지 ③ 국가나 지방자치단체로부터 농지를 매수하여 소유권이전등기를 신청하는 경우 ④ 동일 가구(세대) 내 친족 간의 매매 등을 원인으로 하여 소유권이전등기를 신청하는 경우 ⑤ 영농조합법인이 농지를 취득할 때
농지취득 자격증명 첨부 ✕	① 국가나 지방자치단체가 농지를 취득하여 소유권이전등기를 신청하는 경우, 도시지역 내의 농지취득 ② 농지전용협의를 완료한 농지의 취득 ③ 상속 및 포괄유증, 상속인에 대한 특정적 유증, 취득시효완성, 공유물분할, 매각, 진정명의회복 ④ 「공익사업을 위한 토지 등의 취득 및 보상에 관한 법률」에 의한 수용 및 협의취득을 원인으로 하여 소유권이전등기를 신청하는 경우 ⑤ 농지에 대하여 소유권이전등기청구권보전의 가등기를 신청하는 경우 ⑥ 농지에 대하여 근저당권설정등기를 신청하는 경우 ⑦ 지상권, 전세권 등의 소유권 이외의 권리를 취득하는 경우

(2) 토지거래허가대상

토지거래 허가대상 ○	① 토지거래허가구역 안에 있는 토지에 대한 소유권·지상권(소유권·지상권의 취득을 목적으로 하는 권리 포함)을 이전 또는 설정(대가를 받고 이전 또는 설정하는 경우에 한한다)하는 계약 (예약 포함)을 체결하고자 하는 경우 ② 유상계약: 매매, 교환, 부담부증여, 대물변제계약, 양도담보계약, 현물출자를 원인으로 하는 소유권이전계약, 지료가 있는 지상권설정계약 ③ 예약 포함: 소유권이전가등기, 지상권설정가등기, 지상권이전가등기, 담보가등기, 가등기가처 분에 기한 가등기 ④ 허가받은 사항을 변경하거나, 허가받은 사항과 계약내용이 다른 경우
토지거래 허가대상 ×	① 전세권, 지역권, 임차권, 저당권 ② 무상계약: 증여계약, 지료가 없는 지상권설정계약, 이혼당사자 사이의 재산분할, 명의신탁해 지, 신탁 ③ 계약이 아닌 경우: 상속, 유증, 진정명의회복, 점유취득시효, 공유지분 포기 ④ 가등기 시 허가받은 경우, 본등기 시 토지거래허가구역으로 지정되기 전에 계약 체결한 경우, 등기신청 전에 토지거래허가구역에서 해제된 경우

3. 대리권한을 증명하는 정보

대리인에 의하여 등기를 신청할 때에는 그 대리인의 권한을 증명하는 정보를 제공하여야 한다.

(1) 임의대리인의 경우

임의대리에 있어서는 위임장을 제공하여야 하며, 위임인이 서명날인하여야 한다.

(2) 법정대리인

미성년자의 법정대리인으로서 친권자는 가족관계기록에 관한 증명서 등을 제공하여야 한다.

4. 신청인의 주소를 증명하는 정보

등기부에 새롭게 등기명의인이 되는 자가 등기권리자로서 등기신청을 하는 경우에는 신청인의 주소(또는 사무소 소재지)를 증명하는 정보 및 주민등록번호(또는 부동산등기용등록번호)를 증명하는 정보를 첨부정보로 등기소에 제공하여야 한다. 다만, 소유권이전등기를 신청하는 경우에는 등기의무자의 주소(또는 사무소 소재지)를 증명하는 정보도 제공하여야 한다.

5. 부동산등기용등록번호를 증명하는 정보 제27회

등기부에 새롭게 등기명의인으로 되는 자가 등기권리자로서 등기를 신청하는 경우에는 신청정보에 첨부정보로서 등기권리자의 주민등록번호(또는 부동산등기용등록번호)를 증명하는 정보를 등기소에 제공해야 한다(규칙 제46조 제1항 제6호).

등기권리자	등록번호 부여기관
국가, 지방자치단체, 국제기관, 외국정부	국토교통부장관이 지정·고시(제공 불요)
주민등록번호가 없는 재외국민	대법원 소재지 관할 등기소의 등기관이 부여
법인(외국법인 포함)	주된 사무소(회사의 경우에는 본점, 외국회사의 경우에는 국내영업소) 소재지 관할 등기소의 등기관이 부여
법인 아닌 사단·재단	시장(구가 설치되어 있는 시에서는 구청장), 군수가 부여
외국인	체류지(국내에 체류지가 없는 경우에는 대법원 소재지)를 관할하는 지방출입국·외국인관서의 장이 부여

6. 대장정보 기타 부동산의 표시를 증명하는 정보

(1) 소유권보존등기신청

소유권보존등기를 신청하는 경우에는 소유권 및 부동산의 표시를 증명하기 위해서 신청정보에 토지의 경우에는 토지대장정보(또는 임야대장정보)를, 건물의 경우에는 건축물대장정보 등을 제공하여야 한다.

(2) 소유권이전등기신청

소유권이전등기를 신청하는 경우에는 신청정보에 토지대장정보나 임야대장정보 또는 건축물대장정보 기타의 정보를 제공하여야 한다.

(3) 멸실등기신청

① 건물멸실등기를 신청하는 경우에는 신청정보에 그 멸실 또는 부존재를 증명하는 건축물대장정보나 이를 증명할 수 있는 정보(건축물대장무등재증명원 등)를 제공하여야 한다.
② 주의할 것은 토지의 경우에는 멸실등기신청 시에 반드시 토지대장정보를 첨부하여야 하나, 건물멸실등기신청 시에는 기타 부존재증명정보를 첨부하여 신청할 수 있으므로 반드시 건축물대장정보를 첨부하여야 하는 것은 아니다.

(4) 부동산의 표시 변경등기신청

① 토지의 분할·합병이 있는 경우, 표시번호·접수연월일·소재와 지번·지목·면적·등기원인에 변경이 있는 경우에는 그 토지 소유권의 등기명의인은 그 사실이 있는 때부터 1개월 이내에 그 등기

를 신청하여야 한다. 이 경우 신청정보에 토지대장정보 또는 임야대장정보를 제공하여야 한다.

② 건물의 분할·구분·합병이 있는 경우, 표시번호·접수연월일·소재·지번 및 건물번호·건물의 종류·구조와 면적·등기원인·도면의 번호에 변경이 있는 경우에는 그 건물 소유권의 등기명의인은 그 사실이 있는 때부터 1개월 이내에 그 등기를 신청하여야 한다. 이 경우 신청정보에 건축물대장정보를 제공하여야 한다.

7. 건물도면 또는 지적도

(1) 의의

방문신청을 하는 경우라도 등기소에 제공하여야 하는 도면은 전자문서로 작성하여야 하며, 그 제공은 전산정보처리조직을 이용하여 등기소에 송신하는 방법으로 하여야 한다. 다만, 다음의 어느 하나에 해당하는 경우에는 그 도면을 서면으로 작성하여 등기소에 제공할 수 있다(규칙 제63조).

① 자연인 또는 법인 아닌 사단이나 재단이 직접 등기신청을 하는 경우
② 자연인 또는 법인 아닌 사단이나 재단이 자격자대리인이 아닌 사람에게 위임하여 등기신청을 하는 경우

(2) 건물의 경우

① 구분건물에 대한 소유권보존등기를 신청하는 경우에는 1동의 건물의 소재도, 각 층의 평면도와 전유부분의 평면도를 첨부정보로서 등기소에 제공하여야 한다. 다만, 건물의 표시를 증명하는 정보로서 건축물대장정보를 등기소에 제공한 경우에는 그러하지 아니하다.

② 건물의 소유권보존등기를 신청하는 경우에 그 대지 위에 여러 개의 건물이 있을 때에는 그 대지 위에 있는 건물의 소재도를 첨부정보로서 등기소에 제공하여야 한다. 다만, 건물의 표시를 증명하는 정보로서 건축물대장정보를 등기소에 제공한 경우에는 그러하지 아니하다.

③ 전세권 설정 또는 전전세의 범위가 부동산의 일부인 경우에는 그 부분을 표시한 건물도면을 첨부정보로서 등기소에 제공하여야 한다. 다만, 1개건물의 일부로서 특정층 전부인경우에는 건물 도면을 제공하지아니한다.

④ 건물의 일부에 전세권이나 임차권의 등기가 있는 경우 그 건물의 분할이나 구분의 등기를 신청할 때에는 그 부분을 표시한 도면을 첨부정보로서 등기소에 제공하여야 한다.

(3) 토지의 경우

① 토지의 일부에 대한 용익권설정등기: 토지의 일부에 대한 용익권(지상권, 지역권, 전세권, 임차권)의 설정등기를 신청할 때에는 지적도를 첨부정보로서 제공하여야 한다

8. 인감증명서

(1) 방문신청하는 경우에 제출

① 전자신청하는 경우에는 신청인이나 문서작성자의 공인인증서를 전송함으로써 진정성이 담보되므로 인감증명을 제출하지 않는다. 따라서 방문신청하는 경우에만 인감증명을 첨부한다(규칙 제60조 1항).

② 신청서(위임에 의한 대리인이 신청하는 경우에는 위임장)에 신청인(위임인)의 인감을 날인하고 그 인감증명을 제출하여 허위등기를 방지하고자 등기의무자인 신청인의 인감증명을 첨부하도록 하고 있다.

(2) 인감증명을 제출하는 경우(규칙 제60조)

① 소유권의 등기명의인이 등기의무자로서 등기를 신청하는 경우 등기의무자의 인감증명(1호)

   ㉠ 소유권이전등기, 소유권이전등기말소등기, 지상권설정등기, 소유권이전가등기 등의 경우에 소유권자의 인감증명을 제출하여야 한다.

   ㉡ 그러나 등기를 공동으로 신청하더라도 소유권의 등기명의인이 등기의무자가 아닌 저당권이전, 저당권말소, 저당권이전가등기, 지상권목적의 저당권설정등기의 경우에는 저당권자나 지상권자의 인감증명은 요하지 않는다.

② 소유권에 관한 가등기명의인이 가등기 말소를 신청하는 경우 가등기명의인의 인감증명(2호).

   ㉠ 소유권이전청구권가등기와 소유권이전담보가등기로서 소유권에 관한 가등기의 말소신청은 가등기명의인이 단독신청하거나 공동신청하거나를 불문한다.

   ㉡ 그러나 저당권설정가등기의 말소, 지상권이전가등기의 말소 등의 경우에는 그 가등기권자의 인감증명을 필요로 하지 않는다.

③ 소유권 외의 권리의 등기명의인이 등기의무자로서 등기필정보 없이 등기를 신청하는 경우 등기의무자의 인감증명(3호).

   ㉠ 소유권 외의 권리의 등기명의인이 등기의무자로 등기필정보(등기필증)가 제공된 경우에는 소유권 외의 권리자의 인감증명은 첨부할 필요가 없다. 다만, 소유권 외의 권리의 등기명의인이 등기의무자로서 등기필정보을 멸실하여 등기신청하는 경우에는 등기의무자의 진의를 확인하기 위하여 인감증명을 제공하여야 한다.

④ 토지합필등기를 신청하는 경우 토지소유자들의 확인서와 인감증명(4호)

대장상 합병후 합필등기전 토지소유자가 다르게 된 경우 합필등기 신청서에는 합병후 토지에 대한 지분을 기재하고 소유자들의 확인서를 제출하여야 한다(법 제38조, 규칙 제81조). 그 소유자들은 신청인이기는 하지만, 첨부서면인 확인서에 인감을 날인하고 그 인감증명을 첨부하여야 한다.

⑤ 토지의 분필등기를 신청하는 경우 권리자의 확인서와 인감증명(5호)

1필의 토지 일부에 지상권, 지역권, 전세권, 임차권의 등기가 있는 경우에 분필등기를 신청할 때에는 신청서에 권리가 존속할 토지를 기재하고 이에 관한 권리자의 확인서를 제출하는 때(규칙 제74조), 그 서면에 날인한 권리자의 인감증명을 첨부하여야 한다.

⑥ 협의분할에 의한 상속등기를 신청하는 경우 상속재산분할협의서와 상속인 전원의 인감증명(6호)

상속재산의 협의분할은 상속인 중 1인이라도 날인하지 않으면 그 협의서는 무효이다. 따라서 상속재산 분할협의서에 날인한 상속인 전원의 인감증명을 첨부하여야 한다.

⑦ 등기신청서에 제3자의 동의 또는 승낙을 증명하는 서면과 그 제3자의 인감증명(7호)

   ㉠ 등기원인에 대한 제3자의 허가, 동의, 승낙을 요하는 경우
   ㉡ 등기상 이해관계 있는 제3자의 승낙서를 첨부하는 경우

⑧ 법인 아닌 사단이나 재단의 신청에서 첨부서면에 대한 확인자의 인감증명(8호)

(3) 대리인의 인감증명

위 제①②③⑥에 따라 인감증명을 제출하여야 하는 자가 다른 사람에게 권리의 처분권한을 수여한 경우에는 그 대리인의 인감증명을 함께 제출하여야 한다.

(4) 인감증명서의 제출이 면제되는 경우(규칙 제60조 3항, 4항)

① 인감증명을 제출하여야 하는 자가 국가 또는 지방자치단체인 경우에는 인감증명을 제출할 필요가 없다.

② 첨부서면을 제출하는 경우(위④⑤⑥⑦)에 그 해당하는 서면이 공정증서이거나 당사자가 서명 또는 날인하였다는 뜻의 공증인의 인증을 받은 서면인 경우에는 인감증명을 제출할 필요가 없다. 〈개정 2018. 8. 31.〉

(5) 인감증명의 제출

① 자연인인 때에는 주소지인 시, 군, 구, 읍, 면, 동장이 발급한 인감증명(인감증명법 제12조)을 제출하여야 한다.

② 법정대리인이 등기를 신청하거나 별도로 제출하는 서면을 작성하는 경우에는 법정대리인의 인감증명을 첨부하여야 한다(규칙 제61조 2항).

③ 법인 또는 국내에 영업소나 사무소의 설치등기를 한 외국법인인 경우에는 법인등기를 한 등기소의 증명을 얻은 그 대표자의 인감증명을 제출하여야 한다(1항).

④ 법인 아닌 사단이나 재단인 경우에는 그 대표자 또는 관리인의 인감증명법상의 인감증명을 제출하여야 한다.

⑤ 인감증명을 제출하여야 하는 자가 외국인인 경우에는 「인감증명법」에 따른 인감증명 또는 본국의 관공서가 발행한 인감증명을 제출하여야 한다. 다만, 본국에 인감증명제도가 없고 또한 「인감

증명법」에 따른 인감증명을 받을 수 없는 자는 신청서나 위임장 또는 첨부서면에 본인이 서명 또는 날인하였다는 뜻의 본국 관공서의 증명이나 본국 또는 대한민국 공증인의 인증(「재외공관 공증법」에 따른 인증을 포함한다)을 받음으로써 인감증명의 제출을 갈음할 수 있다.

⑥ 인감증명을 제출하여야 하는 자가 재외국민인 경우에는 위임장이나 첨부서면에 본인이 서명 또는 날인하였다는 뜻의 「재외공관 공증법」에 따른 인증을 받음으로써 인감증명의 제출을 갈음 할 수 있다.

(6) 유효기간 및 용도

① 유효기간

인감증명서의 유효기간은 등기신청의 종류를 불문하고 발행일로부터 3월 이내의 것이어야 한다 (규칙 제62조).

② 매도용 인감증명

인감증명서가 매매를 원인으로 하는 소유권이전등기신청의 경우에는 부동산매수자란에 매수자 의 성명(매수자가 수인인 경우에는 매수자를 모두 표시), 주소, 주민등록번호를 기재한 부동산매도용 인감증명서를 제출한다(인감증명법 시행령 제13조).

9. 부동산거래신고필증 및 매매목록 제33회

매매로 인하여 소유권이전등기를 신청하는 경우에는 부동산거래신고를 한 후 시·군·구청으로부터 교부받은 신고필증을 첨부하여야 하고, 특히 매매목적물이 2개 이상인 경우에는 매매목록을 함께 제공하여야 한다.

(1) 신고필증

① 신고대상: 토지 및 건축물의 매매에 관한 거래계약서를 작성한 때

② 신고의무: 거래당사자 및 중개업자는 계약체결일로부터 60일 이내에 당해 토지 또는 건축물 소재지 관할 시장·군수·구청장에게 거래신고를 하여야 한다.

③ 기록사항: 거래신고일련번호, 거래당사자, 거래가액, 목적부동산이 표시되어 있어야 한다.

(2) 매매목록 및 거래가액 등기제도

거래가액을 등기하는 제도의 궁극적인 목적은 부동산의 구체적인 거래가액을 등기부에 기록하여 일반인에 공개하겠다는 것이다. 이러한 제도의 목적에 반하여 '여러 개의 부동산을 한꺼번에 매매하 는 경우에는 각 부동산별 매매가액의 산정이 어렵고', '수인의 매도인과 수인의 매수인 사이의 매매 인 경우에는 매수인별 매매가액이 구체적으로 외부에 공개되지 않게 되기 때문에' 매매목록을 제공 하여야 한다.

① 매매목록이 필요한 경우

    ㉠ 1개의 신고필증에 2개 이상의 부동산이 기록되어 있는 경우

    ㉡ 신고필증에 기록되어 있는 부동산이 1개라 하더라도 수인과 수인 사이의 매매인 경우

② 거래가액의 등기

    ㉠ 매매목록이 제공하는 경우: 신청정보 시 첨부된 매매목록에 번호를 부여하고 등기부 중 갑구의 권리자 및 기타사항란에는 그 매매목록의 번호를 기록하며 거래가액을 기록하지 아니한다. 매매목록에 거래가액과 부동산의 표시를 전자적으로 기록한다.

    ㉡ 매매목록이 제공하지 않는 경우: 등기부 중 갑구의 권리자 및 기타사항란에 신고가액을 기록한다.

거래신고필증

거래가액의 등기	거래가액의 등기대상	① 소유권이전등기 ② 본등기
	거래가액의 등기대상이 아닌 경우	① 2006년 1월 1일 이전 ② 판결서, 조정조서 ③ 가등기
	등기	갑구의 권리자 기타사항란
	매매목록을 첨부한 경우	거래가액을 등기하지 아니한다.
	매매목록을 첨부하지 않은 경우	거래가액을 등기한다.
매매목록	① 1개의 신고필증에 2개 이상의 부동산이 기록되어 있는 경우 ② 신고필증에 기록되어 있는 부동산이 1개라 하더라도 수인과 수인사이의 매매인 경우	

10. 기타의 정보

(1) 상속인을 증명하는 정보

상속등기 또는 상속인에 의한 등기를 신청할 때에는 신청정보에 상속 또는 상속인임을 증명하는 시·구·읍·면장의 정보 또는 이를 증명함에 족한 정보인 가족관계기록사항증명서, 상속재산분할협의서, 상속포기신고수리증명, 판결정본 등을 제공하여야 한다.

(2) 대위원인을 증명하는 정보

채권자가 채무자를 대위하여 등기를 신청할 때에는 신청정보에 채권자와 채무자의 성명 또는 명칭, 주소 또는 사무소와 대위원인을 기록하고 대위원인을 증명하는 정보를 제공하여야 한다.

(3) 규약 또는 공정증서

구분건물과 관련된 등기신청 시 다음과 같은 경우에는 신청정보에 규약 또는 공정증서를 제공하여야 한다.

① 건물소유자가 대지사용권을 전유부분과 분리하여 처분할 수 있는 것으로 정한 때 또는 이 규약을 폐지하여 대지권변경등기를 신청하는 때
② 대지권의 목적인 토지가 규약상 대지인 경우에 규약상 대지에 대하여 대지권등기를 신청하는 때
③ 구분소유자가 2개 이상의 전유부분을 소유하는 경우 대지권의 비율을 전유부분의 면적과 달리 정한 때
④ 규약상 공용부분인 취지의 등기를 하는 때 또는 그 말소등기를 하는 때
⑤ 대지권의 변경, 경정, 소멸의 등기를 하는 때

(4) 법인 아닌 사단이나 재단이 신청하는 경우 첨부정보

법인 아닌 사단이나 재단의 명의로 대표자나 관리인이 등기를 신청하는 경우에 법인등기부가 없으므로 다음의 정보를 첨부하여야 한다(법 제26조, 규칙 제48조, 예규 1435호).

① 정관 기타의 규약
단체의 목적, 명칭, 사무소의 소재지, 자산에 관한 규정, 대표자 또는 관리인의 임면에 관한 규정, 사원자격의 득실에 관한 규정이 기재된 정관이나 규약을 제공하여야 한다.
② 대표자 또는 관리인을 증명하는 서면
정관 기타의 규약에서 정한 방법에 의하여 대표자 또는 관리인으로 선임되었음을 증명하는 서면을 제출하여야 한다.
③ 대표자 또는 관리인의 주소 및 주민등록번호를 증명하는 정보
④ 사원총회 결의서
법인 아닌 사단이 등기의무자로서 등기신청을 할 경우에는 사원총회에 의한 결의서를 등기신청서에 첨부하여야 한다. 다만, 정관 기타의 규약으로 처분에 결의를 필요로 하지 않는다고 정하고 있을 경우에는 첨부하지 않는다.
⑤ 대표자나 관리인의 인감증명
법인 아닌 사단이나 재단이 등기의무자인 경우에는 대표자나 관리인의 인감증명을 제출하여야 한다.
⑥ 법인 아닌 사단이 등기권리자인 경우에는 그 사단의 부동산등기용등록번호를 증명하는 서면

법인 아닌 사단의 등기신청시 첨부정보

구분	등기권리자인 경우	등기의무자인 경우
정관 기타 규약	○	○
대표자 또는 관리인임을 증명하는 정보 (단 등기된 대표자는 불요)	○	○
대표자 또는 관리인의 주소 및 주민등록번호증명정보	○	○
사원총회결의서	×	○
대표자 또는 관리인의 인감증명	×	○
부동산 등기용등록번호 증명정보	○	×

제7절 등기신청의 접수 및 심사

1 등기신청의 접수

1. 접수의 의의

(1) 등기신청의 접수란 신청인이 제공한 등기신청정보를 등기관이 받는 것을 의미한다. 등기관은 제공된 등기신청을 반드시 접수할 의무가 있으며, 이를 거절할 수 없다.

(2) 접수의 시기는 등기신청정보(부동산을 식별하기 위하여 필요한 정보, 기타 법원행정처장이 정하는 정보)가 전산정보처리조직에 전자적으로 저장된 때에 등기신청정보가 접수된 것으로 본다.

2. 접수번호의 부여방법

수개의 신청정보를 접수한 경우에 접수번호를 신청정보에 기재하여야 한다. 부동산등기전산시스템에 의하여 자동적으로 부여되며 1년마다 갱신한다.

심화학습

법률상 동시신청을 요하는 경우

1. 환매특약등기와 환매권부 소유권이전등기
2. 일부 구분건물의 보존등기와 나머지 구분건물의 표시의 등기

---

3. 건물신축으로 인하여 비구분건물이 구분건물로 된 경우 신축건물의 보존등기와 다른 건물의 표시에 관한 등기
4. 신탁등기와 신탁으로 인한 소유권이전등기
5. 본안소송의 승소에 따른 소유권이전(말소)등기를 하는 경우, 가처분 이후에 경료된 제3자 명의의 소유권이전등기 등의 말소등기도 동시에 신청하여야 한다.

3. 접수사항의 입력

접수 공무원은 접수연월일과 접수번호, 등기의 목적, 신청인의 성명 또는 명칭, 부동산의 개수, 등기신청수수료, 취득세 또는 등록면허세와 국민주택채권매입금액 등 기타 필요한 사항을 접수 완료 후 즉시 등기전산시스템에 입력하여야 한다.

4. 접수증의 교부

등기관이 신청서를 접수하였을 때에는 신청인의 청구에 따라 그 신청서의 접수증을 발급하여야 한다.

2 등기신청에 대한 심사

등기관이 신청정보를 받은 때에는 지체 없이 신청에 관한 모든 사항을 조사하여야 한다. 등기관은 조사를 한 후에 신청에 따른 등기를 할 것인지 또는 신청을 각하할 것인지를 결정하여야 한다.

1. 심사권에 관한 입법주의

(1) 형식적 심사주의

형식적 심사주의란 등기신청이 절차법상 적법한지의 여부만을 심사할 수 있을 뿐, 실체법상의 권리관계와 부합하는지의 여부는 조사할 권한이 없는 입법주의를 말한다. 따라서 등기원인인 법률행위의 성립 여부나 유무효에 관하여는 조사할 권한이 없고, 심사자료도 등기신청 시에 제공된 신청정보·첨부정보·등기부 등에 의해서만 심사할 수 있을 뿐이다.

(2) 실질적 심사주의

실질적 심사주의란 등기신청의 절차상 적법뿐만 아니라 실체법상 권리관계의 부합 여부까지도 심사하는 입법주의를 말하며, 따라서 등기관은 등기신청의 실체법상 원인의 존부와 효력까지도 심사하게 된다. 이에 따라 등기원인인 법률행위의 성립 여부나 유·무효에 관하여도 조사할 권한이 있고, 심사자료도 등기신청 시에 제공된 정보 이외에 기타 자료 내지 방법에 의한 심사가 허용된다.

2. 현행 「부동산등기법」상의 심사주의(원칙)

현행 「부동산등기법」은 형식적 심사주의를 채택하고 있다.

판례보기

- 등기관은 등기신청에 대하여 실체법상의 권리관계와의 일치 여부를 심사할 실질적 심사권은 없고, 오직 신청정보 및 그 첨부서류와 등기부에 의하여 등기요건의 충족 여부를 심사할 형식적 심사권밖에 없다. 따라서 그 밖에 필요에 의하여 다른 정보의 제공을 받거나 관계인의 진술을 구하여 이를 조사할 수는 없다(대결 1990.10.29, 90마772).

- 등기관이 법원의 촉탁에 의하여 등기를 실행하는 경우 촉탁서의 기록내용과 촉탁서에 첨부된 판결서의 기록내용이 일치하는지 여부는 심사할 수 있다(대결 2008.3.27, 2006마920).

- 상속을 증명하는 정보(가족관계기록에 관한 증명서 등)와 관계법령에 기한 상속인의 범위 및 상속지분의 인정은 등기관의 형식적 심사권한의 범위 내에 해당한다. 따라서 위와 같은 정보와 정당한 상속인의 범위 및 상속지분과 다른 내용으로 상속등기를 신청하였을 경우에 등기관은 등기신청 내용이 확정판결의 내용과 동일하다고 하더라도 위 등기신청을 각하하여야 한다(대결 1995.2.22, 94마2116).

- 확정판결을 근거로 하는 등기신청의 경우에는 그 등기절차를 명한 확정판결이 당연무효인지의 여부는 등기관이 심사할 수 없다(대결 1968.7.8, 67마1128).

등기신청의 각하 및 취하

1 등기신청의 각하 제23회, 제26회, 제29회, 제30회, 제34회, 제35회

1. 의의

등기신청의 각하라 함은 당사자가 신청한 등기에 대하여 등기부에 기록하는 것을 거부하는 처분을 말한다.

등기관은 법 제29조 각 호에 해당하는 사유가 있는 경우에는 이유를 기록한 결정으로써 그 등기신청을 각하하여야 한다. 그러나 신청의 흠결이 보정될 수 있고 신청인이 그 다음 날까지 이를 보정하였을 때에는 그러하지 아니하다. 아래에서는 등기신청의 흠결에 대한 보정과 각하사유에 관하여 보기로 한다.

2. 등기신청의 보정

(1) 의의

등기관이 심사하여 흠결(법 제29조의 각하사유)을 발견하였을 경우에는 이를 각하하여야 하나, 다만 신청의 잘못된 부분이 보정될 수 있는 경우로서 신청인이 등기관이 보정을 명한 날의 다음 날까지 그 잘못된 부분을 보정하였을 때에는 그러하지 아니하다.

이 경우 등기관이 심사하여 흠결을 발견하였을 경우에 이를 보정하도록 당사자에게 권고함이 바람직하나, 법률상 보정명령을 할 의무는 없다(판례).

☐ 보정할 수 있는 자: 보정은 당사자 또는 대리인이 등기소에 출석하여 하여야 하고, 법무사 등의 사무원(출석사무원)도 이를 할 수 있다(2005.11.8, 등기예규 제1111호).

(2) 보정명령 후의 처리

보정통지 후에는 이에 대한 보정 없이 사건을 처리하여서는 아니 되며, 보정된 사건은 처리가 지연되지 않도록 보정된 순서에 따라 처리하여야 한다(2001.12.24, 등기예규 제1047호). 그러나 흠결이 보정을 명한 날의 다음 날까지 그 잘못된 부분이 보정되지 않는 한 이를 각하하여야 하고, 각하결정을 고지할 때까지 보정되었다고 하여 이미 내려진 각하결정을 내려지지 않은 것으로 돌릴 수는 없다.

> 핵심정리 | 보정

1. 당사자, 대리인, 사무원이 보정할 수 있다.
2. 등기신청의 흠결이 있다고 하여 보정을 위한 고지의무는 없다.

3. 흠결보정을 위하여 신청정보나 또는 그 부속서류를 반환할 수 없으며, 등기공무원은 그의 면전에서 필요한 보정을 하게 하여야 한다.
4. 보정통지 후에는 이에 관한 보정 없이 사건을 처리하여서는 안 된다. 그러나 흠결이 보정을 명한 날의 다음 날까지 그 잘못된 부분이 보정되지 않는 한 이를 각하하여야 한다.

3. 각하사유(법 제29조)

(1) 사건이 그 등기소의 관할에 속하지 아니한 때(제1호)

관할위반의 등기신청이 있는 경우에는 그 등기신청은 부적법하여 이를 각하하여야 한다. 등기관이 관할위반을 간과하여 실행된 등기는 실체관계에 부합하는 경우라도 당연무효이며 직권말소의 대상이 된다.

(2) 사건이 등기할 것이 아닌 때(제2호)

'사건이 등기할 것이 아닌 때'라 함은 등기신청이 그 취지 자체에 의하여 법률상 허용할 수 없음이 명백한 경우를 말한다. 즉, 법률상 등기할 사항이 아닌 물건·권리·권리변동 등에 관한 등기신청을 의미한다(예 유치권·교량 등에 관한 등기신청). 등기할 사항이 아님을 간과하고 실행된 등기는 실체관계에 부합하는 경우라도 당연무효이며, 직권말소의 대상이 된다.

심화학습

사건이 등기할 것이 아닌 사항

1. 실체법상 등기가 허용되지 않는 경우
   ① 소유권이전등기와 동시에 신청하지 않은 환매특약등기
   ② 신청정보에 5년을 초과하여 환매기간을 기록한 환매특약등기
   ③ 지분에 대한 용익권(지상권, 전세권, 임차권) 설정등기
   ④ 지상권(또는 전세권)이 설정된 토지부분에 중복하여 하는 지상권(또는 전세권)의 설정등기
   ⑤ 피담보채권과 분리하여 순위만을 양도하는 저당권이전등기
   ⑥ 요역지와 분리하여 처분하는 지역권이전등기
   ⑦ 농지에 대한 전세권설정등기
2. 절차법(부동산등기법)상 등기가 허용되지 않는 경우
   ① 교량, 터널 등에 대한 등기
   ② 일시사용을 위한 가설건축물에 대한 등기
   ③ 견본주택(모델하우스)에 대한 등기
   ④ 구분건물의 구조상 공용부분에 대한 등기
   ⑤ 부동산의 특정 일부에 대한 이전등기 또는 저당권설정등기
   ⑥ 유치권, 동산질권, 점유권, 분묘기지권, 특수지역권등기
   ⑦ 가등기에 기한 본등기금지가처분등기

⑧ 수인의 가등기권리자 중 1인이 보존행위에 준하여 가등기권리자 전원 명의로 신청하는 본등기
⑨ 공동상속인 중 일부 상속인만의 상속등기
⑩ 공유자 중 일부 공유자가 자기지분만 신청하는 보존등기
⑪ 저당권에 기한 경매금지 특약의 등기
⑫ 유언자가 생존 중에 신청한 유증으로 인한 소유권이전청구권가등기
⑬ 이중보존등기신청
⑭ 동시신청할 등기를 동시신청하지 않은 등기
⑮ 대지권과 분리하여 전유부분을 처분하는 등기
⑯ 전유부분과 분리하여 대지권을 처분하는 등기

(3) 신청할 권한이 없는 자가 신청한 경우

① 대리권 없는 자가 출석한 경우
② 지방법원장의 허가를 받지 아니한 사무원이 등기신청한 경우
③ 출석한 자가 당사자가 아닌 경우

(4) 제24조 제1항 제1호(방문신청)에 따라 등기를 신청할 때에 당사자나 그 대리인이 출석하지 아니한 경우

① 당사자의 일방 또는 쌍방이 출석하지 않은 때
② 출석한 당사자가 등기신청능력(의사능력, 행위능력)이 없는 경우
③ 신청정보를 우송한 경우

(5) 신청정보의 제공이 대법원규칙으로 정한 방식에 맞지 아니한 경우

① 신청정보에 기록할 필요적 기록사항이 누락된 경우
② 등기원인을 증명하는 정보에 기록된 임의적 기록사항을 누락한 경우
③ 신청인의 기명날인이 누락된 경우
④ 동일한 신청정보로 신청할 사항을 별개의 신청정보로 신청한 경우
⑤ 신청정보가 여러 장일 때 신청인의 간인을 누락한 경우

(6) 신청정보의 부동산 또는 등기의 목적인 권리의 표시가 등기기록과 일치하지 아니한 경우

이는 신청정보와 등기부에 기록되어 있는 부동산의 표시(지목, 면적 등) 또는 권리의 표시(권리의 종류, 존속기간 등)가 서로 일치하지 않는 경우를 말한다. 이러한 경우에는 비록 신청정보에 기록된 사항이 실체관계에 부합하더라도 그 변경·경정등기가 선행되지 않으면 그 신청은 각하사유가 된다.

(7) 신청정보의 등기의무자의 표시가 등기기록과 일치하지 아니한 경우. 다만, 다음 아래의 어느 하나에 해당하는 경우는 제외한다.(25년시행 및 개정)

① 제27조에 따라 포괄승계인이 등기신청을 하는 경우
② 신청정보와 등기기록의 등기의무자가 동일인임을 대법원규칙으로 정하는 바에 따라 확인할 수 있는 경우

(8) 신청정보와 등기원인을 증명하는 정보가 일치하지 아니한 경우

예컨대, 신청정보에는 등기원인이 증여로 기록되어 있는데 등기원인을 증명하는 정보에는 매매로 되어 있는 경우 또는 근저당권설정계약을 하였는데 신청정보에 저당권으로 기록한 경우 등을 말한다.

(9) 등기에 필요한 첨부정보를 제공하지 아니한 경우

신청정보에 필요한 정보 또는 도면을 첨부하지 아니한 경우는 물론 위조·변조된 서류를 첨부하거나, 유효기간이 경과한 정보를 첨부한 경우 등이 여기에 해당한다.

(10) 취득세(지방세법 제20조의2에 따라 분할납부하는 경우에는 등기하기 이전에 분할납부하여야 할 금액을 말한다), 등록면허세(등록에 대한 등록면허세만 해당한다), 또는 수수료를 내지 아니하거나 등기신청과 관련하여 다른 법률에 따라 부과된 의무를 이행하지 아니한 경우

(11) 신청정보 또는 등기기록의 부동산의 표시가 토지대장·임야대장 또는 건축물대장과 일치하지 아니한 경우

토지에 대한 일정한 등기(분합, 멸실, 면적의 증감, 지목변경, 소유권의 보존 등)를 신청하는 경우에는 토지(임야)대장정보를 첨부하여야 하며, 건물에 대한 일정한 등기(분합, 건물의 번호·구조·종류의 변경, 건물멸실, 면적증감, 부속건물의 신축, 건물 소유권 보존 등)를 신청하는 경우에는 건축물대장정보를 제공하여야 한다. 이 경우 첨부된 대장정보의 내용과 신청정보의 기록사항이 일치하지 아니하면 등기신청을 각하하여야 한다.

4. 각하절차(2011.10, 등기예규 제1417호)

(1) 각하의 방식

각하는 소정의 양식(정보)에 의하여 이유를 기재한 결정으로 이를 하여야 한다. 다만, 전자신청에 대한 각하결정의 방식 및 고지방법은 방문신청과 동일한 방법으로 처리한다.

(2) 접수장 등에의 기재

등기신청을 각하한 경우에는 접수장의 비고란 및 등기신청서 표지에 '각하'라고 주서하고, 그 등기신청서는 '신청서기타부속서류편철장'에 편철한다.

(3) 각하결정의 고지 및 첨부서류의 환부

① 등기신청을 각하한 경우에는 각하결정등본을 작성하여 신청인(또는 대리인)에게 교부하거나 특별우편 송달방법으로 송달하여야 한다. 교부의 경우에는 교부받은 자로부터 영수증을 수령하여야 한다.

② 각하결정등본을 교부하거나 송달할 때에는 등기신청서 이외의 첨부서류를 함께 교부하거나 송달하여야 한다. 다만, 첨부서류 중 각하사유를 증명할 서류는 이를 복사하여 당해 등기신청서에 편철한다.

(4) 각하결정서의 편철

각하결정등본을 교부하거나 송달한 경우에는 각하결정원본을 결정원본편철장에 편철한다.

5. 각하사유를 간과하고 경료된 등기의 효력

등기신청이 법 제29조 제1호 내지 제11호의 사유에 해당하는 때에는 등기관은 등기신청을 각하하여야 하는데, 이를 간과하고 등기가 경료된 경우에 그 등기의 효력에 대해 구체적으로 보면 다음과 같다.

(1) 법 제29조 제1호와 제2호에 위반한 등기

법 제29조 제1호와 제2호에 위반하여 경료된 등기는 실체관계와의 부합 여부를 불문하고 당연무효가 되며, 등기관이 이를 발견한 때에는 등기권리자·등기의무자와 등기상 이해관계 있는 제3자에게 1개월 이내의 기간을 정하여 그 기간에 이의를 진술하지 아니하면 등기를 말소한다는 뜻을 통지하여야 한다. 등기관은 기간 이내에 이의를 진술한 자가 없거나 이의를 각하한 경우에는 등기를 직권으로 말소하여야 한다. 만약 등기관이 이를 직권으로 말소하지 아니하고 있다면 등기권리자, 등기의무자 또는 등기상 이해관계 있는 제3자가 그 처분에 대한 이의신청을 할 수 있다.

(2) 법 제29조 제3호 이하에 위반한 등기

법 제29조 제3호 이하의 규정에 위반하여 경료된 등기는 당연무효는 아니며, 실체관계에 부합하는 한 유효하다. 이 경우에는 그 등기를 등기관이 직권으로 말소할 수 없고, 등기상 이해관계인도 이의로 다툴 수는 없고, 결국 소송의 방식으로 해결할 수밖에 없다. 그러나 이러한 경우에도 그 등기가 실체관계에 부합하는 경우에는 무효가 아니므로 소로써도 말소를 구할 수 없다고 본다.

2 등기신청의 취하

등기신청의 취하란 이미 신청한 등기신청을 철회하는 것을 의미한다.

1. 절차

(1) 취하권자

취하할 수 있는 자는 등기신청인이며, 등기를 단독신청한 경우에는 그 취하도 단독으로 할 수 있으나 공동신청한 경우에는 취하도 공동으로 해야 한다. 특히 임의대리인에 의하여 취하하는 경우에는 취하에 관한 특별수권이 있어야 한다. 이 경우 등기권리자와 등기의무자의 쌍방으로부터 등기신청행위를 위임받은 자가 등기신청을 취하하기 위해서는 그 쌍방 당사자로부터 특별수권을 받아야 이를 취하할 수 있으며, 그 중 일방만의 특별수권을 받아서 취하할 수는 없다.

(2) 취하의 시기와 방법

등기신청의 취하는 등기관이 등기를 마치기 전까지 할 수 있다. 등기신청의 취하는 '방문신청'의 경우 신청인 또는 그 대리인이 등기소에 출석하여 취하서를 제공하는 방법으로 하며, '전자신청'의 경우 전산정보처리조직을 이용하여 취하정보를 전자문서로 등기소에 송신하는 방법으로 한다.

(3) 취하의 범위

등기신청을 취하함에는 신청사항의 전부를 취하하는 것이 일반적이겠으나, 수개의 부동산에 관한 등기를 일괄신청하여 1개의 신청정보로 신청한 경우에는 그 중 일부 부동산에 대하여서만 취하할 수도 있다.

2. 등기신청이 취하된 경우 등기관의 업무처리

(1) 등기관은 등기신청의 취하서가 제출된 때에는 그 취하서의 좌측하단 여백에 접수인을 찍고 접수번호를 기재한 다음 기타 문서접수장에 등재한다.

(2) 부동산등기신청서접수장에는 비고란에 취하라고 주서하고, 등기신청서에 기재한 접수인을 실선으로 지워 그 등기신청서와 그 부속서류를 신청인 또는 그 대리인에게 환부하며, 취하서는 '신청서기타부속서류편철장'의 취하된 등기신청서를 편철하였어야 할 곳에 편철한다.

제9절　등기의 실행 및 등기완료 후의 절차

1 등기의 실행순서

1. 접수번호의 순서에 따른 실행

등기관은 접수번호의 순서에 따라 등기를 하여야 한다.

2. 동시신청의 경우

(1) 동일한 부동산에 관하여 동시에 수개의 등기신청이 접수되어 동일한 접수번호가 부여된 경우에는 그 수개의 등기신청은 동시에 동순위로 등기를 하여야 한다(예 동일한 부동산에 대하여 저당권자가 다른 수개의 저당권설정등기신청이 동시에 접수된 경우에는 동일 순위의 저당권이 되어야 하므로, 동일한 접수번호를 기록하는 것은 물론이고, 순위번호도 동일하여야 한다).

2 등기의 기록방법

1. 기록방법

(1) 등기관은 등기사무를 전산정보처리조직을 이용하여 등기부에 등기사항을 기록하는 방식으로 처리하여야 한다.

(2) 등기관이 등기사무를 처리한 때에는 등기사무를 처리한 등기관이 누구인지 알 수 있는 조치를 하여야 한다. 등기사무를 처리한 등기관이 누구인지 알 수 있도록 하는 조치는 각 등기관이 미리 부여받은 식별부호를 기록하는 방법으로 한다.

2. 주말(朱抹)

(1) 의의

전산정보처리조직에 의하여 등기사무를 처리하는 경우에는 실선으로 지우는 대신 '말소하는 기호를 기록'하는 방법에 의하는데, 구체적으로는 '실선을 그어 말소하는 취지를 기록'하는 것을 의미한다.

(2) 주말을 요하는 등기

① 변경·경정등기의 경우: 변경등기 또는 경정등기를 부기등기로 한 때에는 변경·경정 전의 등기사항을 실선으로 지운다. 그러나 등기상 이해관계인의 승낙서를 첨부하지 못하여 권리의 변경·경정등기를 주등기로 한 경우에는 그러하지 아니하다.

② 멸실등기: 부동산표시와 표시번호를 실선으로 지운 후 등기기록을 폐쇄한다.

③ 말소등기: 말소등기를 한 후에 말소될 등기를 실선으로 지운다.

④ 소유권 이외의 권리의 이전등기: 소유권 이외의 권리의 이전등기를 하는 경우에는 종전 권리자의 표시를 실선으로 지워야 한다. 주의할 것은 소유권이전등기를 하는 경우에는 종전 소유자의 표시를 실선으로 지우지 않는다는 점이다.

3 등기완료 후의 절차 제25회, 제26회, 제27회

1. 서설

등기절차가 완료되면 등기관은 등기필정보 및 등기완료통지 또는 등기완료통지서를 작성·교부하여야 하고, 일정한 경우에는 대장 소관청에 등기완료의 통지(소유자 변경사실)를 하며 국세청에 과세자료의 정보를 전송한다.

2. 등기필정보의 작성 및 교부

(1) 의의

등기관이 새로운 권리에 관한 등기를 마쳤을 때에는 등기필정보를 작성하여 등기권리자에게 통지하여야 한다.

(2) 등기필정보를 작성하는 경우

등기관이 등기권리자의 신청에 의하여 다음 중 어느 하나의 등기를 하는 때에는 등기필정보를 작성하여야 한다. 그 이외의 등기를 하는 때에는 등기필정보를 작성하지 아니한다.

① 「부동산등기법」 제3조 기타 법령에서 등기할 수 있는 권리로 규정하고 있는 권리를 보존·설정·이전하는 등기를 하는 경우

② 위 ①의 권리의 설정 또는 이전청구권보전을 위한 가등기를 하는 경우

③ 권리자를 추가하는 경정 또는 변경등기(예 甲 단독소유를 甲·乙 공유로 경정하는 경우나 합유자가 추가되는 합유명의인표시변경등기 등)를 하는 경우

(3) 등기필정보의 구성

등기필정보는 아라비아숫자와 그 밖의 부호의 조합으로 이루어진 일련번호와 비밀번호로 구성한다. 등기필정보의 일련번호는 영문 또는 아라비아숫자를 조합한 12개로 구성하고, 비밀번호는 50개를 부여한다.

(4) 등기필정보의 작성방법

① **일반신청의 경우**: 등기필정보는 부동산 및 등기명의인이 된 신청인별로 작성하되, 등기신청정보의 접수연월일 및 접수번호가 동일한 경우에는 부동산이 다르더라도 등기명의인별로 작성할 수 있다. 그러므로 등기명의인이 신청하지 않은 다음의 등기를 하는 경우에는 등기명의인을 위한 등기필정보를 작성하지 아니한다.
  ㉠ 채권자대위에 의한 등기
  ㉡ 등기관의 직권에 의한 보존등기
  ㉢ 승소한 등기의무자의 신청에 의한 등기
② **관공서 촉탁의 경우**: 관공서가 등기를 촉탁한 경우에는 등기필정보를 작성하지 아니한다. 다만, 관공서가 등기권리자를 위해 등기를 촉탁하는 경우에는 그러하지 아니하다.

(5) 등기필정보의 통지 – 등기필정보 통지의 상대방

① 등기관은 등기를 마치면 등기필정보를 등기명의인이 된 신청인에게 통지한다. 다만, 관공서가 등기권리자를 위하여 등기를 촉탁한 경우 대법원예규가 정하는 바에 따라 그 관공서 또는 권리자에게 등기필정보를 통지한다(규칙 제108조 제1항).
② 법정대리인이 등기를 신청한 경우에는 그 법정대리인에게, 법인의 대표자나 지배인이 신청한 경우에는 그 대표자나 지배인에게, 법인 아닌 사단이나 재단의 대표자나 관리인이 신청한 경우에는 그 대표자나 관리인에게 등기필정보를 통지한다(동조 제2항).

(6) 등기필정보를 통지할 필요가 없는 경우(규칙 제109조 제1항)

① 등기권리자가 등기필정보의 통지를 원하지 아니하는 경우
② 국가 또는 지방자치단체가 등기권리자인 경우
③ 등기필정보를 전산정보처리조직으로 통지받아야 할 자가 수신이 가능한 때부터 3개월 이내에 전산정보처리조직을 이용하여 수신하지 않은 경우
④ 등기필정보통지서를 수령할 자가 등기를 마친 때부터 3개월 이내에 그 서면을 수령하지 않은 경우
⑤ 법 제23조 제4항에 따라 승소한 등기의무자가 등기신청을 한 경우
⑥ 법 제28조에 따라 등기권리자를 대위하여 등기신청을 한 경우
⑦ 법 제66조 제1항에 따라 등기관이 직권으로 소유권보존등기를 한 경우

(7) 등기완료통지서의 작성 및 교부 – 등기완료통지를 받을 자

법원행정처장이 전산정보처리조직을 이용한 등기신청을 할 수 있는 등기소로 지정한 등기소에서 등기관이 등기를 완료한 때에는 등기완료통지서를 작성하여 신청인 및 다음에 해당하는 자에게 등기완료사실을 통지하여야 한다.

① 승소한 등기의무자의 등기신청에 있어서 등기권리자

② 대위채권자의 등기신청에 있어서 등기권리자

③ 직권보존등기에 있어서 등기명의인

④ 등기필정보(등기필증 포함)를 제공해야 하는 등기신청에서 등기필정보를 제공하지 않고 확인정보 등을 제공한 등기신청에 있어서 등기의무자

⑤ 관공서의 등기촉탁에 있어서 그 관공서

[별지 제1호]

등기완료통지서

접수번호: 3456   대리인: 법무사 홍길동

아래의 등기신청에 대해서 등기가 완료되었습니다.

신   청   인: 김갑동
(주민)등록번호: 730305 - ××××××××
주   소: 서울특별시 서초구 서초동 200

부동산고유번호: 1102 - 2006 - 002634
부 동 산 소 재: [토지] 서울특별시 서초구 서초동 111

접 수 일 자: 2011년 9월 15일
접 수 번 호: 3456
등 기 목 적: 근저당권설정등기말소
등기원인및일자: 2011년 9월 15일 해지

2011년 9월 28일

서울중앙지방법원 등기국
등기관

[별지 제2호]

등기완료통지서

접수번호: 3456   대리인: 서울중앙지방법원

아래의 등기신청에 대해서 등기가 완료되었습니다.

권 리 자: 김갑동
(주민)등록번호: 730305-×××××××
주   소: 서울특별시 서초구 서초동 200

부동산고유번호: 1102-2006-002634
부 동 산 소 재: [토지] 서울특별시 서초구 서초동 111

접 수 일 자: 2011년 9월 15일
접 수 번 호: 3456
등 기 목 적: 가처분
등기원인및일자: 2011년 9월 14일 서울중앙지방법원의 가처분결정(2011카합323)

2011년 9월 28일

서울중앙지방법원 등기국
등기관

[별지 제3호]

등기필정보 및 등기완료통지

접수번호: 9578   대리인: 법무사 홍길동

> 권 리 자: 김갑동
> (주민)등록번호: 451111-×××××××
> 주   소: 서울특별시 서초구 서초동 123-4
> 부동산고유번호: 1102-2006-002634
> 부 동 산 소 재: [토지] 서울특별시 서초구 서초동 362-24
> 접 수 일 자: 2011년 9월 14일   접 수 번 호: 9578
> 등 기 목 적: 소유권 이전
> 등기원인및일자: 2011년 9월 10일 매매

부착기준선 ⌐

일련번호: WTDI-UPRV-P6H1

비밀번호(기재순서: 순번-비밀번호)

01-7952	11-7072	21-2009	31-8842	41-3168
02-5790	12-7320	22-5102	32-1924	42-7064
03-1568	13-9724	23-1903	33-1690	43-4443
04-8861	14-8752	24-5554	34-3155	44-6994
05-1205	15-8608	25-7023	35-9695	45-2263
06-8893	16-5164	26-3856	36-6031	46-2140
07-5311	17-1538	27-2339	37-8569	47-3151
08-3481	18-3188	28-8119	38-9800	48-5318
09-7450	19-7312	29-1505	39-6977	49-1314
10-1176	20-1396	30-3488	40-6557	50-6459

2011년 9월 28일

서울중앙지방법원 등기국
등기관

※ 등기필정보 사용방법 및 주의사항

◈ 보안스티커 안에는 다음 번 등기신청 시에 필요한 일련번호와 50개의 비밀번호가 기재되어 있습니다.

◈ 등기신청 시 보안스티커를 떼어내고 일련번호와 비밀번호 1개를 임의로 선택하여 해당 순번과 함께 신청서에 기재하면 종래의 등기필증을 첨부한 것과 동일한 효력이 있으며, 등기필정보 및 등기완료통지서면 자체를 첨부하는 것이 아님에 유의하시기 바랍니다.

◈ 따라서 등기신청 시 등기필정보 및 등기완료통지서면을 거래상대방이나 대리인에게 줄 필요가 없고, 대리인에게 위임한 경우에는 일련번호와 비밀번호 50개 중 1개와 해당 순번만 알려주시면 됩니다.

◈ 만일 등기필정보의 비밀번호 등을 다른 사람이 안 경우에는 종래의 등기필증을 분실한 것과 마찬가지의 위험이 발생하므로 관리에 철저를 기하시기 바랍니다.

☞ 등기필정보 및 등기완료통지서는 종래의 등기필증을 대신하여 발행된 것으로 분실 시 재발급되지 아니하니 보관에 각별히 유의하시기 바랍니다.

[별지 제4호]

등기완료통지서

접수번호: 3456   대리인: 법무사 홍길동

아래의 등기신청에 대해서 등기가 완료되었습니다.

대 위 자: 박병동
주   소: 서울특별시 강남구 청담동 300

권 리 자: 김갑동
(주민)등록번호: 730305-×××××××
주   소: 서울특별시 서초구 서초동 200

부동산고유번호: 1102-2006-002634
부 동 산 소 재: [토지] 서울특별시 서초구 서초동 111

접 수 일 자: 2011년 9월 14일
접 수 번 호: 3456
등 기 목 적: 소유권 이전
등기원인및일자: 2008년 1월 3일 상속

2011년 9월 28일

서울중앙지방법원 등기국
등기관

[별지 제5호]

각통 제 35 호(전산)

등기의무자에 의한 등기완료통지서

접 수 일 자: 2011년 9월 14일
접 수 번 호: 3456
등 기 목 적: 소유권 이전
등기원인및일자: 2011년 9월 13일 매매

권 리 자: 김갑동
(주민)등록번호: 730305-×××××××
주 소: 서울특별시 서초구 서초동 200

의 무 자: 이을동
(주민)등록번호: 700407-×××××××
주 소: 서울특별시 강남구 청담동 300

부 동 산 소 재: [토지] 서울특별시 서초구 서초동 111 (1102-2006-002634)

　위와 같이 등기의무자의 등기신청에 의하여 등기를 완료하였으므로 「부동산등기규칙」 제53조에 의하여 통지합니다.

2011년 9월 28일

서울중앙지방법원 등기국
등기관

김갑동
서울특별시 서초구 서초동 200

[별지 제6호]

각통 제 36 호(전산)

대위등기완료통지서

접 수 일 자: 2011년 9월 14일
접 수 번 호: 3456
등 기 목 적: 소유권 이전
등기원인및일자: 2008년 1월 3일 상속

권 리 자: 김갑동
(주민)등록번호: 730305-×××××××
주   소: 서울특별시 서초구 서초동 200

대 위 원 안: 2011년 9월 13일 서울중앙지방법원의 가압류결정

대 위 자: 박병동
주   소: 서울특별시 강남구 청담동 300

부 동 산 소 재: [토지] 서울특별시 서초구 서초동 111 (1102-2006-002634)

위와 같이 등기를 완료하였으므로 「부동산등기규칙」 제53조에 의하여 통지합니다.

2011년 9월 28일

서울중앙지방법원 등기국
등기관

김갑동
서울특별시 서초구 서초동 200

[별지 제7호]

각통 제 37 호(전산)

직권에 의한 등기완료통지서

접 수 일 자: 2011년 9월 14일

접 수 번 호: 3456

등 기 목 적: 가처분

등기원인및일자: 2011년 9월 12일 서울중앙지방법원의 가처분결정(2011카합323)

권 리 자: 김갑동

(주민)등록번호: 650203-×××××××

주   소: 서울특별시 서초구 서초동 200

부 동 산 소 재: [토지] 서울특별시 서초구 서초동 111 (1102-2006-002634)

위와 같이 등기를 하기 위하여 직권으로 소유권보존등기를 하였으므로 「부동산등기규칙」 제53조에 의하여 통지합니다.

2011년 9월 28일

서울중앙지방법원 등기국
등기관

이을동
서울특별시 서초구 서초동 100

[별지 제8호]

각통 제 38 호(전산)

확인서(공증서)에 의한 등기완료통지서

접 수 일 자: 2011년 9월 14일

접 수 번 호: 3456

등 기 목 적: 소유권 이전

등기원인및일자: 2011년 9월 13일 매매

권   리   자: 김갑동

(주민)등록번호: 701102-×××××××

주   소: 서울특별시 서초구 서초동 200

부 동 산 소 재 [토지] 서울특별시 서초구 서초동 111 (1102-2006-002634)

　　등기필정보의 부존재(등기필증의 멸실)로 확인서(공증서)를 첨부하여 위와 같이 등기를 완료하였으므로 「부동산등기규칙」 제53조에 의하여 통지합니다.

2011년 9월 28일

서울중앙지방법원 등기국
등기관

이을동
서울특별시 서초구 서초동 100

3. 등기원인을 증명하는 정보의 반환

신청서에 첨부된 규칙 제46조 제1항 제1호의 등기원인을 증명하는 정보를 담고 있는 서면이 법률행위의 성립을 증명하는 서면이거나 그 밖에 대법원예규로 정하는 서면일 때에는 등기관이 등기를 마친 후에 이를 신청인에게 돌려주어야 한다(규칙 제66조 제1항). 다만, 신청인이 위 서면을 등기를 마친 때부터 3개월 이내에 수령하지 아니할 경우에는 이를 폐기할 수 있다(규칙 제66조 제2항).

4. 대장소관청에의 소유권변경(등기완료)의 통지

(1) 통지의 대상

등기관이 다음의 등기를 완료한 때에는 그 뜻을 토지의 경우에는 지적공부소관청에, 건물의 경우에는 건축물대장소관청에 각각 통지하여야 한다.

① 소유권의 보존 또는 이전
② 소유권의 등기명의인표시의 변경 또는 경정
③ 소유권의 변경 또는 경정
④ 소유권의 말소 또는 말소회복

□ 소유권에 관한 가등기, 가압류, 가처분 등은 해당하지 않는다.

(2) 소유권변경 사실의 통지방법

법 제62조의 소유권변경 사실의 통지는 전산정보처리조직을 이용하여 할 수 있다(규칙 제120조). 소유권변경 사실의 통지는 「전자정부법」 제19조 제1항에 따라 행정정보공유센터에 전송하는 방식으로 한다.

5. 과세자료의 제공

(1) 송부대상인 등기

등기관이 소유권의 보존 또는 이전의 등기(가등기 포함)를 하였을 때에는 대법원규칙으로 정하는 바에 따라 지체 없이 그 사실을 부동산 소재지 관할 세무서장에게 통지하여야 한다.

(2) 송부방법

법 제63조의 과세자료의 제공은 전산정보처리조직을 이용하여 할 수 있다(규칙 제120조). 이 경우 과세자료의 정보 전송은 국세청 과세정보연계시스템에 전송하는 방식으로 한다.

02 기출 및 예상문제
CHAPTER

01 등기신청에 관한 설명으로 틀린 것은? (제34회)

① 정지조건이 붙은 유증을 원인으로 소유권이전등기를 신청하는 경우, 조건성취를 증명하는 서면을 첨부하여야 한다.

② 사립대학이 부동산을 기증받은 경우, 학교 명의로 소유권이전등기를 할 수 있다.

③ 법무사는 매매계약에 따른 소유권이전등기를 매도인과 매수인 쌍방을 대리하여 신청할 수 있다.

④ 법인 아닌 사단인 종중이 건물을 매수한 경우, 종중의 대표자는 종중 명의로 소유권이전등기를 신청할 수 있다.

⑤ 채권자대위권에 의한 등기신청의 경우, 대위채권자는 채무자의 등기신청권을 자기의 이름으로 행사한다.

> **해설** ② 사립대학이 부동산을 기증받은 경우, 학교 명의로 소유권이전등기를 할 수 없다. 학교는 등기명의인이 될수 없기 때문이다.
>
> **정답** ②

02 절차법상 등기권리자와 등기의무자를 옳게 설명한 것을 모두 고른 것은? (제31회)

ㄱ. 甲 소유로 등기된 토지에 설정된 乙 명의의 근저당권을 丙에게 이전하는 등기를 신청하는 경우, 등기의무자는 乙이다.

ㄴ. 甲에서 乙로, 乙에서 丙으로 순차로 소유권이전등기가 이루어졌으나 乙 명의의 등기가 원인무효임을 이유로 甲이 丙을 상대로 丙 명의의 등기 말소를 명하는 확정판결을 얻은 경우, 그 판결에 따른 등기에 있어서 등기권리자는 甲이다.

ㄷ. 채무자 甲에서 乙로 소유권이전등기가 이루어졌으나 甲의 채권자 丙이 등기원인이 사해행위임을 이유로 그 소유권이전등기의 말소판결을 받은 경우, 그 판결에 따른 등기에 있어서 등기권리자는 甲이다.

① ㄴ   ② ㄷ   ③ ㄱ, ㄴ

④ ㄱ, ㄷ   ⑤ ㄴ, ㄷ

ㄱ. 근저당권의 이전등기의 당사자는 근저당권의 양도인이 등기의무자이고 양수인이 등기권리자이다. 따라서 등기의무자는 乙이다.
ㄴ. 丙 명의의 등기 말소를 하는 경우에 절차법상 丙이 등기의무자이고 등기부상 다시 소유권을 회복하는 乙이 등기권리자이다.
ㄷ. 乙 명의의 등기를 말소하는 것이므로 절차법상 乙이 등기의무자이고 등기부상 다시 소유권을 회복하는 甲이 등기권리자이다.

정답 ④

03 단독으로 등기신청할 수 있는 것을 모두 고른 것은? (단, 판결 등 집행권원에 의한 신청은 제외함)
제32회

> ㄱ. 가등기명의인의 가등기말소등기 신청
> ㄴ. 토지를 수용한 한국토지주택공사의 소유권이전등기 신청
> ㄷ. 근저당권의 채권최고액을 감액하는 근저당권자의 변경등기 신청
> ㄹ. 포괄유증을 원인으로 하는 수증자의 소유권이전등기 신청

① ㄱ　　　　　② ㄱ, ㄴ　　　　　③ ㄴ, ㄷ
④ ㄱ, ㄷ, ㄹ　　　⑤ ㄴ, ㄷ, ㄹ

 ㄱ. 가등기명의인은 단독으로 가등기의 말소를 신청할 수 있다.(법 제93조①)
ㄴ. 수용으로 인한 소유권이전등기는 등기권리자가 단독으로 신청할 수 있다.(법 제99조①)
ㄷ. 근저당권의 채권최고액을 감액하는 근저당권의 변경등기는 등기권리자와 등기의무자가 공동으로 신청하여야 한다.
ㄹ. 유증으로 인한 소유권이전등기는 포괄유증이나 특정유증을 불문하고 수증자를 등기권리자, 유언집행자 또는 상속인을 등기의무자로 하여 공동으로 신청하여야 한다. [등기예규 제1024호]

정답 ②

04 등기신청을 위한 첨부정보에 옳은 것을 모두 고른 것은? （제34회）

> ㄱ. 토지에 대한 표시변경등기를 신청하는 경우, 등기원인을 증명하는 정보로서 토지대장정
>   보를 제공하면 된다.
> ㄴ. 매매를 원인으로 소유권이전등기를 신청하는 경우, 등기의무자의 주소를 증명하는 정보도
>   제공하여야 한다.
> ㄷ. 상속등기를 신청하면서 등기원인을 증명하는 정보로서 상속인 전원이 참여한 공정증서에
>   의한 상속재산분할협의서를 제공하는 경우, 상속인들의 인감증명을 제출할 필요가 없다.
> ㄹ. 농지에 대한 소유권이전등기를 신청하는 경우, 등기원인을 증명하는 정보가 집행력 있는
>   판결인 때에는 특별한 사정이 없는 한 농지취득자격증명을 첨부하지 않아도 된다.

① ㄱ, ㄴ　　　　　② ㄷ, ㄹ　　　　　③ ㄱ, ㄴ, ㄷ
④ ㄱ, ㄷ, ㄹ　　　　⑤ ㄴ, ㄷ, ㄹ

해설 ③ ㄱ, ㄴ, ㄷ.은 옳은 지문이다. 다만 ㄹ. 농지에 대한 소유권이전등기를 신청하는 경우, 등기원인을 증명
하는 정보가 집행력 있는 판결이라고 하더라도 농지취득자격증명은 첨부하여야 한다.

정답 ③

05 부동산등기에 관한 설명으로 옳은 것은? （제31회）

① 저당권부채권에 대한 질권의 설정등기는 할 수 없다.
② 등기기록 중 다른 구(區)에서 한 등기 상호간에는 등기한 권리의 순위는 순위번호에 따른다.
③ 대표자가 있는 법인 아닌 재단에 속하는 부동산의 등기에 관하여는 그 대표자를 등기권리자
   또는 등기의무자로 한다.
④ 甲이 그 소유 부동산을 乙에게 매도하고 사망한 경우, 甲의 단독상속인 丙은 등기의무자로서
   甲과 乙의 매매를 원인으로 하여 甲으로부터 乙로의 이전등기를 신청할 수 있다.
⑤ 구분건물로서 그 대지권의 변경이 있는 경우에는 구분건물의 소유권의 등기명의인은 1동의
   건물에 속하는 다른 구분건물의 소유권의 등기명의인을 대위하여 그 변경등기를 신청할 수
   없다.

① 저당권부채권에 대한 질권의 설정등기는 저당권등기에 부기등기로 할 수 있다.
② 등기기록 중 다른 구(區)에서 한 등기 상호간에는 등기한 권리의 순위는 접수번호에 따른다.
③ 대표자가 있는 법인 아닌 재단에 속하는 부동산의 등기에 관하여는 그 재단을 등기권리자 또는 등기의 무자로 한다.
④ 당사자가 사망한 경우 포괄승계인이 상대방과 공동으로 등기신청을 할 수 있다.
⑤ 구분건물로서 그 대지권의 변경이 있는 경우에는 구분건물의 소유권의 등기명의인은 1동의 건물에 속하는 다른 구분건물의 소유권의 등기명의인을 대위하여 그 변경등기를 신청할 수 있다.

정답 ④

06 채권자 甲이 채권자대위권에 의하여 채무자 乙을 대위하여 등기신청하는 경우에 관한 설명으로 옳은 것을 모두 고른 것은? 제31회

> ㄱ. 乙에게 등기신청권이 없으면 甲은 대위등기를 신청할 수 없다.
> ㄴ. 대위등기신청에서는 乙이 등기신청인이다.
> ㄷ. 대위등기를 신청할 때 대위원인을 증명하는 정보를 첨부하여야 한다.
> ㄹ. 대위신청에 따른 등기를 한 경우, 등기관은 乙에게 등기완료의 통지를 하여야 한다.

① ㄱ, ㄴ   ② ㄱ, ㄷ   ③ ㄴ, ㄹ
④ ㄱ, ㄷ, ㄹ   ⑤ ㄴ, ㄷ, ㄹ

ㄴ. 채권자가 신청인이므로 대위등기신청에서는 채권자 甲이 등기신청인이다.

정답 ④

07 부동산등기용등록번호에 관한 설명으로 옳은 것은? 〔제27회〕

① 법인의 등록번호는 주된 사무소 소재지를 관할하는 시장, 군수 또는 구청장이 부여한다.
② 주민등록번호가 없는 재외국민의 등록번호는 대법원 소재지 관할 등기소의 등기관이 부여한다.
③ 외국인의 등록번호는 체류지를 관할하는 시장, 군수 또는 구청장이 부여한다.
④ 법인 아닌 사단의 등록번호는 주된 사무소 소재지 관할 등기소의 등기관이 부여한다.
⑤ 국내에 영업소나 사무소의 설치 등기를 하지 아니한 외국법인의 등록번호는 국토교통부장관이 지정·고시한다.

 해설
① 법인의 등록번호는 주된 사무소(회사의 경우에는 본점, 외국법인의 경우에는 국내에 최초로 설치 등기를 한 영업소나 사무소를 말한다) 소재지 관할 등기소의 등기관이 부여한다.
③ 외국인의 등록번호는 체류지(국내에 체류지가 없는 경우에는 대법원 소재지에 체류지가 있는 것으로 본다)를 관할하는 지방출입국·외국인관서의 장이 부여한다.
④⑤ 법인 아닌 사단이나 재단 및 국내에 영업소나 사무소의 설치 등기를 하지 아니한 외국법인의 등록번호는 시장, 군수 또는 구청장이 부여한다.

정답 ②

08 법인 아닌 사단이 등기신청을 하는 경우, 등기소에 제공하여야 할 정보에 관한 설명으로 틀린 것은? 〔제26회〕

① 대표자의 성명, 주소 및 주민등록번호를 신청정보의 내용으로 제공하여야 한다.
② 법인 아닌 사단이 등기권리자인 경우, 사원총회결의가 있었음을 증명하는 정보를 첨부정보로 제공하여야 한다.
③ 등기되어 있는 대표자가 등기를 신청하는 경우, 대표자임을 증명하는 정보를 첨부정보로 제공할 필요가 없다.
④ 대표자의 주소 및 주민등록번호를 증명하는 정보를 첨부정보로 제공하여야 한다.
⑤ 정관이나 그 밖의 규약의 정보를 첨부정보로 제공하여야 한다.

해설
사원총회결의가 있었음을 증명하는 정보는 법인 아닌 사단이 등기의무자인 경우에 제공하고 등기권리자인 경우에는 제공할 필요가 없다.

정답 ②

09 등기신청의 각하사유에 해당하는 것을 모두 고른 것은? 〈제29회〉

> ㄱ. 매매로 인한 소유권이전등기 이후에 환매특약등기를 신청한 경우
> ㄴ. 관공서의 공매처분으로 인한 권리이전의 등기를 매수인이 신청한 경우
> ㄷ. 전세권의 양도금지 특약을 등기신청한 경우
> ㄹ. 소유권이전등기의무자의 등기기록상 주소가 신청정보의 주소로 변경된 사실이 명백한 때

① ㄱ, ㄴ   ② ㄴ, ㄷ   ③ ㄷ, ㄹ
④ ㄱ, ㄴ, ㄷ   ⑤ ㄱ, ㄴ, ㄷ, ㄹ

해설 ㄱ. 환매특약등기는 매매로 인한 소유권이전등기와 동시에 신청하여야 한다. 이를 위반한 경우 법 제29조 2호에 의하여 각하한다.
　ㄴ. 관공서의 공매처분으로 인한 권리이전의 등기는 관공서의 촉탁에 의하여 실행하고 이를 매수인이 신청한 경우, 법 제29조2호에 의하여 각하한다.
　ㄷ. 전세권의 양도금지 특약은 임의적 등기사항으로서 등기할 수 있다.
　ㄹ. 소유권이전등기의무자의 등기기록상 주소가 신청정보의 주소로 변경된 사실이 명백한 때에는 등기관이 주소변경등기를 직권으로 할 수 있다.

정답 ①

10 등기절차에 관한 설명으로 옳은 것은? 〈제27회〉

① 등기관의 처분에 대한 이의는 집행정지의 효력이 있다.
② 소유권이전등기신청시 등기의무자의 주소증명정보는 등기소에 제공하지 않는다.
③ 지방자치단체가 등기권리자인 경우, 등기관은 등기필정보를 작성·통지하지 않는다.
④ 자격자대리인이 아닌 사람도 타인을 대리하여 전자신청을 할 수 있다.
⑤ 전세권설정범위가 건물 전부인 경우, 전세권설정등기 신청시 건물도면을 첨부정보로서 등기소에 제공해야 한다.

해설 ① 등기관의 처분에 대한 이의는 집행정지의 효력이 없다.
　② 소유권이전등기신청시 등기의무자의 주소증명정보를 등기소에 제공하여야 한다.
　④ 자격자대리인이 아닌 사람은 타인을 대리하여 전자신청을 할 수 없다.
　⑤ 전세권설정범위가 건물 일부인 경우, 전세권설정등기 신청시 건물도면을 첨부정보로서 등기소에 제공해야 한다.

정답 ③

11 다음 중 등기원인에 약정이 있더라도 등기기록에 기록할 수 <u>없는</u> 사항은? 〔제35회〕

① 지상권의 존속기간
② 지역권의 지료
③ 전세권의 위약금
④ 임차권의 차임지급시기
⑤ 저당권부 채권의 이자지급장소

해설 ② 지역권의 지료는 법률의 규정이 없으므로 등기사항에 해당하지 아니한다.

 정답 ②

12 등기권리자와 등기의무자가 공동으로 등기신청을 해야하는 것은? (단, 판결 등 집행권원에 의한 등기신청은 제외함) 〔제35회〕

① 소유권보존등기의 말소등기를 신청하는 경우
② 법인의 합병으로 인한 포괄승계에 따른 등기를 신청하는 경우
③ 등기명의인표시의 경정등기를 신청하는 경우
④ 토지를 수용한 사업시행자가 수용으로 인한 소유권이전 등기를 신청하는 경우
⑤ 변제로 인한 피담보채권의 소멸에 의해 근저당권설정등기의 말소등기를 신청하는 경우

해설 ⑤ 변제로 인한 피담보채권의 소멸에 의해 근저당권설정등기의 말소등기를 신청하는 경우는 공동신청에 의한다.

정답 ⑤

13 등기소에 제공해야 하는 부동산등기의 신청정보와 첨부정보에 관한 설명으로 **틀린** 것은?

제35회

① 등기원인을 증명하는 정보가 등기절차의 인수를 명하는 집행력 있는 판결인 경우, 승소한 등기의무자는 등기신청시 등기필정보를 제공할 필요가 없다.

② 대리인에 의하여 등기를 신청하는 경우, 신청정보의 내용으로 대리인의 성명과 주소를 제공해야 한다.

③ 매매를 원인으로 소유권이전등기를 신청하는 경우, 등기 의무자의 주소 또는 사무소 소재지를 증명하는 정보를 제공해야 한다.

④ 등기상 이해관계 있는 제3자의 승낙이 필요한 경우, 이를 증명하는 정보 또는 이에 대항할 수 있는 재판이 있음을 증명하는 정보를 첨부정보로 제공해야 한다.

⑤ 첨부정보가 외국어로 작성된 경우에는 그 번역문을 붙여야 한다.

> **해설** | ① 등기원인을 증명하는 정보가 등기절차의 인수를 명하는 집행력 있는 판결인 경우, 승소한 등기의무자는 등기신청시 등기필정보를 제공하여야 한다.
>
> 정답 ①

14 등기신청의 각하사유로서 '사건이 등기할 것이 아닌 경우'를 모두 고른 것은?

제35회

> ㄱ. 구분건물의 전유부분과 대지사용권의 분리처분 금지에 위반한 등기를 신청한 경우
> ㄴ. 농지를 전세권설정의 목적으로 하는 등기를 신청한 경우
> ㄷ. 공동상속인 중 일부가 자신의 상속지분만에 대한 상속등기를 신청한 경우
> ㄹ. 소유권 외의 권리가 등기되어 있는 일반건물에 대해 멸실등기를 신청한 경우

① ㄱ, ㄴ   ② ㄴ, ㄹ   ③ ㄷ, ㄹ
④ ㄱ, ㄴ, ㄷ   ⑤ ㄱ, ㄴ, ㄷ, ㄹ

> **해설** | ㄹ. 소유권 외의 권리가 등기되어 있는 일반건물에 대해 멸실등기를 신청한 경우는 등기사항에 해당한다.
>
> 정답 ④

03 CHAPTER 각종 권리에 관한 등기절차

- 등기기록의 갑구와 을구에 하는 권리에 관한 등기를 학습하는 장이다. 출제 빈도가 가장 높은 부분이며 매년 평균적으로 5문제 정도 출제되고 있다.
- 소유권보존등기는 매년 거의 출제되고 있으며 소유권이전등기는 등기원인(수용,신탁등)별로 특징들을 정리 하여야 한다. 최근에는 공동소유에 관한 등기도 출제빈도가 높아지고 있다.
- 소유권외의 권리는 용익권과 담보권에서 각1문제씩 출제되고 있다. 특히 최근에는 저당권과 근저당권의 등기 사항에 대하여 자주 출제되고 있다. 각 권리별 등기사항은 반드시 숙지하여야 하는 내용이다.

1 소유권에 관한 등기

1. 소유권의 보존등기 제21회, 제23회, 제24회, 제25회, 제26회, 제27회, 제29회, 제30회, 제33회, 제34회

(1) 의의

① 소유권의 보존등기는 미등기의 특정의 토지 또는 건물에 관하여 최초로 행하는 등기를 말한다. 보존등기는 새로이 등기기록을 개설하여 표제부에는 부동산의 표시에 관한 사항을 기록하고, 갑구에는 소유권에 관한 사항을 기록하는 것이다. 다만, 미등기의 부동산이 공유일 때에는 공유 자 중 1인의 지분만에 대한 소유권보존등기는 허용되지 아니한다. 그러나 공유자 전원이 보존등 기를 신청하거나, 공유물의 보존행위로서 공유자 중 1인이 공유자 전원 명의로 소유권보존등기 를 신청할 수는 있다.

② 소유권보존등기를 하는 경우
- ㉠ 부동산을 원시취득한 경우(건물의 신축 또는 공유수면의 매립)
- ㉡ 미등기부동산의 소유권에 대한 처분제한 등기의 촉탁에 의한 직권보존등기
- ㉢ 규약상 공용부분의 등기를 말소하고 당해 전유부분을 취득한 경우

(2) 보존등기신청인

① 토지소유권보존등기: 미등기 토지의 소유권보존등기는 다음에 해당하는 자가 이를 신청할 수 있다.
- ㉠ 대장등본에 의하여 소유권보존등기를 신청할 수 있는 자는 대장에 최초의 소유자로 등록되 어 있는 자 또는 그 상속인, 그 밖의 포괄승계인(포괄적 수증자, 법인이 합병된 경우 존속 또는 신설법인, 법인이 분할된 경우 분할 후 법인 등)이어야 한다.

ⓐ 대장상 소유자로 등록되어 있는 자는 직접 자기 명의로, 피상속인의 명의로 등록된 경우에는 직접 상속인 명의로 소유권보존등기를 신청할 수 있다.

ⓑ 대장정보에 의하여 소유권보존등기를 신청할 수 있는 자는 원칙적으로 대장에 최초의 소유자로 등록되어 있는 자이어야 하며, 대장상 이전등록을 받은 자는 이에 해당하지 아니한다. 다만, 미등기 토지의 지적공부상 '국'으로부터 소유권이전등록을 받은 경우에는 이전등록받은 자 앞으로 소유권보존등기를 신청할 수 있다.

ⓒ 유증의 목적부동산이 미등기인 경우 포괄유증의 경우에는 포괄적 수증자가 단독으로 소유권보존등기를 신청할 수 있다.

ⓛ 판결에 의하여 자기의 소유권을 증명하는 자

ⓐ 판결의 종류: 여기의 판결은 그 토지가 등기신청인의 소유임을 인정하는 취지가 포함되어 있는 확정판결이어야 하며, 이러한 판결인 한 확인판결이든 이행판결이든 형성판결이든 판결의 종류는 불문한다(화해조서, 조정조서 등도 포함). 따라서 무권리자 명의의 소유권보존등기를 말소하라는 소송을 제기하여 소유권보존등기의 말소를 명하는 판결을 받은 경우라도 그 판결이유 중에 승소한 원고의 소유임을 인정하는 이유가 기록되어 있는 때에는 기존의 소유권보존등기(피고 명의)를 말소한 후 원고 명의로 소유권보존등기를 할 수 있다. 또한, 토지대장상 공유인 미등기 토지에 대한 공유물분할의 판결(형성판결)도 마찬가지이다. 다만, 이 경우에는 공유물분할의 판결에 따라 토지의 분필절차를 먼저 거친 후에 보존등기를 신청하여야 한다.

ⓑ 판결의 상대방: 소유자의 등재가 없거나 또는 소유자표시에 일부 누락이 있어 소유자를 특정할 수 없는 경우에는 국가를 상대로 판결을 받아 보존등기를 신청할 수 있다.

ⓒ 수용으로 인하여 소유권을 취득하였음을 증명하는 자

② 건물소유권보존등기: 미등기 건물의 소유권보존등기는 다음에 해당하는 자가 이를 신청할 수 있다.

ⓛ 건축물대장에 최초의 소유자로 등록되어 있는 자 또는 그 상속인, 그 밖의 포괄승계인

ⓐ 대장정보에 의하여 소유권보존등기를 신청할 수 있는 자는 원칙적으로 건축물대장상 최초의 소유자로 등록되어 있는 자이어야 하며, 대장상 이전등록을 받은 자는 이에 해당하지 아니한다.

ⓑ 대장상 피상속인의 명의로 등록된 경우에는 직접 상속인 명의로 소유권보존등기를 신청할 수 있다.

ⓒ 유증의 목적부동산이 미등기인 경우 포괄유증의 경우에는 포괄적 수증자가 단독으로 소유권보존등기를 신청할 수 있다.

　　　ⓛ 판결에 의하여 자기의 소유권을 증명하는 자

　　　　　ⓐ 판결의 종류: 여기서의 판결은 그 미등기 건물이 등기신청인의 소유임을 인정하는 취지가 포함되어 있는 확정판결이어야 하며, 이러한 판결인 한 확인판결이든 이행판결이든 형성판결이든 판결의 종류는 불문한다(화해조서, 조정조서 등도 포함). 따라서 무권리자 명의의 소유권보존등기를 말소하라는 소송을 제기하여 소유권보존등기의 말소를 명하는 판결(이행판결)을 받은 경우라도 그 판결이유 중에 승소한 원고의 소유임을 인정하는 이유가 기록되어 있는 때에는 기존의 소유권보존등기(피고 명의)를 말소한 후 원고 명의로 소유권보존등기를 할 수 있다.

　　　　　ⓑ 판결의 상대방: 건축물대장상 소유자표시란이 공란으로 되어 있거나 또는 소유자표시에 일부 누락이 있어 소유자를 특정할 수 없는 경우에는 관할 시장·군수·구청장을 상대로 하여 당해 건물이 그의 소유임을 확인하는 판결을 받아 보존등기를 신청할 수 있다(1999.2.22, 등기선례). 즉, 토지와는 달리 건물에 있어서는 국가를 상대로 한 소유권확인판결은 여기에 해당하는 판결이 아니다(판례).

　　　ⓒ 수용으로 인하여 소유권을 취득하였음을 증명하는 자: 미등기 건물을 수용한 기업자는 직접 자기 명의로 소유권보존등기를 신청 또는 촉탁할 수 있다.

　　　ⓔ 특별자치도지사, 시장, 군수 또는 구청장(자치구의 구청장을 말한다)의 확인에 의하여 자기의 소유권을 증명하는 자(건물의 경우로 한정한다): 증명정보로서 아래의 요건을 구비하여야 한다.

　　　ⓐ 건물의 소재, 지번, 구조, 종류, 면적 등 건물의 표시

　　　ⓑ 건물의 소유자나 명칭과 주소지 또는 사무소 소재지의 표시

　　　ⓒ 사실확인서 등으로서 건물의 소재, 지번, 구조, 종류, 면적 등 건물의 표시와 건물의 소유자나 명칭과 주소지 또는 사무소 소재지의 표시 및 건물이 완성되어 존재한다는 사실이 기록되어 있어야 한다.

(3) 신청절차

　① 신청정보 기록사항: 신청정보에는 일반적인 기록사항 이외에 신청근거조항을 기록하여야 한다. 다만, 등기원인과 그 연월일은 기록하지 아니한다.

　② 첨부정보

　　　㉠ 신청인의 소유권을 증명하는 정보: 소유권보존등기를 신청하는 자는 소유자임을 증명하는 정보로서 대장정보, 상속을 증명하는 정보(가족관계등록부), 판결정본 및 확정증명, 수용증명정보(협의성립확인서 또는 재결서등본, 보상 또는 공탁증명정보) 등을 제공하여야 한다. 주의할 것은 관공서가 소유권보존등기를 촉탁하는 경우에도 소유권을 증명하는 정보를 첨부하여야 한다는 점이다.

　　　㉡ 등기원인을 증명하는 정보(관공서의 촉탁인 경우에도 첨부)

　　　㉢ 신청인의 주소증명정보

　　㉣ 신청인의 주민등록번호 또는 부동산등기용등록번호증명정보

　　㉤ 토지의 경우에는 토지표시를 증명하는 토지(임야)대장정보, 건물의 경우에는 건물의 표시를
　　　증명하는 건축물대장정보 기타의 정보

③ **첨부할 필요가 없는 정보**: 등기의무자의 권리에 관한 등기필정보, 인감증명, 등기원인에 대한
　　제3자의 허가·동의·승낙을 증명하는 정보는 첨부하지 아니한다.

소유권보존등기의 기재례

【표 제 부】 (토지의 표시)					
표시 번호	접 수	소재지번	지 목	면 적	등기원인 및 기타사항
1	1992년 3월 5일	서울특별시 은평구 응암동 2	대	350m²	

【갑 구】 (소유권에 관한 사항)				
순위 번호	등기목적	접 수	등기 원인	권리자 및 기타사항
1	소유권 보존	1992년 3월 5일 제3005호		소유자 홍길동 590114-××××××× 서울특별시 강남구 역삼동 37

2. 직권에 의한 소유권보존등기

(1) 직권보존등기를 할 수 있는 경우

미등기부동산에 대하여 다음과 같은 소유권처분제한의 등기촉탁이 있는 경우에는 그러한 등기를
실행하기 위하여 먼저 등기관이 직권으로 소유권보존등기를 하여야 한다.

① 가압류등기, 처분금지가처분등기

② 강제경매개시결정등기

③ 주택임차권등기명령, 상가건물임차권등기명령

▫ 미등기부동산에 대하여 체납처분에 의한 압류등기를 촉탁하는 경우에는 직권으로 보존등기를 할 수는 없고, 세무서장이
　체납자 명의의 소유권보존등기를 대위촉탁하여야 한다(국세징수법 제45조).

(2) 첨부정보

강제경매개시결정등본, 가압류, 처분금지가처분결정등본 등을 등기원인을 증명하는 정보로서 제공
하여야 한다.

① 미등기 토지: 채무자 명의로 등기할 수 있는 정보. 즉, 채무자의 소유권을 증명할 수 있는 서류
② 미등기 건물

    ㉠ 소유자의 주소 및 주민등록번호(부동산등기용등록번호)증명정보
    ㉡ 집행법원에서 인정한 건물의 소재, 지번, 구조, 면적 증명정보[단, 구분건물의 일부에 대한 처분 제한의 등기촉탁의 경우에는 1동 건물 전부에 대한 구조, 면적을 증명하는 정보 및 1동 건물의 소재도, 각 층의 평면도, 구분한 건물(전유부분)의 평면도를 첨부]

(3) 등기실행

① 처분제한의 등기촉탁서에 「건축법」상 사용승인을 받아야 할 건물로서 사용승인을 받지 않았다는 취지가 기록된 등기촉탁이 있는 경우에는 등기부 중 표제부에 '「건축법」상 사용승인을 받지 않은 사실'을 적어야 한다. 이 경우 그 건물에 대하여 「건축법」상 사용승인이 이루어진 경우에는 그 건물의 소유권등기의 명의인은 1월 이내에 '사용승인을 받지 않은 사실'의 기록에 대한 말소 등기를 신청하여야 한다(이 경우에는 신청정보에 건축물대장정보를 첨부한다).
② 구분건물의 경우 미등기인 1동의 건물의 일부 구분건물에 대한 소유권처분제한의 등기촉탁이 있는 경우에는 해당 구분건물에 대한 보존등기와 동시에 나머지 구분건물의 표시에 관한 등기를 직권으로 한다.
③ 가압류등기촉탁으로 등기관이 직권으로 보존등기를 한 경우, 그 가압류등기의 말소촉탁이 있더라도 보존등기는 말소하지 않는다.

3. 소유권의 이전등기 제20~27회, 제29회, 제31~35회

(1) 의의

① 소유권이전등기는 법률행위(매매, 증여, 교환 등) 또는 법률의 규정(상속, 판결, 수용, 경매 등)으로 인하여 타인에게 소유권을 이전하는 경우에 이를 공시하기 위하여 행하는 등기를 말하는데, 소유권이전등기절차는 본서 「등기절차 총론」에서 설명한 일반원칙에 따라 등기권리자와 등기의무자가 공동으로 신청하는 것을 원칙으로 한다.
② 소유권이전등기신청 시 일반적으로 첨부할 정보로는 등기원인을 증명하는 정보, 등기의무자의 인감증명, 신청인의 주소증명정보, 대장정보, 신청인의 주민등록번호 또는 부동산등기용등록번호증명정보 등을 들 수 있다. 특히 계약을 원인으로 하는 소유권이전등기는 계약서에 검인을 받아 반대급부의 이행이 완료되거나(쌍무계약), 계약의 효력을 발생한 날(편무계약)로부터 60일 이내에 이를 신청하여야 한다. 또한 매매에 관한 거래계약서를 등기원인정보로 하여 소유권이전 등기를 신청하는 경우에는 신청정보에 거래신고필증에 기록된 거래가액을 기록하여야 하고, 거래신고필증과 매매목록을 제공하여야 한다.

(2) 소유권 일부의 이전등기

① 소유권의 일부(지분) 이전

　㉠ 단독소유권의 일부지분을 이전하여 공유로 하는 경우

　㉡ 공유자가 자기지분의 전부를 제3자에게 이전하는 경우

　㉢ 공유지분의 일부를 제3자에게 이전하는 경우 등

② 소유부동산의 특정 일부 이전등기: 부동산의 특정 일부에 대한 소유권이전등기를 하기 위해서는 반드시 분필등기를 거친 후 이를 하여야 한다. 1필의 토지 중 특정부분에 대하여 소유권이전등기를 명하는 판결을 받아 그에 따른 소유권이전등기를 하는 경우에도 같다. 즉, 1필지의 토지 중 일부를 특정하여 소유권이전등기를 명하는 판결이 확정되어 그에 따른 이전등기를 하기 위하여 그 특정부분을 분필함으로써 분할한 토지의 지번이 분필 전의 토지의 지번과 달라진 경우에도 그 판결을 등기원인을 증명하는 정보로 하여 분할한 토지에 대한 소유권이전등기를 신청할 수 있다.

③ 소유권 일부의 이전등기를 신청할 때에는 신청정보에 그 지분을 표시하고, 등기원인에 공유물분할금지약정이 있는 때에는 이를 기록하여야 한다. 공유물 분할금지약정의 변경등기는 공유자 전원이 공동으로 신청하여야 한다.

(3) 매매 등 계약을 원인으로 한 소유권이전등기

① 이전등기 시기: 부동산의 매매란 당사자 일방인 매도인이 부동산의 소유권을 상대방인 매수인에게 이전할 것을 약정하고 매수인이 그 대금을 지급할 것을 약정함으로써 성립하는 유상의 쌍무계약을 말한다. 여기서 부동산의 소유권 이전을 내용으로 하는 계약이 양 당사자가 의무를 부담하는 쌍무계약일 경우에는 반대급부의 이행이 완료된 날부터, 계약당사자의 일방만이 의무를 부담하는 편무계약의 경우에는 계약의 효력이 발생한 날부터 60일 이내에 소유권이전등기 신청의무를 진다. 계약을 등기원인으로 하여 소유권이전등기를 신청할 때에는 계약의 일자 및 종류를 묻지 않고 검인을 받은 계약서의 원본 또는 판결서의 정본을 등기원인을 증명하는 정보로 제공하여야 한다.

② 이전등기절차

　㉠ 신청인

　　ⓐ 매도인이 등기의무자가 되고 매수인이 등기권리자가 되어 공동으로 출석하여 소유권이전등기를 신청하여야 한다. 당사자 중 일방이 등기신청하기 전에 사망하여 상속이 개시된 경우 그 상속인이 타방과 함께 공동으로 매매로 인한 소유권이전등기를 신청하여야 한다 (상속인에 의한 등기).

　　ⓑ 다만, 당사자 중 일방이 등기신청절차에 협력하지 않는 때에는 타방은 판결(이행판결)을 구하여 등기권리자로서 단독에 의한 이전등기를 신청할 수 있다.

ⓒ 신청정보

ⓐ 부동산표시를 기록하여야 하는데 그 표시는 등기부상 부동산표시와 일치하여야 하고 등기원인을 증명하는 정보상의 부동산표시와 일치하여야 한다.

ⓑ 등기원인은 구체적인 계약을 기록하고 등기원인일자는 계약체결일자를 기록한다. 등기의무자가 매도인의 상속인인 경우에는 피상속인과의 계약체결일자를 등기원인일자로 기록한다.

ⓒ 건물과 분리처분할 수 없는 대지권이 있는 경우에는 건물의 소유권이전등기신청 시 대지권을 표시하여야 한다. 단, 규약으로 분리처분할 수 있다고 정한 경우에는 대지권을 기록하지 아니한다.

ⓓ 기타 등기목적, 권리소멸에 관한 약정, 등록세, 관할 등기소, 신청정보의 제공연월일 등을 기록한다.

ⓔ 특히 매매로 인한 경우에는 부동산거래신고가액을 기록하여야 한다.

ⓒ 등기원인을 증명하는 정보

ⓐ 매매로 인한 소유권이전등기를 신청하는 경우에는 등기원인을 증명하는 정보로서 검인받은 매매계약서를 제공하여야 한다.

ⓑ 매매계약서에는 부동산의 표시가 있어야 하며 그 표시는 등기부상의 표시와 일치하여야 한다. 비록 엄격히는 일치하지 않는다고 하더라도 동일성은 인정되어야 한다.

ⓒ 구분건물과 대지권이 함께 이전의 목적인 경우 계약서상에는 대지권에 관한 구체적인 표시는 없더라도 그 대지권이 포함된 취지는 표시되어야 한다.

ⓓ 매매계약서와 신청정보상의 당사자표시는 일치하여야 한다.

ⓔ 매매로 인한 소유권이전등기신청 시에는 매도인이 소유권의 취득등기 후에 받은 등기필정보를 제공하여야 한다.

ⓜ 등기원인에 관하여 제3자의 허가·동의·승낙을 요하는 경우에는 이를 증명하는 정보를 제공하여야 한다. 허가·동의·승낙의 정보를 첨부하는 경우에는 정보를 작성한 제3자의 진의를 확보하기 위하여 그의 인감증명서를 제공하여야 한다.

ⓗ 대리인에 의한 등기신청의 경우에는 대리권한을 증명하는 정보를 제공하여야 한다.

ⓢ 신청인의 주소를 증명하는 정보를 제공하여야 하는데, 공동신청의 경우에는 등기권리자와 등기의무자 모두의 정보를 제공하여야 한다. 판결·상속·경매·공매처분으로 인하여 등기권리자가 단독으로 신청하거나 관공서가 촉탁하는 경우에는 등기권리자의 정보만 첨부한다.

ⓞ 기타 매도인의 인감증명서, 대장정보 등을 제공하여야 한다.

ⓩ 2006년 1월 1일 이후에 작성된 매매계약서를 등기원인을 증명하는 정보로 하여 소유권이전등기를 신청하는 경우에는 거래가액이 기록된 거래신고필증과 매매목록(1개의 신고필증에 2개 이상의 부동산이 기재되어 있는 경우등)을 제공하여야 한다.

참고학습 **거래가액 등기에 관한 업무처리지침(등기예규 제1395호)**

1. **거래가액 등기의 대상**

   부동산거래의 투명성을 확보하기 위하여 매매계약서를 등기원인을 증명하는 정보로 하여 소유권이전등기를 신청하는 경우에는 거래신고필증에 기록된 거래가액을 등기신청정보에 기록하고, 신청정보에 기록된 거래가액을 부동산등기부 갑구의 권리자 및 기타사항란에 기록하도록 하고 있다.

   (1) 원칙

   거래가액은 2006년 1월 1일 이후 작성된 매매계약서를 등기원인증서로 하여 소유권이전등기를 신청하는 경우에 등기한다. 그러므로 아래의 경우에는 거래가액을 등기하지 않는다.

   ① 2006년 1월 1일 이전에 작성된 매매계약서에 의한 등기신청을 하는 때

   ② 등기원인이 매매라 하더라도 등기원인증서가 판결, 조정조서 등 매매계약서가 아닌 때

   ③ 매매계약서를 등기원인증서로 제출하면서 소유권이전등기가 아닌 소유권이전청구권가등기를 신청하는 때

   (2) 소유권이전청구권가등기에 의한 본등기를 신청하는 경우: 매매예약을 원인으로 한 소유권이전청구권가등기에 의한 본등기를 신청하는 때에는, 매매계약서를 등기원인증서로 제출하지 않는다 하더라도 거래가액을 등기한다.

2. **신청서 기재사항 및 첨부서면 등**

   거래가액 등기의 대상이 되는 소유권이전등기를 신청하는 경우에는, 신청서에 관할 관청이 확인한 거래신고일련번호를 기재하여야 하고, 아래 (1) 및 (2)의 규정에 따른 신고필증과 매매목록을 첨부하여야 한다.

   (1) 신고필증

   신고필증에는 거래신고일련번호, 거래당사자, 거래가액, 목적부동산이 표시되어 있어야 한다.

   (2) 매매목록

   ① 매매목록의 제출이 필요한 경우: 아래의 어느 하나에 해당하는 경우에는 매매목록을 제출하여야 한다.

   ㉠ 1개의 신고필증에 2개 이상의 부동산이 기재되어 있는 경우(1개의 계약서에 의해 2개 이상의 부동산을 거래한 경우라 하더라도, 관할 관청이 달라 개개의 부동산에 관하여 각각 신고한 경우에는 매매목록을 작성할 필요가 없다)

   ㉡ 신고필증에 기재되어 있는 부동산이 1개라 하더라도 수인과 수인 사이의 매매인 경우

   ② 작성례: 신청서에 첨부하는 매매목록의 작성례는 별지 1과 같다.

3. **거래가액의 등기**

   (1) 권리자 및 기타사항란에 기록

   신고필증에 기재된 금액을 등기부 중 갑구의 권리자 및 기타사항란에 거래가액으로 기록한다.

   (2) 매매목록이 제출된 경우

   ① 매매목록이 신청서에 첨부된 경우에는 등기부 중 갑구의 권리자 및 기타사항란에 매매목록번호를 기록하고, 매매목록에는 목록번호, 거래가액, 부동산의 일련번호, 부동산의 표시, 순위번호, 등기원인을 전자적으로 기록한다. 다만, 매매목록에 기록된 부동산 중 소유권이전등기를 하지 아니한 부동산이 있는 경우에는 순위번호를 기록하지 않는다.

   ② 위 ①의 매매목록번호는 전산정보처리조직에 의하여 자동으로 부여되며 1년마다 갱신한다. 매매목록이 동일한 경우에는 동일한 매매목록번호를 부여한다.

   ③ 거래가액 등기에 관한 기록례는 별지 2와 같다.

[별지 1]

1. 1개의 신고필증에 여러 개의 부동산이 기재되어 있는 경우

매 매 목 록	
거래가액	금 500,000,000원
일련번호	부동산의 표시
1	[토지] 서울특별시 강남구 신사동 153
2	[건물] 서울특별시 강남구 신사동 153

※ 주: 1) 여러 개의 부동산 중 1개에 대한 등기신청이 있는 경우에도 매매목록을 작성한다.
　　　 2) 지분이 매매의 목적인 경우 그 지분은 표시하지 아니한다.

2. 하나의 부동산에 관하여 수인의 매도인과 수인의 매수인이 매매계약을 체결한 경우(1개의 매매계약서에 의하여 2건의 등기신청을 하는 경우)

매 매 목 록	
거래가액	금 500,000,000원
일련번호	부동산의 표시
1	[토지] 서울특별시 강남구 신사동 153
2	[토지] 서울특별시 강남구 신사동 153

※ 주: 매도인별로 신청하는 경우에는 매도인의 수만큼, 매수인별로 신청하는 경우에는 매수인의
수만큼 반복해서 부동산의 표시를 한다.

[별지 2]

1. 1개의 신고필증에 1개의 부동산이 기재되어 있는 경우(토지 서울특별시 강남구 신사동 53)

【갑 구】 (소유권에 관한 사항)				
순위 번호	등기목적	접 수	등기원인	권리자 및 기타사항
2	소유권 이전	2005년 5월 10일 제5500호	2005년 5월 9일 매매	소유자 이갑동 330102-××××××× 서울시 중구 다동6
3	소유권 이전	2006년 6월 5일 제8000호	2006년 6월 4일 매매	소유자 홍길동 450320-××××××× 서울시 강남구 개포동 100 현대 1차 아파트 5동 502호 거래가액 금 300,000,000원

2. 1개의 신고필증에 여러 개의 부동산이 기재되어 있는 경우(토지 서울특별시 강남구 신사동 153)

【갑 구】 (소유권에 관한 사항)				
순위 번호	등기목적	접 수	등기원인	권리자 및 기타사항
2	소유권 이전	2005년 5월 10일 제5501호	2005년 5월 9일 매매	소유자 이갑동 330102-××××××× 서울시 중구 다동6
3	소유권 이전	2006년 6월 5일 제8001호	2006년 6월 4일 매매	소유자 홍길동 450320-××××××× 서울시 강남구 개포동 100 현대 1차 아파트 5동 502호 매매목록 제2006-101호

(건물 서울특별시 강남구 신사동 153)

【갑 구】 (소유권에 관한 사항)				
순위 번호	등기목적	접 수	등기원인	권리자 및 기타사항
2	소유권 이전	2005년 5월 10일 제5501호	2005년 5월 9일 매매	소유자 이갑동 330102-××××××× 서울시 중구 다동6
3	소유권 이전	2006년 6월 5일 제8001호	2006년 6월 4일 매매	소유자 홍길동 450320-××××××× 서울시 강남구 개포동 100 현대 1차 아파트 5동 502호 매매목록 제2006-101호

(매매목록 제2006-101호)

매 매 목 록				
목록번호	2006-101			
거래가액	금 500,000,000원			
일련번호	부동산의 표시	순위번호	예비란	
			등기원인	경정원인
1	[토지] 서울특별시 강남구 신사동 153	3	2006년 6월 4일 매매	
2	[건물] 서울특별시 강남구 신사동 153	3	2006년 6월 4일 매매	

※ 주: 1) 여러 개의 부동산 중 1개에 대한 등기신청이 있는 경우에도 매매목록을 작성한다.

   2) 지분이 매매의 목적인 경우 그 지분은 표시하지 아니한다.

   3) 미등기 부동산인 경우에는 순위번호를 기록하지 아니한다.

3. 하나의 부동산에 수인의 매도인과 수인의 매수인이 매매계약을 체결한 경우

(토지 서울특별시 강남구 신사동 233)

【갑 구】 (소유권에 관한 사항)				
순위 번호	등기목적	접 수	등기원인	권리자 및 기타사항
2	소유권 이전	2005년 5월 10일 제5502호	2005년 5월 9일 매매	공유자 지분 2분의 1 이갑동 330102-×××××× 　서울시 중구 다동 6 지분 2분의 1 김삼남 500112-×××××× 　서울시 중구 회현동 9
3	2번 이갑동 지분 2분의 1 중 일부(4분의 1), 2번 김삼남 지분 2분의 1 중 일부(4분의 1) 이전	2006년 6월 5일 제8002호	2006년 6월 4일 매매	공유자 지분 2분의 1 홍길동 450320-×××××× 　서울시 강남구 개포동 100 　현대 1차 아파트 5동 502호 매매목록 제2006-102호
4	2번 이갑동 지분 전부, 2번 김삼남 지분 전부 이전	2006년 6월 5일 제8003호	2006년 6월 4일 매매	공유자 지분 2분의 1 성춘향 470410-×××××× 　서울시 중구 회현동 120 매매목록 제2006-102호

(매매목록 제2006-102호)

매 매 목 록					
목록번호	2006-102				
거래가액	금 300,000,000원				
일련번호	부동산의 표시	순위번호	예비란		
			등기원인	경정원인	
1	[토지] 서울특별시 강남구 신사동 233	3	2006년 6월 4일 매매		
2	[건물] 서울특별시 강남구 신사동 233	4	2006년 6월 4일 매매		

4. 매매목록에 기재한 거래가액을 경정한 경우

(소유권이전등기 시 작성한 매매목록 제2006-101호)

매 매 목 록					
목록번호	2006-101				
거래가액	금 500,000,000원				
일련번호	부동산의 표시	순위번호	예비란		
			등기원인	경정원인	
1	[토지] 서울특별시 강남구 신사동 153	3	2006년 6월 4일 매매		
2	[토지] 서울특별시 강남구 신사동 153	3	2006년 6월 4일 매매		

(소유권이전등기 후 거래가액을 경정한 매매목록 제2006-101호)

매 매 목 록					
목록번호	2006-101				
거래가액	금 ~~500,000,000원~~				
	금 600,000,000원		2006년 6월 6일 경정		
일련번호	부동산의 표시	순위번호	예비란		
			등기원인	경정원인	
1	[토지] 서울특별시 강남구 신사동 153	3	2006년 6월 4일 매매		
2	[건물] 서울특별시 강남구 신사동 153	3	2006년 6월 4일 매매		

(4) 수용을 원인으로 한 토지의 소유권이전등기

① **신청인:** 등기권리자인 기업자는 단독으로 소유권이전등기를 신청할 수 있으며, 관공서가 기업자인 때에는 그 관공서가 소유권이전등기를 촉탁하여야 한다.

② **신청절차**

    ㉠ **신청정보 기록사항:** 등기원인은 '토지수용'으로, 등기원인일자는 '수용의 개시일'을 각각 기록한다. 토지수용위원회의 재결로 존속이 인정된 권리가 있는 때에는 이를 기록하여야 한다.

    ㉡ **첨부정보:** 협의성립확인서(또는 협의성립공정증서) 또는 재결서등본, 보상금수령증 원본 또는 공탁서 원본도 제공하여야 한다. 등기의무자의 권리에 관한 등기필정보는 제공을 요하지 아니한다.

③ **대위등기신청:** 토지수용으로 인한 소유권이전등기를 신청함에 있어 필요한 때에는 기업자는 등기명의인 또는 상속인을 갈음하여 토지의 표시 또는 등기명의인의 표시변경이나 경정, 상속등기를 대위신청(촉탁)할 수 있다.

④ **다른 권리의 직권말소:** 수용으로 인한 소유권 이전의 등기신청 또는 촉탁이 있는 경우에 그 부동산의 등기기록 중 소유권 또는 소유권 이외의 권리에 관한 등기가 있는 때에는 등기관은 그 등기를 직권으로 말소하여야 한다.

    ㉠ 다만, 그 부동산을 위하여 존재하는 지역권의 등기 또는 토지수용위원회의 재결로써 존속이 인정된 권리의 등기는 직권말소의 대상이 아니다.

    ㉡ 또한 수용의 날 이전에 경료된 소유권보존등기와 수용의 날 이전에 경료된 소유권이전등기도 직권말소의 대상이 아니다.

    ㉢ 수용개시일 이전에 발생한 상속을 원인으로 한 소유권이전등기는 수용개시일 이후에 경료되었다 하더라도 직권말소의 대상이 아니다.

⑤ **재결의 실효를 원인으로 하는 소유권이전등기의 말소신청:** 재결의 실효를 원인으로 하는 토지수용으로 인한 소유권이전등기의 말소등기신청은 수용으로 인하여 권리를 취득한 자가 등기의무자가 되고 수용 당시의 소유권 등기명의인이 등기권리자가 되어 공동으로 신청한다. 이로 인하여 소유권이전등기를 말소한 때에는 등기관은 토지수용으로 인하여 말소한 소유권 이외의 권리등기 등은 직권으로 회복하여야 한다.

(5) 신탁을 원인으로 한 소유권이전등기

① **신탁의 의의:** 신탁이란 위탁자와 수탁자와의 신탁관계에 기하여 위탁자가 수탁자에게 재산권을 이전 기타 처분을 하고 수탁자는 수익자(위탁자 또는 신탁계약에서 정한 제3자가 수익자가 된다)를 위하여 그 재산권을 관리하는 법률관계로서, 대외적으로는 물론 대내적으로도 수탁자에게 권리가 이전하고 위탁자는 신탁계약에 따라 이익교부청구권만을 가진다.

    ㉠ 신탁재산의 소유권이 수탁자에게 이전하나 수탁자는 신탁의 목적을 위반한 처분은 하지 못한다. 만약 신탁의 목적을 위반하는 등기신청은 등기관이 각하하여야 한다.

　　ⓒ 신탁재산은 상속재산에 속하지 않는다.

　　ⓒ 수탁자가 여러 사람인 경우 신탁재산은 수탁자 간의 합유로 한다. 여러 명의 수탁자 중 1인이 그 임무가 종료된 경우 다른 수탁자는 단독으로 권리변경등기를 신청할 수 있다. 이 경우 다른 수탁자가 여러 명일 때에는 그 전원이 공동으로 신청하여야 한다.

　　ⓔ 신탁계약에 의하여 재산권 이전을 위한 등기를 하여도 신탁의 등기를 하지 않으면 신탁관계의 존재로서 제3자에 대항하지 못한다.

　　ⓜ 신탁재산이 수탁자의 고유재산이 되었을 때에는 그 뜻의 등기를 주등기로 하여야 한다.

　　ⓗ 신탁재산의 일부가 처분되었거나 신탁의 일부가 종료되어 권리이전등기와 함께 신탁등기의 변경등기를 할 때에는 하나의 순위번호를 사용하고, 처분 또는 종료 후의 수탁자의 지분을 기록하여야 한다.

② 신탁등기

　　⊙ 신탁재산에 속하는 부동산의 신탁등기는 수탁자가 단독으로 신청한다. 신탁등기의 신청은 해당 부동산에 관한 권리의 설정등기, 보존등기, 이전등기 또는 변경등기의 신청과 동시에 하여야 한다.

　　ⓒ 수탁자가 타인에게 신탁재산에 대하여 신탁을 설정하는 경우 해당 신탁재산에 속하는 부동산에 관한 권리이전등기에 대하여는 새로운 신탁의 수탁자를 등기권리자로 하고 원래 신탁의 수탁자를 등기의무자로 한다. 이 경우 해당 신탁재산에 속하는 부동산의 신탁등기는 새로운 신탁의 수탁자가 단독으로 신청한다.

　　ⓒ 수익자나 위탁자는 수탁자를 대위하여 신탁등기를 단독으로 신청할 수 있다. 위 경우는 신탁등기의 신청은 해당 부동산에 관한 권리의 설정등기, 보존등기, 이전등기 또는 변경등기의 신청과 동시에 신청할 필요는 없다.

　　ⓔ 신탁재산의 일부가 처분되었거나 신탁의 일부가 종료되어 권리이전등기와 함께 신탁등기의 변경등기를 할 때에는 하나의 순위번호를 사용하고, 처분 또는 종료 후의 수탁자의 지분을 기록하여야 한다.

③ 직권에 의한 신탁변경등기: 등기관이 신탁재산에 속하는 부동산에 관한 권리에 대하여 다음 어느 하나에 해당하는 등기를 할 경우 직권으로 그 부동산에 관한 신탁원부 기록의 변경등기를 하여야 한다.

　　⊙ 수탁자의 변경으로 인한 이전등기

　　ⓒ 여러 명의 수탁자 중 1인의 임무 종료로 인한 변경등기

　　ⓒ 수탁자인 등기명의인의 성명 및 주소(법인인 경우에는 그 명칭 및 사무소 소재지를 말한다)에 관한 변경등기 또는 경정등기

④ 촉탁에 의한 신탁변경등기

　　⊙ 법원은 수탁자 해임의 재판, 신탁관리인의 선임 또는 해임의 재판, 신탁변경의 재판을 한 경우 지체 없이 신탁원부 기록의 변경등기를 등기소에 촉탁하여야 한다.

ⓒ 법무부장관은 수탁자를 직권으로 해임한 경우, 신탁관리인을 직권으로 선임하거나 해임한 경우, 신탁내용의 변경을 명한 경우 지체 없이 신탁원부 기록의 변경등기를 등기소에 촉탁하여야 한다.

ⓒ 등기관이 위 ㉠ⓒ에 따라 법원 또는 주무관청의 촉탁에 의하여 수탁자 해임에 관한 신탁원부 기록의 변경등기를 하였을 때에는 직권으로 등기기록에 수탁자 해임의 뜻을 부기하여야 한다.

⑤ 첨부정보

㉠ 신탁원부: 등기관이 신탁등기를 할 때에는 신탁원부(信託原簿)를 작성하고, 등기기록에는 신청서의 필요적 기록사항 외에 그 신탁원부의 번호 및 신탁재산에 속하는 부동산의 거래에 관한 주의사항을 기록하여야 한다(25년시행 및 신설). 여러 개의 부동산에 관하여 1건의 신청정보로 일괄하여 신탁등기를 신청하는 경우에는 각 부동산별로 신탁원부를 제공하여야 한다.

㉡ 등기원인을 증명하는 정보: 신탁행위에 의한 신탁등기를 신청하는 경우에는 당해 부동산에 대하여 신탁행위가 있었음을 증명하는 정보(신탁계약서 등)를 등기원인을 증명하는 정보로서 제공하여야 하고, 특히 신탁계약에 의하여 소유권을 이전하는 경우에는 등기원인을 증명하는 정보에 검인을 받아 제공하여야 한다.

⑥ 신탁등기의 말소

㉠ 신탁재산에 속한 권리가 이전, 변경 또는 소멸됨에 따라 신탁재산에 속하지 아니하게 된 경우 신탁등기의 말소신청은 신탁된 권리의 이전등기, 변경등기 또는 말소등기의 신청과 동시에 하여야 한다.

㉡ 신탁등기의 말소등기는 수탁자가 단독으로 신청할 수 있다.

신탁등기의 기재례

【갑 구】 (소유권에 관한 사항)				
순위번호	등기목적	접 수	등기원인	권리자 및 기타사항
1	소유권 보존	1985년 6월 5일 제5789호		소유자 홍길동 490616-×××××× 서울특별시 마포구 염리동 81-49
2	소유권 이전	1985년 11월 10일 제37890호	1985년 11월 8일 신탁	수탁자 박을순 790804-×××××× 서울특별시 마포구 염리동 24-6
				신탁등기 신탁원부 제15호

(6) 상속을 원인으로 한 소유권이전등기

① 의의: 상속이라 함은 피상속인의 사망으로 피상속인에게 속하였던 모든 재산상 권리와 의무(일신에 전속한 권리는 제외된다)를 승계하는 것을 말한다. 상속은 피상속인의 사망으로 개시되고, 상속으로 인한 부동산물권의 취득은 등기를 요하지 아니하나, 이를 처분하기 위해서는 등기를 하여야 한다.

② 신청인

⊙ 상속으로 인한 등기는 등기권리자(상속인)만으로 이를 신청할 수 있다. 예컨대, 상속받은 권리가 소유권이면 소유권이전등기를, 전세권이면 전세권이전등기를 상속인이 단독신청할 수 있다.

ⓒ 주의할 것은 상속인이 수인인 경우 공동상속인 중 1인이 자기지분에 대하여만 상속등기를 신청할 수는 없다.

ⓒ 다만, 상속인 중 1인은 공유물보존행위에 준하여 상속인 전원을 위한 상속등기를 신청할 수는 있으며, 이 경우 상속인 중 1인은 상속인 전원을 위한 상속등기를 법무사에게 적법하게 위임할 수도 있다.

③ 신청정보의 기록사항

⊙ 등기원인: 상속을 원인으로 한 소유권이전등기신청에 있어서 등기원인은 '상속'으로 기록한다. 다만, 협의분할을 원인으로 한 소유권이전등기의 경우에는 '협의분할로 인한 상속'으로 기록하며, 상속등기 후의 협의분할에 의한 소유권경정등기의 경우에도 '협의분할로 인한 상속'으로 기록한다.

ⓒ 등기원인일자: 상속을 원인으로 한 소유권이전등기 및 협의분할을 원인으로 한 소유권이전등기의 경우에는 등기원인일자를 '피상속인의 사망일'로 기록한다. 상속은 피상속인이 사망한 날부터 개시되므로 협의에 의하여 분할하더라도 그것은 재산상속에 의한 소유권 이전이기 때문이다(1982.4.13, 등기예규 제438호). 그러나 상속등기 후의 협의분할에 의한 소유권경정등기의 경우에는 '협의분할일'로 기록한다.

구분	상속을 원인으로 한 소유권이전등기	협의분할을 원인으로 한 소유권이전등기	상속등기 후의 협의분할에 의한 소유권경정등기
등기신청인	단독신청	단독신청	공동신청
등기원인	상속	협의분할로 인한 상속	협의분할로 인한 상속
등기원인일자	피상속인의 사망일	피상속인의 사망일	협의분할일

ⓒ 주의할 것은 법정상속분에 의하여 상속등기를 한 후에 다시 상속인들이 상속재산의 협의분할을 할 수도 있다. 이러한 경우에는 상속인들이 소유권경정등기를 신청하여야 한다. 이 소유권경정 등기는 상속을 받기로 한 상속인이 단독으로 신청할 수는 없고, 등기부상 권리를 상실하는 자가 등기의무자, 권리를 취득하는 자가 등기권리자가 되어 공동으로 신청하여야 한다.

④ 첨부정보: 상속등기를 신청함에 있어 주요 첨부정보는 아래와 같다.
  ㉠ 상속을 증명하는 시·구·읍·면장의 정보 등
  ㉡ 주민등록번호를 증명하는 정보
  ㉢ 상속인의 주소증명정보
  ㉣ 대장정보
  ㉤ 상속재산분할협의서(공동상속인 간에 분할협의가 성립된 때에는 상속재산분할협의서와 분할협의서에 날인한 상속인 전원의 인감증명도 첨부)
  ㉥ 상속을 포기한 자가 있는 때에는 가정법원의 상속포기수리증명서

(7) 유증을 원인으로 한 소유권이전등기

① 신청인: 유증으로 인한 소유권이전등기는 포괄유증, 특정유증을 불문하고 수증자를 등기권리자, 유언집행자(또는 상속인)를 등기의무자로 하여 공동으로 신청하여야 한다. 등기원인은 '○년 ○월 ○일 유증'으로 기록하되, 그 연월일은 유증자의 사망일을 기록한다. 다만, 유증에 조건 또는 기한이 붙은 경우에는 그 조건이 성취한 날 또는 그 기한이 도래한 날을 기록한다.

② 유언집행자가 수인인 경우: 유언집행자가 수인인 경우에는 그 반수 이상의 유언집행자들이 수증자 명의의 소유권이전등기 절차에 동의하면 그 등기를 신청할 수 있다.

③ 수증자가 수인인 포괄유증의 경우: 수증자가 수인인 포괄유증의 경우에는 수증자 전원이 공동으로 신청하거나 각자가 자기지분에 대하여만 신청할 수 있다.

④ 등기의 실행
  ㉠ 유증을 원인으로 한 소유권이전등기는 포괄유증이든 특정유증이든 모두 상속등기를 거치지 않고 유증자로부터 직접 수증자 명의로 등기를 신청하여야 한다. 그러나 유증을 원인으로 한 소유권이전등기 전에 상속등기가 이미 마쳐진 경우에는 상속등기를 말소하지 않고 상속인으로부터 수증자에게로 유증을 원인으로 한 소유권이전등기를 신청할 수 있다.
  ㉡ 유증의 목적부동산이 미등기인 경우 포괄유증의 경우에는 포괄적 수증자가 단독으로 소유권보존등기를 신청할 수 있다. 그러나 특정유증의 경우에는 유증의 목적부동산이 미등기인 경우라도 특정유증을 받은 자는 소유권보존등기를 신청할 수 없고, 유언집행자가 상속인 명의로 소유권보존등기를 한 다음 유증으로 인한 소유권이전등기를 신청하여야 한다.

⑤ 유증으로 인한 소유권이전등기청구권보전의 가등기: 유증으로 인한 소유권이전등기청구권보전의 가등기는 유언자가 사망한 후인 경우에는 이를 수리하고, 유언자가 생존중인 경우에는 이를 수리하여서는 아니 된다.

⑥ **유류분과의 관계**: 유증으로 인한 소유권이전등기신청이 다른 상속인의 유류분을 침해하는 내용이라 하더라도 등기관은 이를 수리하여야 한다.

(8) 진정명의회복을 원인으로 한 소유권이전등기

① **의의**: 진정명의회복을 원인으로 하는 소유권이전등기라 함은 등기원인의 무효 등으로 인하여 현재의 등기명의인이 무권리자인 경우에 진정한 소유자가 자기 명의로 등기를 회복하려고 할 때, 무권리자 명의의 등기를 말소하지 아니하고 무권리자로부터 직접 소유권이전등기를 하는 것을 말한다.

② **신청인**: 자기 앞으로 소유권을 표상하는 등기가 되어 있었던 자 또는 지적공부상 소유자로 등록되어 있던 자로서 소유권보존등기를 신청할 수 있는 자가 현재의 등기명의인과 공동으로 '진정명의회복'을 원인으로 소유권이전등기를 신청할 수 있다. 만약 현재의 등기명의인이 등기신청에 협력하지 않으면 그자를 상대로 '진정명의회복'을 등기원인으로 한 소유권이전등기 절차의 이행을 명하는 판결을 받아 단독으로 신청할 수 있다. 등기권리자가 사망한 경우에는 그의 상속인도 이와 같은 등기를 신청할 수 있다.

③ **신청정보의 기록사항**: 신청정보에는 등기의 목적을 '소유권 이전'으로, 등기원인을 '진정명의회복'으로 기록하나 등기원인일자는 기록할 필요가 없다.

④ **첨부정보**: 토지거래허가증, 농지취득자격증명은 제공할 필요가 없으며, 계약을 원인으로 한 등기도 아니므로 판결서 등에 검인을 받을 필요도 없다(공동신청인 경우에는 등기원인을 증명하는 정보로서 제공하지 아니하나, 다만, 판결에 의하여 신청하는 경우에는 그 판결서 정본을 등기원인을 증명하는 정보로서 제공하여야 한다).

【갑 구】 (소유권에 관한 사항)				
순위번호	등기목적	접 수	등기원인	권리자 및 기타사항
3	소유권 이전	2007년 4월 9일 제2312호	진정명의회복	소유자 홍길동 431203-××××××× 서울특별시 강동구 천호동 34

4. 공동소유에 관한 등기 제29회, 제30회

(1) 의의

공동소유란 '하나의 물건을 2인 이상의 다수인이 공동으로 소유하는 것'을 말한다. 이러한 공동소유에는 그 다수인 사이의 인적 결합관계에 따라 공유·합유·총유의 세 가지 형태가 있다.

(2) 공유 및 공유물 분할 등기

① 의의

공유란 '하나의 물건이 지분에 의하여 수인의 공동소유로 된 것'을 말한다(민법 제262조 제1항). 부동산에 대한 공유는 공유의 합의 외에 '공유의 등기'와 '지분의 등기'하여야 한다(법 제48조 제4항 전단, 제67조 제1항 전문).

② 등기절차의 특칙

㉠ 2인 이상의 등기권리자가 공유하고자 하는 경우에는 신청정보의 내용으로 그 지분을 적어야 하고, 등기원인에 공유물의 분할금지의 약정이 있는 때에는 이를 적어야 한다.

㉡ 2인 이상인 공유인 미등기토지에 대하여 공유자 중 1인은 공유자 전원을 위하여 토지 전부에 대하여 소유권보존등기를 신청할 수 있다. 그러나 자기 지분만의 소유권보존등기는 신청할 수 없다.

㉢ '공유물분할의 금지약정의 등기의 변경등기'는 '공유자전원이 공동으로 신청'하여야 한다(법 제67조 제2항).

㉣ 1필의 공유지를 공유물분할등기 하기 위하여는 먼저 토지의 분할절차를 밟은 후 그 토지대장에 의하여 분필등기를 하여야 하고, 공유물분할을 원인으로 소유권이전 등기는 동시에 하지 않고도 각 분필등기된 부동산 별로 각각 독립하여 공동(등기 권리자와 등기의무자)신청할 수 있다(1984.3.21 등기예규 제514호).

㉤ 공유자 전원의 합의에 의해 지분비율과 다른 공유물분할절차에 따른 등기를 신청할 수 있다.

㉥ 공유물분할판결이 확정되면 그 소송 당사자는 원·피고인지 여부에 관계없이 그 확정판결을 첨부하여 등기권리자 단독으로 공유물분할을 원인으로 한 지분이전등기를 신청할 수 있다(2011.10.11 등기예규 제1383호).

㉦ 공유지분의 포기로 인한 지분의 귀속은 법률행위(단독행위)에 의한 물권의 취득이므로 등기를 해야 한다. 따라서 공유자 중 1인의 지분포기로 인한 등기는 포기하는 공유자를 등기의무자로 다른 공유자를 등기권리자로 하여 공동신청에 의한 공유지분이전등기의 방식에 의한다.

㉧ 공유자의 지분을 이전하는 경우에 등기목적의 기재방법은 다음과 같다(등기예규 제1313호).
가. 갑의 지분을 전부 이전하는 경우 등기의 목적은 "갑지분 전부이전"으로 기재한다.
나. 공유자인 갑의 지분을 일부 이전하는 경우 등기의 목적은 "갑지분 ○분의 ○중 일부(○분의 ○)이전"으로 기재하되, 이전하는 지분은 부동산 전체에 대한 지분을 명시하여 괄호안에 기재하여야 한다.

(3) 합유등기

① 의의

합유란 '법률의 규정 또는 계약에 의하여 수인이 조합체로서 물건을 소유하는 관계'를 말한다(민법 제271조 제1항). 민법상 조합체의 재산은 조합원 전원의 합유이므로 조합자체의 명의로는 등기를 할 수 없으며(조합의 등기당사자능력 부정), 조합원 전원의 '합유'로 등기를 하여야 한다.

② **등기절차의 특칙**

　㉠ 부동산에 대한 합유는 합유등기를 하여야 하며, 등기관은 등기기록의 갑구에 '합유라는 뜻'을 기록하여야 한다(법 제48조 제4항 후단). 따라서 합유등기에 있어서는 각 합유자의 지분을 표시하지 아니한다.

　㉡ 조합은 권리능력이 없으므로 조합을 채무자로 표시하여 근저당권설정등기를 할 수도 없다(1984.3.8 등기선례 1-59).

　㉢ 합유자가 2인인 경우에 그 중 1인이 사망한 때에는 잔존합유자는 자기의 단독소유로 하는 '합유명의인 변경등기'를 신청할 수 있다(1998.1.14 등기예규 제911호).

　㉣ 등기기록상 합유자의 일부가 교체되는 경우, 합유자 중 일부가 탈퇴 또는 추가된 경우, 또는 합유자 중 일부가 사망한 경우 등에는 합유지분이전등기가 아니라 '합유명의인 변경등기'를 하여야 한다(등기예규 제911호).

　㉤ 합유자 중 일부가 나머지 합유자들 전원의 동의를 얻어 그의 합유지분을 타에 매도 기타 처분할 수 있고(민법 제273조 제1항), 이 경우 잔존합유자 및 합유지분을 취득한 합유자의 합유로 하는 '합유명의인 변경등기'를 신청을 하여야 한다(등기예규 제911호).

(4) 총유

① **의의**

총유란 '법인이 아닌 사단의 사원이 집합체로서 물건을 소유하는 관계'를 말한다(민법 제275조). 부동산의 총유는 법인이 아닌 사단을 권리자(단독소유형태)로 하여 등기할 수 있다(법 제26조 제1항, 제2항).

② **등기절차의 특칙**

　㉠ 종중, 문중, 그 밖에 대표자나 관리인이 있는 법인 아닌 사단에 속하는 부동산의 등기에 관하여는 그 사단이나 재단을 등기권리자 또는 등기의무자로 하며, 그 등기는 그 사단이나 재단의 명의로 그 대표자나 관리인이 신청한다(법 제26조 제1항, 제2항).

　㉡ 법인 아닌 사단명의의 등기를 할 때에는 그 대표자나 관리인의 성명, 주소 및 주민등록번호를 함께 기록하여야 한다(법 제48조 제3항).

　㉢ 대표자나 관리인이 있는 법인 아닌 사단이 등기를 신청하는 경우에는 정관이나 그 밖의 규약, 대표자나 관리인임을 증명하는 정보(다만, 등기되어 있는 대표자나 관리인이 신청하는 경우에는 그러하지 아니함), 사원총회의 결의가 있음을 증명하는 정보(법인 아닌 사단이 등기의무자인 경우로 한정), 대표자나 관리인의 주소 및 주민등록번호를 증명하는 정보 등을 첨부정보로서 등기소에 제공하여야 한다(규칙 제48조).

공동소유	등기	비고
공유	공유등기(지분 등기)	단독소유권를 공유로 하거나, 공유자 수의 증감이 있는 것은 소유권의 일부이전등기이다.(명의인표시변경 ✕)
합유(조합원)	합유등기(지분 등기 ✕)	합유자 수의 증감이이 있는 것은 합유명의인 표시변경등기이다.(일부이전 ✕)
총유 (비법인사단의 구성원)	총유는 비법인사단의 단독소유로 등기(총유등기 ✕)	

2 환매권에 관한 등기 제35회

1. 환매의 의의

환매라 함은 매도인이 매매계약과 동시에 특약으로 환매할 권리를 보류하고, 일정기간 안에 그 환매권을 행사하여 목적물을 다시 사는 것을 의미한다(민법 제590조 제1항). 매매의 목적물이 부동산인 경우에 환매의 특약을 한 때에는, 매매를 원인으로 한 소유권이전등기와 동시에 환매권의 보류를 등기할 수 있고, 등기를 한 때에는 제3자에 대하여도 그 효력이 있다.

2. 환매특약등기의 절차

(1) 신청인

환매특약의 등기는 반드시 매도인이 등기권리자(즉, 제3자를 환매권자로 할 수는 없다), 매수인이 등기의무자가 되어 공동신청의 방법에 의하여 신청을 한다.

(2) 신청방법

환매특약의 등기는 환매특약부매매로 인한 소유권이전등기와 동시에 신청하여야 한다. 따라서 소유권이전등기와 환매특약등기에는 동일한 접수번호가 부여된다. 소유권이전등기와 환매특약등기는 동시에 신청하지만 신청정보는 별개로 작성하여야 한다.

(3) 신청정보의 기록사항

① 필요적 기록사항

㉠ 매수인이 지급한 대금: 매수인이 지급한 대금이란 매수인이 등기시점까지 현실적으로 매도인에게 지급한 매매대금을 말한다. 다만, 매매대금에 대한 이자는 특약이 없는 한 목적물로부터 발생하는 과실과 상계한 것으로 보므로, 이를 매매대금에 합산하지 아니한다.

ⓛ 매매비용: 매매비용이란 매수인이 지급한 인지대, 공정증서작성수수료, 측량비용, 감정비용 등을 말한다. 매매비용은 필요적 기록사항이므로 매매비용이 없는 경우에도 신청정보에 그 비용이 없다는 취지를 기록하여야 한다.

② 임의적 기록사항: 환매기간은 임의적 기록사항이므로 그 약정이 없는 때에는 이를 기록하지 않는다. 부동산의 환매기간은 5년의 범위 내에서 정하여야 하며, 5년을 초과하여 정하거나 이를 정하지 아니한 때에는 5년으로 한다. 다만, 신청정보에 환매기간을 5년을 초과하여 기록한 때에는 법 제29조 제2호에 의하여 각하하여야 한다.

(4) 첨부정보

① 등기원인을 증명하는 정보: 환매의 특약은 매매계약과 동시에 하여야 한다. 매매계약서와 별개의 신청정보에 의하여 환매특약을 한 경우에는 그 약정서를 등기원인을 증명하는 정보로 등기소에 제공한다. 그러나 두 계약을 동일한 서면으로 환매특약을 한 경우에는 매매계약서는 매매로 인한 소유권이전등기신청정보에 첨부정보로서 제공하고, 환매특약등기신청정보에서는 이를 원용하면 될 것이다.

② 등기의무자(매수인)의 등기필정보: 환매특약의 등기신청 당시에는 아직 '등기의무자(매수인)의 등기필정보'가 존재하지 아니하므로 등기의무자인 매수인의 등기필정보는 제공하지 아니한다.

③ 등기의무자(매수인)의 인감증명: 환매특약등기의 등기의무자인 매수인은 환매특약등기신청 시에는 아직 소유권의 등기명의인의 지위에 있지 아니하므로 그의 인감증명을 요하지 아니한다.

(5) 등기의 실행

환매특약의 등기는 매수인의 권리취득의 등기에 이를 부기하며, 양 등기의 접수연월일, 접수번호는 동일하게 부여된다.

3. 환매권 행사에 따른 소유권이전등기

(1) 소유권이전등기의 신청인

환매권 행사에 따른 소유권이전등기는 환매권부 매매의 매도인이 등기권리자가 되고, 환매권부 매매의 매수인이 등기의무자가 되어 공동으로 신청한다. 만약 환매권이 제3자에게 양도된 경우에는 그 양수인이 등기권리자가 되고, 환매특약등기 후 목적부동산이 제3자(전득자)에게 양도된 경우에는 그 전득자가 등기의무자가 된다.

(2) 환매특약등기 이후에 경료된 소유권 이외의 권리에 관한 등기의 말소

환매특약등기 이후 환매권 행사 전에 경료된 제3자 명의의 소유권 이외의 권리에 관한 등기의 말소등기는 일반원칙에 따라 공동신청에 의한다. 이 경우 말소등기에 있어서 등기권리자는 환매권 행사로 소유권을 취득한 자이고, 등기의무자는 소멸되는 권리의 등기명의인이다.

4. 환매특약등기의 말소등기

(1) 공동신청

환매특약의 해제·무효·취소 등의 사유가 있거나, 환매기간의 경과 또는 환매권의 포기 등으로 환매권이 소멸한 경우에는 환매권자와 현재의 등기부상 소유명의인이 공동으로 환매특약등기의 말소등기를 신청할 수 있다.

(2) 직권말소

환매권의 행사로 인하여 환매권자가 권리취득의 등기를 한 경우에는 등기관은 환매특약등기를 직권으로 말소한다.

3 지상권에 관한 등기

1. 지상권의 의의

지상권은 타인의 토지에서 건물, 기타의 공작물, 수목을 소유하기 위하여 그 토지를 사용할 수 있는 물권이다.

2. 지상권의 성질

(1) 타물권(他物權)

① 지상권은 '타인'의 토지에 대한 권리이다. 따라서 지상권과 토지 소유권이 동일인에게 귀속하는 때에는 원칙적으로 그 지상권은 혼동(混同)으로 소멸한다.

② 지상권은 타인의 '토지'에 대한 권리이다. 지상권의 객체인 토지는 1필의 토지 전부뿐만 아니라 1필의 토지의 일부라도 무방하다. 그러나 일부 공유자의 공유지분에는 설정할 수 없다.

③ 농지에 대하여도 건물 기타 공작물, 수목을 소유하기 위하여 지상권을 설정할 수 있으며, 지상에 건물이 건립되어 있는 토지에 대하여도 지상권설정등기를 할 수 있다.

(2) 건물 등의 소유를 위한 권리

지상권은 건물, 기타의 공작물, 수목을 소유하기 위한 권리이다. 공작물이라 함은 교량, 연못, 광고탑, 전주 등 지상공작물뿐만 아니라 지하철, 터널 등 지하공작물을 포함한다.

(3) 토지를 사용하는 권리

① 지상권은 타인의 토지를 사용하는 권리로서 용익물권의 일종이며, 지상권 설정 후 기존의 공작물이나 수목이 멸실하더라도 지상권은 존속할 수 있다.

② 지상권은 타인의 토지를 배타적으로 사용하는 용익물권이므로 동일한 토지부분에 이중의 지상
권설정등기를 하는 것은 허용되지 아니한다.

3. 신청인

(1) 공동신청

지상권은 지상권설정자가 등기의무자가 되고, 지상권자가 등기권리자가 되어 공동으로 신청한다.

(2) 단독신청

만약 등기의무자가 등기신청에 협력하지 아니하면 "지상권설정등기절차를 이행하라."는 취지의 이
행판결을 받아 등기권리자가 단독으로 신청할 수 있다.

4. 신청정보의 기록사항

(1) 필요적 기록사항

① 지상권 설정의 목적: 지상권 설정의 목적은 건물 기타 공작물이나 수목의 소유 중 어느 것을
목적으로 할 것인가를 명확히 기록하여야 한다. 특히 건물의 소유를 목적으로 하는 경우 건물의
종류에 따라 최단존속기간이 다르기 때문에 '목조건물의 소유', '철근콘크리트건물의 소유' 등과
같이 구체적으로 표시하여야 한다(민법 제280조, 제281조).

② 지상권 설정의 범위: 지상권의 설정 범위는 반드시 기록해야 하며, 토지의 전부인 경우에는 '토지
의 전부'라고 기록하고, 토지의 일부인 때에는 '동쪽 500m^2'와 같이 기록한다. 토지의 일부를
목적으로 하는 경우에는 그 목적인 부분을 표시한 도면을 제공하여야 하며 도면번호를 기록하여
야 한다. 도면은 지상권의 목적인 토지부분을 특정할 수 있을 정도이면 되고, 반드시 측량성과에
따라 정밀하게 작성된 것일 필요는 없다(1998.12.15, 등기선례).

(2) 임의적 기록사항

① 존속기간: 존속기간의 약정이 있으면 이것을 기록하고 약정이 없으면 기록하지 않아도 무방하다.
존속기간은 불확정기간으로도 정할 수 있으며, 따라서 "철탑존속기간으로 한다."라는 정함도
허용된다.

② 지료·지급시기: 지료·지급시기에 관하여 설정계약서에 그 약정이 있으면 신청정보에 이를 기록
하여야 한다.

参고학습 | **공유부동산의 경우**

1. 지상권은 용익물권으로서 공유지분을 목적으로 설정할 수 없는바, 다른 공유자의 동의를 받는다 하더라도 일부 공유자의 지분에 대하여는 이를 설정할 수 없다. 공유자는 공유물의 전부를 지분의 비율로 사용·수익할 수 있는 것이므로(민법 제263조), 일부 공유지분에 지상권을 설정할 수 있게 한다면 그 효력은 공유물의 전부에 미치게 되어 다른 공유자의 사용·수익권을 침해하기 때문이다.

2. 따라서 공유부동산에 대하여 지상권을 설정하기 위해서는 공유자 전원이 등기의무자가 되어 신청하여야 한다. 이는 구분지상권을 설정하는 경우에도 같다.

---

5. 구분지상권

(1) 의의

구분지상권은 토지의 지하 또는 지상의 공간을, 상하를 구분한 일정부분에서 건물 기타의 공작물을 소유하기 위하여 설정되는 지상권이다(민법 제289조의2 제1항 전단).

보충학습 | **계층적 구분건물 소유 목적의 구분지상권등기 금지**

예컨대 지하철, 지하상가 등의 지하공작물이나 각종의 탑, 고가도로와 같은 공중공작물을 소유하기 위하여 설정되는 것이다. 다만, 1동의 건물을 횡단적으로 구분한 경우에 상층의 건물은 하층의 건물에 의하여 물리적으로 지지되어 있으므로 상층의 구분건물을 소유하기 위하여 구분지상권의 설정등기는 할 수 없다.

(2) 신청정보 기록사항

① 지하 또는 지상에서 토지의 상하의 범위를 기록하여야 한다. 예컨대, '지표의 상(또는 하) ○○m 부터 상(또는 하) ○○m 사이의 공간' 또는 '목적토지의 지표상의 특정 지점을 기준으로 해서 그로부터 상(또는 하) ○○m부터 상(또는 하) ○○m 사이의 공간'이라고 구분표시할 수도 있다.

② 토지소유자의 사용권을 제한하는 특약을 하고 있을 때 그 특약의 내용을 기록하여야 한다(민법 제289조의2 제1항 후단).

(3) 첨부정보

① 다른 용익권자 등의 승낙서: 구분지상권을 설정하고자 하는 토지의 등기부에 그 토지를 사용하는 권리에 관한 등기(통상의 지상권, 전세권, 임차권 등)와 그 권리를 목적으로 하는 등기(통상의 지상권, 전세권, 임차권 등을 목적으로 하는 저당권 또는 처분제한의 등기)가 있는 때에는 신청정보에 이들의 승낙서를 제공하여야 한다.

② 도면(첨부하지 않는다): 지하 또는 공간의 일정한 범위에 대하여 구분지상권을 설정하는 경우에도 도면을 첨부하지 아니한다. 이는 신청정보 및 등기부의 기록에 의하여 그 설정범위가 명백히 나타나기 때문이다.

지상권설정등기의 기재례

1. 지상권설정등기 – 토지의 일부

【을 구】 (소유권 이외의 권리에 관한 사항)				
순위 번호	등기목적	접 수	등기원인	권리자 및 기타사항
1	지상권 설정	1988년 3월 15일 제3115호	1988년 3월 14일 설정계약	목 적 철근콘크리트조 건물의 소유 범 위 동남쪽 200m²

				존속기간 1988년 3월 14일부터 30년
				지 료 월 100,000원
				지급시기 매월 말일
				지상권자 박을순
				       780303-×××××××
				       구로구 구로동 53
				도면편철장 제3책 제8면

2. 구분지상권설정등기

【을 구】 (소유권 이외의 권리에 관한 사항)				
순위 번호	등기목적	접 수	등기원인	권리자 및 기타사항

1	지상권 설정	1988년 3월 15일
		제3115호
			1988년 3월 14일
			설정계약
				목 적 고가철도소유
				범 위 토지의 서북 간 ○○지점을 포함한
				       수평면을 기준으로 하여 지상 20m
				       부터 40m 사이
				존속기간 50년
				지상권자 서울특별시 411

4 지역권에 관한 등기 제19회, 제31회, 제35회

1. 지역권의 의의

지역권은 설정행위에서 정한 일정한 목적(통행, 인수 등)을 위하여 타인의 토지를 자기의 토지의 편익
에 이용하는 물권이다(민법 제291조). 편익을 얻는 토지를 요역지(要役地)라 하고, 편익을 주는 토지를
승역지(承役地)라 한다.

2. 등기신청절차

(1) 신청인

지역권은 승역지소유자가 등기의무자가 되고 요역지소유자가 등기권리자가 되어 공동으로 신청한다. 이 등기는 승역지의 관할 등기소에 신청하여야 한다. 또한 요역지소유토지에 대한 지상권자·전세권자·임차권자도 등기권리자가 될 수 있다.

(2) 신청정보의 기록사항

① 필요적 기록사항

㉠ 요역지, 승역지의 표시: 요역지는 1필의 토지이어야 하며 요역지의 일부를 위한 지역권을 설정하지 못한다. 그러나 승역지는 1필의 토지의 일부라도 무방하다. 신청정보에는 요역지와 승역지의 소재, 지번, 지목, 면적을 기록한다.

㉡ 지역권 설정의 목적: 승역지가 요역지에 제공하는 편익의 종류(통행, 용수, 관망 등)를 기록하여야 한다.

㉢ 지역권 설정의 범위: 1필의 토지(승역지) 전부에 대하여 지역권을 설정할 때에는 '토지의 전부'라고 기록하고, 승역지가 1필의 토지의 일부일 때에는 '남쪽 500m²'라고 기록한다. 특히 토지의 일부에 지역권을 설정할 때에는 신청정보에 도면 위에 목적부분을 표시하여 제공하여야 하며 도면번호를 기록하여야 한다.

② 임의적 기록사항

㉠ 특약사항: 지역권이 요역지소유권의 처분에 수반하지 아니한다는 특약(민법 제292조 제1항), 용수승역지의 수량공급을 달리하는 특약(민법 제297조 제1항), 승역지소유자의 수선의무 등 부담의 특약(민법 제298조) 등이 있는 때에는 이를 신청정보에 기록한다.

㉡ 지료·존속기간: 지료나 존속기간에 대하여는 「부동산등기법」상 등기할 수 있는 근거규정이 없으므로, 이를 지역권설정계약서에 기록하였다 하더라도 등기할 사항에 해당하지 아니한다.

3. 등기의 실행

(1) 승역지의 등기기록

지역권설정등기는 승역지를 관할하는 등기소에 이를 신청하여야 하고, 승역지등기기록 을구 권리자 및 기타사항란에 기록하며, 요역지의 표시는 소재·지번만을 기록한다.

(2) 요역지의 등기기록

① 승역지의 등기기록에 지역권설정등기를 한 등기관은 요역지의 등기기록 중 을구 권리자 및 기타사항란(을구)에 순위번호, 등기목적, 승역지, 지역권 설정의 목적, 범위, 등기연월일을 직권으로 기록하여야 한다.

② 등기관이 승역지에 지역권변경 또는 말소의 등기를 하였을 때에는 직권으로 요역지의 등기기록에 변경 또는 말소의 등기를 하여야 한다.(25년시행 및 개정)

지역권설정등기의 기재례

1. 통행지역권 – 승역지

		【을 구】(소유권 이외의 권리에 관한 사항)			
순위번호	등기목적	접 수	등기원인	권리자 및 기타사항
1	지역권 설정	1988년 3월 15일 제3115호	1988년 3월 14일 설정계약	목 적 통행 범 위 동측 50m² 요역지 고양군 원당면 신원리 5 도면편철장 제6책 제8면

2. 통행지역권의 설정 – 요역지(동일 등기소 관내일 때)

		【을 구】(소유권 이외의 권리에 관한 사항)			
순위번호	등기목적	접 수	등기원인	권리자 및 기타사항
1	요역지 지역권			승역지 고양군 원당면 신원리 6 목 적 통행 범 위 동측 50m²

3. 통행지역권 – 요역지(다른 등기소 관내일 때)

		【을 구】(소유권 이외의 권리에 관한 사항)			
순위번호	등기목적	접 수	등기원인	권리자 및 기타사항
1	요역지 지역권	1988년 3월 15일 제3115호		승역지 고양군 원당면 신원리 6 목 적 통행 범 위 동측 50m²

5 전세권에 관한 등기 제21회, 제25회, 제26회, 제27회, 제32회, 제33회, 제34회

1. 전세권의 의의

전세권이라 함은 전세금을 지급하고 타인의 부동산을 점유하여 그 부동산의 용도에 따라 사용·수익하며, 그 부동산으로부터 전세금의 우선변제를 받을 수 있는 권리를 말한다(민법 제303조). 전세권의 객체인 부동산은 1필의 토지 전부 또는 1동의 건물 전부는 물론, 그 일부라도 무방하다. 다만, 공유지분과 지분의 성질을 갖는 대지권에 대하여는 전세권설정등기를 할 수 없으며, 농지에 대하여도 전세권을 설정할 수 없다(민법 제303조 제2항).

2. 전세권설정등기

(1) 신청인

① **공동신청**: 전세권은 전세권설정자가 등기의무자가 되고 전세권자가 등기권리자가 되어 공동으로 신청한다.

② **단독신청**: 만약 등기의무자가 등기신청에 협력하지 아니하면 "전세권설정등기절차를 이행하라."는 취지의 이행판결을 받아 등기권리자가 단독으로 신청할 수 있다.

③ **공유부동산의 경우**

　㉠ 전세권은 용익물권으로서 공유지분을 목적으로 설정할 수 없는바, 다른 공유자의 동의를 받는다 하더라도 일부 공유자의 지분에 대하여는 이를 설정할 수 없다. 공유자는 공유물의 전부를 지분의 비율로 사용·수익할 수 있는 것이므로(민법 제263조), 일부 공유지분에 전세권을 설정할 수 있게 한다면 그 효력은 공유물의 전부에 미치게 되므로 다른 공유자의 사용·수익권을 침해하기 때문이다.

　㉡ 따라서 공유부동산에 대하여 전세권을 설정하기 위해서는 공유자 전원이 등기의무자가 되고, 전세권자가 등기권리자가 되어 신청하여야 한다.

④ **전세금반환채권의 일부양도에 따른 전세권 일부이전등기**

　㉠ 등기관이 전세금반환채권의 일부 양도를 원인으로 한 전세권 일부이전등기를 할 때에는 양도액을 기록한다.

　㉡ 전세권 일부이전등기의 신청은 전세권의 존속기간의 만료 전에는 할 수 없다. 다만, 존속기간 만료 전이라도 해당 전세권이 소멸하였음을 증명하여 신청하는 경우에는 그러하지 아니하다.

⑤ **공동전세의 경우**: 여러 개의 부동산에 관한 권리를 목적으로 하는 전세권설정의 등기를 하는 경우에는 공동담보와 공동담보목록에 관한 규정(법 제78조)이 준용된다(법 제72조 제2항). 즉, 각 부동산의 등기기록 중 해당등기의 끝부분에 그 부동산이 다른 부동산과 함께 전세권의 목적으로 제공된 뜻을 기록하여야 하고, '부동산이 5개 이상일 때'에는 등기관이 공동전세목록을 작성하여 각 부동산의 등기기록에 공동전세목록의 번호를 기록한다.

2025 공인중개사 대비
EBS ●● 랜드하나 공인중개사 기본서

(2) 신청정보 기록사항

① 필요적 기록사항
㉠ 전세금 또는 전전세금: 전세금 또는 전전세금은 전세권의 요소이므로 신청정보에 반드시 기록하여야 한다.
㉡ 전세권의 목적범위: 신청정보에는 전세권의 목적인 토지 또는 건물의 범위를 기록하여야 한다. 부동산의 일부가 전세권의 목적인 때에는 그 목적부분을 명확히 특정하여 신청정보에 기록하고, 지적도 또는 건물의 도면을 첨부하여야 하며 도면번호를 기록하여야 한다.
② 임의적 기록사항: 등기원인에 존속기간, 위약금이나 배상금의 약정, 전세권의 양도금지, 담보제공금지, 전전세금지, 임대차금지 등의 특약이 등기원인을 증명하는 정보에 기록되어 있는 때에는 이를 신청정보에 기록하여야 한다.

(3) 첨부정보

① 등기원인을 증명하는 정보: 당사자의 약정에 의하여 전세권설정등기를 신청하는 경우에는 전세권설정계약서를 첨부하여야 하고, 판결에 의하여 이를 단독신청하는 경우에는 판결정본과 확정증명서를 등기원인을 증명하는 정보로서 제공하여야 한다.
② 도면 제공: 부동산의 일부에 전세권을 설정하는 경우에는 도면을 제공하여야 한다. 다만, 전세권의 목적인 범위가 건물의 일부로서 '특정층 전부'인 때에는 그 도면을 첨부정보로서 제공할 필요가 없다
③ 인감증명: 전세권설정등기를 신청하는 경우에는 소유자인 전세권설정자의 인감증명을 제공하여야 한다.
④ 등록번호증명정보: 전세권설정등기를 신청하는 경우 등기권리자인 전세권자의 주민등록번호증명정보 또는 부동산등기용등록번호증명정보를 제공하여야 한다.

심화학습

전세권에 관한 기타의 등기

1. 전세권변경등기
① 전세권변경등기는 전세권설정등기 후 그 일부 내용에 변경이 생겨 실체관계와 부합하지 아니한 경우에 이를 시정하여 실체관계에 부합하도록 하고자 하는 등기를 말한다.
② 신청인: 전세권변경등기는 전세권설정자와 전세권자가 공동으로 신청한다. 만약 소유권에 변동이 있는 경우에는 신소유자와 전세권자가 공동으로 신청하여야 한다.
③ 변경등기를 할 수 있는 경우
㉠ 전세금의 증감, 존속기간의 연장이나 단축 등: 전세권설정등기 후 전세금의 증감, 존속기간의 연장이나 단축 등이 있는 경우에는 전세권변경등기를 할 수 있다. 그러나 전세권자가 변경된 경우에는 전세권이전등기를 하여야 하고, 전세권설정자가 변경된 경우에는 소유권이전등기를 하여야 하는 것이지 전세권변경등기를 하는 것이 아니다.

238　PART 02 부동산등기법

    ⓒ 전세권의 범위를 다른 층으로 변경하는 경우: 건물의 17층 부분을 목적으로 하는 전세권설정등기와 근저당권설정등기가 순차로 경료된 이후, 당사자 사이에 전세권의 범위를 건물의 3층의 일부로 변경하는 계약이 체결된 경우 등기부상 이해관계인의 유무와 관계없이 전세권의 목적물 자체의 동일성이 인정되지 아니하므로 새로운 전세권의 등기는 전세권변경등기에 의할 것이 아니고 별개의 전세권설정등기신청으로 하여야 할 것이다(2001.9.5, 등기선례).

    ⓒ 법정갱신의 경우: 건물전세권이 법정갱신된 경우 등기 없이도 전세권은 존속하나, 이를 처분하기 위해서는 등기를 하여야 한다. 따라서 건물전세권이 법정갱신된 이후 전세권을 이전하거나 전세권을 목적으로 저당권을 설정하기 위해서는 먼저 존속기간에 대한 변경등기를 하여야 하며, 법정갱신된 건물전세권에 대하여도 존속기간 또는 전세금을 변경하는 변경등기를 할 수 있다.

  ④ 첨부정보

    ㉠ 등기원인을 증명하는 정보: 약정에 의한 변경등기의 경우에는 등기원인을 증명하는 정보로서 전세권변경계약서를, 판결에 의한 변경등기의 경우에는 판결정본과 확정증명을 제공하여야 한다. 법정갱신의 경우와 같이 등기원인을 증명하는 정보가 없는 경우에는 신청정보부본을 첨부하면 된다.

    ⓒ 등기의무자의 권리에 관한 등기필정보: 예컨대, 전세금의 증액을 내용으로 변경등기를 신청하는 경우에는 전세권설정자의 등기필정보를, 전세금의 감액을 내용으로 변경등기를 신청하는 경우에는 전세권자의 등기필정보를 제공하여야 한다.

    ⓒ 인감증명: 전세권설정자가 등기의무자인 경우에는 변경등기신청 시 그의 인감증명을 제공하여야 한다. 그러나 전세권자가 등기의무자인 경우에는 전세권자는 소유권의 등기명의인이 아니므로 그의 인감증명을 제공하지 아니한다.

2. 전세권이전등기

  ① 신청인: 전세권이전등기는 전세권양도인(전세권자)이 등기의무자가 되고, 전세권양수인이 등기권리자가 되어 공동으로 신청하여야 한다.

  ② 전세권의 일부이전: 현재의 전세권자가 제3자와 공동으로 전세권을 준공유하기 위하여 제3자에게 전세권의 일부(준공유지분)를 양도하는 경우에는 전세권일부이전등기를 부기등기로 할 수 있다(2001.8.23., 등기선례).

  ③ 존속기간이 만료된 전세권의 이전: 전세금의 반환과 전세권설정등기의 말소 및 전세권목적물의 인도와는 동시이행의 관계에 있으므로 전세권이 존속기간의 만료로 인하여 소멸된 경우에도 당해 전세권설정등기는 전세금반환채권을 담보하는 범위 내에서는 유효한 것이라 할 것이어서, 전세권의 존속기간이 만료되고 전세금의 반환시기가 경과된 전세권의 경우에도 설정행위로 금지하지 않는 한 전세권의 이전등기는 가능하다(2001.12.4., 등기선례). 다만, 이와는 달리 전전세의 설정은 전세권존속기간 내에서만 가능하므로 존속기간이 만료된 건물전세권에 대한 전전세등기는 이를 할 수 없다.

  ④ 존속기간이 만료 후의 전세금반환채권의 일부양도에 따른 전세권일부이전등기: 전세권일부이전등기의 신청은 전세권의 존속기간의 만료 전에는 할 수 없다. 그러나 존속기간 만료 후에는 전세권일부이전등기를 할 수 있다. 다만, 존속기간 만료 전이라도 해당 전세권이 소멸하였음을 증명하여 신청하는 경우에는 그러하지 아니하다. 등기관이 전세금반환채권의 일부 양도를 원인으로 한 전세권일부이전등기를 할 때에는 양도액을 기록한다.

3. 전세권말소등기

공동신청이 원칙이나 등기의무자(전세권자)의 행방불명으로 공동신청으로 신청할 수 없을 때에는 공시최고신청 후 제권판결을 받고 신청정보에 전세계약서와 전세금반환증서를 첨부해서 등기권리자(전세권설정자)는 단독으로 신청할 수 있다.

세권설정등기의 기재례

【을 구】 (소유권 이외의 권리에 관한 사항)				
순위번호	등기목적	접 수	등기원인	권리자 및 기타사항
1	전세권 설정	1988년 3월 5일 제3005호	1988년 3월 4일 설정계약	전 세 금 5,000,000원 범 위 건물 전부 존속기간 1988년 3월 5일부터 　　　　　1989년 3월 4일까지 전세권자 최병식 　　　　　580114-××××××× 　　　　　서울특별시 용산구 효창동 5
1-1	1번 전세권 전전세	1989년 6월 5일 제8765호	1989년 6월 5일 설정계약	전 세 금 5,000,000원 범 위 건물 전부 존속기간 1989년 6월 1일부터 　　　　　1989년 3월 2일까지 전세권자 이정달 　　　　　601210-××××××× 　　　　　서울특별시 강남구 역삼동 1

순위번호	등기목적	접 수	등기원인	권리자 및 기타사항
1	전세권 설정	2001년 5월 7일 제3087호	2001년 5월 4일 설정계약	전 세 금 금 80,000,000원 범 위 건물의 전부 존속기간 2001년 5월 7일부터 　　　　　2003년 5월 6일까지 전세권자 최병식 　　　　　580114-××××××× 　　　　　서울특별시 용산구 효창동 5
1-1	1번 전세권 변경	2004년 5월 6일 제5234호	2004년 5월 6일 변경계약	전 세 금 100,000,000원

6 **저당권에 관한 등기** 제21회, 제24회, 제25회, 제28회, 제30회, 제32회, 제35회

1. 서설

(1) 저당권의 의의

저당권은 채무자 또는 제3자(물상보증인)가 채권의 담보를 위하여 제공한 부동산 기타의 목적물을 채권자가 제공자로부터 인도받지 않고 관념적으로만 지배하고 있다가 채무의 변제가 없는 경우에는 그 목적물로부터 우선변제를 받는 담보물권이다. 저당권은 당사자의 저당권 설정을 목적으로 하는 물권적 합의와 등기에 의하여 성립한다.

(2) 저당권의 목적이 될 수 있는 권리

현행 「부동산등기법」상 저당권의 목적이 될 수 있는 것은 부동산 소유권·지상권·전세권이 있다(민법 제356조, 제371조). 그러나 임차권·지역권은 저당권의 목적이 될 수 없으며, 저당권도 권리질권의 목적이 될 수는 있으나 저당권의 목적이 될 수는 없다. 저당권은 '부동산의 특정 일부'에 대하여는 이를 설정할 수 없으나, 소유권의 지분 등 '권리의 일부'에 대하여는 이를 설정할 수 있다. 또한 저당권은 배타적인 성질을 가진 권리가 아니므로 동일 목적물에 대하여 동일한 순위로 또는 서로 다른 순위로 여러 개의 저당권이 성립할 수도 있다.

2. 저당권설정등기

(1) 신청인

저당권은 저당권설정자(소유자, 지상권자, 전세권자)가 등기의무자, 저당권자(채권자)가 등기권리자가 되어 공동으로 이를 신청함이 원칙이다. 그러나 저당권설정자가 저당권 설정의 합의를 하였음에도 불구하고 등기신청절차에 협력하지 않는 경우에는 판결(이행판결)을 받아 저당권자가 단독으로 이를 신청할 수 있다.

(2) 신청정보의 기록사항

① 필요적 기록사항
  ㉠ 채권액 또는 채권의 평가액: 신청정보에는 채권액을 반드시 기록하여야 한다. 다만, 등기관이 일정한 금액을 목적으로 하지 아니하는 채권을 담보하기 위한 저당권 설정의 등기를 할 때에는 그 채권의 평가액을 기록하여야 한다.
  ㉡ 채무자: 채무자의 성명(명칭)과 주소(사무소 소재지)를 기록하여야 한다. 이는 저당권이 설정된 후 당해 부동산의 소유권이 제3자에게 이전된 경우 누가 채무자인지를 쉽게 알 수 있도록 함으로써 저당권자가 목적부동산으로부터 전부 변제받지 못한 부분에 대해서 채무자의 다른 재산으로부터 변제받을 수 있게 하기 위해서이다. 저당권설정자와 채무자가 동일한 경우에도 채무자의 표시는 생략할 수 없으며, 이를 반드시 기록하여야 한다.
  ㉢ 지상권, 전세권이 저당권의 목적인 경우는 그 권리의 표시: 지상권·전세권이 저당권의 목적인 경우에는 그 '권리의 표시'를 하여야 한다.
  ㉣ 공동저당의 경우 각 부동산에 관한 권리의 표시: 공동저당의 경우에는 신청정보에 각 부동산에 관한 권리를 표시하여야 한다. 즉, 수개의 부동산에 관한 권리를 목적으로 하는 저당권의 설정등기를 신청하는 경우에는 신청정보에 각 부동산에 관한 권리를 표시하여야 한다.
② 임의적 기록사항: 등기원인에 다음에 관한 약정이 있는 때에는 이를 기록하여야 한다.
  ㉠ 변제기, 이자에 관한 사항(이율, 이자의 발생시기 및 지급시기)
  ㉡ 원본 또는 이자의 지급장소

     © 채무불이행으로 인한 손해배상의 약정: 저당권은 원본, 이자, 위약금, 채무불이행으로 인한
손해배상 및 저당권의 실행비용을 담보한다. 원본채무의 불이행으로 인한 지연배상은 법률
상 당연히 발생하므로 그에 관한 등기를 요하지 않으나, 따로 지연배상에 관한 약정이 있고,
이를 등기하면 그 약정을 제3자에게 대항할 수 있다.
     ② 부합물·종물에 저당권의 효력이 미치지 않는다는 특약
     ⑩ 채권이 조건부인 경우 그 취지

(3) 첨부정보

    ① 등기원인을 증명하는 정보(저당권설정계약서)
    ② 저당권설정자가 소유자인 때에는 그의 인감증명
    ③ 저당권자의 주민등록번호 또는 부동산등기용등록번호증명정보

(4) 등기의 실행

소유권을 목적으로 하는 저당권의 경우에는 목적부동산의 등기기록 을구에 주등기(독립등기)로서
이를 기록한다. 다만, 지상권·전세권을 목적으로 하는 저당권설정등기는 지상권·전세권의 등기에
부기에 의하여 이를 한다. 또한 동일한 부동산에 대하여 2개 이상의 저당권설정등기를 동시에 신청
한 경우에는 동일한 접수번호와 동일한 순위번호를 기록하여야 한다.

3. 저당권이전등기

    ① 의의: 저당권은 자유로이 양도할 수 있다. 다만, 저당권은 그 수반성으로 인하여 채권의 이전에
수반하므로, 피담보채권과 분리하여 저당권만을 타인에게 양도하거나 다른 채권의 담보로 하지
못한다. 따라서 저당권의 이전을 위해서는 피담보채권의 양도가 전제되어야 한다. 채권양도인과
양수인 간의 합의에 의하여 저당권으로 담보된 채권(피담보채권)이 양도되면 담보물권의 수반성
에 의하여 저당권도 채권양수인에게 이전된다. 채권양도에는 저당권의 양도도 포함된 것이기
때문이다. 그런데 이 경우 채권과 저당권이 양수인에게 이전되기 위해서는 각각 그 권리의 이전
절차를 밟아야 하는데, 채권의 양도에는 채권의 이전절차를, 저당권의 양도에는 저당권의 이전
절차(저당권이전등기)를 거쳐야 한다. 채권(정확하게는 지명채권)의 양도는 당사자의 합의만으로써
그 효력이 발생하나, 저당권은 물권이므로 그 이전을 위해서는 등기를 하여야 한다(민법 제186
조). 그리고 채권의 일부를 제3자가 대위변제한 경우 저당권의 일부 이전등기를 할 수 있다.
    ② 신청인: 채권양도로 인한 저당권이전등기는 양도인이 등기의무자, 양수인이 등기권리자가 되어
공동신청에 의한다.
    ③ 신청정보의 기록사항: 신청정보에는 "저당권이 채권과 같이 이전한다."라는 취지를 기록하여야
한다.

④ **첨부정보**

㉠ 등기원인을 증명하는 정보, 등기필정보(신청정보): 저당권이전등기를 신청함에는 신청정보에 등기원인을 증명하는 정보(저당권이전계약서)를 첨부정보로 제공하여야 한다. 또한 등기의무자인 저당권양도인의 권리에 관한 등기필정보도 신청정보로 제공하여야 한다.

㉡ 채권양도의 통지정보: 채권양도의 통지 또는 채권양도에 대한 채무자의 승낙은 채권양도의 대항요건일 뿐(민법 제450호) 저당권 이전의 요건은 아니므로, 저당권의 이전등기신청정보에 이들 서면을 첨부정보로서 요하지 않는다.

⑤ **등기의 실행**: 소유권 이외의 권리의 이전등기는 부기등기에 의하므로 저당권이전등기는 부기등기의 형식으로 실행한다.

4. 저당권변경등기

① **의의**: 저당권변경등기는 저당권설정등기 후 그 권리내용의 일부에 변경이 발생한 경우에 이를 실체관계에 부합하도록 공시하고자 하는 등기이다.

② **저당권변경등기를 하는 경우**

㉠ 저당권의 변경사유로는 채무인수 또는 상속에 의하여 채무자의 변경이 있는 경우 또는 채권액·이자·변제기·지급장소 등 채권의 내용에 변경이 있는 경우를 들 수 있다.

㉡ 주의할 것은 채권양도에 의한 채권자의 변경은 권리주체의 변경에 해당하므로 이러한 경우에는 저당권이전등기를 하여야 하며, 변경등기로 할 것이 아니다.

㉢ 종래의 건물에 대한 저당권의 효력은 증축된 현재 건물에도 미치므로 증축된 부분에 저당권의 효력을 미치게 하는 취지의 변경등기는 할 필요가 없다.

㉣ 공동근저당권의 채권최고액을 각 부동산별로 분할하여 각 별개의 근저당권등기가 되도록 하기 위한 목적으로 각 부동산 사이의 공동담보관계를 해소하는 내용의 근저당권변경등기를 신청하는 것은 허용되지 않는다.

㉤ 공유자의 지분을 목적으로 하는 저당권설정등기를 한 후 공유물분할에 따라 저당권설정자의 단독 소유로 된 부동산 전부에 관하여 그 저당권의 효력을 미치게 하기 위하여는 「부동산등기규칙」 제112조 제1항의 규정에 의한 저당권의 변경등기를 하여야 한다(등기예규 제1347호).

③ **신청인**: 저당권변경등기는 등기권리자와 등기의무자가 공동으로 신청한다.

④ **첨부정보**

㉠ 등기원인을 증명하는 정보: 채무인수계약서 등의 등기원인을 증명하는 정보를 첨부하여야 한다.

㉡ 등기의무자의 권리에 관한 등기필정보(신청정보로서 제공)

㉢ 등기상 이해관계인의 승낙서 등: 등기상 이해관계인이 있는 경우에는 그의 승낙서 또는 이에 대항할 수 있는 재판의 등본을 첨부하여야 저당권변경등기를 부기등기로 할 수 있다.

⑤ 등기의 실행: 저당권의 변경등기는 등기상 이해관계인이 존재하지 아니하거나 이해관계인이 존재하더라도 그의 승낙서나 이에 대항할 수 있는 재판의 등본을 첨부한 때에는 부기등기에 의해서 한다. 이 경우 변경 전의 등기사항은 실선으로 지워야 한다. 그러나 이해관계인의 승낙서 등을 첨부하지 못하여 주등기로 변경등기를 하는 경우에는 변경 전의 등기사항을 실선으로 지우지 아니한다.

5. 저당권의 말소등기

(1) 신청인

① 공동신청: 저당권의 말소등기는 저당권자가 등기의무자, 저당권설정자가 등기권리자로서 공동으로 신청함이 원칙이다. 다만, 저당권자가 말소등기의 신청절차에 협력하지 않는 경우에는 판결을 받아 저당권설정자가 단독으로 신청할 수 있다.

② 제3취득자가 있는 경우: 피담보채권의 변제로 인하여 저당권설정등기의 말소등기를 함에 있어 저당권 설정 후 소유권이 제3자에게 이전된 경우에는 저당권설정자 또는 제3취득자가 저당권자와 공동으로 그 말소등기를 신청할 수 있다. 단, 원인무효인 경우에는 제3취득자와 저당권자가 공동으로 그 말소등기를 신청할 수 있다.

③ 저당권이 이전된 경우: 저당권이 이전된 후 저당권설정등기의 말소등기를 신청하는 경우에는 저당권의 양수인이 저당권설정자(소유권이 제3자에게 이전된 경우에는 제3취득자)와 공동으로 그 말소등기를 신청할 수 있다.

(2) 신청정보의 첨부정보

① 등기원인을 증명하는 정보: 저당권설정계약을 당사자의 합의에 의하여 해지한 경우에는 등기원인을 증명하는 정보로서 해지약정서를 제공하여야 한다.

② 등기의무자의 권리에 관한 등기필정보(신청정보로서 제공): 저당권말소등기신청절차에서는 저당권자가 등기의무자가 되므로 등기의무자인 저당권자의 등기필정보를 제공하여야 한다. 다만, 저당권이 양도된 후에 저당권말소등기를 신청하는 경우에는 저당권양수인이 등기의무자가 되므로 저당권이전등기필정보를 신청정보로서 제공하여야 하며, 저당권설정등기필정보를 제공하는 것이 아니다.

③ 등기상 이해관계인의 승낙서: 저당권의 말소에 대하여 등기상 이해관계 있는 제3자가 있는 때에는 신청정보에 그 승낙서 또는 이에 대항할 수 있는 재판의 등본을 첨부하여야 하며, 이를 첨부하지 아니한 때에는 각하사유에 해당한다.

(3) 등기의 실행

① 주등기로 말소 후 주말: 저당권등기를 말소하는 때에는 주등기의 형식에 의한 말소등기를 한 후 말소할 저당권등기를 실선으로 지워야 한다.

② 직권말소

  ㉠ 저당권등기를 말소할 경우 말소할 저당권을 목적으로 하는 제3자의 권리에 관한 등기(예 저당권에 대한 권리질권의 부기등기)가 있는 때에는 등기기록 중 권리자 및 기타사항란에 그 제3자의 권리의 표시를 하고 어느 권리의 등기를 말소함으로 인하여 말소한다는 취지를 기록하는 방법으로 그 등기를 직권말소한다.

  ㉡ 다만, 저당권이 이전된 후 저당권등기를 말소하는 경우에는 저당권이전등기인 부기등기를 말소하는 것이 아니라, 주등기인 저당권설정등기를 말소한 후 주등기와 함께 저당권 이전의 부기등기를 실선으로 지우는 것으로 족하다. 즉, 이 경우에는 부기등기에 대하여 별도로 주등기의 형식으로 말소등기를 하지 아니한다.

6. 공동저당에 관한 등기

① 의의: 공동저당이라 함은 동일한 채권의 담보를 위하여 수개의 부동산에 설정되는 저당권을 말한다. 공동저당은 창설적 공동저당과 추가적 공동저당으로 분류할 수 있다.

② 공동저당의 성질

  ㉠ 피담보채권의 동일성: 공동저당이 성립하기 위해서는 수개의 저당물이 담보하는 채권이 동일하여야 한다. 따라서 채권자, 채무자, 채권발생의 원인, 담보범위 등이 다르면 공동저당이 성립할 수 없다.

  ㉡ 저당권의 복수성: 공동저당은 동일채권을 담보한다는 데 그 특징이 있을 뿐, 수개의 부동산에 설정된 저당권이 하나의 저당권인 것은 아니다. 즉, 각각의 부동산마다 따로따로 저당권이 성립하여 존재하는 것이다.

  ㉢ 저당권의 독립성: 공동저당을 구성하는 수개의 저당권은 각각 독립된 저당권이어서 각 저당권별로 성립요건을 갖추어야 한다. 나아가 성립시기나 저당권의 순위를 달리할 수 있다.

  ㉣ 부종성과 수반성: 공동저당은 피담보채권을 공통으로 하고 있기 때문에 부종성과 수반성에 있어 공동운명의 관계에 있다. 따라서 피담보채권이 전부 소멸되면 복수의 저당권 전부가 소멸되고, 피담보채권이 양도되면 복수의 저당권이 함께 수반된다. 피담보채권의 일부가 양도되거나 변제된 때에도 복수의 저당권 모두가 동일한 영향을 받게 되며, 공동저당관계를 깨뜨리지 않는 한 어느 특정 저당권만 수반하게 하거나 소멸하게 할 수는 없다.

③ 창설적 공동저당: 처음부터 수개의 부동산에 관한 권리를 목적으로 설정되는 공동저당권이다. 등기관은 부동산이 5개 이상일 때에는 공동담보목록을 작성하여야 한다.

④ 추가적 공동저당: 이는 1개 또는 수개의 부동산에 대하여 저당권을 설정한 후 동일한 채권의 담보를 위하여 다시 다른 부동산에 대해서도 추가하여 저당권을 설정하는 것을 말한다.

  ㉠ 추가설정하는 부동산과 전에 등기한 부동산을 합하여 5개 이상일 때에는 등기관은 공동담보목록을 작성하여야 한다.

ⓛ 추가설정하는 부동산에 관하여 등기를 하는 때에는 그 말미에 종전에 등기한 부동산과 같이 공동목적인 취지를 기록하고 종전의 등기에도 같은 취지를 부기하여야 한다.

7. 공동저당의 대위등기

① 의의: 공동저당이 설정되어 있는 경우에 채권자가 그 중 일부 부동산에 관해서만 저당권을 실행하여 채권전부를 변제받은 경우, 후순위저당권자는 공동담보로 제공되어 있는 다른 부동산에 대하여 선순위자를 대위하여 저당권을 행사할 수 있다

② 신청인

공동저당 대위등기는 선순위저당권자가 등기의무자로 되고 대위자(차순위저당권자)가 등기권리자로 되어 공동으로 신청하여야 한다.

③ 신청정보

㉠ 공동저당의 대위등기를 신청할 때에는 규칙 제43조에서 정한 일반적인 신청정보 외에 매각부동산, 매각대금, 선순위저당권자가 변제받은 금액 및 매각부동산 위에 존재하는 차순위저당권자의 피담보채권에 관한 사항을 신청정보의 내용으로 등기소에 제공하여야 한다.

㉡ 등기의 목적은 '○번 저당권 대위'로, 등기원인은 '「민법」 제368조 제2항에 의한 대위'로, 그 연월일은 '선순위저당권자에 대한 경매대가의 배당기일'로 표시한다.

④ 첨부정보

공동저당의 대위등기를 신청하는 경우에는 규칙 제46조에서 정한 일반적인 첨부정보 외에 집행법원에서 작성한 배당표 정보를 첨부정보로서 등기소에 제공하여야 한다.

⑤ 등기실행절차

㉠ 공동저당 대위등기는 대위등기의 목적이 된 저당권등기에 부기등기로 한다.

㉡ 등기관이 공동저당 대위등기를 할 때에는 법 제48조의 일반적인 등기사항 외에 매각부동산 위에 존재하는 차순위저당권자의 피담보채권에 관한 내용과 매각부동산, 매각대금, 선순위저당권자가 변제받은 금액을 기록하여야 한다.

공동저당의 대위등기에 따른 등기기록례

【을 구】 (소유권 이외의 권리에 관한 사항)				
순위 번호	등기목적	접 수	등기원인	권리자 및 기타사항
1	근저당권 설정	2009년 10월 12일 제13578호	2009년 10월 11일 설정계약	채권최고액 금 300,000,000원 채 무 자 장동군 　　　　　서울특별시 송파구 방이동 45 근저당권자 이병한 　　　　　700407-×××××× 　　　　　서울특별시 종로구 혜화동 45 공동담보 토지 　　　　　서울특별시 서초구 서초동 123
1-1	1번 근저당권 대위	2011년 11월 7일 제13673호	2011년 11월 4일 민법 제368조 제2항에 의한 대위	매각부동산 토지 　　　　　서울특별시 서초구 서초동 123 매각대금 금 700,000,000원 변 제 액 금 250,000,000원 채권최고액 금 200,000,000원 채 무 자 장동군 　　　　　서울특별시 송파구 올림픽대로 45(방이동) 대 위 자 김희선 　　　　　740104-××××××× 　　　　　서울특별시 송파구 송파대로 345(송파동)

※ 출처: 공동저당 대위등기에 관한 업무처리지침(등기예규 제1407호, 2011.10.12.제정)

저당권등기의 기재례

【을 구】 (소유권 이외의 권리에 관한 사항)				
순위 번호	등기목적	접 수	등기원인	권리자 및 기타사항
1	저당권 설정	2000년 8월 15일 제3691호	2000년 3월 14일 설정계약	채 권 액 금 6,000,000원 이 　 자 연 6푼 채 무 자 홍길동 　　　　　서울시 종로구 원남동 9 ~~저당권자 박을순~~ ~~530412-×××××××~~ ~~서울특별시 용산구 청파동 21~~
1-1	1번 저당권 이전	2000년 7월 20일 제7890호	2000년 7월 19일 채권양도	저당권자 최병식 　　　　　790303-××××××× 　　　　　서울특별시 종로구 당주동 1

8. 근저당권등기 제20회, 제26회, 제31회, 제34회

(1) 의의

근저당권이라 함은 계속적인 거래관계로부터 발생하는 다수의 불특정한 채권을 결산기에서 일정한 한도까지 담보하려는 저당권을 말한다. 근저당권도 그 본질은 보통의 저당권과 같으나 부종성이 완화되었다는 점에서 큰 차이가 있다. 따라서 채권액이 결산기에 이르기까지 일시적으로 영(零)이 되거나 증감되어도 그때마다 말소등기 또는 변경등기를 할 필요가 없다. 현행 「부동산등기법」상 근저당권의 목적이 될 수 있는 권리는 소유권·지상권·전세권에 한한다. 근저당권에 관한 등기절차는 저당권에 관한 등기절차와 크게 다를 바 없으므로 이하에서는 근저당권등기에 있어서 특이한 점에 한하여 보기로 한다.

(2) 근저당권설정등기

① 신청인: 근저당권설정등기는 근저당권설정자가 등기의무자, 근저당권자가 등기권리자가 되어 공동으로 신청함이 원칙이다.

② 신청정보 기록사항: 신청정보에는 등기원인이 근저당권설정계약이라는 뜻과 채권최고액 및 채무자를 기록하여야 한다.

㉠ 채권최고액: 채권최고액은 반드시 단일하게 기록되어야 하고, 채권자 또는 채무자가 수인인 경우라도 각 채권자 또는 채무자별로 채권최고액을 구분하여 기록할 수 없다. 신청정보의 채권최고액이 외국통화로 표시된 경우, 외화표시금액을 채권최고액으로 기록한다.

㉡ 채무자: 근저당권설정자와 채무자가 동일한 경우에도 채무자의 표시는 생략할 수 없으며, 이를 반드시 기록하여야 한다. 채무자가 수인인 경우에 그 수인의 채무자가 연대채무자라 하더라도 등기부에는 단순히 '채무자'로 기록하여야 한다.

③ 등기의 실행

등기부에는 등기의 목적을 '근저당권 설정'으로, 등기권리자는 '근저당권자'로 각각 기록한다. 이자는 채권최고액에 포함된 것으로 보므로, 이자에 관한 사항은 이를 기록하지 아니한다.

(3) 근저당권이전등기

① 의의: 근저당권이전등기는 피담보채권이 확정되기 전에 기본계약상의 채권자지위를 양도하거나, 확정된 피담보채권을 제3자에게 양도한 경우 또는 대위변제한 경우에 이를 공시하기 위하여 행하여지는 등기이다. 근저당권이전등기에 관한 절차는 저당권이전등기에 관한 절차와 크게 다를 바 없으므로 이하에서는 근저당권이전등기에 있어서 특이한 점에 한하여 보기로 한다.

② 신청인: 근저당권이전등기는 양도인(근저당권자)이 등기의무자가 되고, 양수인(대위변제의 경우에는 대위변제자)이 등기권리자가 되어 공동으로 신청한다.

③ 신청정보 기록사항: 신청정보에는 일반적 기록사항 이외에 등기원인을 다음과 같이 기록한다.

㉠ 피담보채권이 확정되기 전의 이전등기

ⓐ 채권자의 지위가 전부 양도된 경우 ⇨ 계약양도

ⓑ 채권자의 지위가 일부 양도된 경우 ⇨ 계약의 일부양도

ⓒ 제3자가 기본계약에 가입하여 추가로 채권자가 된 경우 ⇨ 계약가입

㉡ 피담보채권이 확정된 후의 이전등기

ⓐ 확정채권 전부를 양도한 경우 ⇨ 확정채권양도

ⓑ 확정채권 일부를 양도한 경우 ⇨ 확정채권일부양도

ⓒ 확정채권 전부를 대위변제한 경우 ⇨ 확정채권대위변제

ⓓ 확정채권 일부를 대위변제한 경우 ⇨ 확정채권일부대위변제

④ 등기실행: 근저당권이전등기는 언제나 부기등기로 이를 실행한다. 채권자의 변경에 대하여 후순위권리자는 이해관계가 없기 때문이다.

(4) 근저당권변경등기

① 의의: 근저당권변경등기의 사유로는 피담보채권이 확정되기 전에 기본계약상 채무자의 지위를 제3자가 인수한 경우(계약인수), 확정채무를 제3자가 면책적 또는 중첩적으로 인수한 경우, 채권 최고액의 증감에 관한 약정이 있는 경우 등을 들 수 있다. 이하에서는 계약인수 또는 확정채무인 수로 인한 채무자의 변경이 생긴 경우를 중심으로 피담보채권이 확정되기 전과 후로 나누어 보기로 한다.

② 신청인: 채무자의 변경을 원인으로 하는 근저당권변경등기는 근저당권자와 근저당권설정자(또는 제3취득자)가 공동으로 신청하여야 한다.

③ 신청정보 기록사항: 신청정보에는 일반적 기록사항 이외에 등기원인을 다음과 같이 기록한다.

㉠ 피담보채권이 확정되기 전의 변경등기

ⓐ 제3자가 기본계약을 전부 인수하는 경우 ⇨ 계약인수

ⓑ 제3자가 기본계약의 일부를 인수하는 경우 ⇨ 계약의 일부인수

ⓒ 제3자가 기본계약상 채무자 지위를 중첩적으로 인수한 경우 ⇨ 중첩적 계약인수

㉡ 피담보채권이 확정된 후의 변경등기

ⓐ 제3자가 확정채무를 면책적으로 인수하는 경우 ⇨ 확정채무의 면책적 인수

ⓑ 제3자가 확정채무를 중첩적으로 인수하는 경우 ⇨ 확정채무의 중첩적 인수

④ 등기실행: 채무자의 변경으로 인한 근저당권변경등기는 언제나 부기등기로 이를 실행한다. 채무자의 변경에 대하여 후순위자는 이해관계가 없기 때문이다.

(5) 근저당권말소등기

① 근저당권설정등기의 말소등기를 함에 있어 근저당권 설정 후 소유권이 제3자에게 이전된 경우에는 근저당권설정자 또는 제3취득자가 근저당권자와 공동으로 그 말소등기를 신청할 수 있다.

② 근저당권이 이전된 후 근저당권설정등기의 말소등기를 신청하는 경우에는 근저당권의 양수인이 근저당권설정자(소유권이 제3자에게 이전된 경우에는 제3취득자)와 공동으로 그 말소등기를 신청할 수 있다.

③ 동일 부동산에 대한 소유권이전청구권보전의 가등기상의 권리자와 근저당권자가 동일인이었다가 그 가등기에 기한 소유권 이전의 본등기가 경료됨으로써 소유권과 근저당권이 동일인에게 귀속된 경우와 같이 혼동으로 근저당권이 소멸(그 근저당권이 제3자의 권리의 목적이 된 경우 제외)하는 경우에는 등기명의인이 근저당권말소등기를 단독으로 신청한다.

근저당설정등기의 기재례

【을 구】 (소유권 이외의 권리에 관한 사항)				
순위 번호	등기목적	접 수	등기원인	권리자 및 기타사항
1	근저당권 설정	1989년 8월 15일 제3691호	1989년 3월 14일 설정계약	채권최고액 금 6,000,000원 채 무 자 홍길동 　　　　　서울특별시 종로구 원남동 9 근저당권자 박을순 　　　　　530412-××××××× 　　　　　서울특별시 용산구 청파동 21

7 권리질권에 관한 등기

1. 의의

(근)저당권부채권을 질권의 목적으로 하는 경우에는 그 저당권부채권질권은 등기할 수 있으며, 그 저당권등기에 질권설정의 부기등기를 하면 질권의 효력이 저당권에도 미치게 된다. 현행 「부동산등기법」상 등기할 수 있는 권리질권은 (근)저당권부채권질권에 한한다.

2. 신청인

저당권자가 등기의무자가 되고 권리질권자가 등기권리자가 되어 공동으로 신청한다.

3. 신청정보 기록사항

일반적 기록사항 이외에 질권의 목적인 채권을 담보하는 (근)저당권의 표시·채무자의 표시·채권액 또는 채권최고액을 기록하고, 변제기와 이자에 관한 약정이 있는 때에는 이를 기록하여야 한다.

4. 저당채권에 대한 질권과 부기등기

저당권으로 담보한 채권을 질권의 목적으로 한 때에는 그 저당권등기에 질권의 부기등기를 하여야 그 효력이 저당권에 미친다.

권리질권등기의 기재례

【을 구】 (소유권 이외의 권리에 관한 사항)				
순위 번호	등기목적	접 수	등기원인	권리자 및 기타사항
1	저당권 설정	2000년 3월 15일 제3691호	2000년 3월 14일 설정계약	채권액 금 6,000,000원 이 자 연 6푼 채무자 홍길동 　　　　서울특별시 종로구 원남동 9 저당권자 박을순 　　　　530412-××××××× 　　　　서울특별시 용산구 청파동 21
1-1	1번 저당권부 질권	2000년 7월 20일 제7890호	2000년 7월 19일	채무자 박을순 　　　　서울특별시 용산구 청파동 21 채권액 금 4,000,000원 변제기 2000년 12월 30일 이 자 월 6부 채권자 최병식 　　　　610423-××××××× 　　　　서울특별시 종로구 혜화동 15

8 임차권에 관한 등기 제21회, 제22회, 제27회, 제35회

1. 서설

(1) 임대차의 의의

임대차는 당사자의 일방(임대인)이 상대방에게 목적물을 사용·수익하게 할 것을 약정하고 상대방(임차인)이 이에 대하여 차임을 지급할 것을 약정함으로써 성립하는 채권계약이다.

(2) 임대차와 대항력

① 임차권은 채권이므로 계약만으로 그 효력이 발생하고 등기가 효력발생요건은 아니나, 이를 등기하면 제3자에 대한 대항력이 생긴다.

② 다만, 「주택임대차보호법」이 적용되는 주거용 건물의 임대차에 있어서는 임차인이 그 주택의 인도와 주민등록(전입신고)을 마친 때에는 그 다음 날부터 제3자에 대하여 대항력이 생긴다. 상가 건물임대차에 있어서도 임차인이 건물의 인도와 사업자등록신청을 한 때에는 그 다음 날부터 제3자에 대한 대항력이 발생한다.

③ 또한 건물의 소유를 목적으로 한 토지임대차는 이를 등기하지 아니한 경우에도 임차인이 그 지상건물을 등기한 때에는 제3자에 대하여 임대차의 효력이 생긴다.

2. 등기신청절차

(1) 신청인

임차권설정등기는 임대인이 등기의무자가 되고, 임차인이 등기권리자가 되어 공동으로 신청한다.

참고학습

> **공유부동산 지분의 과반수를 보유하는 공유자가 등기의무자로서 임차권등기를 신청할 수 있는지 여부(소극)(등기선례 제201205-4)**
>
> 공유부동산에 대한 임차권등기를 경료하기 위해서는 공유자 전원이 등기의무자로서 계약당사자가 되어 체결한 임대차계약서를 등기원인서류로 첨부하여 임차권등기를 신청하여야 한다.

---

(2) 신청정보 기록사항

① 필요적 기록사항

　㉠ 차임: 임차인이 임차물을 사용·수익하는 대가로써 임대인에게 지급하는 차임(금전 기타의 물건)은 임대차계약에 있어서 그 요소를 이루는 것으로서 반드시 신청정보에 기록하여야 한다. 그러나 차임을 정하지 아니하고 보증금의 지급만을 내용으로 하는 임대차(채권적 전세)의 경우에는 차임을 기록하지 아니한다.

　㉡ 범위: 범위가 부동산의 일부인 경우에는 그 부분을 표시한 지적도나 건물도면을 첨부정보로서 등기소에 제공하여야 하고(규칙 제130조 제2항) 등기관은 도면의 번호를 등기기록에 기록하여야 한다(법 제74조 제6호).

② 임의적 기록사항

　㉠ 존속기간

　㉡ 차임의 전급(前給) 및 지급시기나 차임 보증금

　㉢ 임차권의 양도나 임차물의 전대에 대한 임대인의 동의

　㉣ 처분능력 또는 처분권한 없는 자라는 취지: 처분의 능력 또는 권한이 없더라도 관리능력이나 권한이 있는 자는 단기임대차를 할 수 있다. 단기임대차의 경우에는 임대차를 한 자가 처분의 능력 또는 권한이 없는 자라는 뜻을 등기신청정보에 기록하여야 한다.

(3) 첨부정보

① 등기원인을 증명하는 정보(임차권설정계약서)

② 등기의무자의 권리에 관한 등기필정보(신청정보)

③ 등기의무자가 소유자인 때에는 그의 인감증명

④ 지적도 또는 건물의 도면(일부에 설정할 때)

3. 임차권의 이전등기절차

(1) 신청인

임차권이전등기는 임차권의 동일성을 유지하면서 이를 다른 사람에게 이전하는 등기를 말한다. 임차권이전등기는 임차권양도인(임차인)이 등기의무자가 되고, 임차권양수인이 등기권리자가 되어 공동으로 신청한다.

(2) 첨부정보

① 등기원인을 증명하는 정보(임차권이전계약서)

② 등기의무자(임차인)의 권리에 관한 등기필정보(신청정보)

③ 임대인의 동의서(단, 임차권의 양도에 대한 임대인의 동의가 있는 뜻의 등기가 있는 경우에는 제공하지 않는다)

4. 임차권등기명령신청에 의한 임차권등기

(1) 의의

임차권등기명령신청에 의한 임차권등기는 임대차 종료 후 보증금을 반환받지 못한 임차인에게 단독으로 임차권등기를 경료할 수 있도록 함으로써 보증금의 반환을 확보하고 자유롭게 거주를 이전할 수 있는 기회를 보장하기 위한 제도를 말한다. 이를 위하여 「주택임대차보호법」과 「상가건물임대차보호법」은 임차권등기명령신청에 의한 등기절차에 관한 규정을 두고 있다. 그리고 임차권등기명령에 따라 임차권등기가 된 경우, 그 등기에 기초한 임차권이전등기는 허용하지 아니한다.

(2) 신청인

임차권등기명령신청은 임차인이 단독으로 관할 법원에 신청하며, 임대인과 공동으로 신청하거나 임대인의 동의를 얻어 신청하는 것이 아니다. 임차권이 양도된 경우에는 양수인(현재의 임차인)이 신청하여야 한다.

(3) 신청의 요건

임차인이 임차권등기명령을 신청하기 위해서는 임대차가 종료된 후 보증금을 반환받지 못하였어야 한다. 보증금 전부는 물론 일부를 반환받지 못한 경우에도 이를 신청할 수 있다.

(4) 신청절차

① **관할 법원**: 임차인은 임차주택의 소재지를 관할하는 지방법원·지방법원지원 또는 시·군법원에 임차권등기명령을 신청할 수 있다.

② **임차권등기명령신청정보의 기록사항**: 임차권등기명령신청정보에는 다음 사항을 기록하고 임차인 또는 대리인이 기명날인하여야 한다.
   ㉠ 사건의 표시
   ㉡ 임차인과 임대인의 성명 또는 명칭, 주소 또는 사무소 소재지, 임차인의 주민등록번호
   ㉢ 대리인에 의하여 신청할 때에는 그 성명과 주소
   ㉣ 임대차의 목적인 주택의 표시(임대차의 목적이 주택의 일부인 경우에는 그 목적인 부분을 표시한 도면을 첨부한다)
   ㉤ 반환받지 못한 임차보증금액 및 차임
   ㉥ 신청의 취지와 이유
   ㉦ 첨부서류의 표시
   ㉧ 연월일
   ㉨ 법원의 표시

③ **임차권등기명령신청정보의 첨부서류**
   ㉠ 임대인의 소유로 등기된 건물에 대하여는 등기부등본
   ㉡ 임대인의 소유로 등기되지 아니한 건물에 대하여는 즉시 임대인의 명의로 소유권보존등기를 할 수 있음을 증명할 정보
   ㉢ 임대차계약증서
   ㉣ 임차인이 신청 당시에 이미 대항력을 취득한 경우에는 임차주택을 점유하기 시작한 날과 주민등록을 마친 날을 소명하는 서류, 우선변제권을 취득한 경우에는 임차주택을 점유하기 시작한 날과 주민등록을 마친 날을 소명하는 서류 및 공정증서로 작성되거나 확정일자가 찍혀 있는 임대차계약증서
   ㉤ 임대차목적물에 관한 등기부상의 용도가 주거시설이 아닌 경우에는 임대차계약체결 시부터 현재까지 주거용으로 사용하고 있음을 증명하는 서류

(5) 등기의 실행

① 임차권등기명령의 효력발생시기

ㄱ 임차권등기명령의 신청에 대한 재판은 결정으로 한다.

ㄴ 임차권등기명령의 신청에 대한 재판의 결정은 당사자에게 송달하여야 한다.

ㄷ 임차권등기명령은 임대인에게 그 결정이 송달된 때 또는 주택임차권등기명령의 경우에는 임대인에게 임차권등기명령의 결정을 송달하기 전에도 임차권등기의 기입촉탁에 따른 등기가 된 때에 효력이 생긴다.

② 임차권등기의 촉탁: 법원사무관등은 임차권등기명령의 결정이 임대인에게 송달된 때에는 지체 없이 촉탁서에 결정 등본을 첨부하여 등기관에게 임차권등기의 기입을 촉탁하여야 한다.

(6) 등기필정보의 송부

등기관은 법원의 촉탁에 의하여 임차권등기의 기입을 마친 후에 등기필정보를 작성하여 촉탁법원에 송부하여야 한다.

임차권에 관한 등기의 기재례

【을 구】 (소유권 이외의 권리에 관한 사항)				
순위 번호	등기목적	접 수	등기원인	권리자 및 기타사항
1	임차권 설정	2001년 3월 5일 제3005호	2001년 3월 4일 설정계약	임차보증금 20,000,000원 차 임 월 100,000원 차임지급시기 매월 말일 존 속 기 간 2003년 3월 3일까지 임 차 권 자 박을순 90412-××××××× 서울특별시 용산구 청파동 21
1-1	1번 임차권 전대	2001년 3월 20일 제3045호	2001년 3월 19일 전대계약	임차보증금 20,000,000원 차 임 월 100,000원 차임지급시기 매월 말일 존 속 기 간 2003년 3월 3일까지 임 차 권 자 최병식 10327-××××××× 서울특별시 용산구 청파동 9

01 대장은 편성되어 있으나 미등기인 부동산의 소유권 보존등기에 관한 설명으로 **틀린** 것은?
(제33회)

① 등기관이 보존등기를 할 때에는 등기원인과 그 연월일을 기록해야 한다.
② 대장에 최초 소유자로 등록된 자의 상속인은 보존등기를 신청 할 수 있다.
③ 수용으로 인하여 소유권을 취득하였음을 증명하는 자는 미등기 토지에 대한 보존등기를 신청할 수 있다.
④ 군수의 확인에 의해 미등기건물에 대한 자기의 소유권을 증명하는 자는 보존등기를 신청할 수 있다.
⑤ 등기관이 법원의 촉탁에 따라 소유권의 처분제한의 등기를 할 때는 직원으로 보존등기를 한다.

해설 ① 등기관이 보존등기를 할 때에는 등기원인과 그 연월일을 기록하지 아니한다.

정답 ①

02 소유권등기에 관한 설명으로 **틀린** 것은? (다툼이 있으면 판례에 따름)
(제34회)

① 미등기 건물의 건축물대장상 소유자로부터 포괄유증을 받은 자는 자기 명의로 소유권보존등기를 신청할 수 있다.
② 미등기 부동산이 전전양도된 경우, 최후의 양수인이 소유권보존등기를 한 때에도 그 등기가 결과적으로 실질적 법률관계에 부합된다면, 특별한 사정이 없는 한 그 등기는 무효라고 볼 수 없다.
③ 미등기 토지에 대한 소유권을 군수의 확인에 의해 증명한 자는 그 토지에 대한 소유권보존등기를 신청할 수 있다.
④ 특정유증을 받은 자로서 아직 소유권등기를 이전받지 않은 자는 직접 진정명의회복을 원인으로 한 소유권이전등기를 청구할 수 없다.
⑤ 부동산 공유자의 공유지분 포기에 따른 등기는 해당 지분에 관하여 다른 공유자 앞으로 소유권이전등기를 하는 형태가 되어야 한다.

해설 ③ 미등기 토지에 대한 소유권을 군수의 확인에 의해 증명한 자는 그 토지에 대한 소유권보존등기를 신청할 수 없다. 특별자치도지사, 시장, 군수 또는 구청장(자치구의 구청장을 말한다)의 확인에 의하여 자기의 소유권을 증명하는 자(건물의 경우로 한정한다)

정답 ③

03 소유권이전등기에 관한 설명으로 옳은 것을 모두 고른 것은? (다툼이 있으면 판례에 따름)

제29회

> ㄱ. 甲이 그 명의로 등기된 부동산을 乙에게 매도한 뒤 단독상속인 丙을 두고 사망한 경우, 丙은 자신을 등기의무자로 하여 甲에서 직접 乙로의 이전등기를 신청할 수는 없다.
> ㄴ. 甲소유 토지에 대해 사업시행자 乙이 수용보상금을 지급한 뒤 乙 명의로 재결수용에 기한 소유권이전등기를 하는 경우, 수용개시일 후 甲이 丙에게 매매를 원인으로 경료한 소유권이전등기는 직권 말소된다.
> ㄷ. 공동상속인이 법정상속분과 다른 비율의 지분이전등기를 상속을 원인으로 신청하는 경우, 그 지분이 신청인이 주장하는 지분으로 변동된 사실을 증명하는 서면을 신청서에 첨부하여 제출하지 않으면 등기관은 그 신청을 각하 한다.
> ㄹ. 甲소유 토지에 대해 甲과 乙의 가장매매에 의해 乙 앞으로 소유권이전등기가 된 후에 선의의 丙 앞으로 저당권설정등기가 설정된 경우, 甲과 乙은 공동으로 진정명의회복을 위한 이전등기를 신청할 수 없다.

① ㄱ, ㄴ   ② ㄱ, ㄹ   ③ ㄴ, ㄷ
④ ㄷ, ㄹ   ⑤ ㄴ, ㄷ, ㄹ

해설

ㄱ. 등기원인이 발생한 후에 등기권리자 또는 등기의무자에 대하여 상속이나 그 밖의 포괄승계가 있는 경우에는 상속인이나 그 밖의 포괄승계인이 그 등기를 신청할 수 있다(법 제27조). 따라서 丙은 자신을 등기의무자로 하여 甲에서 직접 乙로의 이전등기를 신청할 수 있다.

ㄴ. 수용기일 이후에 경료된 소유권이전등기는 재결수용에 기한 소유권이전등기를 하는 경우에 직권으로 말소한다.

ㄷ. 상속등기의 지분의 표시는 법정상속분에 의하는 것이 원칙이므로 공동상속인이 법정상속분과 다른 비율의 지분이전등기를 상속을 원인으로 신청하는 경우, 그 지분이 신청인이 주장하는 지분으로 변동된 사실을 증명하는 서면(분할협의서, 분할심판서 정본 등)을 신청서에 첨부하여 제출하지 않으면 등기관은 그 신청을 각하 한다.(대법원1990.10.29. 자 90마772 결정)

ㄹ. 丙의 승낙이 없는 한 乙명의의 소유권이전등기를 말소할 수 없지만 진정명의회복을 위한 이전등기는 신청할 수 있다. 이경우에 丙의 등기는 말소되지 않는다.

정답 ③

04 공유관계의 등기에 관한 설명으로 틀린 것은? (제28회)

① 구분소유적 공유관계에 있는 1필의 토지를 특정된 부분대로 단독소유하기 위해서는 분필등기한 후 공유자 상호간에 명의신탁해지를 원인으로 하는 지분소유권이전등기를 신청한다.

② 토지에 대한 공유물분할약정으로 인한 소유권이전등기는 공유자가 공동으로 신청할 수 있다.

③ 등기된 공유물분할금지기간을 단축하는 약정에 관한 변경등기는 공유자 전원이 공동으로 신청하여야 한다.

④ 공유자 중 1인의 지분포기로 인한 소유권이전등기는 공유지분권을 포기하는 공유자가 단독으로 신청하여야 한다.

⑤ 등기된 공유물분할금지기간약정을 갱신하는 경우, 이에 대한 변경등기는 공유자 전원이 공동으로 신청하여야 한다.

> **해설** 공유지분의 포기는 민법267조의 법률의 규정에 의한 물권변동이나 부동산등기법에 단독신청규정이 없으므로 공동으로 신청하여야 한다. 즉 포기하는 공유자를 등기의무자로 다른 공유자를 등기권리자로 하여 공동신청에 의한 공유지분이전등기의 방식에 의한다.
> **정답** ④

05 환매특약의 등기에 관한 설명으로 틀린 것은? (제33회)

① 매매비용을 기록해야 한다.

② 매수인이 지급한 대금을 기록해야 한다.

③ 환매특약등기는 매매로 인한 소유권이전등기가 마쳐진 후 신청해야 한다.

④ 환매기간은 등기원인에 그 사항이 정하여져 있는 경우에만 기록한다.

⑤ 환매에 따른 권리취득의 등기를 한 경우, 등기관은 특별한 사정이 없는 한 환매특약의 등기를 직권으로 말소해야 한다.

> **해설** 매매계약과 동시에 환매의 특약을 체결하여 그 환매특약의 등기를 신청하고자 하는 경우에는 매매에 의한 소유권이전등기신청과 동시에 환매특약의 등기를 별개 독립한 신청서에 매수인이 지급한 대금 및 매매비용을 기재하여 신청을 하여야 하며, 그 환매특약의 등기도 매수인의 소유권이전등기에 이를 부기하는 형식으로 기재한다. [등기선례 제4-443호, 시행]
> **정답** ③

06 부동산등기법상 신탁등기에 관한 설명으로 틀린 것은? (제33회)

① 수익자는 수탁자를 대위하여 신탁등기를 신청 할 수 있다.

② 신탁등기의 말소등기는 수탁자가 단독으로 신청할 수 있다.

③ 신탁가등기는 소유권이전청구권보전을 위한 가등기와 동일한 방식으로 신청하되, 신탁원부 작성을 위한 정보를 첨부정보로서 제공해야 한다.

④ 여러 명의 수탁자 중 1인의 임무종료로 인한 합유명의인 변경등기를 한 경우에는 등기관은 직권으로 신탁원부 기록을 변경해야 한다.

⑤ 법원이 신탁관리인 선임의 재판을 한 경우, 그 신탁관리인은 지체없이 신탁원부 기록의 변경 등기를 신청해야 한다.

> **해설** 법원이 신탁관리인 선임의 재판을 한 경우, 그 신탁관리인이 등기신청하는 것이 아니라 법원이 지체 없이 신탁원부 기록의 변경등기를 등기소에 촉탁하여야 한다.
>
> > **제85조 【촉탁에 의한 신탁변경등기】** ① 법원은 다음 각 호의 어느 하나에 해당하는 재판을 한 경우 지체 없이 신탁원부 기록의 변경등기를 등기소에 촉탁하여야 한다.
> > 1. 수탁자 해임의 재판
> > 2. 신탁관리인의 선임 또는 해임의 재판
> > 3. 신탁 변경의 재판
>
> **정답** ⑤

07 등기관이 용익권의 등기를 하는 경우에 관한 설명으로 옳은 것은? (제34회)

① 1필 토지 전부에 지상권설정등기를 하는 경우, 지상권설정의 범위를 기록하지 않는다.

② 지역권의 경우, 승역지의 등기기록에 설정의 목적, 범위 등을 기록할 뿐, 요역지의 등기기록에는 지역권에 관한 등기사항을 기록하지 않는다.

③ 전세권의 존속기간이 만료된 경우, 그 전세권설정등기를 말소하지 않고 동일한 범위를 대상으로 하는 다른 전세권 설정등기를 할 수 있다.

④ 2개의 목적물에 하나의 전세권설정계약으로 등기를 하는 경우, 공동전세목록을 작성하지 않는다.

⑤ 차임이 없이 보증금의 지급만을 내용으로 하는 채권적 전세의 경우, 임차권설정등기기록에 차임 및 임차보증금을 기록하지 않는다.

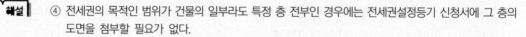

해설 ① 1필 토지 전부에 지상권설정등기를 하는 경우, 지상권설정의 목적과 범위를 기록하여야 한다.
② 지역권의 경우, 승역지의 등기기록에 설정의 목적, 범위 등을 기록하고, 요역지의 등기기록에는 승역지,지역권설정목적등을   기록하여야 한다.
③ 전세권의 존속기간이 만료된 경우, 그 전세권설정등기를 말소하지 않고 동일한 범위를 대상으로 하는 다른 전세권 설정등기를 할 수 없다.
⑤ 차임이 없이 보증금의 지급만을 내용으로 하는 채권적 전세의 경우, 임차권설정등기기록에 차임은 기록하지 않지만 임차보증금은 기록하여야 한다.

정답 ④

08 전세권 등기에 관한 설명으로 틀린 것은? (다툼이 있으면 판례에 따름) 제33회

① 전세권 설정등기를 하는 경우, 등기관은 전세금을 기록해야 한다.
② 전세권의 사용·수익 권능을 배제하고 채권담보만을 위해 전세권을 설정한 경우, 그 전세권설정등기는 무효이다.
③ 집합건물에 있어서 특정 전유부분의 대지권에 대하여는 전세권설정등기를 할 수가 없다.
④ 전세권의 목적인 범위가 건물의 일부로서 특정 층 전부인 경우에는 전세권설정등기 신청서에 그 층의 도면을 첨부해야 한다.
⑤ 乙 명의의 전세권등기와 그 전세권에 대한 丙 명의의 가압류가 순차로 마쳐진 甲 소유 부동산에 대하여 乙 명의의 전세권등기를 말소하라는 판결을 받았다고 하더라도 그 판결에 의하여 전세권말소등기를 신청할 때에는 丙의 승낙서 또는 丙에게 대항할 수 있는 재판의 등본을 첨부해야 한다.

해설 ④ 전세권의 목적인 범위가 건물의 일부라도 특정 층 전부인 경우에는 전세권설정등기 신청서에 그 층의 도면을 첨부할 필요가 없다.

정답 ④

09 임차권등기에 관한 설명으로 옳은 것은?

① 임차권의 이전 및 임차물전대의 등기는 임차권등기에 부기등기의 형식으로 한다.
② 토지의 공중공간이나 지하공간에 상하의 범위를 정하여 구분임차권등기를 할 수 있다.
③ 임차권등기명령에 의한 주택임차권등기가 경료된 경우, 그 등기에 기초한 임차권이전등기를 할 수 있다.
④ 송전선이 통과하는 선하부지에 대한 임대차의 존속기간을 '송전선이 존속하는 기간'으로 하는 임차권설정등기는 허용되지 않는다.
⑤ 토지거래허가구역 안에 있는 토지에 관하여 임차권설정등기를 신청하는 경우에는 토지거래허가를 증명하는 서면을 첨부하여야 한다.

 해설

② 공중공간에 상하범위를 정하여 구분임차권등기는 허용될 수 없다.
④ 불확정기간으로 등기할 수 있다.
③ 임차권등기명령의 성질상 임차인이 점유를 하지 아니하므로 임차권이전등기는 할 수 없다.
⑤ 임차권은 토지거래허가대상이 아니다.

정답 ①

10 용익권에 관한 등기에 대한 설명으로 틀린 것은?

① 시효완성을 이유로 통행지역권을 취득하기 위해서는 그 등기가 되어야 한다.
② 승역지에 지역권설정등기를 한 경우, 요역지의 등기기록에는 그 승역지를 기록할 필요가 없다.
③ 임대차 차임지급시기에 관한 약정이 있는 경우, 임차권 등기에 이를 기록하지 않더라도 임차권 등기는 유효하다.
④ 1필 토지의 일부에 대해 지상권설정등기를 신청하는 경우, 그 일부를 표시한 지적도를 첨부정보로서 등기소에 제공하여야 한다.
⑤ 전세금반환채권의 일부 양도를 원인으로 하는 전세권 일부이전등기의 신청은 전세권 소멸의 증명이 없는 한, 전세권 존속기간 만료 전에는 할 수 없다.

해설

등기관이 승역지에 지역권설정의 등기를 하였을 때에는 직권으로 요역지의 등기기록에 순위번호, 등기목적, 승역지, 지역권설정의 목적 및 범위, 등기연월일을 기록하여야 한다

정답 ②

11 등기관이 근저당권등기를 하는 경우에 관한 설명으로 **틀린** 것은? 〔제34회〕

① 채무자의 성명, 주소 및 주민등록번호를 등기기록에 기록하여야 한다.

② 채무자가 수인인 경우라도 채무자별로 채권최고액을 구분하여 기록할 수 없다.

③ 신청정보의 채권최고액이 외국통화로 표시된 경우, 외화표시금액을 채권최고액으로 기록한다.

④ 선순위근저당권의 채권최고액을 감액하는 변경등기는 그 저당목적물에 관한 후순위권리자의 승낙서가 첨부되지 않더라도 할 수 있다.

⑤ 수용으로 인한 소유권이전등기를 하는 경우, 특별한 사정이 없는 한 그 부동산의 등기기록 중 근저당권등기는 직권으로 말소하여야 한다.

 해설 ① 채무자의 성명, 주소는 기록하지만 주민등록번호는 등기기록에 기록하지 아니한다.

정답 ①

12 저당권등기에 관한 설명으로 옳은 것은? 〔제30회〕

① 변제기는 저당권설정등기의 필요적 기록사항이다.

② 동일한 채권에 관해 2개 부동산에 저당권설정등기를 할 때는 공동담보목록을 작성해야 한다.

③ 채권의 일부에 대하여 양도로 인한 저당권 일부이전등기를 할 때 양도액을 기록해야 한다.

④ 일정한 금액을 목적으로 하지 않는 채권을 담보하는 저당권설정의 등기는 채권평가액을 기록할 필요가 없다.

⑤ 공동저당 부동산 중 일부의 매각대금을 먼저 배당하여 경매부동산의 후순위 저당권자가 대위등기를 할 때, 매각대금을 기록하는 것이 아니라 선순위 저당권자가 변제받은 금액을 기록해야 한다.

해설 ① 변제기는 저당권설정등기의 임의적 기록사항이다.

② 동일한 채권에 관해 5개 부동산에 저당권설정등기를 할 때는 공동담보목록을 작성해야 한다.

④ 일정한 금액을 목적으로 하지 않는 채권을 담보하는 저당권설정의 등기는 채권평가액을 기록하여야 한다.

⑤ 공동저당 부동산 중 일부의 매각대금을 먼저 배당하여 경매부동산의 후순위 저당권자가 대위등기를 할 때, 매각부동산 위에 존재하는 차순위저당권자의 피담보채권에 관한 내용과 매각부동산, 매각대금, 선순위 저당권자가 변제받은 금액을 기록하여야 한다.

정답 ③

13 근저당권등기에 관한 설명으로 옳은 것은? 〔제31회〕

① 근저당권의 약정된 존속기간은 등기사항이 아니다.

② 피담보채권의 변제기는 등기사항이 아니다.

③ 지연배상액은 등기하였을 경우에 한하여 근저당권에 의해 담보된다.

④ 1번 근저당권의 채권자가 여러 명인 경우, 그 근저당권설정등기의 채권최고액은 각 채권자별로 구분하여 기재한다.

⑤ 채권자가 등기절차에 협력하지 아니한 채무자를 피고로 하여 등기절차의 이행을 명하는 확정판결을 받은 경우, 채권자는 채무자와 공동으로 근저당권설정등기를 신청하여야 한다.

> **해설** ① 근저당권의 등기사항은 채권의 최고액, 채무자, 저당권의 효력의 범위에 관한 약정, 존속기간이다.
> ③ 지연배상액은 채권최고액의 범위내에서 우선변제권을 갖는다.
> ④ 채권자가 여러 명인 경우, 그 근저당권설정등기의 채권최고액은 각 채권자별로 구분하여 기재할 수 없고 단일하게 기재하여야 한다.
> ⑤ 채권자가 등기절차에 협력하지 아니한 채무자를 피고로 하여 등기절차의 이행을 명하는 확정판결을 받은 경우, 채권자는 단독으로 근저당권설정등기를 신청할 수 있다.

정답 ②

14 진정명의회복을 위한 소유권이전등기에 관한 설명으로 옳은 것을 모두 고른 것은? 〔제35회〕

> ㄱ. 진정명의회복을 원인으로 하는 소유권이전등기를 신청하는 경우, 그 신청정보에 등기원인일자는 기재하지 않는다.
> ㄴ. 토지거래허가의 대상이 되는 토지에 관하여 진정명의회복을 원인으로 하는 소유권이전등기를 신청하는 경우에는 토지거래허가증을 첨부해야 한다.
> ㄷ. 진정명의회복을 위한 소유권이전등기청구소송에서 승소확정판결을 받은 자는 그 판결을 등기원인으로 하여 현재 등기명의인의 소유권이전등기에 대하여 말소등기를 신청할 수는 없다.

① ㄱ   ② ㄴ   ③ ㄱ, ㄷ
④ ㄴ, ㄷ   ⑤ ㄱ, ㄴ, ㄷ

> **해설** ㄴ. 토지거래허가의 대상이 되는 토지에 관하여 진정명의회복을 원인으로 하는 소유권이전등기를 신청하는 경우에는 토지거래허가증을 첨부하지 아니 한다.

정답 ③

15 부동산등기에 관한 설명으로 옳은 것은? (제35회)

① 유증으로 인한 소유권이전등기는 상속등기를 거치지 않으면 유증자로부터 직접 수증자 명의로 신청할 수 없다.

② 유증으로 인한 소유권이전등기 신청이 상속인의 유류분을 침해하는 내용인 경우에는 등기관은 이를 수리할 수 없다.

③ 상속재산분할심판에 따른 상속인의 소유권이전등기는 법정상속분에 따른 상속등기를 거치지 않으면 할 수 없다.

④ 상속등기 경료 전의 상속재산분할협의에 따라 상속등기를 신청하는 경우, 등기원인일자는 '협의분할일'로 한다.

⑤ 권리의 변경등기는 그 등기로 등기상 이해관계 있는 제3자의 권리가 침해되는 경우, 그 제3자의 승낙 또는 이에 대항할 수 있는 재판이 있음을 증명하는 정보의 제공이 없으면 부기등기로 할 수 없다.

해설
① 유증으로 인한 소유권이전등기는 상속등기를 거치지 않고 유증자로부터 직접 수증자 명의로 신청한다.
② 유증으로 인한 소유권이전등기 신청이 상속인의 유류분을 침해하는 내용인 경우라도 등기관은 이를 수리한다.
③ 상속재산분할심판에 따른 상속인의 소유권이전등기는 법정상속분에 따른 상속등기를 거치지 않아도 할 수 있다.
④ 상속등기 경료 전의 상속재산분할협의에 따라 상속등기를 신청하는 경우, 등기원인일자는 '상속개시일'로 한다.

정답 ⑤

16 환매특약 등기에 관한 설명으로 틀린 것은? (제35회)

① 매매로 인한 소유권이전등기의 신청과 환매특약등기의 신청은 동시에 하여야 한다.

② 환매등기의 경우 매도인이 아닌 제3자를 환매권리자로 하는 환매등기를 할 수 있다.

③ 환매특약등기에 처분금지적 효력은 인정되지 않는다.

④ 매매목적물의 소유권의 일부 지분에 대한 환매권을 보류하는 약정을 맺은 경우, 환매특약등기 신청은 할 수 없다.

⑤ 환매기간은 등기원인에 그 사항이 정하여져 있는 경우에만 기록한다.

해설
② 환매등기의 경우 매도인이 아닌 제3자를 환매권리자로 하는 환매등기는 할 수 없다. 즉 환매권자는 반드시 매도인이어야 한다.

정답 ②

17 임차권등기에 관한 설명으로 옳은 것을 모두 고른 것은? 〔제35회〕

> ㄱ. 임차권설정등기가 마쳐진 후 임대차 기간 중 임대인의 동의를 얻어 임차물을 전대하는 경우, 그 전대등기는 부기등기의 방법으로 한다.
> ㄴ. 임차권등기명령에 의한 주택임차권등기가 마쳐진 경우, 그 등기에 기초한 임차권이전등기를 할 수 있다.
> ㄷ. 미등기 주택에 대하여 임차권등기명령에 의한 등기촉탁이 있는 경우, 등기관은 직권으로 소유권보존등기를 한 후 주택임차권등기를 해야 한다.

① ㄱ   ② ㄴ   ③ ㄱ, ㄷ
④ ㄴ, ㄷ   ⑤ ㄱ, ㄴ, ㄷ

 해설   ㄴ. 임차권등기명령에 의한 주택임차권등기가 마쳐진 경우, 그 등기에 기초한 임차권이전등기를 할 수 없다.

정답 ③

18 부동산 공동저당의 등기에 관한 설명으로 옳은 것을 모두 고른 것은? 〔제35회〕

> ㄱ. 공동저당의 설정등기를 신청하는 경우, 각 부동산에 관한 권리의 표시를 신청정보의 내용으로 등기소에 제공해야 한다.
> ㄴ. 등기관이 공동저당의 설정등기를 하는 경우, 각 부동산의 등기기록 중 해당 등기의 끝부분에 공동담보라는 뜻의 기록을 해야 한다.
> ㄷ. 등기관이 공동저당의 설정등기를 하는 경우, 공동저당의 목적이 된 부동산이 3개일 때에는 등기관은 공동담보목록을 전자적으로 작성해야 한다.

① ㄱ   ② ㄷ   ③ ㄱ, ㄴ
④ ㄴ, ㄷ   ⑤ ㄱ, ㄴ, ㄷ

해설   ㄷ. 등기관이 공동저당의 설정등기를 하는 경우, 공동저당의 목적이 된 부동산이 5개이상인 경우 등기관은 공동담보목록을 전자적으로 작성해야 한다.

정답 ③

04 각종의 등기절차

단원별학습포인트

- 등기 종류별로 등기절차를 공부하는 장이다. 매년 2~3문제 정도 출제되고 있으며, 부기등기와 가등기는 매년 출제되고 있으므로 정확히 숙지하고 이해하여야 한다.
- 최근에는 등기종류별 전체에 종합적인 문제가 자주 출제되고 있다.
- 관공서 촉탁등기는 어려운 부분이긴 하지만 최근에 가처분등기와 공매와 관련된 등기가 출제되고 있으니 이 부분에 대한 내용정리도 하여야 한다.

1 변경등기 제22회, 제29회, 제31회

1. 서설

(1) 변경등기의 의의

변경등기란 등기사항의 일부가 실체관계와 불일치한 경우에 그 불일치를 제거하기 위하여 실체관계와 부합하도록 바로잡는 등기를 말한다.

등기의 일부가 실체관계와 원시적으로 불일치하게 되어 이를 바로잡는 등기를 경정등기라 하며, 후발적으로 불일치하게 되어 이를 바로잡는 등기를 변경등기라 하는바, 양자를 합하여 광의의 변경등기라고 한다.

(2) 변경등기의 종류

변경등기는 등기기록의 어느 부분에 기록되는 것이냐에 따라서 분류하면 '표제부(부동산의 표시)의 변경등기'와 '갑구·을구(권리)의 변경등기'로 나눌 수 있다.

2. 부동산의 표시변경등기

(1) 부동산의 표시변경등기

표제부에서 행하여지는 변경등기로서, 이는 부동산의 표시변경등기를 의미한다. 이는 토지의 소재·지번, 건물대지의 지번, 건물번호나 명칭의 변경, 그리고 토지의 경우 지목변경·분합·일부멸실, 건물의 경우 건물의 분합 또는 종류·구조의 변경, 부속건물의 신축·증축·일부멸실 등을 그 사유로 들 수 있다.

(2) 등기신청의무

갑구·을구의 변경등기(권리의 변경등기, 등기명의인표시의 변경등기)에 대하여는 등기신청의무가 부과되어 있지 아니하다. 그러나 부동산의 표시변경등기, 대지권변경등기에 대하여는 소유권의 등기명의인이 1월 이내에 신청하여야 하며, 이를 게을리한 경우 과태료의 제재는 없다.

(3) 토지의 합필등기

① 의의: 합필등기는 어느 필지(甲地)를 다른 필지(乙地)를 합병하는 경우에 행하는 등기를 말한다. 토지의 합필등기를 하기 위해서는 먼저 지적공부상 합병처분이 선행되어야 한다. 합필등기의 경우에는 乙地(합필 후 존속하는 토지)의 등기기록은 동일성을 유지하며 존속하고, 甲地의 등기기록은 폐쇄한다.

② 신청절차 및 첨부정보: 토지합필등기는 소유권의 등기명의인이 대장상 합병이 이루어진 때로부터 1월 이내에 신청하여야 한다. 등기신청정보에 등기필정보와 소유자의 인감증명은 이를 제공할 필요가 없고, 토지(임야)대장정보를 첨부정보로서 제공하여 신청하면 된다.

③ 합필등기의 제한

㉠ 소유권·지상권·전세권·임차권 및 승역지에 하는 지역권의 등기, 합필하려는 모든 토지에 있는 등기원인 및 그 연월일과 접수번호가 동일한 저당권에 관한 등기, 합필하려는 모든 토지에 등기사항이 동일한 신탁등기 외의 권리에 관한 등기가 있는 토지에 대하여는 합필(合筆)의 등기를 할 수 없다(법 제37조 제1항). 따라서 합필하고자 하는 토지에 (근)저당권, 가압류, 가처분, 가등기, 경매개시결정기입등기, 체납처분에 의한 압류등기 등이 있는 경우에는 합필의 대상이 될 수 없다.

㉡ 위 규정에 위반한 등기의 신청을 각하하면 등기관은 지체 없이 그 사유를 지적소관청에 알려야 한다. 통지를 받은 지적공부소관청은 합병으로 인한 등록사항을 직권으로 정정하여야 한다.

3. 권리의 변경등기

(1) 의의

권리의 변경등기란 등기부 갑구 및 을구에 기록된 권리의 내용이 변경된 때에 이를 실체관계에 부합되도록 하는 등기이다. 예컨대, 권리존속기간의 신축, 지료 또는 차임의 증감이나 지급기일의 변경, 피담보채권의 원본액의 변경 등과 같은 권리의 내용상 변경이 생긴 경우에 하는 등기가 권리변경등기이다.

① 전세권의 변경등기: 존속기간의 신축·전세금의 증감 등이 있는 경우
② 저당권의 변경등기
㉠ 피담보채권액의 증감이 있는 경우

ⓛ 채무인수(면책적 또는 병존적 채무인수)가 있는 경우(채무자변경인 경우)

ⓒ 일부지분에 설정된 저당권을 소유권 전부에 미치게 할 경우

② 공유부동산에 설정된 저당권을 일부지분에 대하여 포기함으로써 설정할 지분을 변경하는 경우

③ **임차권의 변경등기**: 차임증감, 지급기일의 변경이 있는 경우

④ **지상권의 변경등기**: 존속기간, 지료, 지급시기 등에 변경이 있는 경우

⑤ **소유권의 변경등기**

ⓖ 소유형태를 공유에서 합유로 변경하거나 합유를 공유로 변경하는 경우

ⓛ 단, 권리능력 없는 사단 명의의 부동산을 그 구성원들의 합유로 하는 경우에는 소유권이전등기를 하여야 한다.

(2) 신청인

권리변경등기는 일반원칙에 따라 등기권리자와 등기의무자가 공동으로 신청함이 원칙이다. 예컨대, 근저당권의 채권최고액을 증액하는 내용으로 변경등기를 신청하는 경우에는 근저당권설정자가 등기의무자, 근저당권자가 등기권리자가 되어 공동으로 이를 신청하여야 한다.

(3) 첨부정보

① 등기원인을 증명하는 정보(권리변경계약서)

② 등기의무자의 권리에 관한 등기필정보(신청정보)

③ 등기의무자의 인감증명(등기의무자가 소유권의 등기명의인인 경우)

④ 등기상 이해관계인의 승낙서(또는 재판의 등본)

(4) 등기의 실행

① **등기의 형식**: 등기상 이해관계 있는 제3자가 없는 경우에는 부기등기로 한다. 그러나 등기상 이해관계 있는 제3자가 있는 경우에는 신청정보에 그의 승낙서 또는 이에 대항할 수 있는 재판의 등본을 첨부한 때에 한하여 부기등기로 하며, 위 승낙서 등을 첨부하지 아니한 때에는 이해관계인의 등기보다 후순위가 되는 주등기의 형식으로 하여야 한다.

② **변경 전 사항의 주말**: 권리의 변경등기는 부기등기의 방법으로 하는 것이 원칙이며, 이 경우에는 변경 전의 등기사항을 실선으로 지워야 한다. 그러나 독립등기(주등기)로 행하여질 때에는 변경 전의 등기사항은 종전의 순위로 제3자에게 대항할 수 있도록 하여야 하므로 실선으로 지워서는 안 된다.

권리의 변경등기

1. 전세금변경 - 등기상 이해관계 있는 제3자의 승낙서 등을 첨부한 경우(부기등기)

【을 구】(소유권 이외의 권리에 관한 사항)				
순위 번호	등기목적	접 수	등기원인	권리자 및 기타사항
1	전세권 설정	(생 략)	(생 략)	전 세 금 5,000,000원 (생 략)
1-1	1번 전세권 변경	1988년 7월 9일	1998년 7월 8일 변경계약	전세금 6,000,000원

2. 전세금변경 - 등기상 이해관계 있는 제3자의 승낙서 등이 첨부되지 아니한 경우(주등기)

【을 구】(소유권 이외의 권리에 관한 사항)				
순위 번호	등기목적	접 수	등기원인	권리자 및 기타사항
1	전세권 설정	1988년 3월 5일 제3005호	(생 략)	전 세 금 5,000,000원 (생 략)
2	저당권 설정	(생 략)	(생 략)	(생 략)
3	1번 전세권 변경	1998년 7월 9일	1998년 7월 8일 변경계약	존속기간 1989년 3월 5일부터 1990년 3월 4일까지 전 세 금 6,000,000원

4. 등기명의인표시의 변경등기

(1) 의의

① 등기명의인이란 권리에 관한 등기의 명의인, 즉 등기부상 권리자를 말한다. 예컨대, 소유권보존 등기에 있어서의 소유권자, 저당권설정등기에 있어서 저당권자를 말한다. 등기명의인의 표시변경등기는 등기명의인의 표시가 등기 후에 변경된 경우에 이를 바로잡기 위해서 행하는 등기이다. 그 사유로는 개명(改名)으로 인한 성명변경, 주소변경, 상호의 변경 등의 개별적 변경과, 행정구역 또는 그 명칭의 변경과 같은 행정적·일반적 사유에 의한 변경을 들 수 있다.

② 등기명의인표시의 변경등기에는 신청의무가 부과되어 있지 않지만 이를 하지 아니하고 다른 등기를 신청한 경우에는 각하사유에 해당한다.

(2) 당사자의 신청

① 단독신청: 변경등기에 의하여 불이익을 받는 자가 없기 때문에 등기명의인이 단독으로 신청한다. 법원의 촉탁에 의하여 가압류등기, 가처분등기, 임차권등기가 경료된 후 등기명의인의 성명, 주소, 주민등록번호가 변경된 때에도 등기명의인의 신청에 의하여 등기명의인표시의 변경등기를 단독으로 신청할 수 있다(2002.11.1, 등기예규 제1064호).

② 첨부정보
  ㉠ 등기명의인의 표시변경을 증명하는 시·구·읍·면의 장의 정보 또는 이를 증명함에 족한 정보
    (예) 변경사유가 기록된 가족관계기록사항증명서, 주민등록등·초본, 법인등기사항증명서 등)
  ㉡ 그러나 등기원인을 증명하는 정보, 등기필정보(신청정보), 인감증명, 등기상 이해관계인의 승낙서 등은 이를 제공하지 아니한다.

(3) 직권변경등기

① 소유권이전등기를 신청한 경우: 소유권이전등기를 신청함에 있어서 등기명의인의 주소변경으로 신청정보상의 등기의무자의 표시가 등기부와 부합하지 아니한 경우에 신청 시 제공한 주소증명정보에서 등기의무자의 등기부상의 주소가 신청정보상의 주소로 변경된 사실이 명백히 나타나는 때에는 등기관이 직권으로 등기명의인표시의 변경등기를 하여야 한다.
  ㉠ '소유권이전등기'를 신청한 때에만 직권으로 주소변경등기를 한다. 등기원인은 매매, 증여, 교환 등 이를 묻지 아니한다. 다만, 상속으로 인한 소유권이전등기를 신청한 때에는 등기명의인인 피상속인의 표시변경등기는 이를 하지 않고 생략할 수 있다.
  ㉡ 소유권이전등기를 신청한 경우 등기의무자의 '주소변경등기'만을 직권으로 할 수 있다. 따라서 개명, 주민등록번호의 변경 등으로 인한 등기명의인표시의 변경등기는 직권변경등기의 대상이 아니다.
  ㉢ 신청 시 제공한 주소증명정보에서 등기의무자의 등기부상의 주소가 신청정보상의 주소로 변경된 사실이 명백히 나타나는 때에만 직권으로 등기명의인표시의 변경등기를 한다.

② 행정구역 또는 그 명칭이 변경된 경우
  ㉠ 행정구역 또는 그 명칭이 변경되었을 때에는 등기기록에 기록된 행정구역 또는 그 명칭에 대하여 변경등기가 있는 것으로 본다.
  ㉡ 행정구역 또는 그 명칭이 각 변경된 경우에는 등기관은 직권으로 부동산의 표시변경등기 또는 등기명의인의 주소변경등기를 할 수 있다.

③ 등기관이 지적소관청으로부터 토지의 표시가 불일치하다는 뜻의 통지를 받은 경우에 1월 이내에 등기명의인으로부터 등기신청이 없을 때에는 그 통지서의 기재내용에 따른 변경의 등기를 직권으로 하여야 한다. 등기를 하였을 때에는 등기관은 지체 없이 그 사실을 지적소관청과 소유권의 등기명의인에게 알려야 한다. 다만, 등기명의인이 2인 이상인 경우에는 그 중 1인에게 통지하면 된다.

(4) 등기의 실행에 관한 특칙

등기명의인의 표시의 변경등기는 언제나 부기등기에 의하여 하고, 변경 전의 표시는 이를 실선으로 지워야 한다.

2 경정등기 제19회

1. 경정등기의 의의

경정등기란 어떤 등기사항에 관하여 실질관계에 대응하는 등기가 이미 완료되어서 존재하고 있지 만 당초의 등기절차의 과오로 말미암아 원시적으로 착오 또는 유루가 있고, 이 때문에 등기와 실체 관계와의 사이에 불일치가 생긴 경우에 이를 시정하여 바로잡는 등기이다.

2. 경정등기의 요건

(1) 등기에 관하여 착오 또는 유루가 있을 것

착오 또는 유루된 사항이 등기사항에 해당하는 경우이어야 한다. 따라서 등기사항이 아니고 단순한 절차적 기록에 불과한 표시번호, 등기기록매수의 표시 등은 경정의 대상이 아니며 자구정정의 방법 에 의하면 된다. 착오·유루는 등기관의 과오로 인한 것이든 당사자의 과오에 의한 것이든 불문한다.

(2) 착오 또는 유루가 등기완료 후에 발견되었을 것

등기의 완료 전(식별부호의 기록 전)에 착오 또는 유루를 발견한 때에는 자구정정의 방법에 의하여 시정할 수 있으며, 경정등기에 의할 것은 아니다.

(3) 등기사항의 일부에 대한 착오 또는 유루가 있을 것

등기사항의 전부에 대한 착오나 유루가 있을 때에는 말소 또는 회복등기의 방법으로 이를 시정해야 하며, 경정등기로 할 것은 아니다.

(4) 등기와 실체관계와의 불일치는 원시적으로 발생한 것일 것

등기와 실체관계와의 불일치는 원시적으로 발생한 것이어야 하므로, 등기완료 후에 일부 사항에 변경이 발생한 경우에는 변경등기를 하여야 하며, 이를 경정등기로 시정할 수는 없다.

(5) 경정 전후의 등기 사이에 동일성 또는 유사성이 있을 것

경정 전의 등기와 경정 후의 등기 사이에 동일성 또는 유사성이 인정되지 아니한 경우에는 말소등기 또는 말소회복등기의 문제이고 경정등기의 대상은 아니다.

3. 등기절차의 개시에 관한 특칙

착오 또는 유루가 당사자의 과오로 인한 것이면 당사자의 신청으로 경정등기를 하나, 등기관의 과오로 인한 것이면 직권에 의하여 경정등기를 할 수 있다.

(1) 신청에 의한 경정등기

① 착오 또는 유루의 통지
- ㉠ 등기관이 등기를 마친 후 그 등기에 착오나 빠진 부분이 있음을 발견하였을 때에는 지체 없이 그 사실을 등기권리자와 등기의무자에게 알려야 하고, 등기권리자와 등기의무자가 없는 경우에는 등기명의인에게 알려야 한다.
- ㉡ 등기권리자, 등기의무자 또는 등기명의인이 각 2인 이상인 경우에는 그 중 1인에게 통지하면 되며, 착오 또는 유루된 등기가 채권자대위권의 행사에 의하여 이루어진 경우에는 그 대위채권자에게도 통지하여야 한다.
- ㉢ 경정등기를 단독신청에 의할 수 있는 경우에는 그 등기명의인에게만 통지한다.
② 신청인: 권리경정등기는 등기권리자와 등기의무자의 공동신청에 의하나, 등기명의인표시의 경정등기, 부동산표시의 경정등기는 등기명의인의 단독신청에 의한다. 주의할 것은 당사자의 신청 착오로 인하여 경정사유가 발생한 경우에는 등기관이 이를 직권으로 경정등기를 할 수는 없다는 점이다.

(2) 직권에 의한 경정등기

① 등기관은 등기의 착오 또는 유루가 등기관의 과오로 인한 것임을 발견한 때에는 지체 없이 이를 직권으로 경정하여야 한다. 다만, 등기상 이해관계 있는 제3자가 있는 경우에는 제3자의 승낙이 있어야 한다. 등기관에게 과오가 있는 경우에도 당사자는 경정등기를 신청할 수 있다.
② 등기관이 직권으로 경정등기를 한 때에는 등기권리자와 등기의무자에게 통지하여야 한다. 이 경우 등기권리자 또는 등기의무자가 2인 이상인 때에는 그 중 1인에게 통지하면 족하다.

4. 등기의 실행

경정등기는 표시란에 관한 것은 항상 주등기 형식으로 하고, 사항란에 관한 것은 부기등기에 의하여 하는 것이 원칙이다. 다만, 사항란의 경우 권리의 경정등기에 있어서 등기상 이해관계 있는 제3자의 승낙서 또는 재판의 등본을 첨부할 수 없는 경우에는 주등기의 방법에 의하게 된다. 그리고 부기등기로 하는 때에는 경정 전의 등기사항을 실선으로 지워야 한다.

3 **말소등기** 제20회, 제23회, 제26회, 제28회, 제29회

1. 말소등기의 의의

말소등기라 함은 기존의 등기가 원시적 또는 후발적 이유에 의하여 등기사항의 전부에 관하여 부적법하게 된 경우에, 당해 기존 등기의 전부를 소멸시킬 목적으로 행하여지는 등기를 말한다. 말소의 대상인 등기의 종류에는 제한이 없으나, 말소등기의 말소등기는 허용되지 않는다. 또한 종국등기뿐만 아니라 가등기와 처분제한등기(가압류, 가처분)도 말소등기의 대상이 된다.

2. 말소등기의 요건

(1) 등기의 전부가 부적법할 것

말소의 대상이 되는 등기는 등기사항의 '전부'가 부적법한 것이어야 한다. 부적법의 원인은 원시적이든(원인무효), 후발적이든(채권소멸에 따른 저당권 소멸), 실체적이든(원인무효, 취소, 해제), 절차적이든(관할위반, 등기능력 없는 사항) 묻지 않는다.

(2) 등기상 이해관계인이 있는 경우 그의 승낙서 등을 제공할 것

말소등기를 신청하는 경우에는 그 말소에 관하여 등기상 이해관계 있는 제3자가 있는 경우에는 그자의 승낙서나 이에 대항할 수 있는 재판의 등본을 신청정보에 첨부정보로서 제공하여야 하며, 이를 제공하지 아니한 때에는 말소등기신청을 수리할 수 없다.

① 등기상 이해관계인

　㉠ 말소에 관하여 '등기상 이해관계인'이라 함은 어떤 등기의 말소로 인하여 등기의 기록형식상 손해를 받을 염려가 있는 제3자를 의미한다. 예컨대, 전세권을 목적으로 저당권이 설정된 후 당해 전세권설정등기를 말소하는 경우에는 그 전세권을 목적으로 한 저당권자는 전세권 말소등기에 관하여 등기상 이해관계인에 해당한다. 저당권이 피담보채권의 소멸로 인하여 실체법상 효력을 상실하였으나, 아직 말소등기를 하지 아니하여 형식상으로만 살아있는 경우라도 같다. 소유권을 말소하는 경우에는 소유권을 목적으로 하는 전세권자, 저당권자, 가압류권자 등이 모두 등기상 이해관계인에 해당한다.

　㉡ 다만, 선순위로 경료된 소유권이전등기를 말소하기 위한 전제로서 먼저 말소되어야 할 후순위의 소유권의 등기명의인은 등기상 이해관계인에 해당하지 아니한다. 예컨대, 甲으로부터 乙을 거쳐, 丙 앞으로 소유권이 순차로 이전된 후, 甲이 원인무효를 이유로 乙 명의의 소유권이전등기를 말소하고자 할 경우에는 먼저 丙 명의의 등기의 말소가 선행되어야 乙의 등기를 말소할 수 있으므로 乙의 등기를 말소할 당시 丙은 등기부상으로 존재하지 않게 되어 등기상 이해관계인에 해당하지 아니한다.

② 승낙서 또는 이에 대항할 수 있는 재판의 등본: 어떤 등기에 대한 말소등기를 신청하는 경우에 등기상 이해관계 있는 제3자가 있는 경우에는 그 자의 승낙서를 첨부하여야 하나, 이를 첨부할 수 없는 경우에는 이에 대항할 수 있는 재판의 등본을 신청정보에 첨부하여야 한다. 여기서 "이에 대항할 수 있는 재판의 등본이란 무엇을 의미하는가?" 이에 대한 판례와 실무의 태도를 기초로 살펴보면 다음과 같다.

> 甲의 부동산에 대하여 乙 명의로 소유권이전등기가 경료된 후 乙이 丙에게 근저당권을 설정하여 준 경우, 차후에 甲이 원인무효를 이유로 乙 명의의 소유권이전등기를 말소함에 있어서 丙은 등기상 이해관계인에 해당한다. 이 경우 乙의 등기를 말소함에 있어서 丙에게 대항할 수 있는 재판의 등본이란, 위 말소등기에 대한 승낙의 의사표시를 명하는 확정판결을 의미한다. 그러나 甲이 丙을 상대로 소유권에 기한 방해배제청구권의 일환으로서 丙의 근저당권설정등기의 말소를 구하여 甲이 승소의 확정판결을 받았다면, 그 말소를 명하는 판결도 丙에게 대항할 수 있는 재판의 등본에 해당한다는 것이 실무의 확고한 태도이다.

3. 등기절차의 개시

(1) 당사자의 신청

① 공동신청(원칙): 말소등기도 일반통칙에 따라 등기권리자와 등기의무자의 공동신청에 의하는 것이 원칙이다.

② 단독신청(예외)
 ㉠ 판결(이행판결)에 의한 말소등기신청
 ㉡ 소유권보존등기 및 소유권보존등기의 말소(보존등기명의인의 단독신청)
 ㉢ 등기한 권리가 어떤 자의 사망으로 소멸한 경우(권리소멸에 관한 약정이 있는 경우)
 ㉣ 등기의무자의 행방불명의 경우(공시최고와 제권판결을 받은 경우)
 ㉤ 가등기말소의 경우(가등기명의인의 단독신청)
 ㉥ 혼동에 의한 말소
 ㉦ 가처분등기 후에 경료된 제3자 명의의 소유권이전등기의 말소

(2) 직권에 의한 말소(직권말소등기를 할 수 있는 경우)

① 등기의 말소를 신청하는 경우에 그 말소에 대하여 등기상 이해관계 있는 제3자가 있을 때에는 제3자의 승낙이 있어야 한다. 이 경우 등기상 이해관계 있는 제3자 명의의 등기는 등기관이 직권으로 말소한다.

② 수용으로 인한 소유권이전등기를 하는 경우 그 부동산의 등기기록 중 소유권, 소유권 외의 권리, 그 밖의 처분제한에 관한 등기의 말소

③ 법 제29조 제1호 또는 제2호에 위반하여 실행된 등기

④ 환매권 행사에 의한 권리취득등기를 한 경우의 환매특약등기의 말소

⑤ 가등기 이후 본등기전에 경료된 가등권자의 권리를 침해하는 등기(중간처분의등기)는 직권말소

⑥ 가처분권리자가 본안사건에서 승소하여 소유권말소등기 또는 소유권이전등기 한 경우 당해 가처분등기는 직권으로 이를 말소한다.

⑦주등기 말소로 인한 부기등기는 직권말소

(3) 직권말소절차

① 원칙: 위 직권말소의 대상 권리는 선 직권말소 후 통지를 한다.

② 예외:등기관이 등기를 마친 후 그 등기가 법 제29조 제1호 또는 제2호에 해당된 것임을 발견하였을 때에는 등기권리자, 등기의무자와 등기상 이해관계 있는 제3자에게 1개월 이내의 기간을 정하여 그 기간에 이의를 진술하지 아니하면 등기를 말소한다는 뜻을 통지하여야 한다.이 경우 이의를 진술한 자가 없거나 이의가 이유 없어 각하한 때에는 등기관은 직권으로 말소등기를 하여야 한다.

(4) 촉탁에 의한 말소

① 공매처분으로 인하여 소멸한 권리등기의 말소

② 체납처분에 관한 압류등기의 말소

③ 경매절차에 있어서 일정한 등기의 말소

   ㉠ 경매신청이 매각허가 없이 완결된 때의 경매개시결정등기의 말소

   ㉡ 경락인이 인수하지 아니한 부동산 위의 부담의 기입등기의 말소 및 경매개시결정등기의 말소

4. 말소등기의 실행

(1) 실행방법

말소등기를 하는 경우에는 어떤 등기를 말소한다는 등기를 주등기(독립등기)의 형식으로 한 다음 말소의 대상이 되는 기존의 등기를 실선으로 긋는다(말소하는 표시).

(2) 제3자의 권리의 직권말소

말소할 등기를 목적으로 하는 제3자의 권리에 관한 등기가 있는 경우에는 그 등기를 등기관이 직권으로 말소하여야 한다. 이 경우에는 등기기록 중 해당구 사항란에 그 제3자의 권리를 표시하고 어느 권리의 등기를 말소함으로 인하여 말소한다는 뜻을 기록하여야 한다. 예컨대, 전세권을 목적으로 저당권을 설정한 후 당해 전세권설정등기를 말소하는 경우에 그 전세권을 목적으로 하는 저당권등기도 (직권으로) 말소하여야 한다.

말소등기의 기재례

1. 소유권이전등기의 말소

【갑 구】 (소유권에 관한 사항)				
순위 번호	등기목적	접 수	등기원인	권리자 및 기타사항
1	소유권 보존	1992년 3월 5일 제3005호		소유자 홍길동 49114 - ×××××× 서울특별시 강남구 역삼동 37
2	~~소유권 이전~~	~~1999년 2월 5일~~ ~~제5380호~~	~~1999년 2월 1일~~ ~~매매~~	~~소유자 박을순~~ ~~610310 - ×××××××~~ ~~경기도 광주시 역동 9~~
3	2번 소유권 이전 등기 말소	1999년 4월 7일 제6787호	1999년 3월 27일 합의해지	

2. 지상권을 목적으로 하는 저당권등기의 말소

【을 구】 (소유권 이외의 권리에 관한 사항)				
순위 번호	등기목적	접 수	등기원인	권리자 및 기타사항
1	지상권 설정	(생 략)	(생 략)	(생 략)
1-1	~~지상권의 저당권~~ ~~설정~~	(생 략)	(생 략)	(생 략)
2	1번 지상권 말소	1999년 2월 5일 제5330호	1999년 2월 4일 해지	
3	1-1번 저당권 말소			1번 지상권 말소로 인하여 1999년 2월 5일 등기

※ 1-1번 등기는 2번 등기한 후 등기관의 직권으로 말소한다.

4 멸실등기

1. 의의

멸실등기라 함은 토지 또는 건물의 전부가 물리적으로 소멸한 경우에 이를 공시하는 등기를 말한다. 멸실등기는 부동산의 전부가 소멸한 때에 하는 등기로서 그 일부가 멸실된 때에 하는 변경등기, 어떤 특정 등기만을 소멸시키기는 말소등기 등과 구별된다.

2. 등기신청절차

(1) 신청인

① 단독신청: 멸실등기는 소유권의 등기명의인이 단독으로 신청하며, 1개월 이내에 신청하여야 한다. 다만, 존재하지 아니하는 건물에 대한 등기가 있는 때에는 지체 없이 멸실등기를 신청하여야 한다.
② 신청의무를 해태한 경우: 멸실등기신청을 게을리한 경우에는 과태료 부과대상이 아니다.
③ 대위신청
  ㉠ 건물의 멸실의 경우에 그 소유권의 등기명의인이 1개월 이내에 그 등기를 신청하지 아니한 때에는 그 건물대지의 소유자가 대위하여 그 등기를 신청할 수 있다.
  ㉡ 존재하지 아니하는 건물에 대한 등기가 있는 때에도 그 소유권의 등기명의인이 1개월 이내에 멸실등기를 신청하지 아니하는 경우에는 그 건물대지의 소유자가 대위하여 그 등기를 신청할 수 있다.
  ㉢ 구분건물로서 그 건물이 속하는 1동 전부가 멸실된 경우에는 그 구분건물의 소유권의 등기명의인은 1동의 건물에 속하는 다른 구분건물의 소유권의 등기명의인을 대위하여 1동 전부에 대한 멸실등기를 신청할 수 있다.

(2) 첨부정보

① 대장정보(첨부): 토지의 경우에는 신청정보에 반드시 토지대장정보(또는 임야대장정보)를 제공하여야 한다. 다만, 건물의 경우에는 건축물대장정보를 첨부하되 건축물대장정보를 첨부할 수 없는 경우에는 기타 멸실을 증명할 수 있는 정보(판결서 등)를 제공하여야 한다.
② 등기상 이해관계인의 승낙서(첨부하지 않는다)
  ㉠ 멸실등기의 신청 시에는 등기상 이해관계인(전세권자, 저당권자 등)의 승낙서를 제공하지 아니한다.
  ㉡ 다만, 건물의 경우 건축물대장정보를 첨부하지 아니하고 기타 멸실증명정보를 첨부하여 멸실등기를 신청하는 때에는 이해관계인에게 불측의 손해를 주는 것을 방지하기 위하여 직권말소절차에 준하여 일정한 통지절차를 밟아야 한다(단, 이러한 경우라도 등기상 이해관계인이

신청정보에 기명날인한 경우에는 통지를 하지 않는다). 즉, 등기상 이해관계인이 있는 때에는 등기관은 그에게 1개월 이내의 기간을 정하여 그 기간 내에 이의를 진술하지 아니하면 멸실등기를 한다는 뜻을 통지하여야 한다.

3. 등기의 실행

(1) 표시란에 멸실원인을 기록하고 부동산의 표시와 표시번호는 실선으로 지우고 등기기록을 폐쇄하여야 한다.

(2) 다만, 멸실된 건물이 1동에 속하는 구분건물(예 101호)인 경우에는 1동의 건물의 등기기록 전부를 폐쇄하지 아니하고 해당 구분건물의 등기기록만을 제거하여 폐쇄한다.

5 말소회복등기

1. 의의

말소회복등기란 실체관계에 부합하는 어떤 등기가 있었음에도 불구하고 후에 그 등기의 전부 또는 일부가 부적법하게 말소된 경우에 그 말소된 등기를 회복함으로써 처음부터 그러한 말소가 없었던 것과 같은 효력을 보유케 할 목적으로 행하여지는 등기이다.

2. 요건

(1) 등기가 부적법하게 말소될 것

말소회복등기는 어떤 등기의 전부 또는 일부가 '부적법'하게 말소된 경우에 그 등기를 회복할 목적으로 하는 등기를 말한다. 여기서 '부적법'이란 실체적 부적법이든 절차적 부적법이든 불문한다.

> **판례보기**
> • 어떤 등기가 부적법하게 말소된 경우에 회복등기를 하는 것이며, 따라서 어떤 이유이건 당사자가 자발적으로 말소등기를 한 경우에는 말소회복등기를 할 수 없다(대판 1990.6.26., 89다카5673).
> • 가등기권리자인 甲이 가등기에 기한 본등기를 하지 않고 별도의 소유권이전등기를 함과 동시에 위 가등기를 혼동을 이유로 가등기명의인 甲이 자발적으로 말소등기를 하였다면 그 가등기에 대한 말소회복등기는 할 수 없다(1993.1.13, 등기선례).

(2) 말소된 등기를 회복하는 것일 것

말소회복등기는 종래 부적법하게 말소되었던 등기사항을 그대로 재현시켜 그 효력을 회복하려는 것이다. 이 경우 말소된 종전 등기의 효력을 회복하기 위해서는 회복등기로써 하여야 하며, 말소등기를 다시 말소하는 방법으로 할 수는 없다.

(3) 제3자에게 불측의 손해를 줄 염려가 없을 것

말소회복등기를 신청하는 경우에 등기상 이해관계 있는 제3자가 있는 때에는 그의 승낙서 또는
이에 대항할 수 있는 재판의 등본을 제공하여야 한다.

① 등기상 이해관계인

    ㉠ 손해를 입을 우려가 있는 자: 등기상 이해관계가 있는 제3자란 말소회복등기가 된다고 하면
        손해를 입을 우려가 있는 사람으로서 그 손해를 입을 우려가 있다는 것이 등기부의 기록에
        의하여 형식적으로 인정되는 자를 의미한다(판례).

    ㉡ 판별의 기준시기: 손해를 입을 우려가 있는지의 여부는 제3자의 권리취득등기 시(또는 말소등
        기 시)를 기준으로 하는 것이 아니라 '회복등기 시'를 기준으로 판별한다(판례).

    ㉢ 이해관계인에 해당하지 않는 자: 말소회복등기와 양립할 수 없는 등기가 있는 경우에는 이를
        먼저 말소하지 않는 한 회복등기를 할 수 없으므로, 이러한 등기는 말소회복등기에 앞서
        말소의 대상이 될 뿐이다. 따라서 그 등기명의인인 제3자는 등기상 이해관계 있는 제3자에
        해당하지 않는다 하여 회복등기를 함에 있어 그 자의 승낙을 받아야 할 필요는 없다(판례).
        예컨대, 부적법하게 말소된 甲의 지상권등기를 회복하는 경우에 지상권 말소 후 동일 토지부
        분에 乙 명의의 지상권등기가 경료되어 있는 때에는 乙의 지상권등기를 먼저 말소하지 않는
        한 甲의 지상권등기를 회복할 수 없다. 따라서 이 경우 乙의 지상권등기는 먼저 말소하여야
        하는데, 말소됨과 동시에 乙은 이미 등기부상에 존재하지 않게 되므로 乙은 甲의 지상권회복
        등기에 있어 등기상 이해관계인에 해당하지 아니한다.

② 제3자의 승낙의무

등기가 부적법하게 말소된 경우 그 말소원인의 무효 또는 취소로써 선의의 제3자에게 대항할
수 있는 경우에는 등기상 이해관계 있는 제3자는 회복등기에 대하여 승낙의무가 있다.

    ㉠ 가등기의 말소가 원인무효인 경우에 등기상 이해관계 있는 제3자는 선의·악의·손해의 유무
        를 불문하고 그 회복등기절차를 승낙할 의무가 있다(대판 1970.2.24, 69다2193).

    ㉡ 근저당권자가 소유권을 취득하면 그 근저당권은 혼동에 의하여 소멸하지만 그 뒤 그 소유권
        취득이 무효인 것이 밝혀지면 소멸하였던 근저당권은 당연히 부활한다. 이 경우 혼동에 의하
        여 소멸한 근저당권이 소유권 취득이 무효로 밝혀져 부활하는 경우에 등기부상 이해관계가
        있는 자는 위 근저당권말소등기의 회복등기절차를 이행함에 있어서 이것을 승낙할 의무가
        있다(대판 1971.8.31., 71다1386).

3. 등기절차의 개시

(1) 당사자의 신청

말소회복등기의 신청은 일반원칙에 따라 등기권리자와 등기의무자가 공동으로 신청하여야 한다. 그러나 등기의무자가 등기절차에 협력하지 않으면 등기권리자가 의사의 진술을 명하는 판결(이행판결)을 받아 단독으로 신청할 수 있으며, 상속등기가 불법말소된 경우에는 상속인이 단독으로 회복등기를 신청할 수 있다.

(2) 직권에 의한 회복등기

① 말소등기가 등기관의 직권으로 행하여진 경우에는 그 회복등기도 역시 등기관의 직권으로 이를 하여야 하므로, 이 경우 등기권리자는 그 말소회복등기를 소로써 청구할 수 없다. 이와 같은 법리는 등기관이 착오로 말소할 수 없는 등기를 잘못 말소한 경우에도 동일하게 적용된다(판례).
② 등기관이 직권으로 말소회복등기를 하는 경우에는 직권말소등기절차에 준하여 말소회복등기의 등기권리자, 등기의무자, 등기상 이해관계인에 대하여 등기를 회복한다는 통지를 하고 이의를 진술한 자가 없을 때 또는 이의에 대하여 각하한 경우에 직권으로 말소회복등기를 하여야 한다 (1994.3.24, 등기선례).

(3) 촉탁에 의한 회복등기

말소등기가 법원의 촉탁으로 행하여진 경우에는 그 회복등기를 법원의 촉탁으로 이를 하여야 한다. 따라서 가압류등기 등이 법원의 촉탁에 의하여 말소된 경우에는 그 회복등기도 법원의 촉탁으로 이루어진다.

4. 등기의 실행에 관한 특칙

(1) 등기 전부에 대한 말소회복등기

주등기로 회복등기를 하고, 이어서 그 아래에 말소된 등기와 동일한 등기를 하여야 한다.

(2) 등기 일부에 대한 말소회복등기

부기등기로 회복등기를 하고 그 말미에 말소된 등기사항을 기록한다.

말소회복등기의 기재례

1. 전부의 말소회복등기

【갑 구】 (소유권에 관한 사항)				
순위 번호	등기목적	접 수	등기원인	권리자 및 기타사항
1	소유권 보존	1992년 3월 5일 제3005호		소유자 홍길동 49114-××××××× 서울특별시 강남구 역삼동 37
2	소유권 이전	~~1998년 9월 10일~~ ~~제3125호~~	~~1998년 9월 9일~~ ~~매매~~	소유자 박을순 ~~610310-×××××××~~ 경기도 광주시 역동 9
3	2번 소유권 이전등기 말소	1999년 6월 10일 제6500호	1999년 6월 10일 매매계약의 해제	
4	2번 소유권 이전등기 말소 회복	1999년 10월 5일 제15330호	1999년 10월 2일 서울민사지방법원의 확정판결	
2	소유권 이전	1998년 9월 10일 제3125호	1998년 9월 9일 매매	소유자 박을순 610310-××××××× 경기도 광주시 역동 9

2. 일부의 말소회복등기

【갑 구】 (소유권에 관한 사항)				
순위 번호	등기목적	접 수	등기원인	권리자 및 기타사항
1	저당권 설정	2000년 3월 15일 제3691호	2000년 3월 14일 설정계약	채 권 액 금 6,000,000원 이 자 연 2할 채 무 자 홍길동 　　서울특별시 종로구 원남동 9 저당권자 이갑동 　　530412-××××××× 　　서울특별시 용산구 청파동 21
1-1	~~1번 저당권변경~~	~~2000년 7월 20일~~ ~~제7890호~~	~~2000년 7월 18일~~ ~~변경계약~~	~~이 자 약정의 폐지~~
1-2	2번 등기로 인하여 1번 등기회복			이 자 연 2할 2000년 12월 18일
2	1-1번 저당권 변경등기 말소	2000년 12월 18일 제9121호	신청착오	

5. 말소회복등기의 효력

말소회복등기가 이루어진 경우에는 그 회복등기는 종전의 등기와 동일한 효력을 가진다. 다만, 회복등기가 등기상 이해관계인의 승낙서 또는 이에 대항할 수 있는 재판의 등본의 첨부 없이 경료된 경우에는 그 등기는 등기상 이해관계인에 대해서는 무효에 해당한다(등기상 이해관계인에게 승낙의무가 없는 경우 – 1987.5.26, 등기예규 제629호). 그러나 등기상 이해관계인에게 승낙의무가 있는 경우에는 그 자의 승낙서 등을 첨부하지 못한 흠결이 있다 하더라도 결국 실체관계에 부합하게 되어 등기상 이해관계인에 대해서도 유효하다고 할 것이다(대판 1987.5.25, 85다카2203).

6 촉탁에 의한 등기 제25회, 제28회, 제31회, 제32회, 제35회

1. 의의

관공서 촉탁에 의한 등기절차도 신청을 갈음하는 관공서의 일방적인 행위라는 점에서 특색이 있을 뿐 원칙적으로 신청에 의한 등기절차에 관한 규정이 준용된다. 관공서가 등기절차에 관하여 촉탁하는 경우는 사법상의 권리주체로서 등기를 촉탁하는 경우와 사인(私人)인 당사자의 권리관계에 개입·봉사하는 공권력의 주체로서 등기를 촉탁하는 경우가 있다.

(1) 사법상의 권리주체로서 등기촉탁하는 경우는 관공서가 부동산에 관하여 사인과 계약을 체결한 후 그 이행으로서 관공서가 등기권리자인 경우에 직권에 의하여 촉탁하는 경우와, 등기의무자인 경우에 등기권리자의 청구에 의하여 등기를 촉탁하는 경우를 들 수 있다.

(2) 공권력의 주체로서 촉탁하는 경우는 체납처분에 의한 세무서의 압류등기, 당사자신청에 의한 법원의 가압류·가처분의 촉탁등기, 경매절차에서 집행법원의 경매개시결정등기, 경락으로 인한 소유권이전등기, 경락인이 인수하지 않은 부담기입의 말소등기, 경매개시결정등기의 말소등기 등을 들 수 있다.

(3) 관공서의 촉탁에 따른 등기

① 국가 또는 지방자치단체가 등기권리자인 경우에는 국가 또는 지방자치단체는 등기의무자의 승낙을 받아 해당 등기를 지체 없이 등기소에 촉탁하여야 한다.

② 국가 또는 지방자치단체가 등기의무자인 경우에는 국가 또는 지방자치단체는 등기권리자의 청구에 따라 지체 없이 해당 등기를 등기소에 촉탁하여야 한다.

③ 관공서가 등기명의인 등을 갈음하여 촉탁할 수 있는 등기에는 관공서가 체납처분으로 인한 압류등기를 촉탁하는 경우에는 등기명의인 또는 상속인, 그 밖의 포괄승계인을 갈음하여 부동산의 표시, 등기명의인의 표시변경, 경정 또는 상속, 그 밖의 포괄승계로 인한 권리이전의 등기를 함께 촉탁할 수 있다.

④ 관공서가 공매처분을 한 경우에 등기권리자의 청구를 받으면 지체 없이 다음의 등기를 등기소에 촉탁하여야 한다.
  ㉠ 공매처분으로 인한 권리이전의 등기
  ㉡ 공매처분으로 인하여 소멸한 권리등기의 말소
  ㉢ 체납처분에 관한 압류등기 및 공매공고등기의 말소

(4) 촉탁할 수 있는 관공서의 범위

촉탁할 수 있는 관공서는 원칙적으로 국가 및 자치단체,법원이나 세무서 그리고 일반 행정관서이다. 한국자산관리공사나 한국토지주택공사 그리고 한국농어촌공사 등도 특별법에 의하여 촉탁에 의한 등기신청을 할 수 있다.

(5) 관공서의 촉탁에 의한 등기의 특칙

① 관공서가 부동산에 관한 거래의 주체로서 등기하는 경우에는 직접 출석하지 않고 우편에 의한 촉탁도 할 수도 있고, 촉탁에 의하지 아니하고 등기권리자와 등기의무자 공동으로 직접 출석하여 등기를 신청할 수도 있다.
② 관공서가 일방 당사자인 경우에는 계약에 의한 소유권이전등기 원인을 증명하는 정보에 검인을 요하지 않는다.
③ 관공서가 등기의무자로서 등기권리자의 청구에 의하여 등기를 촉탁하거나, 부동산에 관한 권리를 취득하여 등기권리자로서 그 등기를 촉탁하는 경우에는 등기의무자의 권리에 관한 등기필정보를 신청정보로서 제공할 필요가 없다. 이 경우 관공서가 촉탁에 의하지 아니하고 법무사 또는 변호사에게 위임하여 등기를 신청하는 경우에도 같다.
④ 관공서 촉탁등기 시에는 허가·동의·승낙서의 제공이 면제된다.
⑤ 관공서가 등기의무자인 경우에는 인감증명서의 제공을 요하지 아니한다.
⑥ 매각 또는 공매처분 등을 원인으로 관공서가 소유권이전등기를 촉탁하는 경우에는 등기의무자의 주소를 증명하는 정보를 첨부정보로서 제공할 필요가 없다.
⑦ 관공서가 등기촉탁을 하는 경우에는 등기부와 대장상의 소유명의인 등의 표시가 부합하지 아니하더라도 그 등기촉탁을 수리하여야 한다.
⑧ 관공서가 촉탁정보 및 첨부정보를 적은 서면을 제출하는 방법으로 등기촉탁을 하는 경우에는 우편으로 그 촉탁서를 제출할 수 있다. 관공서가 등기촉탁을 하는 경우로서 소속 공무원이 직접 등기소에 출석하여 촉탁서를 제출할 때에는 그 소속 공무원임을 확인할 수 있는 신분증명서를 제시하여야 한다.

2. 경매에 관한 등기

(1) 경매신청의 등기

경매는 채무명의에 의한 강제집행으로 행해지는 강제경매와 담보권의 실행으로 행해지는 담보권실행경매가 있는데, 법원(경매의 목적물인 부동산 소재지의 지방법원)이 경매개시결정을 한 때에는 촉탁서에 그 결정 원본을 첨부하여 경매신청등기를 촉탁한다. 촉탁서상의 부동산의 표시는 등기부와 부합하여야 하는데, 만약 미등기부동산이라면 소유권을 증명하는 정보와 부합하여야 하고, 1동의 건물 중 일부만에 관한 경매신청은 분할등기 후에 하여야 한다. 체납처분에 의한 압류등기가 있는 부동산에 대하여도 경매신청의 등기를 할 수 있고, 경매신청의 등기가 있는 부동산에 관하여도 중복하여 경매신청의 등기를 할 수 있다.

(2) 경락으로 인한 등기

법원은 경락대금이 완납된 경우 경락인으로의 소유권이전등기, 경락인이 인수하지 아니한 부동산 위의 부담의 기입의 말소등기, 경매신청등기의 말소등기 등을 촉탁하여야 한다.

① 경락으로 인한 소유권이전등기
  ㉠ 경매신청기입등기 전에 소유권이전등기를 받은 제3취득자가 경락인이 된 경우에는, 경매신청기입등기의 말소촉탁 및 낙찰인이 인수하지 않는 부담기입의 말소촉탁 외에 소유권이전등기 촉탁은 하지 않는다(등기예규 제1378호).
  ㉡ 경매신청기입등기 후에 소유권이전등기를 받는 제3취득자가 경락인이 된 경우에는 제3취득자 명의의 소유권등기의 말소촉탁과 동시에 경락을 원인으로 한 소유권이전등기 촉탁을 하여야 한다.
② 경락인이 인수하지 않은 부담기입의 말소등기
  ㉠ 저당권등기, 압류·가압류등기는 강제경매신청기입등기, 담보권설정등기(임의경매)의 전후를 불문하고 말소된다.
  ㉡ 용익물권·임차권의 등기, 소유권이전청구권의 가등기(담보가등기는 제외), 처분금지가처분등기는 강제경매신청기입등기·담보권설정등기보다 후의 등기이면 말소된다.
  ㉢ 경매신청등기 후의 소유권이전등기는 말소된다. 압류의 효력발생 전에 경료된 소유권이전등기라도 그보다 선순위로서 경락에 의하여 소멸되는 담보권, 가압류의 등기가 존재하면 역시 말소의 대상이 된다(대결 1985.2.11, 84마606).
③ **경매신청등기의 말소**: 경매절차가 완료되면 법원은 경매기입등기의 말소를 촉탁하여야 한다.
④ **경락으로 인한 이전등기 등의 촉탁**: 등기원인과 그 일자는 경락인이 경락대금을 완납한 때에 소유권을 취득하는 것이므로 '○○○○년 ○○월 ○○일 강제경매(또는 임의경매)로 인한 경락'으로 기록한다.

3. 가압류에 관한 등기

(1) 의의

가압류라 함은 금전채권 또는 금전으로 환가할 수 있는 채권에 대하여 장래에 그 강제집행을 보전하려는 목적으로 미리 채무자의 일반재산에 대한 처분권한을 제한하는 것을 내용으로 하는 긴급적·일시적인 집행보전제도를 말한다.

(2) 가압류의 목적물

① 유체동산 및 부동산의 소유권·전세권·지상권·임차권, 선박·자동차·항공기 등이며 그 밖의 채권 기타 재산권에도 가압류할 수 있다. 그러나 지역권은 요역지와 분리하여 처분할 수 없으므로 가압류의 대상이 되지 않는다.
② 저당권부채권을 가압류한 때에는 그 저당권에도 가압류의 효력이 미치므로(부종성) 공시목적의 달성을 위하여 저당권등기에 부기등기를 하여야 한다.
③ 미등기부동산에 대하여 가압류를 하기 위하여는 등기관은 직권으로 소유권보존등기를 하여야 한다.
④ 대지권인 취지의 등기가 된 토지는 건물과 분리처분이 금지되기 때문에 대지권만을 목적으로 하는 가압류등기를 할 수 없고, 대지권등기를 한 건물만을 목적으로 한 가압류등기를 할 수 없다.
⑤ 소유권이전가등기도 가압류의 대상이 된다(대결 전합체 1978.12.18, 76마381). 이 경우 등기형식은 부기등기에 의한다.

(3) 가압류등기의 실행

① 가압류하고자 하는 권리의 종류에 따라 갑구 또는 을구에 행한다. 가압류 사건번호와 청구된 채권금액을 등기부에 기록하여야 하며, 채권자가 다수인 경우에도 채권자 전원을 표시하여야 한다.
② 가압류등기를 완료한 후, 가압류결정정본의 등기필정보를 작성하여 집행법원에 송부한다.

4. 처분금지가처분등기 제20회, 제22회, 제23회, 제24회, 제25회

(1) 집행보전절차로서 가처분

집행보전절차로서 가처분은 임시적 지위인정을 위한 가처분과 계쟁물(係爭物, 소송절차에서 다툼이 되는 물건)에 대한 가처분이 있는데, 「부동산등기법」상 문제가 되는 가처분은 계쟁물에 대한 가처분을 의미한다. 이는 계쟁물의 현상의 변경으로 인하여 소송의 결과에 따른 집행을 하지 못하거나 집행함에 있어 현저히 곤란할 염려가 있는 경우에 있어 채무자의 소유권 기타 권리의 처분을 금지함으로써 채권자가 채무자에 대하여 가지는 권리(피보전권리)의 실현을 보전하기 위한 가처분을 말한다.

(2) 가처분등기의 보전

① 처분등기는 보전하고자 하는 채무자(피고)의 권리가 갑구의 권리이냐 을구의 권리이냐에 따라 갑구 또는 을구에 행한다. 가령, 소유권 이전을 위한 소의 제기에 따른 가처분은 갑구에 행하고, 전세권의 말소를 위한 소의 제기에 따른 가처분은 을구에 행한다.

② 가처분의 피보전권리가 소유권 이외의 권리설정등기청구권으로서 소유명의인을 가처분채무자로 하는 경우에는 그 가처분등기를 등기기록 중 갑구에 한다.

(3) 처분금지가처분채권자가 본안사건에서 승소하여 그 승소판결에 의한 소유권이전등기를 신청하는 경우

① 당해 가처분등기 이후에 경료된 제3자 명의의 소유권이전등기의 말소: 부동산의 처분금지가처분채권자(이하 '가처분채권자'라 한다)가 본안사건에서 승소하여 그 확정판결의 정본을 첨부하여 소유권이전등기를 신청하는 경우, 그 가처분등기 이후에 제3자 명의의 소유권이전등기가 경료되어 있을 때에는 반드시 위 소유권이전등기신청과 함께 단독으로 그 가처분등기 이후에 경료된 제3자 명의의 소유권이전등기의 말소신청도 동시에 하여 그 가처분등기 이후의 소유권이전등기를 말소하고 가처분채권자의 소유권이전등기를 하여야 한다.

② 당해 가처분등기 이후에 경료된 제3자 명의의 소유권 이외의 권리등기의 말소

㉠ 가처분채권자가 본안사건에서 승소하여 그 확정판결의 정본을 첨부하여 소유권이전등기를 신청하는 경우, 그 가처분등기 이후에 제3자 명의의 소유권 이외의 권리에 관한 등기, 가등기, 가압류등기, 국세체납에 의한 압류등기, 경매개시결정등기 및 처분금지가처분등기 등이 경료되어 있을 때에는 위 소유권이전등기신청과 함께 단독으로 그 가처분등기 이후에 경료된 제3자 명의의 등기말소신청도 동시에 하여 그 가처분등기 이후의 등기를 말소하고 가처분채권자의 소유권이전등기를 하여야 한다.

㉡ 다만, 가처분등기 전에 마쳐진 가압류에 의한 강제경매개시결정등기와 가처분등기 전에 마쳐진 담보가등기, 전세권 및 저당권에 의한 임의경매개시결정등기 및 가처분채권자에 대항할 수 있는 임차인 명의의 주택임차권등기, 주택임차권설정등기, 상가건물임차권등기 및 상가건물임차권설정등기 등이 있는 경우에는 이를 말소하지 아니하고 가처분채권자의 소유권이전등기를 하여야 한다.

㉢ 위 ㉠의 경우 가처분채권자가 그 가처분에 기한 소유권이전등기만 하고 가처분등기 이후에 경료된 제3자 명의의 소유권 이외의 등기의 말소를 동시에 신청하지 아니하였다면, 그 소유권이전등기가 가처분에 기한 소유권이전등기였다는 소명자료를 첨부하여 다시 가처분등기 이후에 경료된 제3자 명의의 등기의 말소를 신청하여야 한다.

(4) 가처분채권자가 본안사건에서 승소하여 그 승소판결에 의한 소유권이전등기 말소등기(소유권보존등기 말소등기를 포함)를 신청하는 경우

① 당해 가처분등기 이후에 경료된 제3자 명의의 소유권이전등기의 말소: 가처분채권자가 본안사건에

서 승소하여 그 확정판결의 정본을 첨부하여 소유권이전등기 말소등기를 신청하는 경우, 그 가처분등기 이후에 제3자 명의의 소유권이전등기가 경료되어 있을 때에는 위 소유권이전등기 말소등기신청과 동시에 그 가처분등기 이후에 경료된 제3자 명의의 소유권이전등기의 말소도 단독으로 신청하여 그 가처분등기 이후의 소유권이전등기를 말소하고 위 가처분에 기한 소유권 이전등기 말소등기를 하여야 한다.

② 당해 가처분등기 이후에 경료된 제3자 명의의 소유권이전등기 이외의 등기의 말소

㉠ 가처분채권자가 본안사건에서 승소하여 그 확정판결의 정본을 첨부하여 소유권이전등기 말소등기를 신청하는 경우, 가처분등기 이후에 경료된 제3자 명의의 소유권이전등기를 제외한 가등기, 소유권 이외의 권리에 관한 등기, 가압류등기, 국세체납에 의한 압류등기, 경매신청 등기와 처분금지가처분등기 등이 경료되어 있을 때에는 위 소유권이전등기 말소등기신청과 함께 단독으로 그 가처분등기 이후에 경료된 제3자 명의의 등기말소신청도 동시에 하여 그 가처분등기 이후의 등기를 말소하고 가처분채권자의 소유권이전등기의 말소등기를 하여야 한다.

㉡ 다만, 가처분등기 전에 마쳐진 가압류에 의한 강제경매개시결정등기와 가처분등기 전에 마 쳐진 담보가등기, 전세권 및 저당권에 의한 임의경매개시결정등기 및 가처분채권자에 대항 할 수 있는 임차인 명의의 주택임차권등기, 주택임차권설정등기, 상가건물임차권등기 및 상 가건물임차권설정등기 등이 가처분등기 이후에 경료된 때에는 그러하지 아니하다. 이 경우 가처분채권자가 가처분채무자의 소유권이전등기의 말소등기를 신청하기 위해서는 위 권리 자의 승낙이나 이에 대항할 수 있는 재판이 있음을 증명하는 정보를 제공하여야 한다.

(5) 가처분채권자가 승소판결에 의하지 아니하고 가처분채무자와 공동으로 가처분에 기한 소유권 이전등기 또는 소유권이전등기 말소등기를 신청하는 경우

가처분채권자가 가처분에 기한 것이라는 소명자료를 첨부하여 가처분채무자와 공동으로 소유권이 전등기 또는 소유권말소등기를 신청하는 경우의 당해 가처분등기 및 그 가처분등기 이후에 경료된 제3자 명의의 등기의 말소에 관하여도 위 절차에 의한다.

(6) 당해 가처분등기의 말소

등기관이 가처분채권자의 신청에 의하여 가처분등기 이후의 등기를 말소하였을 때에는 직권으로 그 가처분등기도 말소하여야 한다. 가처분등기 이후의 등기가 없는 경우로서 가처분채무자를 등기 의무자로 하는 권리의 이전, 말소 또는 설정의 등기만을 할 때에도 또한 같다.

(7) 가처분등기 이후의 등기의 말소를 신청하는 경우에는 등기원인을 '가처분에 의한 실효'라고 하여 야 한다.

결정기입등기 기재례

1. 가압류결정기입등기

【갑 구】 (소유권에 관한 사항)				
순위 번호	등기목적	접 수	등기원인	권리자 및 기타사항
5	가압류	2003년 3월 5일 제1234호	2003년 3월 4일 수원지방법원의 가압류결정 (2003카단1000)	가압류 청구금액 금 100,000,000원 채권자 이을남 　　　600101 – ××××××× 　　　서울시 중구 명동 1

(주) 소유권에 대한 가압류는 주등기로, 소유권 이외의 권리(가등기 포함) 및 소유권이전청구권가등기에 대한
　　가압류는 부기등기로 한다.

2. 가처분결정기입등기

【갑 구】 (소유권에 관한 사항)				
순위 번호	등기목적	접 수	등기원인	권리자 및 기타사항
5	가처분	2003년 3월 5일 제1234호	2003년 3월 4일 서울중앙지방법원의 가처분결정 (2003카단1000)	가처분 피보전권리 소유권이전등기청구권 채권자 이을남 　　　600101 – ××××××× 　　　서울 중구 명동 1 금지사항 양도, 담보권 설정 기타 일체의 처분행 위의 금지

(주) 1. 가처분등기를 하는 경우 1997.9.11. 이후부터는 그 피보전권리를 등기부에 기록하여야 한다(등기예
　　　규 제881호 참조).
　　2. 당해 가처분의 피보전권리가 이전등기청구권인 경우에는 '소유권이전등기청구권'으로, 말소등기청구
　　　권인 경우에는 '소유권말소등기청구권'으로 기록한다.

3. 경매개시결정기입등기

【갑 구】 (소유권에 관한 사항)				
순위 번호	등기목적	접 수	등기원인	권리자 및 기타사항
5	강제경매개시 결정	2003년 3월 5일 제1234호	2003년 3월 4일 서울중앙지방법원의 가처분결정 (2003카단1000)	채권자 이을남 　　　600101 – ××××××× 　　　서울 중구 명동 1

(주) 채권자가 다수인 경우에는 채권자 전부를 등기부에 기록하여야 하며, 채권자 ○○○ 외 ○인과 같이
　　채권자 일부만을 기록하여서는 아니 된다(등기예규 제840호).

7 가등기 제15회, 제20회, 제22회, 제23회, 제26~35회

1. 의의

가등기라 함은 일반적으로 아직 본등기(종국등기)를 할 수 있는 실체법적 요건이 구비되어 있지 아니한 경우에 장래에 행하여질 본등기를 준비할 목적으로 하는 등기를 말한다. 가등기는 예비등기의 일종에 해당한다.

2. 가등기를 할 수 있는 경우

(1) 가등기의 목적이 되는 권리

가등기는 장차 본등기를 하기 위한 준비로서 하는 등기이므로 본등기할 수 있는 권리는 모두 가등기의 대상권리가 된다. 따라서 소유권뿐만 아니라 지상권, 지역권, 전세권, 저당권, 권리질권, 임차권 등에 대해서도 이들 권리에 대한 일정한 청구권을 보전하기 위하여 가등기를 할 수 있다.

(2) 가등기의 구분

① 청구권보전가등기: 가등기는 일반적으로 부동산에 관한 일정한 청구권을 보전할 목적으로 행하여지는데, 청구권보전을 목적으로 가등기할 수 있는 경우를 보면 다음과 같다.
  ㉠ 권리의 설정·이전·변경·소멸의 청구권을 보전하려 할 때
  ㉡ 시기부 또는 정지조건부 청구권을 보전하려 할 때
  ㉢ 기타 장래에 있어서 확정될 청구권을 보전하려 할 때
② 담보가등기: 담보가등기란 채권담보를 목적으로 하는 가등기를 말한다. 예컨대, 채무를 담보하기 위하여 그 불이행이 있을 것을 대비하여 채무자(또는 제3자)에게 속하는 소유권 기타 권리를 채권자에게 이전하기로 하는 대물변제의 예약 등을 체결하고, 그 계약에 의한 채권자의 권리를 보전하기 위하여 행하여지는 가등기가 담보가등기이다. 주의할 것은 담보가등기의 대상이 될 수 있는 권리에서 전세권, 저당권, 권리질권은 제외된다는 점이다(가등기담보 등에 관한 법률 제18조 참조). 담보가등기는 가등기의 일반적 효력 이외에 담보물권으로서의 효력(우선변제권, 경매청구권, 별제권)도 아울러 가지고 있다.

(3) 가등기의 허용 여부가 문제되는 경우

가등기의 내용은 장차 행하여지게 될 본등기의 내용과 일치하여야 하기 때문에 본등기를 할 수 없는 등기에 관하여는 가등기를 할 수 없는데, 가등기를 할 수 있는지의 여부가 문제되는 경우를 검토해 보면 다음과 같다.

① 소유권 보존의 가등기(불가): 소유권보존등기는 소유권자가 이를 단독으로 신청할 수 있으므로 보전할 청구권이 존재한다고 볼 수 없고, 등기기록이 개설되지도 않은 점에 비추어 이를 인정할 수 없다.

② 물권적 청구권을 보전하기 위한 가등기(불가): 가등기는 채권적 청구권을 보전하기 위해서만 가능하고, 물권적 청구권(예 등기원인의 무효, 취소, 해제 등으로 인한 말소등기청구권 등)을 보전하기 위해서는 이를 할 수 없다(판례).

③ 말소등기의 가등기: 말소청구권은 물권적 청구권으로 보전할 필요성이 없으므로 이를 보전하기 위한 가등기는 할 수 없다고 보는 것이 일반적이다. 다만, 말소등기의 원인이 채권적 청구권인 경우에는 그 청구권을 보전할 필요성이 있으므로 그 말소청구권을 보전하기 위한 가등기는 가능하다.

④ 가압류, 가처분 등 처분제한의 가등기(불가): 가압류등기, 가처분등기 등 처분제한에 관한 등기는 법률의 규정에 따라 법원의 재판(가압류결정, 가처분결정)에 의하여 촉탁으로 이루어지는 것이고, 당사자의 약정에 의한 신청으로 이를 할 수 있는 것이 아니다. 따라서 당사자 간에 보전할 청구권이 존재하지 아니하므로, 이러한 처분제한에 관한 가등기는 허용되지 않는다.

⑤ 가등기의 이전등기(가능): 가등기상 권리의 이전에 관하여 종래의 판례는 이를 부정하였으나, 최근 판례는 태도를 바꾸어 가등기의 이전등기도 부기등기의 형식으로 경료할 수 있다고 한 바 있다(대판 전합체 1998.11.19, 98다24105). 그 밖에 가등기의 이전가등기도 가능하다.

⑥ 가등기상의 권리에 대한 가압류, 가처분등기(가능): 가등기상의 권리에 대한 가압류등기, 가등기상의 권리에 대한 이전금지가처분등기도 역시 허용된다. 등기이전청구권이 등기된 때, 즉 그 청구권이 가등기된 때에는 부기등기의 방법에 의하여 가압류의 등기를 할 수 있다.

⑦ 가등기에 기한 본등기금지가처분등기(불가): 가등기에 기하여 본등기를 하는 것은 권리의 취득(권리의 증대)이지 권리의 처분(권리의 감소 내지 소멸)에 해당하지 아니하므로 가등기에 기하여 본등기를 금지하는 가처분등기는 허용되지 않는다(대판 1992.9.25, 92다21258).

⑧ 가등기를 기반으로 한 새로운 소유권이전가등기(불가): 가등기권리자가 장차 본등기할 것을 전제로 하여 그 가등기권리자를 등기의무자로 하여 제3자에게 새로운 소유권이전가등기나 저당권설정가등기 등을 해 줄 수는 없다.

⑨ 이중의 가등기(가능): 동일한 등기에 대하여 여러 개의 가등기도 가능하다. 즉, 소유권자인 甲은 당해 부동산에 대하여 乙에게 소유권 이전의 가등기를 경료해 준 후에 다시 丙에게 소유권 이전의 가등기를 해 줄 수 있다.

⑩ 유증을 원인으로 한 소유권이전가등기: 유증을 원인으로 한 소유권이전가등기는 유언자가 사망한 후에 신청한 경우에는 가능하나, 유언자의 생존 중에 신청한 경우에는 이를 수리할 수 없다. 다만, 사인증여(死因贈與)로 인한 소유권이전가등기는 증여자의 생존 중에도 이를 신청할 수 있다.

⑪ 선순위지상권이 있는 경우의 지상권설정가등기(가능): 이미 지상권설정등기가 경료되어 있는 토지에 대하여 기존 지상권설정등기의 말소를 조건으로 지상권설정청구권가등기를 신청할 수 있다. 다만, 이 가등기에 기한 지상권 설정의 본등기는 기존의 지상권설정등기가 말소되기 전에는 신청할 수 없다.

⑫ 환매특약의 가등기(불가): 매매계약과 환매특약은 동시에 이루어져야 하고, 그에 따른 소유권이전등기와 환매특약등기는 동시에 신청하여야 하므로 환매특약가등기는 허용되지 아니한다. 다만, 환매권도 양도할 수 있는 재산권임에는 틀림이 없으므로 환매권이전청구권을 보전하기 위한 환매권이전가등기는 가능하다.

3. 가등기의 신청절차

(1) 공동신청

가등기도 일종의 등기이므로 가등기권리자와 가등기의무자의 공동신청에 의하는 것이 원칙이다.

(2) 단독신청

① 가등기권리자는 가등기의무자의 승낙이 있거나 가등기를 명하는 법원의 가처분명령이 있을 때에는 단독으로 가등기를 신청할 수 있다.

② 가등기를 명하는 가처분명령은 부동산의 소재지를 관할하는 지방법원이 가등기권리자의 신청으로 가등기 원인사실의 소명이 있는 경우에 할 수 있다.

즉, 가등기의무자가 가등기절차에 협력하지 않는 경우에는 가등기권리자는 목적부동산의 소재지를 관할하는 법원에서 가등기의 원인을 소명하여 가등기가처분결정을 받은 후에 그 가처분명령정본을 첨부하여 단독으로 가등기를 신청할 수 있다.

주의할 것은, 가등기가처분명령에 의한 가등기는 가등기권리자의 단독신청에 의하여야 할 등기이지 법원의 촉탁에 의한 등기가 아니라는 점이다.

③ 가등기가처분명령에 의하여 가등기권리자가 단독으로 가등기신청을 할 경우에는 등기의무자의 권리에 관한 등기필정보를 신청정보의 내용으로 등기소에 제공할 필요가 없다.

(3) 법원의 명령에 의한 가등기

등기관의 결정 또는 처분을 부당하다고 하는 자는 관할 지방법원에 이의신청을 할 수 있으며, 이 경우 관할 지방법원은 이의에 대하여 결정하기 전에 등기관에게 가등기를 명할 수 있다.

(4) 소유권이전청구권의 보전을 위한 가등기(소유권이전청구권가등기)의 신청과 농지취득자격증명서 등의 첨부 요부

농지에 대한 소유권이전청구권가등기의 신청서에는 농지취득자격증명을 첨부할 필요가 없으나, 「국토의 계획 및 이용에 관한 법률」에 의한 토지거래허가구역 내의 토지에 대한 소유권이전청구권가등기의 신청서에는 토지거래허가서를 첨부하여야 한다.

(5) 가등기상 권리를 제3자에게 양도한 경우에 양도인과 양수인은 공동신청으로 그 가등기상 권리의 이전등기를 신청할 수 있고, 그 이전등기는 가등기에 대한 부기등기의 형식으로 한다.

4. 가등기 사항

(1) 가등기의 실행

소유권이전가등기는 갑구에서 하며, 저당권·전세권·지상권 등의 설정가등기는 을구에서 행하여진다.

(2) 가등기의 형식

본등기가 주등기에 의하여야 할 경우에는 가등기도 주등기로, 본등기를 부기등기로 하여야 할 경우에는 가등기도 부기등기로 하여야 한다. 예컨대, 소유권이전청구권가등기는 주등기(본등기인 소유권이전등기가 주등기로 할 등기이므로)로 하고, 저당권이전청구권가등기는 부기등기(본등기인 저당권이전등기가 부기등기로 할 등기이므로)로 한다.

5. 가등기에 기한 본등기 절차

(1) 본등기신청의 당사자

① 가등기 후 제3자에게 소유권이 이전된 경우: 가등기에 의한 본등기신청의 등기의무자는 가등기를 할 때의 소유자이며, 가등기 후에 제3자에게 소유권이 이전된 경우에도 가등기의무자는 변동되지 않는다.
② 가등기권자가 사망한 경우: 가등기를 마친 후에 가등기권자가 사망한 경우, 가등기권자의 상속인은 상속등기를 할 필요 없이 상속을 증명하는 서면을 첨부하여 가등기의무자와 공동으로 본등기를 신청할 수 있다.
③ 가등기의무자가 사망한 경우: 가등기를 마친 후에 가등기의무자가 사망한 경우, 가등기의무자의 상속인은 상속등기를 할 필요 없이 상속을 증명하는 서면과 인감증명 등을 첨부하여 가등기권자와 공동으로 본등기를 신청할 수 있다.

(2) 등기원인 및 첨부서면

매매예약을 원인으로 한 가등기에 의한 본등기를 신청함에 있어서, 본등기의 원인일자는 매매예약 완결의 의사표시를 한 날로 기재하여야 하나, 등기원인을 증명하는 서면은 매매계약서를 제공하여야 한다.

(3) 등기필정보

가등기에 의한 본등기를 신청할 때에는 가등기의 등기필정보가 아닌 등기의무자의 권리에 관한 등기필정보를 신청정보의 내용으로 등기소에 제공하여야 한다.

(4) 가등기된 권리 중 일부지분에 대한 본등기의 신청

가등기에 의한 본등기신청은 가등기된 권리 중 일부지분에 관해서도 할 수 있다. 이 경우 등기신청서에는 본등기될 지분을 기재하여야 하고 등기기록에도 그 지분을 기록하여야 한다.

(5) 공동가등기권자가 있는 경우

하나의 가등기에 관하여 여러 사람의 가등기권자가 있는 경우에, 가등기권자 모두가 공동의 이름으로 본등기를 신청하거나, 그 중 일부의 가등기권자가 자기의 가등기지분에 관하여 본등기를 신청할 수 있지만, 일부의 가등기권자가 공유물보존행위에 준하여 가등기 전부에 관한 본등기를 신청할 수는 없다.

(6) 판결에 의한 본등기의 신청

① 등기원인일자: 가등기상 권리가 매매예약에 의한 소유권이전청구권일 경우, 판결주문에 매매예약완결일자가 있으면 그 일자를 등기원인일자로 기재하여야 하고, 판결주문에 매매예약완결일자가 기재되어 있지 아니한 때에는 등기원인은 확정판결로, 등기원인일자를 그 확정판결의 선고연월일로 기재하여야 한다.

② 등기부상의 가등기원인일자와 본등기를 명한 판결주문의 가등기원인일자가 서로 다른 경우: 매매를 원인으로 한 가등기가 되어 있는 경우, 그 가등기의 원인일자와 판결주문에 나타난 원인일자가 다르다 하더라도 판결이유에 의하여 매매의 동일성이 인정된다면 그 판결에 의하여 가등기에 의한 본등기를 신청할 수 있다.

③ 판결주문에 가등기에 의한 본등기라는 취지의 기재가 없는 경우: 판결의 주문에 피고에게 소유권이전청구권가등기에 의한 본등기절차의 이행을 명하지 않고 매매로 인한 소유권이전등기절차의 이행을 명한 경우라도, 판결이유에 의하여 피고의 소유권이전등기절차의 이행이 가등기에 의한 본등기절차의 이행임이 명백한 때에는, 그 판결을 원인증서로 하여 가등기에 의한 본등기를 신청할 수 있다.

(7) 다른 원인으로 소유권이전등기를 한 경우

소유권이전청구권가등기권자가 가등기에 의한 본등기를 하지 않고 다른 원인에 의한 소유권이전등기를 한 후에는 다시 그 가등기에 의한 본등기를 할 수 없다. 다만, 가등기 후 위 소유권이전등기 전에 제3자 앞으로 처분제한의 등기가 되어 있거나 중간처분의 등기가 된 경우에는 그러하지 아니하다.

(8) 가등기에 의하여 보전되는 권리를 침해하는 가등기 이후 등기의 직권말소

① 등기관은 가등기에 의한 본등기를 하였을 때에는 가등기 이후에 된 등기로서 가등기에 의하여 보전되는 권리를 침해하는 등기를 직권으로 말소하여야 한다.

② 등기관이 가등기 이후의 등기를 직권말소하였을 때에는 지체 없이 그 사실을 말소된 권리의 등기명의인에게 통지하여야 한다.

③ 가등기에 기한 본등기를 한 경우 본등기와 양립할 수 없는 중간처분의 등기는 원칙적으로 등기관이 직권으로 말소하여야 한다. 다만, 본등기와 양립할 수 있는 경우에는 직권말소할 수 없다(아래 보충 참조).

6. 가등기에 기한 본등기 후의 조치

(1) 소유권이전가등기에 기한 본등기 후의 조치

① 직권말소되는 등기: 소유권이전가등기에 기하여 본등기를 한 경우에는 가등기 후 본등기 전에
경료된 다음의 등기는 본등기와 양립할 수 없으므로 직권으로 말소한다.

    ㉠ (후순위)가등기

    ㉡ 소유권이전등기

    ㉢ 저당권 등 제한물권의 설정등기, 임차권설정등기

    ㉣ 가압류등기, 가처분등기

    ㉤ 경매개시결정등기

    ㉥ 가등기의무자의 사망으로 인한 상속등기

    ㉦ 대항력 없는 주택임차권등기, 상가건물임차권등기

② 직권말소할 수 없는 등기

    ㉠ 가등기 전에 경료된 선순위의 등기

    ㉡ 당해 가등기상의 권리를 목적으로 하는 가압류등기

    ㉢ 당해 가등기상의 권리를 목적으로 하는 가처분등기

    ㉣ 가등기 전에 경료된 담보가등기·전세권·저당권에 기한 임의경매개시결정등기

    ㉤ 가등기 전에 경료된 가압류에 기한 강제경매개시결정등기

    ㉥ 대항력 있는 임차권등기(주택, 상가건물): 주택임차인 甲이 주택의 인도 및 주민등록을 마쳐
대항력을 갖춘 주택에 관하여 乙 명의의 소유권이전청구권가등기 및 법원의 임차권등기명령
을 원인으로 한 甲 명의의 주택임차권등기가 순차로 이루어진 다음, 乙이 위 가등기에 기한
소유권 이전의 본등기를 한 경우 甲은 乙에게 대항할 수 있는 임차인이라 할 것이므로 위
주택임차권등기는 직권으로 말소할 수 없다.

(2) 용익권에 관한 가등기에 기한 본등기 후의 조치

① 직권말소되는 등기: 용익물권 또는 임차권설정청구권가등기에 기한 본등기를 한 경우에는 가등
기 후 본등기 전에 경료된 다음의 등기는 본등기와 양립할 수 없으므로 직권으로 말소한다.

    ㉠ 지상권설정등기, 지역권설정등기, 전세권설정등기

    ㉡ 임차권설정등기

    ㉢ 주택임차권등기(단, 대항력 있는 임차권등기는 제외)

    ㉣ 상가건물임차권등기(단, 대항력 있는 임차권등기는 제외)

② 직권말소할 수 없는 등기: 용익물권 또는 임차권설정청구권가등기에 기한 본등기를 한 경우에는
가등기 후 본등기 전에 경료된 다음의 등기는 본등기와 양립할 수 있으므로 직권으로 말소할
수 없다.

ⓐ 소유권에 관한 등기(소유권이전등기, 소유권이전가등기, 가압류등기, 가처분등기, 체납처분에 의한 압류등기, 경매개시결정등기)

ⓑ 저당권 등 담보물권설정등기

ⓒ 가등기가 되어 있지 않은 부분에 대한 용익권설정등기

(3) 저당권에 관한 가등기에 기한 본등기 후의 조치

저당권설정청구권가등기에 기한 본등기를 한 경우에는 가등기 후 본등기 전에 경료된 등기는 전부 직권말소의 대상이 아니다.

7. 가등기의 말소등기

가등기상의 권리가 원인무효, 소멸시효의 완성 기타 사유로 소멸한 때에는 가등기를 말소한다.

(1) 신청인

① **공동신청(원칙):** 가등기의 말소등기는 가등기명의인(또는 그 권리를 이전받은 자)이 등기의무자가 되고, 가등기의무자(부동산소유자)가 등기권리자가 되어 공동으로 신청한다. 가등기 후 소유권을 취득한 자(제3취득자)가 발생한 경우에는 가등기의무자(부동산소유자)가 가등기명의인과 공동으로 말소신청을 할 수도 있고, 또는 제3취득자가 가등기명의인과 공동으로 말소신청을 할 수도 있다.

② **단독신청(특칙):** 가등기명의인은 단독으로 가등기의 말소등기를 신청할 수 있다. 등기의무자 또는 등기상 이해관계인도 가등기명의인의 승낙서 또는 이에 대항할 수 있는 재판의 등본을 첨부하여 가등기의 말소등기를 단독으로 신청할 수 있다.

▫ 이 경우 등기상 이해관계인은 자기의 등기신청권에 의하여 가등기 말소를 신청하는 것이지, 가등기명의인을 대위하여 신청하는 것은 아니다.

(2) 가등기말소등기의 실행

① 소유권이전가등기를 말소하는 경우에는 주등기의 형식으로 가등기를 말소한다.

② 그러나 본등기가 경료된 후에 본등기만을 말소하는 경우에는 주등기의 형식으로 본등기를 말소하고, 기존 가등기는 말소하지 아니한다.

가등기의 기재례

1. 소유권이전청구권가등기

【갑 구】 (소유권에 관한 사항)				
순위 번호	등기목적	접 수	등기원인	권리자 및 기타사항
3	소유권이전 청구권가등기	1988년 3월 10일 제3125호	1998년 3월 9일 매매계약	가등기권자 이도령 550505 - ××××××× 서울특별시 서대문구 홍은동 9

2. 가등기에 기한 본등기

【갑 구】 (소유권에 관한 사항)				
순위 번호	등기목적	접 수	등기원인	권리자 및 기타사항
3	소유권이전 청구권가등기	1988년 3월 10일 제3125호	1998년 3월 9일 매매계약	가등기권자 이도령 270310 - ××××××× 서울특별시 서대문구 홍은동 9
	소유권 이전	1989년 5월 10일 제6500호	1989년 6월 4일 매매	소유자 이도령 270310 - ××××××× 서울특별시 서대문구 홍은동 9
4	소유권 이전	1989년 2월 5일 제5330호	1989년 2월 1일 매매	소유자 이순우 610310 - ××××××× 경기도 광주시 역동 9
5	4번소유권 이전등기 말소			3번 가등기의 본등기로 인하여 1989년 5월 10일 등기

3. 가등기가처분에 의한 가등기

【갑 구】 (소유권에 관한 사항)				
순위 번호	등기목적	접 수	등기원인	권리자 및 기타사항
3	소유권이전 청구권가등기	2003년 3월 9일 제3039호	2003년 3월 8일 서울지방법원의 가등기가처분결정 (2003카기500)	가등기권자 이갑돌 550505 - ××××××× 서울특별시 은평구 응암동 5

기출 및 예상문제

01 권리에 관한 등기의 설명으로 틀린 것은? (제31회)

① 등기부 표제부의 등기사항인 표시번호는 등기부 갑구(甲區), 을구(乙區)의 필수적 등기사항이 아니다.

② 등기부 갑구(甲區)의 등기사항 중 권리자가 2인 이상인 경우에는 권리자별 지분을 기록하여야 하고, 등기할 권리가 합유인 경우에는 그 뜻을 기록하여야 한다.

③ 권리의 변경등기는 등기상 이해관계가 있는 제3자의 승낙이 없는 경우에도 부기로 등기할 수 있다.

④ 등기의무자의 소재불명으로 공동신청할 수 없을 때 등기권리자는 민사소송법에 따라 공시최고를 신청할 수 있고, 이에 따라 제권판결이 있으면 등기권리자는 그 사실을 증명하여 단독으로 등기말소를 신청할 수 있다.

⑤ 등기관이 토지소유권의 등기명의인 표시변경등기를 하였을 때에는 지체 없이 그 사실을 지적소관청에 알려야 한다.

해설 ③ 권리의 변경등기는 등기상 이해관계가 있는 제3자가 있는 경우에 그의 승낙이 있어야 부기등기로 하고, 등기상 이해관계가 있는 제3자의 승낙이 없는 경우에는 주등기로 한다.

정답 ③

02 가등기에 관한 설명으로 틀린 것은? (제34회)

① 가등기로 보전하려는 등기청구권이 해제조건부인 경우에는 가등기를 할 수 없다.

② 소유권이전청구권 가등기는 주등기의 방식으로 한다.

③ 가등기는 가등기권리자와 가등기의무자가 공동으로 신청할 수 있다.

④ 가등기에 기한 본등기를 금지하는 취지의 가처분등기의 촉탁이 있는 경우, 등기관은 이를 각하하여야 한다.

⑤ 소유권이전청구권 가등기에 기하여 본등기를 하는 경우, 등기관은 그 가등기를 말소하는 표시를 하여야 한다.

해설 ⑤ 소유권이전청구권 가등기에 기하여 본등기를 하더라도, 가등기는 말소의 대상이 아니다.

정답 ⑤

03 말소등기에 관한 설명으로 옳은 것은? (제23회)

① 권리의 말소등기는 단독으로 신청하는 것이 원칙이다.
② 말소할 권리가 전세권 또는 저당권인 경우에 제권판결에 의하지 않고 전세금반환증서 또는 영수증에 의하여 등기권리자가 단독으로 말소등기를 신청할 수 있다.
③ 甲, 乙, 丙순으로 소유권이전등기가 된 상태에서 乙명의의 소유권이전등기를 말소할 때에는 등기상 이해관계있는 제3자 丙의 승낙이 있어야 한다.
④ 소유권이전청구권 보전을 위한 가등기에 기해 본등기를 한 경우, 가등기 이후에 된 근저당권설정등기는 등기관이 등기명의인에게 직권말소를 하겠다는 통지를 한 후 소정의 기간을 기다려 직권으로 말소한다.
⑤ 등기를 신청한 권리가 실체법상 허용되지 않는 것임에도 불구하고 등기관의 착오로 등기가 완료된 때에는 등기관은 직권으로 등기를 말소한다.

> **해설**
> ① 말소등기는 공동신청이 원칙
> ② 2011년 개정법에서 삭제된 내용이다.
> ③ 양립할 수 없는 丙명의 등기를 말소하기 전에 乙명의 소유권이전등기를 말소 할 수 없다. 丙은 이해관계인이 아니라 당사자이다.
> ④ 2011년 개정법에서 먼저 직권말소한 후에 통지하도록 개정하였다.
>
> **정답** ⑤

04 말소등기에 관련된 설명으로 틀린 것은? (제26회)

① 말소등기를 신청하는 경우, 그 말소에 대하여 등기상 이해관계 있는 제3자가 있으면 그 제3자의 승낙이 필요하다.
② 근저당권설정등기 후 소유권이 제3자에게 이전된 경우, 제3취득자가 근저당권설정자와 공동으로 그 근저당권말소등기를 신청할 수 있다.
③ 말소된 등기의 회복을 신청하는 경우, 등기상 이해관계 있는 제3자가 있을 때에는 그 제3자의 승낙이 필요하다.
④ 근저당권이 이전된 후 근저당권의 양수인은 소유자인 근저당설정자와 공동으로 그 근저당권말소등기를 신청할 수 있다.
⑤ 가등기의무자는 가등기명의인의 승낙을 받아 단독으로 가등기의 말소를 신청할 수 있다.

> **해설**
> 저당권설정 후 소유권이 제3자에게 이전된 경우에는 저당권설정자 또는 제3취득자가 저당권자와 공동으로 그 말소등기를 신청할 수 있다. 제3취득자와 근저당권설정자가 공동신청하는 것이 아니다.
>
> **정답** ②

05 부기로 하는 등기로 옳은 것은?

① 부동산멸실등기
② 공유물 분할금지의 약정등기
③ 소유권이전등기
④ 토지분필등기
⑤ 부동산 표시변경등기 등 표제부의 등기

> **해설** **부기로 하는 등기**
> 1. 등기명의인표시의 변경이나 경정의 등기
> 2. 소유권 외의 권리의 이전등기
> 3. 소유권 외의 권리를 목적으로 하는 권리에 관한 등기
> 4. 소유권 외의 권리에 대한 처분제한 등기
> 5. 권리의 변경이나 경정의 등기(등기상 이해관계 있는 제3자의 승낙이 있는 경우)
> 6. 환매특약등기
> 7. 권리소멸약정등기
> 8. 공유물 분할금지의 약정등기

정답 ②

06 가등기에 관한 설명으로 틀린 것은? (다툼이 있으면 판례에 따름)

① 소유권보존등기를 위한 가등기는 할 수 없다.
② 소유권이전청구권이 장래에 확정될 것인 경우, 가등기를 할 수 있다.
③ 가등기된 권리의 이전등기가 제3자에게 마쳐진 경우, 그 제3자가 본등기의 권리자가 된다.
④ 가등기권리자가 여럿인 경우, 그 중 1인이 공유물보존행위에 준하여 가등기 전부에 관한 본등기를 신청할 수 있다.
⑤ 가등기권리자가 가등기에 의한 본등기로 소유권이전등기를 하지 않고 별도의 소유권이전등기를 한 경우, 그 가등기 후에 본등기와 저촉되는 중간등기가 없다면 가등기에 의한 본등기를 할 수 없다.

> **해설** ④ 가등기권자가 복수인 경우에 1인이 전원명의 본등기를 할 수는 없지만, 자기의 지분만에 대한 본등기는 할 수 있다.

정답 ④

07 가등기에 관한 설명으로 틀린 것은?　　　　　　　　　　　　　(제32회)

① 가등기권리자는 가등기를 명하는 법원의 가처분명령이 있는 경우에는 단독으로 가등기를 신청할 수 있다.

② 근저당권 채권최고액의 변경등기청구권을 보전하기 위해 가등기를 할 수 있다.

③ 가등기를 한 후 본등기의 신청이 있을 때에는 가등기의 순위번호를 사용하여 본등기를 하여야 한다.

④ 임차권설정등기청구권보전 가등기에 의한 본등기를 한 경우 가등기 후 본등기 전에 마쳐진 저당권설정등기는 직권말소의 대상이 아니다.

⑤ 등기관이 소유권이전등기청구권보전 가등기에 의한 본등기를 한 경우, 가등기 후 본등기 전에 마쳐진 해당 가등기상 권리를 목적으로 하는 가처분등기는 직권으로 말소한다.

해설　등기관이 소유권이전등기청구권보전 가등기에 의하여 소유권이전의 본등기를 한 경우에는 가등기 후 본등기 전에 마쳐진 등기는 직권으로 말소한다.
다만 다음의 등기는 말소할 수 없다.(규칙 제147조①)
1. 해당 가등기상 권리를 목적으로 하는 가압류등기나 가처분등기
2. 가등기 전에 마쳐진 가압류에 의한 강제경매개시결정등기
3. 가등기 전에 마쳐진 담보가등기, 전세권 및 저당권에 의한 임의경매개시결정등기
4. 가등기권자에게 대항할 수 있는 주택임차권등기, 주택임차권설정등기, 상가건물임차권등기, 상가건물임차권설정등기

정답 ⑤

08 관공서가 촉탁하는 등기에 관한 설명으로 옳은 것은?　　　　　　　(제28회)

① 관공서가 촉탁정보 및 첨부정보를 적은 서면을 제출하는 방법으로 등기촉탁하는 경우에는 우편으로 그 촉탁서를 제출할 수 있다.

② 공동신청을 해야 할 경우, 등기권리자가 지방자치단체인 때에는 등기의무자의 승낙이 없더라도 해낭 등기를 등기소에 촉탁해야 한다.

③ 관공서가 공매처분을 한 경우에 등기권리자의 청구를 받으면 지체 없이 체납처분으로 인한 압류등기를 등기소에 촉탁해야 한다.

④ 관공서가 체납처분으로 인한 압류등기를 촉탁하는 경우에는 등기명의인을 갈음하여 등기명의인의 표시변경등기를 함께 촉탁할 수 없다.

⑤ 수용으로 인한 소유권이전등기를 신청하는 경우에는 보상이나 공탁을 증명하는 정보를 첨부정보로서 등기소에 제공할 필요가 없다.

해설
① 관공서가 촉탁정보 및 첨부정보를 적은 서면을 제출하는 방법으로 등기촉탁을 하는 경우에는 우편으로 그 촉탁서를 제출할 수 있다.(규칙 155조1항)
② 공동신청을 해야 할 경우, 등기권리자가 지방자치단체인 때에는 등기의무자의 승낙을 받아 해당 등기를 등기소에 촉탁해야 한다.(법98조1항)
③ 관공서가 공매처분을 한 경우에 등기권리자의 청구를 받으면 지체 없이 체납처분으로 인한 압류등기의 말소등기, 공매처분으로 인한 권리이전등기, 공매처분으로 인한 권리등기의 말소등기를 촉탁하여야 한다.(법97조)
④ 관공서가 체납처분으로 인한 압류등기를 촉탁하는 경우에는 등기명의인 또는 상속인, 그 밖의 포괄승계인을 갈음하여 부동산의 표시, 등기명의인의 표시의 변경, 경정 또는 상속, 그 밖의 포괄승계로 인한 권리이전의 등기를 함께 촉탁할 수 있다.(법96조)
⑤ 수용으로 인한 소유권이전등기를 신청하는 경우에는 보상이나 공탁을 증명하는 정보를 첨부정보로서 등기소에 제공하여야 한다.

정답 ①

09 가압류·가처분 등기에 관한 설명으로 옳은 것은? (제22회)

① 소유권에 대한 가압류등기는 부기등기로 한다.
② 처분금지가처분등기가 되어 있는 토지에 대하여는 지상권설정등기를 신청할 수 없다.
③ 가압류등기의 말소등기는 등기권리자와 등기의무자가 공동으로 신청해야 한다.
④ 부동산에 대한 처분금지가처분등기의 경우, 금전채권을 피보전권리로 기재한다.
⑤ 부동산의 공유지분에 대해서도 가압류등기가 가능하다.

해설
① 소유권에 가압류등기는 주등기로 한다.
② 가처분은 상대적효력밖에 없으므로 다른 등기를 할 수는 있다.
③ 가압류의 말소는 집행법원의 촉탁으로 말소한다.
④ 가처분은 금전채권 이외의 특정채권을 대상으로 구체적인 이전, 말소, 설정청구권을 기재한다. 가압류에서 금전채권을 기재한다.
⑤ 지분은 단독소유권과 마찬가지이므로 지분에 대한 가압류는 가능하다.

정답 ⑤

10 등기신청에 관한 설명으로 틀린 것은? (다툼이 있으면 판례에 의함) (제25회)

① 처분금지가처분등기가 된 후, 가처분채무자를 등기의무자로 하여 소유권이전등기를 신청하는 가처분채권자는 그 가처분등기 후에 마쳐진 등기 전부의 말소를 단독으로 신청할 수 있다.

② 가처분채권자가 가처분등기 후의 등기말소를 신청할 때에는 "가처분에 의한 실효"를 등기원인으로 하여야 한다.

③ 가처분채권자의 말소신청에 따라 가처분등기 후의 등기를 말소하는 등기관은 그 가처분등기도 직권말소하여야 한다.

④ 등기원인을 경정하는 등기는 단독신청에 의한 등기의 경우에는 단독으로, 공동신청에 의한 등기의 경우에는 공동으로 신청하여야 한다.

⑤ 체납처분으로 인한 상속부동산의 압류등기를 촉탁하는 관공서는 상속인의 승낙이 없더라도 권리이전의 등기를 함께 촉탁할 수 있다.

> **해설** ① 소유권가등기에 의한 본등기와 같은 논리로 가처분등기 후에 마쳐진 등기이더라도 가처분에 대항할 수 있는 임차권등기 또는 가처분 등기 전에 마쳐진 저당권에 기한 경매개시결정등기는 그 말소를 신청할 수 없다.
>
> **정답** ①

11 X토지에 관하여 A등기청구권보전을 위한 가등기 이후, B-C의 순서로 각 등기가 적법하게 마쳐졌다. B등기가 직권말소의 대상인 것은? (A, B, C등기는 X를 목적으로 함) (제35회)

	A	B	C
①	전세권설정	가압류등기	전세권설정본등기
②	임차권설정	저당권설정등기	임차권설정본등기
③	저당권설정	소유권이전등기	저당권설정본등기
④	소유권이전	저당권설정등기	소유권이전본등기
⑤	지상권설정	가압류등기	지상권설정본등기

> **해설** 소유권이전청구권가등기에 기하여 소유권이전본등기시, 가등기 이후 본등기전에 경료된 저당권설정등기는 등기관이 직권으로 말소한다.
>
> **정답** ④

12 등기의 촉탁에 관한 설명으로 틀린 것은? 〔제35회〕

① 관공서가 상속재산에 대해 체납처분으로 인한 압류등기를 촉탁하는 경우, 상속인을 갈음하여 상속으로 인한 권리이전의 등기를 함께 촉탁할 수 없다.

② 법원의 촉탁으로 실행되어야 할 등기가 신청된 경우, 등기관은 그 등기신청을 각하해야 한다.

③ 법원은 수탁자 해임의 재판을 한 경우, 지체없이 신탁원부 기록의 변경등기를 등기소에 촉탁하여야 한다.

④ 관공서가 등기를 촉탁하는 경우 우편으로 그 촉탁서를 제출할 수 있다.

⑤ 촉탁에 따른 등기절차는 법률에 다른 규정이 없는 경우에는 신청에 따른 등기에 관한 규정을 준용한다.

> **해설**
>
> ① 관공서가 상속재산에 대해 체납처분으로 인한 압류등기를 촉탁하는 경우, 상속인을 갈음하여 상속으로 인한 권리이전의 등기를 함께 촉탁할 수 있다.

정답 ①

13 가등기에 관한 설명으로 옳은 것은? (다툼이 있으면 판례에 따름) 〔제35회〕

① 소유권이전등기청구권 보전을 위한 가등기에 기한 본등기가 경료된 경우, 본등기에 의한 물권변동의 효력은 가등기한 때로 소급하여 발생한다.

② 소유권이전등기청구권 보전을 위한 가등기가 마쳐진 부동산에 처분금지가처분등기가 된 후 본등기가 이루어진 경우, 그 본등기로 가처분채권자에게 대항할 수 있다.

③ 정지조건부의 지상권설정청구권을 보전하기 위해서는 가등기를 할 수 없다.

④ 가등기된 소유권이전등기청구권이 양도된 경우, 그 가등기상의 권리의 이전등기를 가등기에 대한 부기등기의 형식으로 경료할 수 없다.

⑤ 소유권이전등기청구권 보전을 위한 가등기가 있으면 소유권이전등기를 청구할 어떤 법률관계가 있다고 추정된다.

> **해설**
>
> ① 소유권이전등기청구권 보전을 위한 가등기에 기한 본등기가 경료된 경우, 물권변동의 효력은 가등기한 때로 소급하지 아니한다.
> ③ 정지조건부의 지상권설정청구권을 보전하기 위해서는 가등기를 할 수 있다.
> ④ 가등기된 소유권이전등기청구권이 양도된 경우, 그 가등기상의 권리의 이전등기를 가등기에 대한 부기등기의 형식으로 경료할 수 있다.
> ⑤ 소유권이전등기청구권 보전을 위한 가등기가 있어도 소유권이전등기를 청구할 어떤 법률관계가 있다고 추정되지는 않는다.

정답 ②

구분건물에 관한 등기절차

단원별 학습포인트

□ 구분건물은 그 등기기록의 구성과 대지권등기, 분리처분금지등 정리하여야 하며 출제 빈도가 높아지는 경향을 가지고 있다.

1 구분건물에 관한 등기 제20회, 제21회, 제24회, 제27회, 제29회, 제31회, 제34회

1. 서설

(1) 구분건물의 의의

구분건물이란 1동의 건물을 구조상 내부적으로 구분하여 법률상 독립된 소유권의 목적이 될 수 있는 부분을 말한다. 「집합건물의 소유 및 관리에 관한 법률」(이하 '집합건물법'이라 한다)상 구분건물이 되기 위해서는 구조상 독립성과 이용상 독립성을 갖추어야 한다. 다만, 구분점포의 경우에는 이용상 독립성이 있으면 구조상 독립성이 없어도 일정한 요건하에 구분소유권의 객체로서 등기할 수 있다(집합건물법 제1조의2). 구분건물에 관한 등기와 관련하여서는 특히 전유부분과 대지사용권의 일체성에 관한 것이 주로 문제가 되는바, 이하에서는 이에 관하여 보기로 한다.

(2) 대지사용권

대지사용권이라 함은 집합건물의 구분소유자가 전유부분을 소유하기 위하여 건물의 대지에 대하여 가지고 있는 일정한 권리를 말한다. 대지사용권에는 토지에 대한 소유권·지상권·전세권·임차권 등이 있다.

(3) 대지사용권의 취득

① 「집합건물의 소유 및 관리에 관한 법률」에 규정된 건물을 건축한 자가 대지사용권을 가지고 있는 경우에 대지권에 관한 등기를 하지 아니하고 구분건물에 관하여만 소유권이전등기를 마쳤을 때에는 현재의 구분소유자와 공동으로 대지사용권에 관한 이전등기를 신청할 수 있다.
② 구분건물을 건축하여 양도한 자가 그 건물의 대지사용권을 나중에 취득하여 이전하기로 약정한 경우에는 현재의 구분소유자와 공동으로 대지사용권에 관한 이전등기를 신청할 수 있다.

(4) 대지권

대지사용권으로서 전유부분과 분리하여 처분할 수 없는 권리를 대지권이라 한다. 분리처분이 금지된다는 것은 전유부분의 소유자가 토지에 대하여 가지는 대지사용권만을 건물과 분리하여 처분하거나, 건물에 대한 소유권을 대지사용권과 분리하여 처분하는 것이 금지됨을 의미한다. 대지사용권이 대지권으로서 성립하려면 다음과 같은 조건이 충족되어야 한다.

① 토지에 집합건물이 존재하여야 한다.
② 구분소유자가 당해 대지에 관하여 대지사용권을 취득하여야 한다.
③ 일체·불가분성이 있어야 한다. 일체·불가분성은 이를 배제하는 내용의 규약이나 공정증서가 작성되지 않음으로써 족하고 반드시 대지권등기가 경료되어 있음을 요하지 아니한다(통설·판례).

2. 대지권의 변경등기

(1) 의의

대지권의 변경등기란 대지권이 새로 발생한 경우, 대지권이 대지권 아닌 것으로 된 경우, 분필·합필 등으로 대지권의 표시에 변경이 발생한 경우, 대지권에 경정사항이 있는 경우에 행하는 모든 등기를 말한다.

(2) 대지권변경등기의 사유

① 대지권이 새로이 발생한 경우
② 대지권이 대지권 아닌 것으로 된 경우
③ 대지권의 표시에 변경이 발생한 경우
④ 대지권에 경정사항이 있는 경우

(3) 등기의 신청절차

① 신청인: 대지권의 변경 또는 소멸의 등기는 구분건물의 소유권의 등기명의인이 1개월 이내에 이를 신청하여야 한다.

(4) 등기의 실행에 관한 특칙

대지권에 관한 변경·경정 또는 소멸의 등기를 하는 때에는 종전의 표시와 그 번호를 실선으로 지워야 한다. 이와 같이 대지권의 변경등기를 하게 되면 부수해서 그 대지권의 목적인 토지의 등기기록 중 갑구 및 을구에 직권으로 대지권인 취지의 등기를 하거나 말소하여야 한다.

3. 전유부분과 대지사용권의 일체성

구분소유자의 대지사용권은 그가 가지는 전유부분의 처분에 따르며, 전유부분과 분리하여 대지사용권을 처분할 수 없다. 다만, 규약으로 달리 정한 때에는 그러하지 아니하다.

4. 구분건물의 표시에 관한 등기의 신청(동시신청)

(1) 1동의 건물에 속하는 구분건물 중의 일부만에 관하여 소유권보존등기를 신청하는 경우 그 나머지 구분건물에 관하여는 표시에 관한 등기를 동시에 신청하여야 한다.

(2) 건물의 신축으로 인하여 구분건물이 아닌 건물(비구분건물)이 구분건물로 된 경우 그 신축건물의 소유권보존등기는 기존 비구분건물의 표시변경등기와 동시에 신청하여야 한다.

(3) 위 (1)의 경우 최초의 소유권보존등기를 신청하는 자는 1동 건물에 속하는 다른 구분건물의 소유자를 대위하여 다른 구분건물의 표시에 관한 등기를 신청할 수 있고, (2)의 경우 신축건물의 소유권보존등기를 신청하는 자와 기존 비구분건물의 표시변경등기를 신청하는 자는 소유권보존등기와 표시변경등기를 상호대위하여 신청할 수 있다.

(4) 구분건물의 경우에는 1동에 속하는 구분건물 전부에 대하여 1등기기록을 사용하고 있으므로, 1동에 속하는 일부의 구분건물만에 관한 등기기록을 개설할 수 없다. 즉, 1동에 속하는 일부의 구분건물만에 관하여 보존등기를 신청하는 경우에는 나머지 구분건물 전부에 대하여 동시에 그 표시에 관한 등기를 신청하게 하여, 1동에 속하는 구분건물 전부에 관한 등기기록이 개설되도록 하기 위하여 구분건물의 표시에 관한 것을 등기할 사항으로 정한 것이다. 즉, 표제부만을 독립된 등기사항으로 볼 수 있다.

5. 일체성 및 절차의 간소화를 위한 특칙

(1) 대지권에 관한 등기

대지권에 관한 등기는 구분건물의 소유권보존등기와 동시에 또는 그 후에 하게 되는데, 이를 구체적으로 보면 다음과 같다.

① 1동 건물의 표제부(대지권의 목적인 토지의 표시란): 1동의 건물의 표제부의 '대지권의 목적인 토지의 표시란'에는 토지의 일련번호와 대지권의 목적인 토지의 표시(소재, 지번, 지목, 면적)를 기록한다.
② 구분건물(전유부분)의 표제부(대지권의 표시란): 구분건물(전유부분)의 등기기록의 표제부에는 대지권의 표시[토지의 표시(일련번호로 갈음), 대지권의 종류, 대지권의 비율]를 기록한다.
③ 토지의 등기기록 해당구 사항란(대지권인 취지의 등기): 건물등기부에 대지권의 등기를 한 경우에 등기관은 대지권의 목적인 토지의 등기기록 해당구 사항란에 직권으로 대지권인 취지의 등기를 하여야 한다. 대지권인 취지의 등기는 당해 토지에 대한 대지사용권이 어느 집합건물을 위하여 대지권이 되었음을 공시하는 등기이다. 대지권인 취지의 등기가 경료되면 대지사용권은 건물과 분리하여 독립적으로 처분할 수 없으며, 건물에 종속하는 권리로 변하게 된다.

(2) 신청정보 기록사항

대지권을 등기한 건물에 대하여 소유권 또는 소유권 이외의 권리에 관한 등기를 신청하는 경우에는 신청정보에 대지권을 기록하여야 한다. 그러나 건물만에 대한 등기를 신청하는 경우에는 그러하지 아니하다. 따라서 구분건물만에 대하여 전세권이나 임차권설정등기를 신청할 때에는 신청정보에 대지권을 기록하지 아니한다.

(3) 대지권등기를 한 건물에 대한 등기의 효력

대지권등기를 한 후에는 구분소유권과 대지사용권을 분리시키거나 분리시킬 가능성이 있는 등기는 허용되지 아니하고, 향후 처분의 일체성이 있는 권리의 등기는 건물등기부에만 한다. 이 경우 그 등기의 효력은 대지권에도 미친다. 즉, 대지권등기 후에 경료된 건물에 대한 소유권 또는 소유권 이외의 권리에 관한 등기로서 건물만에 관한 취지의 부기가 없는 것은 대지권에 대하여도 동일한 등기로서의 효력이 있다.

6. 대지권등기 후 금지되는 등기와 허용되는 등기

(1) 대지권등기 후 금지되는 등기

① 토지 소유권이 대지권인 경우
  ㉠ 토지 또는 건물만에 관한 소유권이전등기
  ㉡ 토지 또는 건물만을 목적으로 하는 저당권설정등기
  ㉢ 토지 또는 건물만의 소유권에 관한 가등기·가압류등기·압류등기
② 지상권·전세권·임차권이 대지권인 경우
  ㉠ 지상권·전세권·임차권의 이전등기 또는 이전가등기
  ㉡ 지상권·전세권을 목적으로 하는 저당권설정등기
  ㉢ 건물만을 목적으로 하는 저당권설정등기(단, 임차권이 대지권인 경우는 제외)

(2) 대지권등기 후 허용되는 등기

① 토지 소유권이 대지권인 경우
  ㉠ 토지 또는 건물만에 관한 용익권설정등기
  ㉡ 대지권등기 전에 토지 또는 건물만에 관하여 경료된 가등기에 따른 본등기
  ㉢ 대지권등기 전에 토지 또는 건물만에 관하여 경료된 저당권설정등기의 실행에 따른 경매신청기입등기
  ㉣ 토지 또는 건물만에 관하여 소유권 귀속에 관한 분쟁으로 인한 처분금지가처분등기
  ㉤ 토지만에 관하여 저당권이 설정된 후 대지권등기와 동시에 또는 그 후에 신청하는 건물에 대한 추가저당권설정등기

ⓑ 건물만에 관하여 저당권이 설정된 후 대지권등기와 동시에 또는 그 후에 신청하는 토지에 대한 추가저당권설정등기

ⓢ 등기원인의 무효, 취소 등으로 인한 소유권말소등기

② 지상권·전세권·임차권이 대지권인 경우

㉠ 토지소유권이전등기(토지 소유권은 대지권이 아니므로)

㉡ 토지 소유권을 목적으로 하는 다른 권리의 등기(토지 소유권은 대지권이 아니므로, ◨ 저당권설정등기 등)

㉢ 임차권이 대지권인 경우에 건물만을 목적으로 하는 저당권설정등기

2 규약상 공용부분

1. 표제부 등기제도

규약상 공용부분은 갑구·을구기록을 두지 아니하는 대신 표제부만을 두고 표제부에 공용부분인 취지를 기록한다. 이는 형식상 건물의 표시에 관한 등기이나 실질적으로는 전유부분 소유자의 공용부분에 대한 권리(지분)만의 처분을 제한하는 처분제한의 등기로서의 성격을 가지며, 공용부분에 대한 별도의 등기 없이도 물권변동을 제3자에게 대항할 수 있음을 공시하는 특수한 등기라고 할 것이다.

2. 공용취지의 등기절차

(1) 구분건물을 신축하여 분양하는 자가 일정한 건물부분을 공용부분으로 예정하여 분양하는 경우 분양자가 해당 부분을 일단 그의 명의로 소유권보존등기를 한 뒤 규약상 공용부분인 취지의 등기를 한다. 또한 이미 전유부분 또는 독립된 건물로서 활용되는 건물을 구분소유자들이 취득하여 규약상 공용부분으로 삼는 경우에는 취득자인 구분소유자들 명의의 공유등기 없이 기본소유권의 등기명의인의 신청에 의하여 곧바로 규약상 공용부분인 취지의 등기를 한다.

(2) 표제부에 공용취지의 등기를 하는 경우 갑구의 분양자 명의의 소유권보존등기와 소유권 및 소유권 이외의 권리가 있는 경우에도 모두 말소하여야 한다. 이렇게 소유권 또는 소유권 이외 권리의 말소등기 시 공용부분인 건물에 소유권 외의 권리에 관한 등기가 있을 때에는 그 권리의 등기명의인의 승낙을 받아야 하며, 이해관계인이 존재한다면 그의 승낙서 또는 이해관계인에 대항할 수 있는 재판등본을 제공하여야 한다.

(3) 공용취지의 등기를 하는 경우 갑구나 을구의 등기는 모두 말소하나 말소된 등기기록은 등기부로부터 제거하지 않는다.

3. 공용취지의 등기의 말소

공용부분인 취지를 정한 규약을 폐지할 경우에는 공용부분에 대한 새로운 소유자는 그의 명의로 하는 소유권보존등기를 신청하면 공용취지등기의 말소는 등기관이 직권으로 이를 말소한다. 이 경우 규약의 폐지를 증명하는 정보를 제공하여야 한다.

공용인 규약의 폐지로 인하여 규약상 공용부분을 새로이 취득한 소유자는 실질적으로는 공유관계였던 구분소유자 전원으로부터 소유권을 승계취득하는 것이어서 소유권이전등기를 하여야 하나 등기부의 기록형식상 소유권보존등기를 하게 된다.

대지권등기의 기재례

1. 1동의 건물의 표제부

【표 제 부】 (1동의 건물의 표시)				
표시 번호	접 수	소재지번, 건물의 명칭 및 건물번호	건물내역	등기원인 및 기타사항
1	1988년 4월 5일	서울특별시 강남구 역삼동 29 고려아파트 제101동	철근콘크리트 슬래브의 기와지붕 5층 아파트 1층 465.66m² 2층 465.66m² 3층 465.66m² 4층 465.66m² 5층 465.66m² 지하실 226.59m²	도면편철장 제5책 제110장

(대지권의 목적인 토지의 표시)				
표시 번호	소재지번	지 목	면 적	등기원인 및 기타사항
1	1. 서울특별시 강남구 역삼동 29 2. 서울특별시 강남구 역삼동 32	대 대	1,759m² 745m²	1988년 4월 5일

2. 전유부분의 건물의 표제부

【표 제 부】(전유부분의 건물의 표시)				
표시 번호	접 수	건물번호	건물내역	등기원인 및 기타사항
1	1988년 4월 5일	1층 101호	철근콘크리트 96m²	도면편철장 제5책 제110장

(대지권의 표시)			
표시 번호	대지권의 종류	대지권비율	등기원인 및 기타사항
1	1. 수유권대지권 2. 임차권대지권	1000분의 47 500분의 18	1988년 4월 5일 대지권 1988년 4월 5일 대지권 1988년 4월 5일 등기

대지권이 있다는 뜻의 등기의 기재례 - 단독소유권이 대지권인 경우

【갑 구】(소유권에 관한 사항)				
순위 번호	등기목적	접 수	등기원인	권리자 및 기타사항
1	소유권 보존	(생략)		(생략)
2	소유권 이전	(생략)	(생략)	(생략)

3	소유권
	대지권
				건물의 표시
				  서울특별시 강남구 역삼동 29
				  고려아파트 제101동
				1988년 4월 5일 등기

01 구분건물의 등기에 관한 설명으로 <u>틀린</u> 것은? 제34회

① 대지권의 표시에 관한 사항은 전유부분의 등기기록 표제부에 기록하여야 한다.
② 토지전세권이 대지권인 경우에 대지권이라는 뜻의 등기가 되어 있는 토지의 등기기록에는 특별한 사정이 없는 한 저당권설정등기를 할 수 없다.
③ 대지권의 변경이 있는 경우, 구분건물의 소유권의 등기명의인은 1동의 건물에 속하는 다른 구분건물의 소유권의 등기명의인을 대위하여 대지권변경등기를 신청할 수 있다.
④ 1동의 건물에 속하는 구분건물 중 일부만에 관하여 소유권보존등기를 신청하는 경우에는 나머지 구분건물의 표시에 관한 등기를 동시에 신청하여야 한다.
⑤ 집합건물의 규약상 공용부분이라는 뜻을 정한 규약을 폐지한 경우, 그 공용부분의 취득자는 소유권이전등기를 신청하여야 한다.

> **해설** ⑤ 집합건물의 규약상 공용부분이라는 뜻을 정한 규약을 폐지한 경우, 그 공용부분의 취득자는 지체없이 소유권보존등기를 신청하여야 한다.
>
> **정답** ⑤

02 부동산등기에 관한 설명으로 <u>틀린</u> 것은? 제31회

① 규약에 따라 공용부분으로 등기된 후 그 규약이 폐지된 경우, 그 공용부분 취득자는 소유권이전등기를 신청하여야 한다.
② 등기할 건물이 구분건물인 경우에 등기관은 1동 건물의 등기기록의 표제부에는 소재와 지번, 건물명칭 및 번호를 기록하고, 전유부분의 등기기록의 표제부에는 건물번호를 기록하여야 한다.
③ 존재하지 아니하는 건물에 대한 등기가 있을 때 그 소유권의 등기명의인은 지체 없이 그 건물의 멸실등기를 신청하여야 한다.
④ 같은 지번 위에 1개의 건물만 있는 경우에는 건물의 등기기록의 표제부에 건물번호를 기록하지 않는다.
⑤ 부동산환매특약은 등기능력이 인정된다.

> **해설** 규약에 따라 공용부분으로 등기된 후 그 규약이 폐지된 경우, 그 공용부분 취득자는 소유권보존등기를 신청하여야 한다. 종전 공용부분으로 되어 있을 때 표제부만 있고 갑구, 을구가 없기 때문이다.
>
> **정답** ①

03 집합건물의 등기에 관한 설명으로 옳은 것은?

(제29회)

① 등기관이 구분건물의 대지권등기를 하는 경우에는 건축물대장 소관청의 촉탁으로 대지권의 목적인 토지의 등기기록에 소유권, 지역권, 전세권 또는 임차권이 대지권 이라는 뜻을 기록하여야 한다.

② 구분건물로서 그 대지권의 변경이 있는 경우에는 구분건물의 소유권의 등기명의인은 1동의 건물에 속하는 다른 구분건물의 소유권의 등기면의인을 대위하여 대지권의 변경등기를 신청할 수 있다.

③ '대지권에 대한 등기로서 효력이 있는 등기'와 '대지권의 목적인 토지의 등기기록 중 해당 구에 한 등기'의 순서는 순위번호에 따른다.

④ 구분건물의 등기기록에 대지권이 등기된 후 건물만에 관해 저당권설정계약을 체결한 경우, 그 설정계약을 원인으로 구분건물만에 관한 저당권설정등기를 할 수 있다.

⑤ 토지의 소유권이 대지권인 경우 토지의 등기기록에 대지권이라는 뜻의 등기가 되어 있더라도, 그 토지에 대한 새로운 저당권설정계약을 원인으로 하여, 그 토지의 등기기록에 저당권설정등기를 할 수 있다.

해설

① 소유권, 지상권, 전세권 또는 임차권이 대지권이 될 수 있고 성질상 지역권은 대지권이 될 수 없다.
③ '대지권에 대한 등기로서 효력이 있는 등기'와 '대지권의 목적인 토지의 등기기록 중 해당 구에 한 등기'의 순서는 접수번호에 따른다.
④ 구분건물의 등기기록에 대지권이 등기된 후에는 건물만에 관한 소유권이전등기 또는 저당권설정등기를 할 수 없다.
⑤ 토지의 소유권이 대지권인 경우 토지의 등기기록에 대지권이라는 뜻의 등기가 되어 있으면, 그 토지의 등기기록에 저당권설정등기를 할 수 없다.

정답 ②

06 CHAPTER 등기의 기관과 그 설비

☐ 본장은 등기소, 등기관, 등기부에 관한 사항을 공부하는 장으로 자주 출제되는 부분은 아니다. 다만 등기부에 관한 사항은 가끔 출제되는 부분으로 정리를 하여야 한다.특히 구분건물 등기기록구성과 등기부 공개에 관한 사항은 조문중심으로 정리를 하여야 한다. 특히 등기부등 반출 사유와 관련해서는 정확한 암기가 필요한 부분이다.

1 등기소

1. 등기소의 의의

등기사무를 담당하는 국가기관을 '등기소'라고 한다. 여기서 등기소라 함은 현실적으로 등기소라는 명칭을 가진 관서만을 의미하는 것이 아니고 등기할 권리의 목적인 부동산의 소재지를 관할하는 지방법원, 동지원 및 등기소를 일괄하여 등기소라고 한다. 고등법원은 등기과를 두지 아니하며, 대법원은 등기과를 두고 있으나 개개의 사건에 대하여 등기를 처리하고 있지 아니하므로 등기사무를 처리하는 등기소 볼 수 없다.

2. 등기소의 관할

(1) 관할 등기소

① 등기소의 관할은 등기할 권리의 목적인 부동산의 소재지를 기준으로 정하여진다. 즉, 등기할 권리의 목적인 부동산의 소재지를 관할하는 지방법원, 동지원 또는 등기소를 관할 등기소로 한다.

② 이러한 관할을 정함에 있어서 지방법원과 지원의 관할구역은 「각급 법원의 설치와 관할구역에 관한 법률」에 의하여 정하여지고, (좁은 의미의) 등기소의 관할구역은 「등기소의 설치와 관할구역에 관한 규칙」에 의하여 정하여지는데, 대체로 행정구역인 시·군·구를 기준으로 해서 정하여져 있다.

(2) 예외

① 관할 등기소의 지정

㉠ 의의

ⓐ 관할 등기소의 지정은 1개의 부동산이 여러 개의 관할 등기소에 걸치는 경우에 어느 등기소에서 등기할 것인지 문제이다. 부동산이 여러 개의 등기소의 관할구역에 걸쳐 있는 때에는 그 부동산에 대한 최초의 등기신청을 하고자 하는 자는 각 등기소를 관할하는

상급법원의 장에게 관할 등기소의 지정을 신청하여야 한다. 여기서 상급법원의 장이라 함은 걸쳐 있는 등기소가 동일 지방법원 관내이면 지방법원장을, 지방법원장을 달리하는 동일 고등법원 관내이면 고등법원장을, 고등법원을 달리하는 때에는 대법원장을 의미한다.

ⓑ 위 신청은 해당 부동산의 소재지를 관할하는 등기소 중 어느 한 등기소에 신청서를 제출하는 방법으로 한다.

ⓒ 위 신청서를 받은 등기소는 그 신청서를 지체 없이 상급법원의 장에게 송부하여야 하고, 상급법원의 장은 부동산의 소재지를 관할하는 등기소 중 어느 한 등기소를 관할 등기소로 지정하여야 한다.

ⓓ 관할 등기소의 지정을 신청한 자가 지정된 관할 등기소에 등기신청을 할 때에는 관할 등기소의 지정이 있었음을 증명하는 정보를 첨부정보로서 등기소에 제공하여야 한다.

ⓔ 등기관이 등기를 하였을 때에는 지체 없이 그 사실을 다른 등기소에 통지하여야 한다.

ⓕ 위 ⓔ에 따른 통지를 받은 등기소는 전산정보처리조직으로 관리되고 있는 관할지정에 의한 등기부목록에 통지받은 사항을 기록하여야 한다.

ⓖ 단지를 구성하는 여러 동의 건물 중 일부 건물의 대지가 다른 등기소의 관할에 속하는 경우에는 ⓐ부터 ⓕ까지의 규정을 준용한다.

② 위 ①에도 불구하고 관할 등기소가 다른 여러 개의 부동산과 관련하여 등기목적과 등기원인이 동일하거나 그 밖에 대법원규칙으로 정하는 등기신청이 있는 경우에는 그 중 하나의 관할 등기소에서 해당 신청에 따른 등기사무를 담당할 수 있다.(25년시행·신설)

③ 위 ①에도 불구하고 상속 또는 유증으로 인한 등기신청의 경우에는 부동산의 관할 등기소가 아닌 등기소도 그 신청에 따른 등기사무를 담당할 수 있다.(25년시행·신설)

④ 등기관이 당사자의 신청이나 직권에 의한 등기를 하고 제71조(요역지지역권의 등기사항) 제78조제4항(공동저당의등기) 또는 대법원규칙으로 정하는 바에 따라 다른 부동산에 대하여 등기를 하여야 하는 경우에는 그 부동산의 관할 등기소가 다른 때에도 해당 등기를 할 수 있다.(25년시행·신설)

⑤ 등기사무의 위임(관할의 위임): 교통사정이라든가 기타 사무처리의 사정으로 본래의 관할 등기소가 아닌 다른 등기소로 하여금 등기사무소를 다루게 하는 것이 편리하거나 적당한 경우에 '대법원장은 어느 등기소의 관할에 속하는 사무를 다른 등기소에 위임'할 수 있는 것으로 하였다.

(3) 관할의 위반

관할 등기소가 아닌 곳에 등기를 신청한 경우에는 법 제29조 제1호에 의하여 각하사유가 된다. 즉, 관할에 위반하여 등기를 신청한 때에는 등기관은 이를 각하하여야 하며, 관할 등기소에 이송하는 것은 아니다. 만약 관할위반의 등기신청임을 간과하고 등기관이 등기를 실행한 경우에 그 등기는 당연무효(절대적 무효)의 등기로서 이를 직권말소하여야 한다.

3. 관할의 변경

(1) 관할변경의 의의

관할의 전속이라 함은 법률 또는 대법원규칙의 변경에 의한 등기소의 설치 또는 폐지, 행정구역의 변경, 관할의 위임이나 그 해제 등으로 인한 관할구역의 변경 등으로 인하여 어느 부동산의 소재지가 물리적인 변경 없이 甲등기소의 관할로부터 乙등기소의 관할로 변경되는 것을 말한다.

(2) 종전 관할 등기소의 조치

① 부동산의 소재지가 다른 등기소의 관할로 바뀌었을 때에는 종전의 관할 등기소는 전산정보처리조직을 이용하여 그 부동산에 관한 등기기록과 신탁원부, 공동담보(전세)목록, 도면 및 매매목록의 처리권한을 다른 등기소로 넘겨주는 조치를 하여야 한다.
② 다만, 건물대지 일부의 관할전속으로 인하여 1개의 건물이 2개 이상의 등기소 관할에 걸치게 된 때에는 그 건물에 대한 등기는 종전 관할등기소에서 그대로 관할한다.

(3) 신 관할 등기소의 조치

종전 관할 등기소로부터 처리권한을 넘겨받은 등기소는 해당 등기기록의 표제부에 관할이 변경된 뜻을 기록하여야 한다. 아울러 행정구역 또는 그 명칭이 각 변경된 경우에는 등기관은 직권으로 부동산의 표시변경등기 또는 등기명의인의 주소변경등기를 할 수 있다.

4. 등기사무의 정지

대법원장은 다음 아래에 해당하는 경우로서 등기소에서 정상적인 등기사무의 처리가 어려운 경우에는 기간을 정하여 등기사무의 정지를 명령하거나 대법원규칙으로 정하는 바에 따라 등기사무의 처리를 위하여 필요한 처분을 명령할 수 있다.(25년시행·개정)
① 「재난 및 안전관리 기본법」 제3조제1호의 재난이 발생한 경우
② 정전 또는 정보통신망의 장애가 발생한 경우
③ 그 밖에 제1호 또는 제2호에 준하는 사유가 발생한 경우

2 등기관

1. 등기관의 의의

(1) 등기관이라 함은 등기소에 근무하는 법원서기관·등기사무관·등기주사 또는 등기주사보(법원사무관·법원주사 또는 법원주사보 중 2001년 12월 31일 이전에 시행한 채용시험에 합격하여 임용된 사람을 포함) 중에서 지방법원장(등기소의 사무를 지원장이 관장하는 경우에는 지원장을 말한다. 이하 같다)이 지정하는 자(이하 '등기관'이라 한다)를 의미한다.

(2) 다만, 등기과장이나 등기소장은 별도의 지정이 없다 하더라도 보직 발령만으로도 당연히 등기관으로 지정받은 것으로 본다.

(3) 등기관은 등기사무를 자기이름으로 자기책임하에 처리하는 독립적인 국가의 단독관청으로서의 지위에서 등기에 관한 사무를 처리하는 권한을 가진다.

2. 등기관의 직무집행에 관한 제한(등기관의 제척)

(1) 의의

등기관의 직무집행의 공정과 진정성 보장을 위하여 일정사건에 있어서의 사무처리과정에서 배제되는 등기관의 제척에 관한 규정을 두고 있다. 등기관은 자기, 배우자 또는 4촌 이내의 친족(이하 '배우자 등'이라 한다)이 등기신청인인 때에는 그 등기소에서 소유권등기를 한 성년자로서 등기관의 배우자 등이 아닌 자 2명 이상의 참여가 없으면 등기를 할 수 없다. 배우자 등의 관계가 끝난 후에도 같다.

(2) 등기실행의 특칙

등기관은 제척대상에 해당하는 자가 등기신청인인 때에는 그 등기소에서 소유권등기를 한 성년자로서 위에서 기술한 범위의 친족이 아닌 자 2인 이상의 참여가 있어야 등기를 할 수 있다.
이 경우에 등기관은 참여조서를 작성하여 참여인과 같이 기명날인 또는 서명을 하여야 한다. 다만, 이를 위반하여 한 등기라도 당연무효는 아니라는 것이 통설이다.

3. 등기관의 책임

(1) 국가배상책임

① 등기관이 고의 또는 과실로 법령에 위반하는 부당한 처분을 하여 타인에게 손해를 준 경우에 국가가 배상책임을 부담한다.

② 등기관의 고의 또는 중대한 과실로 인하여 국가가 손해배상을 한 경우 국가는 그 등기관에 대하여 구상권을 행사할 수 있다.

(2) 재정보증

전산정보처리조직에 의하여 등기사무를 처리하는 경우 국가배상책임을 경감시키고 등기관의 자유로운 업무수행을 보장하기 위하여 법원행정처장은 등기관의 재정보증(財政保證)에 관한 사항을 정하여 운용할 수 있다.

3 등기에 관한 장부

1. 등기부

(1) 등기부의 의의

등기부란 전산정보처리조직에 의하여 입력·처리된 등기정보자료를 대법원규칙으로 정하는 바에 따라 편성한 것을 말한다.

등기는 전산정보처리조직에 의하여 등기사무의 전부 또는 일부를 처리하고 있기 때문에, 등기사항이 기록된 보조기억장치(자기디스크, 자기테이프 기타 이와 유사한 방법에 의하여 일정한 등기사항을 기록·보관할 수 있는 전자적 정보저장매체)를 말한다.

(2) 등기부의 종류

「부동산등기법」상 등기부는 그 등기대상 목적물이 토지인지 건물인지에 따라 토지등기부와 건물등기부의 2종으로 되어 있고, 토지등기부와 건물등기부 외에 등기부의 일부로 취급되는 것으로서 폐쇄등기부, 공동인명부, 공동담보목록편철장, 도면편철장, 신탁원부, 신청정보편철부 등이 있는데, 이를 광의의 등기부라고 한다.

(3) 등기부의 편성(물적 편성주의)

법 제15조는 "등기부에는 1필의 토지 또는 1개의 건물에 대하여 1개의 등기기록을 둔다."라고 규정함으로써 등기부편성에 있어서 물적 편성주의를 채택하고 있으며, 이를 실현하는 구체적 방법으로서 1부동산 1등기기록주의를 취하고 있다.

① 1부동산 1등기기록의 원칙(일반건물과 토지의 등기기록): 현행 「부동산등기법」은 1부동산 1등기기록의 원칙에 따라 1필지의 토지 또는 1동의 건물에 대하여 1등기기록을 사용한다. 1등기기록은 표제부, 갑구, 을구로 구성하고 등기번호란은 두지 아니한다. 등기기록을 개설할 때에는 1필의 토지 또는 1개의 건물마다 부동산고유번호를 부여하고 이를 등기기록에 기록하여야 한다. 다만, 구분건물에 대하여는 전유부분마다 부동산고유번호를 부여한다.

참고학습 | 전산정보처리된 등기기록

1. 토지의 등기기록
   ① 표제부
      ㉠ 표시번호란: 표시번호를 기록한다.
      ㉡ 접수란: 등기신청정보의 접수연월일을 기록한다. 단, 접수번호는 기록하지 아니한다.
      ㉢ 소재지번란: 토지의 소재와 지번을 기록한다.
      ㉣ 지목란: 토지의 지목을 기록한다.
      ㉤ 면적란: 토지의 면적을 기록하며, 면적은 m²로 기록한다.
      ㉥ 등기원인 및 기타사항란: 등기원인과 전산이기한 사항 등 기타사항을 기록한다. 예컨대, 지목변경등기를 한 경우에는 등기원인 및 기타사항란에 등기원인을 '지목변경'이라고 기록한다.
   ② 갑구, 을구
      ㉠ 순위번호란: 순위번호를 기록한다.
      ㉡ 등기목적란: 등기의 목적을 기록한다. 예컨대, 소유권이전등기를 실행하는 경우에 등기목적란에 등기의 목적을 '소유권 이전'이라고 기록한다.
      ㉢ 접수란: 등기신청정보의 접수연월일과 접수번호를 기록한다.
      ㉣ 등기원인란: 등기원인과 그 연월일을 기록한다(예: 2003년 7월 1일 매매).
      ㉤ 권리자 및 기타사항란: 권리자의 성명, 주민등록번호, 주소와 권리의 내용에 관한 사항을 기록한다.
2. 일반건물의 등기기록
   ① 표제부
      ㉠ 표시번호란: 표시번호를 기록한다.
      ㉡ 접수란: 등기신청정보의 접수연월일을 기록한다. 단, 접수번호는 기록하지 아니한다.
      ㉢ 소재, 지번 및 건물번호란: 소재, 지번, 건물명칭(건축물대장에 건물명칭이 기재되어 있는 경우만 해당한다.) 및 번호. 다만, 같은 지번 위에 1개의 건물만 있는 경우에는 건물번호는 기록하지 아니한다.(25년시행 및 개정)
      ㉣ 건물내역란: 건물의 구조, 종류, 면적을 기록한다.
      ㉤ 등기원인 및 기타사항란: 등기원인과 전산이기한 사항 등 기타사항을 기록한다.
   ② 갑구, 을구: 토지등기기록과 같다.

   ② 1부동산 1등기기록의 원칙에 대한 예외(집합건물의 등기기록)
      ㉠ 집합건물에 있어서는 각 구분건물마다 따로따로 1등기기록을 두지 않고, 1동의 건물에 속하는 전부에 대하여 1기록을 둠으로써 형식상으로는 1부동산 1등기기록에 대한 예외를 인정하고 있다.
      ㉡ 이 경우 1동의 건물에 대하여는 표제부만을 두고(즉, 1동의 건물 전체에 대하여는 공통 표제부만을 두고 1동의 건물에 관한 갑구와 을구는 이를 두지 않는다), 표제부 및 갑구, 을구는 1동의 건물을 구분한 각각의 구분건물마다 둔다.

ⓒ 이는 다수의 건물(구분건물)에 1등기기록을 사용함으로써 형식상으로는 1부동산 1등기기록의 원칙에 대한 예외가 되는 것이다. 그러나 표제부와 갑구 및 을구는 각각의 구분건물마다 따로따로 둠으로써 실질적으로는 집합건물에 관하여도 1부동산(건물) 1등기기록의 원칙을 준수하고 있다고 볼 수 있다.

ⓔ 주의할 것은 집합건물법상의 규약상 공용부분에는 표제부만 두며, 갑구와 을구를 두지 아니한다는 점이다.

참고학습 | 전산정보처리된 등기기록

1. **1동의 건물의 표제부**
   ① 1동의 건물의 표시란
      ㉠ 표시번호란: 표시번호를 기록한다.
      ㉡ 접수란: 등기신청정보의 접수연월일을 기록한다. 단, 접수번호는 기록하지 아니한다.
      ㉢ 소재지번, 건물명칭 및 번호란: 1동의 건물의 소재, 지번, 건물명칭및번호를 기록한다.
      ㉣ 건물내역란: 1동의 건물의 구조, 종류, 면적을 기록한다.
      ㉤ 등기원인 및 기타사항란: 등기원인과 전산이기한 사항 등 기타사항을 기록한다.
   ② 대지권의 목적인 토지의 표시란
      ㉠ 표시번호란: 표시번호를 기록한다.
      ㉡ 소재지번란: 대지권의 목적인 토지의 소재, 지번을 기록한다.
      ㉢ 지목란: 대지권의 목적인 토지의 지목을 기록한다.
      ㉣ 면적란: 대지권의 목적인 토지의 면적을 기록한다.
      ㉤ 등기원인 및 기타사항란: 등기원인과 전산이기한 사항 등 기타사항을 기록한다.

2. **전유부분의 표제부**
   ① 전유부분의 건물의 표시란
      ㉠ 표시번호란: 표시번호를 기록한다.
      ㉡ 접수란: 등기신청정보의 접수연월일을 기록한다. 단, 접수번호는 기록하지 아니한다.
      ㉢ 건물번호란: 전유부분의 건물번호를 기록한다.
      ㉣ 건물내역란: 전유부분의 건물구조와 면적을 기록한다.
      ㉤ 등기원인 및 기타사항란: 등기원인과 전산이기한 사항 등 기타사항을 기록한다.
   ② 대지권의 표시란
      ㉠ 표시번호란: 표시번호를 기록한다.
      ㉡ 대지권의 종류란: 대지권의 목적인 토지의 표시(일련번호로 갈음)와 대지권의 종류를 기록한다.
      ㉢ 대지권의 비율란: 대지권의 비율을 기록한다.
      ㉣ 등기원인 및 기타사항란: 등기원인과 전산이기한 사항 등 기타사항을 기록한다.

3. **전유부분의 갑구, 을구**: 일반건물의 등기기록과 같다.

(4) 등기기록 기록사항의 정리

① 갑구: 소유권에 관한 사항

㉠ 소유권보존등기, 소유권이전등기, 소유권변경등기, 소유권말소등기

㉡ 소유권이전청구권가등기, 소유권이전담보가등기

㉢ 소유권의 처분제한(가압류, 가처분, 압류)의 등기

㉣ 피보전권리가 지상권설정청구권 또는 전세권설정청구권 등인 경우에도 가처분에 기해 처분이 제한되는 권리가 소유권이면 가처분등기는 갑구에 기록한다.

㉣ 강제경매개시결정등기, 담보권실행경매개시결정등기

㉤ 소유권이 대지권인 경우 대지권인 취지의 등기(토지등기부)

㉥ 위에서 열거한 각 등기의 말소등기

② 을구: 소유권 이외의 권리에 관한 사항

㉠ 지상권, 지역권, 전세권, 저당권, 임차권, 권리질권 등의 설정등기

㉡ 위 ㉠의 권리에 대한 이전등기, 변경등기, 경정등기, 말소등기, 가등기, 처분제한의 등기(가압류, 가처분 등)

③ 등기부 기록에 있어 주의할 사항

㉠ 표제부: 접수번호와 등기의 목적은 기록하지 않는다.

㉡ 갑구: 보존등기에 있어서는 등기원인과 그 연월일은 기록하지 않는다.

㉢ 을구: 을구는 기록할 사항이 없으면 이를 두지 아니할 수 있다.

㉣ 규약상 공용부분: 표제부만 둔다.

㉤ 토지등기부에 별도등기가 있다는 취지: 전유부분의 표제부에 기록한다.

㉥ 대지권의 종류와 비율: 전유부분의 표제부(대지권의 표시란)에 기록한다.

㉦ 대지권인 취지의 등기: 토지등기부 해당구 사항란에 기록한다.

㉧ 건물만에 관한 취지의 부기: 전유부분의 갑구 또는 을구에 기록한다.

1동의 건물의 표제부 - 전산처리된 등기기록

【표제부】 (1동의 건물의 표시)				
표시 번호	접 수	소재지번, 건물명칭 및 번호	건물내역	등기원인 및 기타사항
1 (전 1)	1986년 10월 1일	서울특별시 양천구 목동 172 현대아파트 제101동	철근콘크리트조 슬래브 위 기와지붕 5층 아파트 1층 465.66m² 2층 465.66m² 3층 465.66m² 4층 465.66m² 5층 465.66m² 지하실 230.56m²	도면편철장 제5책 제75장 부동산등기법 제77조의6 제1항 의 규정에 의하여 1999년 3월 30일 전산이기

(대지권의 목적인 토지의 표시)				
표시 번호	소재지번	지 목	면 적	등기원인 및 기타사항
1 (전 1)	1. 서울특별시 양천구 목동 172	대	155,045.6m²	1987년 12월 10일 부동산등기법 제177조의6 제1 항의 규정에 의하여 1999년 3 월 30일 전산이기

전유부분의 건물의 표제부

【표제부】 (전유부분의 건물의 표시)				
표시 번호	접 수	건물 번호	건물내역	등기원인 및 기타사항
1 (전 1)	1986년 10월 1일	제1층 제104호	철근콘크리트조 83.56m²	도면편철장 제5책 제75장 부동산등기법 제177조의6 제1항의 규정에 의하여 1999년 3 월 30일 전산이기

(대지권의 표시)			
표시 번호	대지권의 종류	대지권의 비율	등기원인 및 기타사항
1 (전 1)	1. 소유권 대지권	155045.6분의 76.56	1987년 11월 17일 대지권 1987년 12월 10일 부동산등기법 제177조의6 제1항의 규정에 의하여 1999년 3월 30일 전산이기

2. 폐쇄등기부 ^{제32회}

(1) 의의

폐쇄등기부란 등기부를 전부 신 등기부에 이기함으로써 폐쇄되는 구 등기부와 폐쇄된 등기기록을 편철한 장부를 의미하는 경우도 있다.

이 밖에 폐쇄된 등기기록을 등기부에서 제거하여 별도로 편철한 장부도 폐쇄등기부라고 하는바, 폐쇄된 등기기록은 폐쇄절차를 밟은 후 이를 등기부에서 제거하여 폐쇄등기부에 편철하게 된다.

(2) 등기부의 폐쇄사유

구체적인 폐쇄사유는 다음과 같다.

① 등기부의 카드화작업에 따른 이기, 전산처리에 따른 이기
② 등기기록의 매수과다로 인한 신 등기기록에의 이기
③ 부동산의 멸실
④ 토지의 합필이나 건물의 합병
⑤ 비구분건물을 구분한 때의 종전 등기기록
⑥ 구분건물이 비구분건물이 된 경우에 종전 등기기록
⑦ 중복등기를 말소하는 경우 말소되는 등기기록
⑧ 소유권보존등기를 말소하는 경우

심화학습

등기기록의 폐쇄

1. 부동산의 멸실등기와 등기기록의 폐쇄
   부동산의 멸실등기를 하는 때에는 등기기록 중 표시란에 멸실의 뜻과 그 원인 또는 부존재의 뜻을 기록하고 부동산의 표시와 표시번호를 실선으로 지우며 그 등기기록을 폐쇄하여야 한다. 그러나 멸실한 건물이 1동의 건물을 구분한 것인 때에는 등기기록을 폐쇄하지 아니한다.
   - ▫ 여기서 폐쇄하지 않는다는 것은 1동의 건물등기기록 전부를 폐쇄하지 않는다는 것을 의미한다. 따라서 멸실된 당해 구분건물의 등기기록은 이를 1동의 건물의 등기기록에서 제거하여 폐쇄한다.

2. 보존등기의 말소와 등기기록의 폐쇄
   보존등기를 말소하는 경우에는 등기기록의 전부를 폐쇄하여야 한다. 다만, 1동에 속하는 구분건물 중 일부만에 관하여 보존등기를 말소하는 경우에는 그 구분건물의 표시에 관한 등기는 이를 존치시켜야 하므로 그 구분건물의 표제부 등기기록은 폐쇄하지 아니한다.

---

(3) 폐쇄등기부의 효력과 폐쇄절차

① **효력**: 폐쇄등기부에 기록되어 있는 등기는 현재의 등기로서의 효력이 없다. 그러나 예컨대, 소유권에 관하여 현재 효력 있는 등기를 원인무효 등으로 말소하면 그로 인해 효력이 다시 살아나는 전 등기사항을 폐쇄등기부로부터 이기하여야 하고, 이기한 사항에 다툼이 있거나 착오 또는 유루가 있는 경우에는 폐쇄등기부의 등기사항이 중요한 역할을 한다.

② **폐쇄절차**: 등기기록을 폐쇄함에는 표시란에 폐쇄의 사유와 그 연월일을 기록하고 등기관이 날인하여야 하며, 부동산의 표시·표시번호와 등기번호를 실선으로 지워야 한다. 폐쇄된 등기기록은 등기부로부터 제거하여 등기구획별 및 부동산종류별로 폐쇄등기부에 등기번호의 순으로 편철하고 목록을 작성하여야 한다.

(4) 등기부에 관한 규정의 준용

등기부의 종류와 분설방법, 등기사항증명서의 발급·열람에 관한 규정은 모두 폐쇄등기부에 준용한다. 따라서 폐쇄등기부도 토지폐쇄등기부와 건물폐쇄등기부로 나누어지며, 폐쇄등기부에 관하여도 열람 및 등·초본의 교부신청이 가능하다.

(5) 폐쇄된 등기기록의 부활

일정한 경우에는 폐쇄된 등기기록도 다시 부활할 수 있다. 등기관의 착오에 의하여 등기기록이 폐쇄된 경우에는 등기관의 직권으로 부활하고, 그 밖의 경우에는 당사자(소명자료를 첨부한 소유권의 등기명의인, 말소된 소유권보존등기명의인 등)의 신청에 의하여 등기기록이 부활한다. 이처럼 직권 또는 신청으로 부활하는 것을 원칙으로 하며, 따라서 등기기록의 폐쇄가 설사 위법하게 이루어진 것이라 하더라도 소송의 방법으로 그 회복절차의 이행을 청구할 수는 없다(판례). 다만, 중복등기정리절차에 의하여 폐쇄된 등기기록의 부활은 판결을 받아서 신청할 수 있다.

참고학습 | 기타 장부

1. 부동산등기신청서접수장
2. 기타 문서 접수장
3. 결정원본편철장
4. 이의신청서류편철장
5. 사용자등록신청서류 등 편철장
6. 신청서기타부속서류편철장
7. 신청서기타부속서류송부부
8. 각종 통지부
9. 열람신청서류편철장
10. 제증명신청서류편철장
11. 그 밖에 대법원예규로 정하는 장부

---

3. 장부의 보존·관리

(1) 장부의 보존

① **영구보존장부**: 등기부, 폐쇄등기부는 영구보존한다. 또한 전산정보처리조직에 의해서 보조기억장치에 저장한 도면, 신탁원부, 공동담보(전세)목록, 매매목록 등은 이를 영구히 보존한다.

② 신청사건의 처리에 관한 장부
- ㉠ 20년 보존등기: 확정일자부
- ㉡ 10년 보존장부: 기타문서접수장, 결정원본편철장, 이의신청서류편철장, 사용자등록신청서류 등 편철장
- ㉢ 5년 보존장부: 신청서기타부속서류편철장, 신청정보와 첨부정보, 신청서기타부속서류송부부, 신청서편철부, 부동산등기신청서접수장
- ㉣ 3년 보존장부: 미수령 등기필증편철장, 재외국민 등록번호부여신청서철
- ㉤ 1년 보존장부: 각종 통지부, 열람신청서류편철장, 제증명신청서류편철장

(2) 장부의 폐기

① 종이장부: 보존기간이 만료된 장부 또는 서류는 지방법원장의 인가를 받아 보존기간이 만료되는 해의 다음 해 3월 말까지 폐기한다.
② 전산정보: 보존기간이 만료된 신청정보 및 첨부정보와 취하정보는 전산운영책임관이 법원행정처장의 인가를 받아 보존기간이 만료되는 해의 다음 해 3월 말까지 삭제한다.

(3) 장부의 관리 제33회

① 등기부 등의 이동금지
- ㉠ 등기부 등의 이동금지: 등기부는 대법원규칙으로 정하는 장소에 보관·관리하여야 하며, 전쟁·천재지변이나 그 밖에 이에 준하는 사태를 피하기 위한 경우 외에는 그 장소 밖으로 옮기지 못한다.
- ㉡ 신청서기타부속서류의 이동금지: 등기부의 부속서류는 전쟁·천재지변이나 그 밖에 이에 준하는 사태를 피하기 위한 경우 외에는 등기소 밖으로 옮기지 못한다. 다만, 신청서나 그 밖의 부속서류에 대하여는 법원의 명령 또는 촉탁이 있거나 법관이 발부한 영장에 의하여 압수하는 경우에는 그러하지 아니하다.

사유 / 종류	전쟁, 천재지변, 기타 이에 준하는 사변을 피하기 위해	법원의 명령, 촉탁	압수, 수색영장
등기부	중앙관리소 밖으로 반출 가능	반출 불가	반출 불가
등기부의 부속서류	등기소 밖으로 반출 가능	반출 불가	반출 불가
신청서나 그 밖의 부속서류	등기소 밖으로 반출 가능	반출 가능	반출 가능

② 등기부 등의 멸실방지처분

　㉠ 등기부의 전부 또는 일부가 손상되거나 손상될 염려가 있을 때에는 대법원장은 등기부의 복구·손상방지 등 필요한 처분을 명령할 수 있다.

　㉡ 이 경우 대법원장은 위 처분명령에 관한 권한을 법원행정처장 또는 지방법원장에게 위임할 수 있다.

4. 등기사항증명과 열람 제27회, 제32회

(1) 등기사항의 열람과 증명

① 누구든지 수수료를 내고 등기기록에 기록되어 있는 사항의 전부 또는 일부의 열람과 이를 증명하는 등기사항증명서의 발급을 청구할 수 있다. 다만, 등기기록의 부속서류에 대하여는 이해관계 있는 부분만 열람을 청구할 수 있다.

② 등기기록의 열람 및 등기사항증명서의 발급청구는 관할 등기소가 아닌 등기소에 대하여도 할 수 있다.

(2) 등기사항증명 등의 신청

① 등기소를 방문하여 등기사항의 전부 또는 일부에 대한 증명서(이하 '등기사항증명서'라 한다)를 발급받거나 등기기록 또는 신청서나 그 밖의 부속서류를 열람하고자 하는 사람은 신청서를 제출하여야 한다.

② 대리인이 신청서나 그 밖의 부속서류의 열람을 신청할 때에는 신청서에 그 권한을 증명하는 서면을 첨부하여야 한다.

③ 전자문서로 작성된 신청서나 그 밖의 부속서류의 열람신청은 관할 등기소가 아닌 다른 등기소에서도 할 수 있다.

(3) 무인발급기에 의한 등기사항증명

① 법원행정처장은 신청인이 발급에 필요한 정보를 스스로 입력하여 등기사항증명서를 발급받을 수 있게 하는 장치(이하 '무인발급기'라 한다)를 이용하여 등기사항증명서의 발급업무를 처리하게 할 수 있다.

② 무인발급기는 등기소 이외의 장소에도 설치할 수 있다.

③ 법원행정처장의 지정을 받은 국가기관이나 지방자치단체 그 밖의 자는 그가 관리하는 장소에 무인발급기를 설치하여 등기사항증명서를 발급할 수 있다.

(4) 인터넷에 의한 등기사항증명 등

① 등기사항증명서의 발급 또는 등기기록의 열람업무는 법원행정처장이 정하는 바에 따라 인터넷을 이용하여 처리할 수 있다.

② 위 ①에 따른 업무는 중앙관리소에서 처리하며, 전산운영책임관이 그 업무를 담당한다.

PART 2 부동산등기법

(5) 등기사항증명서의 종류

등기사항증명서의 종류는 다음으로 한다. 다만, 폐쇄한 등기기록에 대하여는 ①로 한정한다.

① 등기사항전부증명서(말소사항 포함)
② 등기사항전부증명서(현재 유효사항)
③ 등기사항일부증명서(특정인 지분)
④ 등기사항일부증명서(현재 소유현황)
⑤ 등기사항일부증명서(지분취득 이력)

(6) 등기사항증명서의 발급방법

① 등기사항증명서를 발급할 때에는 등기사항증명서의 종류를 명시하고, 등기기록의 내용과 다름이 없음을 증명하는 내용의 증명문을 기록하며, 발급연월일과 중앙관리소 전산운영책임관의 직명을 적은 후 전자이미지관인을 기록하여야 한다. 이 경우 등기사항증명서가 여러 장으로 이루어진 경우에는 연속성을 확인할 수 있는 조치를 하여 발급하고, 그 등기기록 중 갑구 또는 을구의 기록이 없을 때에는 증명문에 그 뜻을 기록하여야 한다.
② 신탁원부, 공동담보(전세)목록, 도면 또는 매매목록은 그 사항의 증명도 함께 신청하는 뜻의 표시가 있는 경우에만 등기사항증명서에 이를 포함하여 발급한다.
③ 구분건물에 대한 등기사항증명서의 발급에 관하여는 1동의 건물의 표제부와 해당 전유부분에 관한 등기기록을 1개의 등기기록으로 본다.
④ 등기신청이 접수된 부동산에 관하여는 등기관이 그 등기를 마칠 때까지 등기사항증명서를 발급하지 못한다. 다만, 그 부동산에 등기신청사건이 접수되어 처리 중에 있다는 뜻을 등기사항증명서에 표시하여 발급할 수 있다.

(7) 열람의 방법

① 등기기록의 열람은 등기기록에 기록된 등기사항을 전자적 방법으로 그 내용을 보게 하거나 그 내용을 기록한 서면을 교부하는 방법으로 한다.
② 신청서나 그 밖의 부속서류의 열람은 등기관 또는 그가 지정하는 직원이 보는 앞에서 하여야 한다 다만, 신청서나 그 밖의 부속서류가 전자문서로 작성된 경우에는 그 내용을 보게 하거나 그 내용을 기록한 서면을 교부하는 방법으로 한다.

(8) 등기사항 등의 공시제한

① 등기사항증명서를 발급하거나 등기기록을 열람하게 할 때에는 등기명의인의 표시에 관한 사항 중 주민등록번호 또는 부동산등기용등록번호의 일부를 공시하지 아니할 수 있다.
② 법원행정처장은 등기기록의 분량과 내용에 비추어 무인발급기나 인터넷에 의한 열람 또는 발급이 적합하지 않다고 인정되는 때에는 이를 제한할 수 있다.

01 다음은 관할등기소를 지정하는 경우에 관한 설명이다. 옳지 않은 것은?

① 관할등기소의 지정은 1개의 부동산이 여러 개의 등기소의 관할구역에 걸쳐있는 경우에 1부동산 1등기기록원칙의 관철을 위하여 필요하다.

② 관할등기소의 지정은 법원의 직권에 의하므로 등기신청권자가 이를 신청하여야 할 필요는 없다.

③ 원칙적으로 각 등기소 관할 상급법원의 장이 관할등기소를 지정하게 된다.

④ 관할등기소의 지정은 1개의 부동산이 보존등기 될 당초부터 여러 개의 등기소의 관할구역에 걸쳐 있는 경우와 단지를 구성하는 수동의 건물 중 일부 건물의 대지가 다른 등기소의 관할에 속하는 경우에 필요하다.

⑤ 관할등기소의 지정에 따라 등기를 신청할 때에는 등기신청정보에 관할의 지정이 있었음을 증명하는 정보를 제공하여야 한다.

> **해설** ② 부동산이 여러 등기소의 관할구역에 걸쳐 있는 경우 그 부동산에 대한 최초의 등기신청을 하고자 하는 자는 각 등기소를 관할하는 상급법원의 장에게 관할등기소의 지정을 신청하여야 한다(법 제5조 제1항).
> ④ 규칙 제5조 제1항 제7항. 다만, 이미 등기된 건물이 행정구역 등의 변경으로 인하여 후발적으로 여러 개의 등기소의 관할에 걸치게 된 때에는 관할의 지정을 받을 필요 없이 종전의 관할등기소가 관할한다. 또한 이미 등기된 건물이 증축 또는 부속건물의 신축에 의하여 수개의 등기소 관할구역에 걸치게 된 경우에도 종전 건물의 관할등기소가 관할함이 타당할 것이다.
>
> **정답** ②

02 등기절차에 관한 설명으로 틀린 것은? (제25회)

① 법률에 다른 규정이 없으면, 촉탁에 따른 등기절차는 신청등기에 관한 규정을 준용한다.

② 외국인의 부동산등기용등록번호는 그 체류지를 관할하는 지방출입국·외국인관서의 장이 부여한다.

③ 등기원인에 권리소멸약정이 있으면, 그 약정의 등기는 부기로 한다.

④ 제공된 신청정보와 첨부정보는 영구보존하여야 한다.

⑤ 행정구역이 변경되면, 등기기록에 기록된 행정구역에 대하여 변경등기가 있는 것으로 본다.

> **해설** ④ 신청정보(신청서)와 첨부정보(첨부서면)은 5년 보존한다.
>
> **정답** ④

03 등기부 등에 관한 설명으로 틀린 것은? (제27회)

① 폐쇄한 등기기록은 영구히 보존해야 한다.
② A토지를 B토지에 합병하여 등기관이 합필등기를 한 때에는 A토지에 관한 등기기록을 폐쇄해야 한다.
③ 등기부부본자료는 등기부와 동일한 내용으로 보조기억 장치에 기록된 자료이다.
④ 구분건물등기기록에는 표제부를 1동의 건물에 두고 전유부분에는 갑구와 을구만 둔다.
⑤ 등기사항증명서 발급신청시 매매목록은 그 신청이 있는 경우에만 등기사항증명서에 포함하여 발급한다.

> **해설** 구분건물등기기록에는 표제부를 1동의 건물은 표제부만 두고 각 전유부분마다 표제부와 갑구, 을구를 둔다.

정답 ④

04 부동산등기에 관한 설명으로 틀린 것은? (제32회)

① 건물소유권의 공유지분 일부에 대하여는 전세권설정등기를 할 수 없다.
② 구분건물에 대하여는 전유부분마다 부동산고유번호를 부여한다.
③ 폐쇄한 등기기록에 대해서는 등기사항의 열람은 가능하지만 등기사항증명서의 발급은 청구할 수 없다.
④ 전세금을 증액하는 전세권변경등기는 등기상 이해관계있는 제3자의 승낙 또는 이에 대항할 수 있는 재판의 등본이 없으면 부기등기가 아닌 주등기로 해야 한다.
⑤ 등기관이 부기등기를 할 때에는 주등기 또는 부기등기의 순위번호를 가지번호를 붙여서 하여야 한다.

> **해설** 폐쇄한 등기기록에 관하여도 누구든지 수수료를 내고 대법원규칙으로 정하는 바에 따라 등기사항증명서의 발급을 청구할 수 있다(법 제20조 제3항).

정답 ③

07 CHAPTER 부당한 처분에 대한 이의

□ 등기관의 부당한 처분에 대하여 구제를 받는 이의신청에 대하여 학습하는 장이다. 출제 빈도가 낮은 파트였으나 최근에 출제빈도가 대폭 증가되고있는 파트이다. 그러므로 반드시 세심한 학습이 필요하다.

□ 기본적인 이의신청 절차에 대한 조문 내용이 반복되어 출제되고 있으니 이에 대한 정리를 하여야 한다.

1 이의 제26회, 제28회, 제30회, 제31회, 제34회

등기관의 결정 또는 처분이 위법·부당하다고 하는 자는 관할 지방법원에 대하여 이의신청을 할 수 있다. 등기사무는 사법행정사무라는 특수성을 가지고 있으므로 등기관의 위법·부당한 결정 또는 처분에 대하여 행정심판이나 행정소송에 의한 구제를 배제하고 이의신청에 의한 방법으로 구제를 받도록 하고 있다.

2 이의신청의 대상

1. 등기관의 결정 또는 처분

(1) 이의신청의 대상이 되는 등기관의 결정·처분은 등기절차에 관한 것은 물론 기타 등기법이 정하는 바에 의하여 등기관이 할 수 있는 모든 조치를 의미한다(예 각하, 접수, 등기실행, 등기사항증명서의 교부 또는 등기기록의 열람신청 등에 대한 처분 등).

(2) 등기관의 결정 또는 처분 자체가 부당한 것을 의미한다. 따라서 처분의 결과로 인하여 나타난 상태가 실질적으로 부당하더라도 처분 이외의 것으로부터 기인된 것인 경우에는 이의신청이 허용되지 아니한다. 예컨대, 등기신청 시 실체관계와 부합하지 않으나 등기관의 심사권한으로서는 발견할 수 없는 경우에는 그러한 등기실행에 대하여 이의신청을 할 수 없다.

2. 부당한 결정 또는 처분

(1) 소극적 부당

소극적 부당이란 등기신청을 각하하거나 등기의 실행을 해태하는 경우 등과 같이 등기실행이 거부되거나 지연된 경우를 말한다. 등기사항증명서 교부 또는 열람을 거부한 경우도 포함된다. 소극적 부당은 어느 경우이든 모두 이의신청의 대상이 된다.

(2) 적극적 부당

적극적 부당이란 법 제29조(신청의 각하사유)에 해당하는 신청을 각하하여야 할 것임에도 불구하고
수리하여 등기를 하거나, 등기사항증명서의 열람신청에 대하여 신청한 내용과 다른 내용을 교부
또는 열람케 한 경우 등을 말한다.

적극적 부당의 경우에 언제나 이의신청할 수 있는가?

① 등기신청 이외의 신청(예 등기부 열람신청 등)에 대한 적극적 부당의 경우에는 모두 이의신청의
   대상이 된다.

② 그러나 등기신청에 대한 적극적 부당의 경우에는 법 제29조 제1호 및 제2호에 위반하여 실행된
   등기에 대해서만 이의신청의 대상이 된다. 즉, 관할위반의 등기(법 제29조 제1호), 등기능력 없는
   사항의 등기(법 제29조 제2호)에 대하여는 이의신청을 청구할 수 있으나, 그 이하의 규정(법 제29
   조 제3호 이하)에 위반한 등기실행에 대하여는 이의신청이 허용되지 않는다는 것이 통설·판례이다.

3 이의신청의 절차

1. 이의신청권자

이의신청을 할 수 있는 자는 등기상 직접 이해관계 있는 자를 말한다. 등기상 직접 이해관계 있는
자라 함은 등기관의 처분 등으로 인하여 현재 불이익을 받는 자로서 이의신청이 이유 있다고 인정됨
으로써 등기상 직접 이익을 받는 자를 말한다. 구체적으로 보면, 각하결정에 대한 이의신청은 등기
신청인 당사자만이 할 수 있고 이해관계인 등 제3자는 이의신청권이 없다. 반면에 등기실행에 대한
이의신청권자는 당사자뿐만 아니라 이해관계 있는 제3자도 포함된다. 이에 대한 구체적인 예를
몇 가지 들어 보면 다음과 같다.

(1) 채권자대위신청에 의하여 경료된 등기를 채무자가 말소신청하면 이는 법 제29조 제2호의 각하사
    유에 해당하는바, 이를 간과하고 말소등기가 경료된 때에는 채권자가 이해관계인으로서 이의신청
    을 할 수 있다.

(2) 상속인 아닌 자는 상속등기가 위법하다고 하여 이의신청을 할 수 없다.

(3) 저당권이전등기에 대하여 저당권설정자는 이의신청을 할 수 없다.

(4) 동일한 부동산에 대하여 후순위등기신청인에게 소유권이전등기가 경료되어 있는 경우 선순위등기
    신청인은 접수번호의 순서를 내세워 이의신청을 할 수 없다.

2. 이의신청방법 및 기간

(1) 등기관의 결정 또는 처분에 이의가 있는 자는 그 결정 또는 처분을 한 등기관이 속한 지방법원(이
    하 이 장에서 "관할 지방법원"이라 한다)에 이의신청을 할 수 있다.(25년시행및개정)

(2) 이의신청은 대법원규칙으로 정하는 바에 따라 결정 또는 처분을 한 등기관이 속한 등기소에 이의 신청서를 제출하거나 전산정보처리조직을 이용하여 이의신청정보를 보내는 방법으로 한다.(25년 시행및개정)

(3) 이의신청의 기간에 대하여는 제한이 없는바, 이익이 존재하는 한 언제든지 신청 가능하다.

3. 새로운 사실 또는 새로운 증거에 의한 이의금지

등기관의 처분 또는 결정에 대한 당·부당은 당해 결정 또는 처분을 한 시점을 기준으로 판단한다. 따라서 사후의 자료에 의하여 평가할 수는 없으므로 등기관의 결정 또는 처분 시에 주장되거나 제공되지 아니한 새로운 사실이나 증거방법으로써 이의신청을 하는 것은 허용되지 아니한다.

4. 이의신청의 효력

이의는 집행정지의 효력이 없다.

4 이의신청의 처리절차

1. 등기관의 조치

(1) 이의가 이유 없다고 인정한 때

등기관이 이의가 이유 없다고 인정하면 이의신청일부터 3일 이내에 의견을 붙여 이의신청서또는 이의신청정보를 관할 지방법원에 보내야 한다.(25년시행및개정)

(2) 이의가 이유 있다고 인정한 때

① 각하한 결정이 부당하다고 인정한 때: 등기관은 이의가 이유 있다고 인정한 때에는 상당한 처분을 하여야 한다. 예컨대, 등기신청을 각하한 결정이 부당하다고 인정한 때에는 그 등기신청에 의한 등기를 실행한다.

② 등기실행이 부당하다고 인정한 때
  ㉠ 이의가 이유 없다고 인정한 때에는 3일 이내에 의견을 붙여서 관할 지방법원에 보내야 한다.
  ㉡ 그러나 이의신청의 대상이 된 등기가 법 제29조 제1호 또는 제2호에 해당하여 이유 있다고 인정한 때에는 그 등기를 직권말소한다.

2. 관할 지방법원의 조치

등기관을 경유해서 이의신청정보를 받은 관할 지방법원은 이의에 관하여 이유를 붙여서 결정을 해야 한다.

(1) 이의신청에 대한 재판

① 이의가 이유 있다고 인정한 때에는 등기관에게 상당한 처분을 명하고 그 결정등본을 등기관과 이의신청인 및 등기상의 이해관계인에게 송달한다.
② 이의가 이유 없다고 인정한 때에는 이의신청을 기각하고, 그 결정등본을 등기관과 이의신청인에게 송달한다.

(2) 가등기명령

관할 지방법원은 이의에 대하여 결정하기 전에 등기관에게 가등기 또는 이의가 있다는 취지의 부기등기를 명할 수 있다.

(3) 기록명령에 따른 등기를 할 수 없는 경우 ^{제30회}

등기신청의 각하결정에 대한 이의신청에 따라 관할 지방법원이 그 등기의 기록명령을 하였더라도 다음 어느 하나에 해당하는 경우에는 그 기록명령에 따른 등기를 할 수 없다.

① 권리이전등기의 기록명령이 있었으나, 그 기록명령에 따른 등기 전에 제3자 명의로 권리이전등기가 되어 있는 경우
② 지상권, 지역권, 전세권 또는 임차권의 설정등기의 기록명령이 있었으나, 그 기록명령에 따른 등기 전에 동일한 부분에 지상권, 전세권 또는 임차권의 설정등기가 되어 있는 경우
③ 말소등기의 기록명령이 있었으나 그 기록명령에 따른 등기 전에 등기상 이해관계인이 발생한 경우
④ 등기관이 기록명령에 따른 등기를 하기 위하여 신청인에게 첨부정보를 다시 등기소에 제공할 것을 명령하였으나 신청인이 이에 응하지 아니한 경우

5 불복절차

1. 항고

이의신청의 전부 또는 일부를 기각하는 관할 지방법원의 결정에 대하여는 이의신청인이 「비송사건절차법」에 의하여 항고할 수 있다. 단, 등기관은 법원의 결정에 대하여 불복할 수 없다.

2. 재항고

항고법원의 결정에 대하여는 그것이 헌법, 법률, 명령 또는 규칙의 위반이 있음을 이유로 하는 때에는 대법원에 재항고할 수 있다.

01 등기관의 처분에 대한 이의신청에 관한 설명으로 틀린 것은? 〈제34회〉

① 등기신청인이 아닌 제3자는 등기신청의 각하결정에 대하여 이의신청을 할 수 없다.

② 이의신청은 대법원규칙으로 정하는 바에 따라 관할 지방법원에 이의신청서를 제출하는 방법으로 한다.

③ 이의신청기간에는 제한이 없으므로 이의의 이익이 있는 한 언제라도 이의신청을 할 수 있다.

④ 등기관의 처분시에 주장하거나 제출하지 아니한 새로운 사실을 근거로 이의신청을 할 수 없다.

⑤ 등기관의 처분에 대한 이의신청이 있더라도 그 부동산에 대한 다른 등기신청은 수리된다.

> **해설** ② 이의의 신청은 대법원규칙으로 정하는 바에 따라 등기소에 이의신청서를 제출하는 방법으로 한다.
>
> **정답** ②

02 등기관의 결정 또는 처분에 대한 이의에 관한 설명으로 틀린 것을 모두 고른 것은? 〈제31회〉

> ㄱ. 이의에는 집행정지의 효력이 있다.
> ㄴ. 이의신청자는 새로운 사실을 근거로 이의신청을 할 수 있다.
> ㄷ. 등기관의 결정에 이의가 있는 자는 관할 지방법원에 이의신청을 할 수 있다.
> ㄹ. 등기관은 이의가 이유없다고 인정하면 이의신청일로부터 3일 이내에 의견을 붙여 이의 신청서를 이의신청자에게 보내야 한다.

① ㄱ, ㄷ 　　　　② ㄴ, ㄹ 　　　　③ ㄱ, ㄴ, ㄹ
④ ㄱ, ㄷ, ㄹ 　　⑤ ㄴ, ㄷ, ㄹ

> **해설** ㄱ. 이의에는 집행정지의 효력이 없다.
> ㄴ. 이의신청자는 새로운 사실을 근거로 이의신청을 할 수 없다.
> ㄹ. 등기관은 이의가 이유 없다고 인정하면 이의신청일부터 3일 이내에 의견을 붙여 이의신청서를 관할 지방법원에 보내야 한다.
>
> **정답** ③

EBS ⬤◐● 공인중개사

정오표·개정 법령 확인

랜드하나 홈페이지를 통해 정오표 및 개정 법령, 교재 내용 문의 등의
다양한 서비스를 제공하고 있습니다.

EBS ⬤◐● 편성표

강좌명	방송채널	방송	방영시간	방영일
2025년도 EBS공인중개사 기본이론강의	EBS PLUS2	본방송	07:00~07:30	2025년 2월~5월 월~금 (주 5회)
		재방송	08:30~09:00	2025년 2월~10월 월~금 (주 5회)

본 프로그램 방송채널 및 방영일시는 EBS 편성에 따라 조정될 수 있습니다.

기본이론 60편(12주, 주5회)